C'ÉTAIT UN TEMPS DÉRAISONNABLE

DU MÊME AUTEUR
CHEZ POCKET

LE DERNIER MITTERRAND

GEORGES-MARC BENAMOU

C'ÉTAIT UN TEMPS DÉRAISONNABLE

Les premiers résistants racontent

ROBERT LAFFONT

Le titre et l'exergue de l'ouvrage sont extraits du poème « Bierstube Magie allemande » in *Le Roman inachevé* de Louis Aragon, Gallimard.

ISBN 2-266-10873-5

À la mémoire de mon oncle Georges.

« C'était un temps déraisonnable
On avait mis les morts à table. »

Louis Aragon

Je tiens à remercier tout particulièrement Marie-Caroline Boussard qui m'a accompagné dans cette enquête, ainsi que mon éditrice Dominique Missika, Danielle Houssaye, Pierre Bénichou, Lionel et Véronique Dreksler. Et bien sûr Florence.

Avant-propos

À Nice, au bas de l'ancienne avenue de la Victoire, deux curieux mausolées se dressent de chaque côté de l'artère, à l'entrée des arcades qui débouchent sur la place Masséna. Ce monument a frappé mon imagination d'enfant. Les résistants Tonin et Grassi, des FTP de Gattières, avaient été exécutés là en 1944 et leurs corps exposés à la population. Longtemps, je n'ai pu me défaire de cette scène des deux pendus. Ainsi, chaque jeudi après-midi, je m'étais fixé comme un rendez-vous avec les deux suppliciés. J'avais trouvé mes héros et ils avaient le visage du martyr. Ils ressemblaient à Gérard Philipe et à Jean Moulin, ils étaient mes compagnons. C'était le temps où André Malraux hurlait son « Entre ici, Jean Moulin ». Lorsque je passais devant eux, parmi la foule qui se pressait dans le grand magasin tout proche, mes parents me tiraient par le bras, moi je campais là. Je devais m'arrêter, m'incliner, vite, c'était mon devoir clandestin. Ces deux résistants étaient des héros perdus, je les avais adoptés.

Parfois, les plaques étaient fleuries. Je me demandais qui d'autre que moi pouvait penser à eux. Je cherchais l'autre, celui qui, aussi secrètement que moi, entretenait le culte. J'imaginais un frère, une mère, un vieux compagnon peut-être qui venaient s'occuper d'eux. Durant des années, je les ai guettés, en vain. J'avais fini par me dire qu'ils venaient la nuit, loin de la foule idiote et des effluves de parfums du grand magasin. Je vomissais ces parfums, ils dérangeaient ma religion d'enfance.

Aujourd'hui, je vais les revoir, parfois. Je stationne dans la foule, je reste toujours avec eux un court instant. Ces temps-ci, les monuments ne sont pas fleuris.

Depuis, j'ai appris l'envers des légendes, celles de la Résistance, en particulier. À un moment, j'ai cru en venir à bout. Il faut bien se défaire des idoles, paraît-il.

J'ai bien essayé, pourtant. J'ai même fréquenté Vichy, par la suite. Je m'y suis promené avec un vieux Président nostalgique de sa jeunesse. Deux années durant, j'ai descendu la rue Nationale où il logeait chez un notable du coin, direction le « centre du monde », deux cents mètres plus bas, ce quadrilatère où s'était installée la France de la défaite, bordé par l'hôtel du Parc, l'hôtel des Célestins, les Thermes et le Casino où l'on vota la fin de la République. J'ai traîné à Vichy, dévorant tous les livres, jusqu'au plus médiocre mémorialiste, passant en songe du bar des Ambassadeurs, où l'on trouvait ce qu'il y avait d'amusant dans la ville, au pavillon Sévigné, un peu à l'écart, où se tenaient les séances importantes du régime. Cent fois, je l'ai accompagné au bord de l'Allier, dans ces guinguettes où il retrouvait ses copains de bohème, des juifs *(sic)*, et même des résistants. Je me souviens même du jour où, dans une de ces auberges, il croisa la belle Danielle Darrieux, rieuse et décolletée. Elle venait de se marier avec Porfirio Rubirosa, à l'Hippodrome de Vichy je crois, le grand événement de la saison dans la station. Juste avant sa tournée en Allemagne.

Je cherchais la vérité sur les fameuses années noires du Président — on commençait à peine à en parler, le livre de Pierre Péan n'était pas encore paru. Quand avait-il « basculé » de Vichy à la Résistance ? En 1942 ? Au début de l'année ? À la fin, comme beaucoup, en novembre 42 ? Non. À moins que ce ne fût plus tard, en 1943 ? Non ! Si tard ?... Il m'a beaucoup baladé. J'étais sur mes gardes pourtant. De ses premières réticences antiallemandes à son engagement actif dans la Résistance, il y avait ces dix-huit mois passés là qu'il voulait effacer, comprimer, réduire à rien. Il brouillait les pistes, mais il revenait toujours là, il aimait traîner à Vichy et racontait avec délice ce moment de sa jeunesse qu'il appelait « bohème » ; Vichy, ses intrigues, sa pétaudière ; Vichy et ses farces de collégiens antiboches ; Vichy et ses vieillards bienveillants, tous charentais et cagoulards ; Vichy, ses capitaines démodés, ses jolies secrétaires ; Vichy et sa géographie politique, tragique, dont il parlait comme s'il s'agissait d'une démocratie : le premier gouvernement Laval et son « erreur de Montoire » ; le « gouvernement des technocrates » de Darlan et l'écurie de la banque Worms ; la bande rivale avec les jeunes préfets de Laval ; et cette manière de parler de l'aîné Bousquet, le « meilleur de sa génération » que, cinquante ans après, il avait toujours l'air d'admirer en jeune homme.

Il aimait Vichy, c'était plus fort que lui.

J'avais fini par tomber dans le panneau. Je n'étais pas exactement sous le charme, à vrai dire, j'étais un peu comme ce héros d'Emmanuel Bove, attiré, ballotté, sous hypnose, pris dans le « piège » de Vichy.

J'ai trop fréquenté Vichy, comme beaucoup de mes congénères d'ailleurs. Car c'est là qu'il fallait être en ce tournant de siècle. Tout a commencé avec *Lacombe Lucien*, en 1975, où Modiano nous expliquait que l'engagement, dans la Résistance — ou dans la collaboration —, n'était finalement que le fruit du hasard. La « mode Vichy » n'a pas cessé depuis. Un vrai roman devait se trouver là ; un héros ne devait pas être un héros ; et tout le monde se découvrait un père ou un vieil oncle, complexe, forcément complexe qui-s'était-trompé-mais-pas-plus-que-certains-communistes, n'est-ce pas ?...

J'ai eu besoin d'écrire ce livre à cause d'un regard.

Le déclic est venu un soir de 1994, lors d'un dîner avec François Mitterrand. Maurice Papon était dans la salle et, au moment de quitter le restaurant, j'avais été frappé par ce salut étrange, discret mais appuyé, presque illicite, qu'il adressa au vieux Président — qui lui renvoya, imperceptiblement, le même signe de considération. Ils ne se sont pas parlé. Pas trahis. M. Papon ne s'est pas approché. Trois mètres les séparaient, mais leur regard de connivence en disait plus long que tout ce qui les avait officiellement séparés : trente ans de combat politique, deux républiques et quelques affaires. Une fois Papon parti, un proche du Président lâcha : « Il était préfet de police au moment de l'Observatoire... Il a été correct, je crois, il t'a alerté, n'est-ce pas, François ? » Regard foudroyant de Mitterrand. On passa à autre chose.

Dans les jours qui suivirent, je me suis passé et repassé le film de cet incident et de leur étrange salut... Et j'ai compris : « ils » en avaient été tous deux, cela valait bien des indulgences, une secrète et inimaginable solidarité vieille d'un demi-siècle. Ce signe déférent, et presque imperceptible, était un code pour ces clandestins qui, depuis cinquante ans, se suivaient du regard. Ils étaient des clandestins, c'est ça, des rescapés d'un grand naufrage, des sortes d'« Atlantes ». Leur France, celle de Vichy, avait sombré comme un jour l'Atlantide. Tous avaient fauté, les deux cents familles et leurs rejetons, nombre de gloires républicaines, la majorité du clergé, la bourgeoisie française, à l'exception de quelques fous. Les coupables les plus flagrants étaient dans cette Atlantide, ils étaient morts ou faisaient semblant. Les plus jeunes et les plus avisés avaient survécu au naufrage. Ils s'étaient convertis au gaullisme, comme Papon et tant d'autres, et avaient pu refaire surface. Ils se faufilèrent brillamment dans la République, mais, entre eux, la connivence vichyste durait depuis la Libération. Ils se tenaient, et de Gaulle les tenait. En cinquante ans, personne n'avait rompu cette « loi du silence ». Mon ami le Président et l'autre salaud étaient de jeunes Atlantes devenus vieux.

Ils étaient de la même génération, celle qui avait entre vingt-cinq et trente ans en 1940. Je les imaginais en hommes jeunes et ambitieux, costume rayé et air de communiant bien peigné, leur peau de crocodile, leur morgue et leurs bonnes manières. Ils étaient la France qui avait triché, rusé, combiné, qui s'était travestie en résistante au moment où tout se retournait, en 1943, parfois en 44, et qui avait resurgi alors pour reprendre les postes laissés aux rouges ou aux gaullistes. Ils avaient plié après guerre, mais n'avaient pas rompu, et ainsi avaient retrouvé, intacts, leurs postes de maîtres du monde.

La France « moisie » dont parle Philippe Sollers, cette expression qui a scandalisé parce qu'on ne la comprend pas, elle prenait forme tout à coup. Elle était là, devant moi.

J'ai alors repensé aux résistants de mon enfance, Tonin et Grassi.

Et j'ai eu la nausée de Vichy, de cette France qui, après s'être trouvée trop belle dans le miroir que de Gaulle lui tendait, préférait le romantisme d'un Lacombe Lucien à un Pierre Brossolette trop vertueux, assez des agents de Brasillach, de cette statue d'un Drieu La Rochelle qu'on nous fait revisiter, souffrant, déchiré, mais si beau, n'est-ce pas…, de cette littérature qui, avec le bel alibi de l'imaginaire, se venge de l'héroïsme des autres — ces résistants qui n'étaient certainement pas assez dandy pour eux. Assez de cette époque qui néglige Jean Prévost et lui préfère le moindre Chardonne, qui trouve tellement *excitant* de redécouvrir le nauséabond Maurice Sachs mais qui, durant un demi-siècle, avait oublié jusqu'au nom de Varian Fry, l'Américain qui sauva une bonne partie de l'intelligentsia française. J'ai eu la nausée des Papon, des Touvier, des Bousquet, de les voir défiler sur nos écrans. Et ce fameux « tout n'était pas si simple à l'époque ». Et leur complexité… Et leur itinéraire humain… Et leurs bons juifs ou leurs bons résistants…

Et leurs circonstances atténuantes… Et leur grand âge… La nausée de toutes ces zones grises de la collaboration qui, depuis vingt ans au moins, excitent plus sûrement les sens de l'époque que les zones de franche lumière. Celles qui éblouissent.

Au fond, la France n'a jamais voulu regarder les résistants en face. Elle a fait de leur épopée une histoire officielle et d'eux des anciens combattants. De même avec de Gaulle : le général de juin 40, solitaire, dissident, bientôt condamné à mort par Pétain, survolant, le 17 juin dans un petit zinc, Brest en flammes, est bien moins fameux que le glorieux chef de la France libre qui, le 25 août 1944, descend les Champs-Élysées dans Paris libéré. Le premier de Gaulle est si seul, et subversif, que longtemps on n'a pas pu le regarder à l'œil nu. Il a fallu, pour le voir, le filtre d'une histoire raisonnable, aseptisée.

La France n'a jamais voulu voir ses résistants tels qu'ils étaient. Après-guerre, ils étaient trop sacrés ; ensuite, ils n'étaient plus d'actualité, et puis ils sont vite devenus ennuyeux. Et comme si cela ne suffisait pas, ces dernières années, les héros sont devenus des suspects. Tout a commencé avec l'opération de déstabilisation de Me Vergès au procès Barbie, en 1986. Sa ligne de défense c'était : salir la Résistance. Il a fouillé dans toutes les poubelles de l'histoire, colporté tous les ragots, jusqu'au livre pitoyable de Gérard Chauvy. On a traîné les résistants et leur fantôme devant un tribunal. On les a tous fait défiler à la barre. Les morts et les vivants. Jean Moulin d'abord, tantôt espion soviétique, tantôt agent des Américains… Le BCRA accusé d'être l'épicentre du diable… Les mouvements du Sud… Et puis les Aubrac, coupables d'être trop « médiatiques » probablement.

Les résistants, on ne les a pas vus vieillir, on les a négligés, rangés au musée. La révolte de 68, ce meurtre du père-de Gaulle, les a évacués eux aussi. À certains moments, je me suis trouvé un peu démodé à préférer leur combat aux aventures de l'époque… Heureusement, il y eut des signaux, quelques livres, infiniment moins nombreux que ceux du torrent Vichy, mais qui me rassuraient. Daniel Rondeau, bien sûr, avec sa résurrection des archives filmées au début des années soixante par son ami Roger Stéphane. Quelle œuvre curieuse commandée par de Gaulle : filmer tous les Français libres, archiver, garder leurs visages, leurs souvenirs, quinze ans seulement après les faits ! De Gaulle se faisait projeter le film de Stéphane de longues soirées durant à l'Élysée. Cette image de lui, dans la salle obscure, je l'ai souvent imaginée. Il était impatient, comme un enfant avant une séance de cinéma. Il allait voir, enfin voir. Car, de la Résistance, il n'avait rien vu en fait. À Londres ou à Alger, il n'avait ni le son ni l'image, pas l'anecdote, aucun visage. Il était aveugle de l'histoire qu'il conduisait. Ces projections nocturnes devaient être bien plus instructives que toutes les notes du BCRA ou de Moulin qu'il avait reçues durant des années. Ces soirs-là, il retrouvait la grande épopée.

Mon ami vichyste avait cette formule pour parler des siens à l'époque : « Nous étions mal embarqués mais nous sommes bien arrivés. » L'expression m'avait frappé et, finalement, je crois qu'elle correspond assez au mouvement d'une certaine France, la sienne.

Moi, j'ai choisi de consacrer ce livre à ceux qui, justement, se sont « bien embarqués ». Tout de suite.

On parle de cent mille résistants à la Libération, mais ce ne sont pas ces cent mille-là qui m'ont intéressé. Ce sont les autres, une poignée, ces tout premiers résistants qui, un jour de 1940, n'ont pas réfléchi, pas combiné, qui ont rompu net, seuls contre tous. Il faut imaginer la force d'âme pour alors se soulever contre l'immense majorité des Français, contre la raison maréchaliste, contre le souci de carrière, contre les familles, les conforts… J'ai eu besoin de comprendre comment se fait le tri, dans une génération, entre les médiocres, les salauds et les justes.

Il y a un « mystère » de la Résistance francaise. Sa naissance : cette insurrection immédiate des pionniers. Les historiens expliqueront que les jeunes, les célibataires, les marginaux, ou les juifs partaient plus facilement que les autres ; que la gauche avait pris conscience plus vite que la droite, que les Bretons, de par leur géographie, étaient plus nombreux que les autres, etc. Mais cette première résistance est irréductible à la rationalité. Comme le dira de Gaulle à Londres, il a d'abord trouvé la Cagoule et la synagogue…

Le mystère, c'est ce sursaut dans la solitude immense de l'année 40 ; c'est le départ pour la clandestinité ou pour Londres, ou pour le danger au coin de la rue, alors même que de Gaulle n'est qu'une lointaine rumeur. C'est la volonté irrépressible, même maladroite, de « faire quelque chose ». En juin 1940, le mot « résistance » n'existe pas. Il s'impose en décembre 40, quand le réseau du Musée de l'Homme en fait le titre de son journal clandestin.

Alors, pourquoi eux et pas les autres ?…

Moulin et Bousquet avaient le même âge, étaient tous deux des préfets bien notés du Front populaire. Pourquoi Jean Moulin se tranche-t-il la gorge le 17 juin 1940 afin de ne pas signer un acte administratif, imposé par les Allemands ? Pourquoi lui et pas Bousquet ? Pourquoi le lieutenant Messmer et le lieutenant Simon quittent-ils leur base, ce même 17 juin, pour rejoindre Londres ? Pourquoi eux et pourquoi pas les trente-huit autres officiers réunis dans le mess ce jour-là ? Pourquoi Brossolette ? Pourquoi Passy ? Quel lien entre les pêcheurs de l'île de Sein qui partirent tous, en laissant leurs familles entre les mains d'un curé trop vieux pour combattre, et ce général inconnu qui s'appelait comme la France de jadis… ? Pourquoi eux… ? Pourquoi lui… ? Pourquoi vinrent-ils à lui… ? Pourquoi ceux de l'île de Sein… ? Et pourquoi cette île-là… ? Et pourquoi pas l'autre ? Pourquoi Vernant avec son frère colle-t-il ses petites affiches dans les rues de Narbonne… ? Pourquoi Germaine Tillion va-t-elle frapper à toutes les portes dans Paris déserté... ? Pourquoi la fille du président Doumergue abat-elle, le 17 juin, à Cosne-sur-Loire, un soldat allemand ? Pourquoi, à Bordeaux, le communiste Charles Tillon rédige-t-il, ce jour-là, en dépit de la ligne du parti, un appel dénonçant l'armistice ? Et pourquoi au même moment, à Brive, le démocrate-chrétien Edmond Michelet dit-il la même chose que Tillon en invoquant Péguy : « En temps de guerre, celui qui ne se rend point est un homme, quel qu'il soit, d'où qu'il vienne, et quel que soit son parti. Il ne se rend point. C'est tout ce qu'on lui demande. Et celui qui se rend est mon ennemi quel qu'il soit, d'où qu'il vienne, et quel que soit son parti » ?

Il faut imaginer juin 40. Cette « étrange défaite » dont chaque jour est une étape dans la décomposition du pays. Le glorieux Empire français s'est effondré en six semaines. La France est sur les routes, avec ses sept millions de réfugiés. Le 10 juin, les ministres fuient Paris dans la nuit de peur qu'on les attrape. Au Quai d'Orsay, on brûle à la hâte les archives. Dans d'autres ministères, on les entasse dans des camions, on revient parfois chercher un carton oublié. Le gouvernement ne sait pas où aller. D'abord, il s'installe en Touraine, puis ne cesse de reculer devant l'avance allemande. C'est le chaos. Paris, déclaré « ville ouverte », voit arriver les Allemands le 13 juin. Il y fait nuit en plein jour, les raffineries de l'Ouest brûlent.

Le 13 juin 1940, ils sont un certain nombre à dire non. À leur manière. À Paris, on compte une vague de suicides, des Juifs polonais dans des hôtels borgnes du XIe arrondissement, des femmes, des paumés dont les registres de police ne conservent pas la trace. Le plus illustre des suicidés de ce jour-là est le professeur Martel, la gloire française de la médecine d'alors. Ces morts du 13 juin, ils me frappent autant que les tout premiers résistants qui se lèvent le 17 juin.

Les tout premiers résistants n'ont pas entendu l'appel du général de Gaulle. Si peu de Français l'ont capté — à peine une dizaine de milliers de personnes, dit-on.

En fait, c'est Pétain qui les décide : son fameux message à la radio du 17 juin, où il annonce l'armistice et fait don de sa personne, est déterminant pour les premiers résistants — en tout cas ceux que j'ai rencontrés.

À 12 h 30, la France entière est suspendue : Pétain va parler. Sur les routes de l'exode, on s'arrête dans les fermes, on ouvre les coffres des voitures et on sort de gigantesques postes de radio, on s'entasse dans les cafés, dans les garages, partout où l'on peut, dans les casernes on est au garde-à-vous. Et alors, tout se décide très vite, dès qu'il a fini. Il n'y a ni gauche ni droite, mais des irréguliers qui disent « non », sans prédestination. Ce jour-là, après 12 h 30.

Longtemps, je les ai regardés de loin. Les résistants appartenaient à un monde d'ailleurs, à une terre des morts. Je n'avais pas complètement tort. Dans les années de l'après-guerre, ils étaient apparemment partout, sur tous les écrans, à toutes les cérémonies, sur toutes les plaques des villes, mais ce n'étaient pas eux, on agitait leur simulacre. Raison d'État oblige, il fallait recouvrir d'un manteau de vertu « la France moisie », faire de la Résistance une religion, avec ses apôtres et ses sacrements. Les rebelles vivants étaient trop dangereux, ils menaçaient la liturgie. Ils ne pouvaient être que des hérétiques. Un bon résistant était alors un résistant mort. L'histoire officielle ne nous fera donc connaître de la Résistance que les stations d'un calvaire autorisé, celui que l'on trouve sur un plan de Paris : Jean Moulin, le colonel d'Estienne d'Orves, le colonel Fabien, Guy Môquet… Les communistes et les gaullistes avaient accommodé la mémoire. Durant des années, on ne trouva rien sur les héros gênants, rien sur Manouchian, rien sur les métèques, rien, ou si peu, sur les lycéens du 11 novembre 40, sur le réseau du Musée de l'Homme, rien sur ce qui sortait du rang, de l'ombre.

Bien sûr, quelques résistants, après guerre, certificat gaulliste ou communiste à la main, réussirent à briser le silence. Il y eut des cycles, des modes autorisées. Des livres et des films qui peaufinèrent cette histoire de plomb, d'où l'homme, ses rêves et ses faiblesses, la complexité, la part obscure de cette aventure, furent gommés. Dans l'immédiat après-guerre, il y eut la vogue Bénouville. Le jeune général enchanta le grand public avec son picaresque *Sacrifice du matin*. Dans le genre d'Artagnan agent secret, le colonel Rémy fut, par la suite, un des plus courus, jusqu'à ce que sa thèse du « glaive et du bouclier » ne déplaise à de Gaulle. Le résistant idéal fut incontestablement Jacques Chaban-Delmas. Un Jacques Chaban-Delmas devenu icône. Sanglé dans son imper, inspiré et vigilant, toujours sur la brèche. Il était grand prêtre d'une religion d'État, sa foi était d'autant plus intense qu'il ne fut pas l'un des premiers à s'engager. Dans les années quatre-vingt, Lucie Aubrac prit son relais — non sans légitimité. C'était le temps de la gauche au pouvoir. Elle en fut la résistante officielle, après une si longue hégémonie de l'historiographie gaulliste.

Cela peut surprendre. Malgré cette immense production de livres, de films, de Mémoires, quelque chose me manquait : les hommes — pas les statues —, leurs vibrations, la couleur de leur nuit, cette odeur de poudre dont ils parlent souvent. Leur jeunesse. Et leurs peurs aussi. Et leurs amours. Et leurs familles qu'ils ne voient plus. Et ce train d'enfer qu'ils menaient, ces incessantes circulations à pied, à vélo, comme des courriers du XVIIIe — l'expression est de Daniel Cordier. Et l'excitation de cette vie qu'on risque à tout moment. Et les sueurs froides au réveil. La vie, quoi ! Tout cela est absent d'une histoire désincarnée, qui nous a été servie trop longtemps. À l'héroïsme mastoc de *La Bataille du rail* d'un René Clément, j'ai toujours préféré la Résistance que filma Melville dans *L'Armée des ombres*.

Donc, j'ai eu envie d'aller au-delà de l'histoire pieuse. J'ai voulu découvrir le résistant réel sous la Résistance officielle ; voir ce qui se cachait derrière l'homme de marbre ; entendre le son du rire de Moulin, connaître l'adresse de sa chambre de bonne, l'ambiance de ses dîners à Lyon, son visage quand il apprend l'arrestation de Delestraint, sa dernière promenade. J'ai voulu « fréquenter » Bingen, Brossolette, Scamaroni, d'Astier, Frenay, Lévy… Je les voulais sans le lyrisme de Malraux. Sa religion est trop lourde, elle a longtemps écrasé les hommes. La Résistance, je la voulais indocile, pas en costume trois-pièces de notable gaulliste. J'ai tenté l'impossible, rattraper leur passé, m'y glisser avec eux, chiper leurs nuits, leurs jours, leur jeunesse. À chaque étape de ce voyage, je n'avais en tête que de retrouver les couleurs de ce *temps déraisonnable*.

Avant qu'il ne soit trop tard, que l'Histoire ne s'échappe avec eux.

Claude Bouchinet-Serreulles [1]

Il est le premier sur ma feuille de route, mon premier rendez-vous. Je l'ai choisi un peu par hasard, à cause de la liste impressionnante de ses pseudonymes « Clovis », « Pellerin », « Scapin » et de ce « Sophie » qui sonne étrangement ; peut-être aussi parce qu'il est, plus que d'autres, un homme de l'ombre, si bien que je croyais disparu depuis longtemps ce résistant dont on croise le nom sur tous les terrains durant la guerre : en juin 1940 sur le *Massilia* qui évacue les parlementaires hostiles à l'armistice ; à Londres, où il est l'aide de camp de De Gaulle de 40 à 42 ; au BCRA, parmi les espions du Général, qui fut, on le verra, l'autre centre de gravité de la « France libre » ; dans la Résistance intérieure ensuite où, à vingt-six ans, sans y être préparé et sans être nommé, il remplace, au lendemain de Caluire, le délégué général de la Résistance, Jean Moulin.

En arrivant chez lui, petit vertige. J'ai rendez-vous avec « Sophie », j'ai (presque) rendez-vous avec de Gaulle, Moulin, l'Armée des ombres, les secrets de Caluire et du BCRA. J'ai le trac du premier rendez-vous.

À Passy, un appartement cossu, sombre et silencieux que le vacarme de l'époque n'atteint pas — ce qui accentue le côté fantomatique de ma visite. Claude Bouchinet-Serreulles, malgré ses quatre-vingt-sept ans, a l'allure d'un jeune homme bien mis, lunettes d'intello, allure dégingandée. L'homme est courtois mais vaguement

1. Entretien réalisé le 10 novembre 1997 et le 17 juillet 1999.

méfiant, un peu obligé. Tout de suite, il regarde sa montre : « Je n'ai qu'une heure à vous consacrer. » Phrase rituelle qu'il prononcera à chacun de nos rendez-vous, avec une fausse sévérité, comme pour se rassurer. Car chaque fois il saura se montrer « déraisonnable ».

« Je reçois beaucoup plus de monde maintenant qu'il y a vingt ans, c'est curieux. Nous avons peut-être atteint la distance suffisante. Il y a vingt ans, la période n'était plus d'actualité, et ce n'était pas encore de l'Histoire... »

Devant lui, des notes, des dossiers, probablement le manuscrit de ses mémoires attendus depuis si longtemps. Ce bureau, c'est sa grotte, son musée de la Résistance depuis des décennies.

On pourrait croire que les hommes qui, comme lui après-guerre, tournèrent la page, refirent leur vie ailleurs, loin de De Gaulle et du gaullisme, dans la diplomatie puis dans l'industrie dans son cas, avaient fermé la porte à leurs souvenirs. Or, chez Serreulles, tout est toujours là, malgré son silence et son goût pour l'ombre. La pièce est tapissée d'archives jaunies, de tous les livres publiés sur la Résistance, de vieux journaux encadrés, tout est soigneusement rangé. Sur les murs, deux photographies, seulement deux. L'une de De Gaulle dédicacée avec une attention extrême « au compagnon des premiers jours », la même photographie que je retrouverai souvent au cours de ce voyage, le Général dans son ciré noir, sur le pont d'un bateau en 1942, des jumelles autour du cou. Un peu plus loin, un autre portrait plus soigneusement exposé encore, celui d'un inconnu. Il m'apprend qu'il s'agit de Jacques Bingen.

Bingen ! C'est donc son visage. Dandy et industriel, beau-frère d'André Citroën, il fut une des figures mondaines d'avant-guerre, avant de devenir un des patrons de la Résistance, au BCRA, puis comme délégué du Général, avec Bouchinet-Serreulles. « C'est Swann dans la Résistance », m'a dit un jour Daniel Cordier. J'aurais tellement aimé rencontrer Bingen.

Il fixe la photo de son ami. Et soudain, le grand bourgeois raide a un air jeune et triste quand il désigne son compagnon : « Voilà cinquante-trois ans qu'il a disparu, et tous les jours je me rends compte que j'en suis inconsolable… » Un silence, et il se redresse : « Bien. Que voulez-vous savoir, jeune homme ?… »

***

Claude Bouchinet-Serreulles, vous parvenez à Londres parmi les premiers. Le 23 juillet 1940, vous devenez l'aide de camp du général de Gaulle jusqu'en octobre 1942. Mais vous êtes surtout entré dans l'Histoire en devenant, malgré vous, le remplaçant de Jean Moulin après son arrestation à Caluire, le 21 juin 1943. Quand avez-vous rencontré Moulin pour la dernière fois ?

Je ne l'imaginais pas un instant, naturellement. Je venais prendre, sous l'autorité de Jean Moulin, le secrétariat des réseaux de la zone Nord. Je savais qu'il y avait des vents contraires au sein de la Résistance et que Moulin avait besoin de moi…

Je suis arrivé en France le 15 juin, et j'ai eu avec Moulin, le 19 juin, un entretien long et important. Nous avons passé quatre heures à nous promener et à discuter dans le parc de la Tête-d'Or, à Lyon. C'était un privilège ! J'en bénéficiais car je venais de Londres, porteur d'informations. Elles étaient d'autant plus importantes que tout le monde, y compris Moulin, était sevré de nouvelles venant de Londres ou d'Alger. Moulin était concentré depuis mai sur la réunion plénière du CNR. Londres et Alger, à ce moment-là, avaient d'autres choses à faire que d'informer la Résistance, et même son délégué général. J'en ai fait le reproche quelque temps plus tard à Georges Boris [1], surtout concernant Moulin. Boris a admis que le travail de communication avait été négligé…

1. Georges Boris, directeur, dans les années trente, de l'hebdomadaire de gauche *La Lumière*, proche collaborateur de Léon Blum, engagé volontaire à cinquante et un ans et rescapé de Dunkerque, a entendu l'appel du 18 juin et est arrivé à Londres dès juin 1940. Il fait partie du service information de la France libre, puis, en avril

Sur les quatre heures passées ensemble, j'ai dû parler pendant une heure et demie. Vous pensez, Moulin était avide de tout ce que je pourrais lui apprendre... Puis il m'a parlé des derniers événements français. Il était enchanté de la réunion de la rue du Four où il avait fait voter une motion préparée par lui et par Bidault. Une motion décisive, car tous les membres du CNR convenaient que le général de Gaulle devînt le chef politique et militaire de la France libre... et que l'on confiât un commandement important à Giraud. C'était une victoire pour les gaullistes, il était heureux de cette réussite. Mais d'autres problèmes reprenaient, à ce moment-là, le dessus chez Moulin. En particulier, l'arrestation du général Delestraint, l'homme des chars et ami du général de Gaulle, récemment désigné comme chef de l'Armée secrète[1]. Il y avait un vide à combler.

Moulin prenait-il vraiment au sérieux ce vieux général Delestraint dont on disait qu'il ne connaissait pas les règles élémentaires de la clandestinité ?

Oui, il le prenait au sérieux. Il le connaissait bien, d'ailleurs. Il avait passé pas mal de temps à Londres

---

1942, il est nommé au Comité exécutif de propagande, l'organe directeur de la propagande politique française par radio jusqu'à la Libération. En 1943 et 1944, il devient, avec Maurice Schumann, le principal inspirateur de la politique radiophonique. Il collabore aussi à *La Marseillaise*, l'hebdomadaire du Mouvement français libre, à partir de juin 1942. Sous la signature d'Alain Chambrey, il écrit une série d'articles économiques où il esquisse ce que pourrait être une organisation économique et sociale moderne s'inspirant d'un socialisme à la française. À la mi-1942, il devient l'homme clé du commissariat à l'Intérieur sous la direction d'André Philip, puis d'Emmanuel d'Astier. Ayant connu Pierre Mendès France au cabinet de Léon Blum, très proche de lui (ils ont contribué tous deux à l'introduction du keynésianisme en France), il devient, en 1954, un de ses conseillers les plus écoutés au gouvernement. Il est mort en 1959.

1. Voir l'entretien avec le général Le Ray.

avec lui, reçu par le commandement unifié anglo-américain. Dans ces réunions tripartites, auxquelles participait mon ami Jacques Bingen[1] (le seul à parler anglais), Moulin avait été impressionné par Charles Delestraint. Même s'il s'était aperçu qu'il n'avait effectivement aucune expérience de la clandestinité et de la vie des mouvements. Avec le recul, c'est vrai, deux hommes importants ont été plongés dans la Résistance sans y avoir été préparés, le général Delestraint et Émile Bollaert[2]. Ces nominations n'étaient pas tout à fait à la hauteur des enjeux. Les hommes dataient. Mais c'était le choix de De Gaulle.

Jean Moulin vous a-t-il parlé, à ce rendez-vous décisif, quelques jours avant Caluire, de ses projets politiques ?

Oui. Nous avons essentiellement parlé des priorités pour l'année 1944, qui devait être selon lui la dernière année de la guerre. Nous pressentions, en effet, des débarquements — mais où ? Et que l'offensive allait changer de camp… Jean Moulin s'était fixé pour l'an-

1. Ingénieur civil des mines, diplômé de l'École libre des Sciences politiques, beau-frère d'André Citroën, lieutenant d'artillerie en 1939-40, Jacques Bingen rejoint Londres dès le 18 juillet 1940. En 1943, après l'arrestation de Jean Moulin, il est nommé délégué général du CNR par intérim, avec Claude Bouchinet-Serreulles. Il achève la consolidation et l'unification de la Résistance intérieure. En mars 1944, il est délégué du CFLN en zone Sud. Arrêté le 13 mai, à Clermont-Ferrand, après la trahison d'un agent double, il s'échappe, mais est repris. Il se suicide en avalant une dose de cyanure avant d'entrer dans les locaux de la Gestapo.

2. Après l'arrestation de Jean Moulin, Émile Bollaert est désigné comme délégué général en métropole par Pierre Brossolette, le 15 septembre 1943, à la demande du général de Gaulle. Claude Serreulles et Jacques Bingen continuent à diriger les services de la délégation dans chacune des deux zones. Mais Bollaert ne connaît ni le général de Gaulle, ni les mouvements de résistance, ni la vie clandestine. Né en 1890, préfet du Rhône en 1940, proche d'Édouard Herriot, il avait publiquement refusé l'armistice en

née 1944 trois objectifs principaux, il me les a détaillés ce jour-là. D'abord, la lutte contre le STO et la déportation. Il allait nous tomber dessus cinquante à quatre-vingt mille gars qui refusaient d'aller travailler en Allemagne, et nous n'étions pas prêts à les recevoir dans les maquis. Les maquis, à cette époque-là, il faut le savoir, c'était seulement deux mille hommes. Alors se posait à nous le colossal problème de la création de maquis. Les mouvements, bien sûr, pouvaient agir, mais pour ce genre d'opérations, nous devions assister et coordonner. Il fallait donc se dépêcher sur ce front-là, nous étions déjà en juin…

Le deuxième objectif, selon Moulin, était de donner au CNR son homologue sur le plan militaire et de rapprocher des gens et des mouvements qui souvent se connaissaient et ne s'aimaient pas. Certains mouvements étaient organisés mais dans le désordre : les communistes étaient désireux de créer des maquis et d'en encadrer, ils avaient une longue expérience de la vie communautaire et défensive ; les giraudistes de l'ORA étaient solides mais travaillaient de leur côté, ils n'étaient plus d'ailleurs très giraudistes à ce moment-là, tant ils s'étaient rendu compte de l'insuffisance de leur chef ; et puis tous les autres mouvements connus… Moulin voulait réunir tous ces gens ensemble sous un sigle commun. Il est mort, mais il y est parvenu, sans voir la réussite de son projet. Il suffisait de voir, en juin 1944, la floraison des sigles FFI partout pour comprendre que toute la Résistance était devenue FFI — à

acceptant d'écouter la lecture par des élèves lyonnais de la nouvelle d'Alphonse Daudet « La dernière classe », symbole du patriotisme. Il est alors révoqué par Vichy. Arrêté en février 1944, avec Pierre Brossolette, il est emprisonné à Rennes, puis à Paris avant d'être déporté à Buchenwald. Après son retour en France, il devient, en juin 1945, commissaire de la République à Strasbourg. En 1946, il est élu conseiller de la République, puis nommé haut-commissaire de France en Indochine de 1946 à 1948. Il est Compagnon de la Libération. Il est décédé le 18 mai 1978.

part les FTP qui, eux, poussaient l'orgueil jusqu'à s'appeler FTP-FFI…

Et puis, la troisième urgence pour l'année 1944 était d'assurer le rétablissement des institutions républicaines. Ce n'était pas rien. Il fallait faire sauter tous les préfets, une grande partie de l'administration. Il fallait donc trouver une centaine d'hommes qui puissent réunir deux conditions : avoir les qualités d'un administrateur de classe, et ne s'être jamais compromis avec Vichy.

Nous avons parlé de tout cela ce jour-là dans le parc de la Tête-d'Or. Moulin était en pleine forme, très remonté, très confiant. Il ne savait pas que, d'une certaine manière, il me dictait son testament, le pauvre.

On le disait pourtant traqué en ces jours de juin 1943. L'avez-vous ressenti aussi ?

Traqués, nous l'étions tous… Non, il ne m'a pas semblé particulièrement traqué. Il ressemblait à ce qu'on connaissait de lui avant-guerre. Je pense à cette photo au bord de la mer, où on le voit rire avec sa sœur et sa mère. Il était le même, ce jour-là. Un homme jeune, très humain, très libre d'esprit, absolument pas un préfet raide, même s'il était un grand administrateur. D'ailleurs, s'il ne l'avait pas été, il n'aurait jamais réussi à mettre d'accord les trois mouvements de résistance du Sud, et les huit mouvements du Nord, qui avaient tous des particularismes politiques. Il était un grand administrateur, un fin politique. Il savait tenir des assemblées, et les tenir en respect.

Vous a-t-il parlé de la réunion de Caluire qui devait se dérouler peu après ?

Oui. Il m'a dit : « Il faut que vous veniez à cette réunion. Je vais consulter les dirigeants des mouvements du Sud sur le remplacement du général Delestraint. » Caluire, ce n'était d'ailleurs pas, comme on l'a dit parfois, la réunion de désignation du successeur de Delestraint. Moulin devait, par la suite, se rendre auprès des mouvements du Nord, faire une synthèse, réfléchir avant de proposer le nom du nouveau chef de l'Armée secrète.

À propos de cette arrestation, Moulin, dans sa dernière lettre à de Gaulle (reproduite par Daniel Cordier[1]), désigne Frenay-Charvet, comme l'une des « causes » de l'arrestation du général Delestraint...

C'est possible... Frenay menait campagne contre Delestraint comme il avait mené campagne contre Moulin. Mais je ne crois pas qu'il ait été l'instigateur de quoi que ce soit, ni de l'arrestation de Delestraint, ni de Caluire. Je ne crois pas à un traître parmi nos camarades, excepté un homme, René Hardy...

La seule chose que l'on puisse dire est qu'il y a eu dans l'entourage de Frenay un homme très étourdi : Pierre de Bénouville. Il ne devait pas envoyer Hardy à cette réunion, soit qu'il ait su qu'il avait été arrêté, soit qu'il ne l'ait pas su et qu'il n'ait pas tenu compte des responsables convoqués ce jour-là. Mais il pensait probablement que le responsable de son mouvement, Henri Aubry, était trop faible, et qu'une personnalité plus forte comme celle de Hardy défendrait mieux leur point de vue.

Tout de même, cela fait beaucoup d'étourderies, comme vous dites, du côté de Combat. Aubry oublie de prévenir le général Delestraint que sa boîte aux lettres est grillée, provoquant par là même son arrestation. Bénouville ne sait pas ou ne veut pas savoir que Hardy a été arrêté par la Gestapo et il l'envoie à Caluire !

1. Daniel Cordier, *Jean Moulin, la République des catacombes*, Gallimard, Paris, 1999, pp. 444 et 445.

Oui… Mais le climat de la Résistance était tellement différent de l'image que nous en avons aujourd'hui. Nous avons tendance à ne voir les choses qu'en noir et en blanc, et à oublier les zones de flou… Le flou, c'est que Bénouville n'a pas cherché à connaître les raisons de la disparition de son camarade Hardy. Mais je ne crois pas pour autant que Hardy ait été instrumentalisé par Combat. On ne peut pas dire d'ailleurs que Combat était de droite ou de gauche, pour ou contre de Gaulle. La Résistance était un moule dans lequel ils se sont tous insérés : communistes ou monarchistes. On appelait ça l'esprit de résistance. C'était une fusion peut-être comparable à celle des tranchées à Verdun.

J'insiste, Moulin était violemment contesté par Frenay et son mouvement, il suffit de lire la correspondance qu'avaient entretenue l'année précédente les deux hommes[1].

C'est vrai, il y avait un sentiment général en France, dans les mouvements de résistance, qu'il fallait se débarrasser de ce délégué trop impérieux, encombrant. Ce sentiment était d'ailleurs beaucoup plus présent dans les mouvements de zone Nord qu'à Combat.

Pourquoi ?

Parce que Pierre Brossolette et le colonel Passy les avaient vus longuement lors de leur mission Arquebuse-Brumaire, et les deux hommes, fort éloquents, les avaient amenés à penser que la constitution du CNR était une entreprise diabolique de réintroduction des partis de la IIIe République. Les résistants du Nord avaient été impressionnés par l'intelligence de Brossolette, par l'appui du puissant Passy, et aussi par

1. *Cf.* les annexes du livre du colonel Passy, *Missions secrètes en France (novembre 1942-juin 1943)*, Plon, Paris, 1951.

la présence d'un flight-lieutenant britannique, Yeo-Thomas[1].

Je vais peut-être vous paraître naïf, mais c'était un véritable d'acte d'insubordination contre de Gaulle venant de Passy.

De Gaulle en a eu connaissance... Et je pense qu'après ces événements, de Gaulle n'a plus suivi Passy comme il l'avait fait de 1940 à 1942. C'est humain. Quelqu'un qui tire dans le sens opposé de celui que l'on vise, et qui devient l'auxiliaire de l'adversaire, n'est plus regardé de la même manière... Passy a été fasciné par le personnage Brossolette, on l'a dit. Brossolette avait un don de parole remarquable, il aurait été, cent cinquante ans plus tôt, un de nos grands révolutionnaires. Peut-être a-t-il été mal utilisé par Londres... Reste qu'il n'était pas en phase avec les objectifs politiques de De Gaulle. André Philip[2] le connaissait bien

1. Cet officier britannique, délégué par le SOE (Special Operations Executive, les services secrets britanniques d'action et de subversion), parachuté en même temps que le colonel Passy, en février 1943, doit, entre autres missions, assurer les résistants de l'intérieur des bonnes relations entre les services français de Londres et britanniques. Ancien directeur de la maison de couture parisienne Molyneux, ayant vécu en France plus de trente-cinq ans, Yeo-Thomas parlait parfaitement le français. Adjoint de qualité, il devint très vite un ami de Pierre Brossolette et du colonel Passy.

2. Professeur à la faculté de droit de Lyon, élu député SFIO du Rhône en 1936, engagé comme agent de liaison auprès du corps expéditionnaire britannique en septembre 1939, il fait partie, le 10 juillet 1940, des quatre-vingts députés qui ont refusé de voter les pleins pouvoirs au maréchal Pétain. Dès le lendemain, il rédige un manifeste pour dénoncer le régime. Il participe à la formation du parti socialiste clandestin, il devient membre du comité directeur de Libération-Sud. Il gagne l'Angleterre le 27 juillet 1942. Il est nommé, le lendemain de son arrivée, commissaire à l'Intérieur. Grâce à sa nomination, la Résistance devient partie intégrante de la France combattante. Le 30 mai 1943, il gagne Alger avec le général de Gaulle et participe aux négociations avec le général Giraud.

avant-guerre. Il aurait dû tout faire à Londres pour que Brossolette ait à la BBC une émission aussi importante que celle de Maurice Schumann. Il aurait été le plus doué pour entretenir la polémique contre Vichy. Il aurait été une sorte d'anti-Henriot. Cela n'aurait peut-être pas été tout à fait suffisant pour lui, mais l'aurait entraîné à préparer l'après-guerre.

Vous rejetez en bloc la refondation politique proposée par Pierre Brossolette pour l'après-guerre. Pourtant, son projet de démocratie à l'anglo-saxonne et sa crainte de renouer avec la IIIe République étaient louables quand on voit la médiocrité de la IVe République !

Le projet politique de Brossolette était intéressant. Si toutefois de Gaulle n'avait pas eu sur les bras cent cinquante mille hommes à réarmer, dont la moitié étaient giraudistes. Et, pour les armer, il avait un besoin immense des Américains. Ceux-ci n'auraient pas reconnu la légitimité de De Gaulle sans ce CNR que Brossolette a tant combattu.

Revenons à Caluire, le 21 juin, vous devez participer à la réunion, mais vous vous trompez de funiculaire...

J'ai été dans une détresse indescriptible quand je m'en suis aperçu. Je me suis dit : « Qu'est-ce que Moulin va penser de moi ? Tu es un con. On n'aura qu'à te renvoyer dans tes foyers et ce sera bien fait... » Je ne savais pas où les retrouver et, durant tout l'après-midi, je me suis rongé les sangs... Perdu pour perdu, je me

---

Le 9 novembre 1943, il devient commissaire chargé des rapports avec l'Assemblée consultative jusqu'en septembre 1944. Poste difficile : comme il refuse de taire les critiques de l'Assemblée sur la politique gouvernementale, de Gaulle lui retire son portefeuille. Il préside la commission de la Constitution qui commence ses travaux en novembre 1945. Il poursuit une carrière ministérielle sous la IVe.

suis rendu au rendez-vous que j'avais avec Aubrac pour dîner dans un restaurant dans Lyon. Et j'ai dîné seul. Il n'est pas venu, bien sûr. Je ne savais rien. Je n'avais aucune information. Et là, je me suis mis à être inquiet. Ce n'était plus la honte d'avoir raté la « ficelle », mais l'angoisse de ne pas voir arriver Aubrac.

Le lendemain matin, j'avais rendez-vous avec le secrétaire intérimaire de Moulin. Il n'avait pas de nouvelles non plus. Il m'a dit qu'il venait de faire le tour des planques, pas seulement celles de Moulin, mais de toutes les planques possibles. Deux heures plus tard, nous nous sommes retrouvés et, là, nous avons eu confirmation du coup de filet de Caluire. Que fallait-il faire ? Aussi incroyable que cela pouvait paraître, rien n'avait été prévu en cas d'arrestation de Moulin. Moulin lui-même n'y avait pas pensé, bien sûr, mais personne, ni au BCRA, ni au commissariat à l'Intérieur, ni de Gaulle lui-même n'avaient pu imaginer que cet homme puisse disparaître. Il devait être invincible et immortel… Nous avons alors ensemble préparé un télégramme pour Londres. Moi, je savais ce qu'il me restait à faire. Il m'avait tout soufflé trois jours avant son arrestation. Je devais assurer l'intérim. Mais il y avait un problème que je ne pouvais pas résoudre, la présidence du CNR. Je ne pouvais en assurer l'intérim pour des raisons que je vais vous expliquer. Jacques Baumel[1] laisse entendre dans un livre récent que je n'aurais pas eu les épaules assez larges pour assurer cette présidence. Non, ce n'est pas ainsi que les choses se sont posées. Dans les jours qui ont suivi, j'ai tenté d'alerter Londres, de leur demander de prendre une position sur cette question. En vain. Je n'arrivais pas à avoir de nouvelles de Londres. Il paraît que, le 28 juin, un télégramme était parti de là-bas pour me féliciter de ma décision d'assurer l'intérim de Moulin, mais je ne l'ai jamais reçu. J'étais sans nouvelles de Londres. Et

1. *Résister : histoire secrète des années d'Occupation*, Albin Michel, Paris, 1999.

Londres n'arrivait pas à faire prendre une décision à de Gaulle, qui, à Alger, ferraillait contre les Américains et les giraudistes.

Cela paraît incroyable, vous n'arrivez pas à obtenir de De Gaulle une position sur une question aussi importante que la présidence du CNR !

C'est pourtant vrai. De Gaulle était pris dans la fournaise algérienne. Toutes les informations venant de Londres mettaient trois semaines à lui parvenir. Et puis il n'avait pas la liberté d'esprit pour ce genre de problème. À Alger, il lui fallait sauver sa peau, face à Giraud. À Londres, au BCRA, le colonel Passy, Georges Boris et André Manuel[1] étaient au courant, mais ils ne prenaient pas ce genre de décision. Il a fallu attendre l'arrivée de Jacques Bingen, le 15 août, pour que je le questionne sur ce qu'il fallait faire pour le CNR...

Jacques Bingen était mon frère de lait. Nous avions vécu ensemble à Londres pendant un an et demi avant qu'il ne prenne son propre appartement. Nous nous connaissions très bien. Et nous avions partagé au Nord et au Sud la responsabilité de la Délégation. Tout avait été transféré à Paris. À ce moment-là, Lyon était devenu insalubre. Sur n'importe quelle place, dans n'importe quel jardin, on pouvait trouver un Barbie derrière un journal qui traquait les résistants. Les risques de se faire « coxer » étaient immenses. C'est pourquoi nous avons préféré Paris qui, à ce moment-là, était devenu le plus grand maquis de France.

Dès son arrivée, j'ai parlé à Bingen. J'étais très embarrassé, mais ma religion était faite : « Je ne prendrai pas la présidence du CNR. Si l'ancien chef de cabinet du général de Gaulle prenait cette présidence, ce serait une erreur grave dans les négociations avec Churchill et Roosevelt. Ce serait admettre que le CNR n'est

1. Voir l'entretien avec Stéphane Hessel.

qu'une chambre d'enregistrement. » Bingen était d'accord. Je crois que j'ai évité là une erreur à de Gaulle. J'en ai parlé avec lui d'ailleurs, fin mars 1944. Même s'il avait horreur de se retourner sur le passé, il a tout de suite opiné. Il avait compris.

Pourquoi avoir, durant de longs mois, de juin à août, soutenu l'idée que Georges Bidault pouvait prendre la présidence du CNR ?

Je ne connaissais pas personnellement Georges Bidault [1], mais je savais que, dès les premiers jours passés en France, il avait été le plus intime conseiller politique de Moulin, qu'il savait rédiger des motions recueillant l'unanimité de tous les mouvements. C'était un fin politique et un brillant intellectuel. Il a d'ailleurs été reçu premier à l'agrégation d'histoire et de géographie, concours où Brossolette était second... Ce que j'ignorais en revanche, c'était son absence totale de volonté.

Pour faire élire le président du CNR, j'aurais pu, bien

1. Georges Bidault, né en 1899, enseigne à Louis-le-Grand, milite à l'Association catholique de la jeunesse française, puis au Parti démocrate populaire. Journaliste au quotidien démocrate-chrétien *L'Aube* durant les années trente. Il accepte Munich. Mobilisé, prisonnier, il est libéré en 1941. Il rejoint la zone Sud et entre dans le mouvement Combat en février 1942. Il est le représentant du Parti démocrate populaire au sein du CNR. Après l'arrestation de Jean Moulin, il lui succède donc à la tête du CNR. Il parvient à maintenir sa cohésion, et joue un rôle de conciliateur entre les mouvements de résistance et la délégation générale du CFLN. À Paris, le 25 août 1944, il accueille le général de Gaulle à l'Hôtel de Ville. Il devient ministre des Affaires étrangères en septembre 1944. Il conduit la délégation française à la conférence fondatrice des Nations unies, à San Francisco. Il est un des fondateurs du MRP (Mouvement républicain populaire). Il accomplit une carrière ministérielle sous la IVe République. Favorable au retour du général de Gaulle en mai 1958, il s'en sépare à cause de sa politique algérienne. Il fait partie de l'OAS et est contraint à l'exil. Il ne rentre en France qu'après la loi d'amnistie en 1968. Il meurt en 1983.

sûr, en réunir tous les membres, mais il y avait un grand danger à rassembler dix-sept personnes en même temps. La première fois, cela s'était bien passé[1], mais les risques étaient trop grands. J'ai donc fait voter tout le monde par procuration. Les partis ont voté sans problème pour Georges Bidault. Les réticences sont venues des mouvements du Nord et de Libération. C'est ainsi que j'ai réussi à le faire élire, le 29 août 1943, lors d'une réunion du comité central des mouvements.

Vous avez l'air de vouer un véritable culte à Jacques Bingen. Daniel Cordier parle de lui comme d'un « Swann de la Résistance ». Qui était-il vraiment, ce martyr moins connu que Brossolette ou Moulin ?

Je l'ai rencontré à Casablanca, fin juin 1940. Il était blessé, il venait à l'hôpital tous les matins pour son pansement. Je lui ai fait part de mon désir de me rendre à Londres. Il m'écoutait avec attention, mais il restait sceptique. Ses amis s'étaient plutôt exilés à New York qu'à Londres. Des artistes, des gens de la bonne société d'affaires, une femme qu'il aimait... Finalement, il a très vite décidé de partir lui aussi à Londres, avec ma femme et moi. Jacques Bingen était la séduction même. Avant-guerre, il avait mené une vie heureuse. Bonne famille, belles études, poste important dans l'armement naval, beau-frère d'André Citroën. Il était donc classé au nombre des « deux cents familles façon 1936 », même s'il était un homme de centre gauche, très attaché aux questions sociales. Était-il un mondain ? En tout cas, il avait fréquenté le monde et, très jeune, il avait

1. Le 27 mai 1943, rue du Four, à Paris, le CNR se réunit pour la première fois. Sont présents les représentants des mouvements de résistance des deux zones et des partis politiques. Georges Bidault a été chargé par Jean Moulin de rédiger une motion appelant à la formation d'un gouvernement provisoire dont la direction serait confiée au général de Gaulle, tandis que le général Giraud assumerait le commandement de l'armée. Elle fut votée à l'unanimité.

goûté aux plaisirs des fêtes, des bals et des jolies femmes. Sa sensibilité était extrême, à fleur de peau, à la limite de l'angoisse. Mais son caractère était trempé, très fort. Il avait des aptitudes de chef. D'ailleurs, tout le monde, à Londres, confirma sa compétence. Au fil des années 1943-1944, le poste au BCRA de directeur des affaires militaires l'avait rapproché au plus près des affaires de la Résistance. Comme d'autres au BCRA, son besoin d'aller se battre en France était très grand. Je crois que l'exemple que j'en avais donné l'avait entraîné à faire ainsi.

Il était mon meilleur ami, et pourtant nous nous ressemblions si peu. Moi, à l'époque, j'étais une sorte de chien de berger qui roupille au coin du feu. Et lui un chimpanzé, tout fou, plein d'imagination, qui grimpe au rideau. Il fallait nous voir.

À la fin de 1943, Passy vous ordonne, à la suite d'une rafle[1] *à votre secrétariat de Paris, rue de la Pompe, de rentrer à Londres. Et vous ne lui obéissez pas. Pourquoi ?*

1. Le 21 septembre 1943, le lieutenant-colonel Marchal qui venait de prendre ses fonctions de délégué militaire pour la zone Nord est arrêté sur dénonciation de la propriétaire de sa chambre. La police y a trouvé les adresses des locaux utilisés par la Délégation générale et en particulier celle de son secrétariat, 129, rue de la Pompe. Au total, neuf personnes ont été arrêtées, et la police a mis la main sur les archives comprenant les courriers de la Délégation et la correspondance reçue de Londres. Pierre Brossolette en prit prétexte pour dénoncer le travail de Claude Serreulles : « Le secrétariat de Sophie est une pétaudière sans nom (...) qui met tout en péril par des méthodes incroyables de légèreté. » (Lettre de Pierre Brossolette au colonel Passy, 5 novembre 1943, citée par Henri Noguères, *Histoire de la Résistance en France*, tome III, Robert Laffont, Paris, 1972, p. 614.) Du coup, le BCRA donna l'ordre à tous les agents dépendant directement du service de couper tout contact avec la Délégation. Ces instructions ne furent guère suivies d'effet, mais compliquèrent la tâche de la Délégation.

Bingen et moi avons décidé que ç'eût été un abandon de poste… Je considérais que je ne recevais d'ordre que du général de Gaulle, jusqu'au jour de novembre 1943 où de Gaulle proféra un jugement de Salomon : Serreulles rentre et Brossolette aussi.

Rentré à Londres le 4 mars 1944, vous débarquez insouciant alors que c'est un véritable tribunal qui vous attend.

Ce n'était pas un moment agréable. Mais j'ai vécu ce qui s'est passé là avec une sorte de détachement. Je considérais que le ballon de l'affaire de la rue de la Pompe avait été gonflé par le lieutenant Yeo-Thomas, des services secrets britanniques, lui-même inspiré par Brossolette. Ces arrestations et la prise de nos archives avaient été un coup dur. Mais il n'était pas le premier, ni le dernier, ni même le plus grave de ceux subis par la Résistance. Aucun des hommes et des femmes arrêtés, même torturés, n'a parlé. L'un d'entre eux, le lieutenant-colonel Marchal, s'est suicidé en avalant sa pilule de cyanure. J'ai prévenu immédiatement les personnes qui pouvaient se trouver compromises par la découverte des archives. Aucune autre arrestation n'a donc eu lieu. Les conséquences malheureuses de cette affaire n'ont pas eu l'ampleur que Pierre Brossolette et le lieutenant-colonel Yeo-Thomas ont prétendu. Selon eux, tout un pan de la Résistance se serait écroulé. En réalité, ils voulaient faire table rase de nous… Brossolette, jusqu'à mon départ en France, pensait que je serais un modérateur de Moulin. Mais, à partir de Caluire, j'étais un homme à écarter. Passy et lui croyaient que de Gaulle céderait et nommerait Brossolette en remplacement de Moulin. Ils étaient, à Londres, les seuls à le penser. Ce tribunal dont vous parlez, ce n'était rien. Ce qui était crucifiant, c'était la campagne que ce Yeo-Thomas a menée contre Bingen et moi tandis que nous étions en France. Elle était d'une extrême violence. Selon lui, la Gestapo nous suivait nuit et jour depuis des mois. C'était faux et grotesque bien sûr, nous n'avons jamais été arrêtés.

Je n'étais pas du tout heureux de me rendre à Londres, mais j'y retournais pour mettre de la lumière dans cette affaire… J'avais les clés de mon appartement de Lyon et de celui de Paris dans ma poche, j'espérais retourner en France ; mais un jour, Passy, le bec enfariné, m'a dit : « Vous êtes porteur d'insécurité, les Anglais s'opposent à votre retour. » De Gaulle, semble-t-il, n'était pas d'accord avec Passy. Il ne s'avoua pas battu, il demanda à d'Astier, commissaire à l'Intérieur, d'aller voir son homologue anglais. Celui-ci lui écrivit qu'il me tenait dans la plus haute estime, mais que mon retour en France était dangereux. Un officier des services secrets britanniques ne se trompe pas. C'était le coup de pied de l'âne de Passy. J'étais porteur du choléra parce que j'étais resté fidèle au testament que Moulin m'avait confié, le 19 juin 1943.

Vous ne revenez en France que le 13 septembre 1944, commissaire de la République en mission, vous mettez en place les nouvelles autorités des régions de la zone Sud. À ce titre, vous avez témoigné au procès Papon. Votre déposition a suscité des commentaires. On s'est étonné de votre indulgence à l'endroit de l'accusé, vous, le grand résistant…

On m'a fait dire bien des choses… Le correspondant du *Figaro* a parfaitement rendu compte, le texte de ma déposition est bon [1]. Mais la rédaction, qui a sans doute de la sympathie pour Papon, a titré que j'avais déclaré n'avoir aucun doute : Papon est innocent. Pure extrapolation… Je n'ai jamais dit cela ! En vérité, je n'en sais rien. C'est ce que m'a dit, à l'époque, Gaston Cusin, alors qu'il venait d'être nommé commissaire de la République pour les trois départements du Sud-Ouest. En août 1944, il me reçoit à Bordeaux et me présente

1. *Le Figaro* du 22 octobre 1997.

ses collaborateurs dont Maurice Papon, ancien secrétaire général de la préfecture. Il me dit : « Nous (la Résistance locale) étions en relation avec lui. Nous lui avons demandé de rester en place parce que c'est là qu'il serait le plus utile. » Tel est le propos tenu à l'époque par le haut-commissaire et non le mien. *Le Figaro* m'a prêté ses dires.

Ayant été directeur du *Parisien*, j'ai vécu de près la profession de journaliste, je sais que les rectifications ne servent jamais à rien. Je n'ai donc pas protesté. J'ai reçu des lettres de félicitations qui ne m'étaient donc pas destinées, puisqu'elles allaient à une personne convaincue de l'innocence de Maurice Papon. Et j'ai été traité par d'autres de freluquet à la voix chevrotante, tenant des propos inintelligibles.

Qu'est-ce que Gaston Cusin, commissaire de la République, savait de la résistance de Papon ?

À peu près rien…

Deux ou trois mois plus tôt, Gaston Cusin avait préparé son arrivée comme commissaire de la République. Il avait pris contact, peut-être avec Papon, ou avec d'autres Bordelais de la Résistance. La vie clandestine ne lui laissait aucune liberté de manœuvre ! Il fallait trouver à se loger, échapper à la Gestapo, tenir… On lui a dit à propos de Maurice Papon : la Résistance le patronne. Il n'a pas cherché à faire une enquête. Il n'en avait pas les moyens. Ce sont les aléas et les servitudes de la vie clandestine. Nous prenions pour argent comptant ce qu'on nous disait plus souvent qu'on ne croit.

S'est-il rabattu sur Maurice Papon faute de contacts à cause de l'affaire Grandclément[1] *qui avait décimé la Résistance locale ?*

1. Grandclément, le chef régional de l'Organisation civile et militaire, et responsable par intérim du réseau Scientist (dépendant du colonel Buckmaster), arrêté en septembre 1943, accepte de trai-

Il est tout à fait exact qu'en 1944 la Résistance bordelaise était faible. Elle avait été décimée par la Gestapo. Je venais faire une visite de contrôle pour le gouvernement d'Alger, j'ai passé une journée dans la ville. J'ai demandé à Gaston Cusin s'il souhaitait que je rencontre le Comité départemental de libération. Il aurait bien voulu, mais cela posait des problèmes pratiques, impossible de le réunir. Je voyais que le calme le plus complet régnait. Il s'était bien installé au niveau administratif. J'ai donc préféré continuer mon voyage vers des lieux où davantage de grisbi régnait et je suis reparti pour Limoges. À la place de Cusin, je n'aurais, pas plus que lui, pu vérifier la réalité de la résistance de l'ancien secrétaire général. Il n'y avait pas de moyens pour le faire.

Au fond..., si Maurice Papon était mort à soixante-quinze ans, comme tout le monde, il n'y aurait pas eu de procès.

---

ter avec la Gestapo de Bordeaux. Il lui livre ses caches d'armes en échange de la libération de certains prisonniers. En fait, il va provoquer de nombreuses arrestations qui aboutissent au quasi-démantèlement de ces organisations.

Pierre Messmer [1]

Un bloc, un militaire, un légionnaire, c'est ainsi que l'on se souvient du ministre des Armées de De Gaulle, à tel point qu'on a oublié qu'il fut aussi le Premier ministre de Pompidou. Je suis surpris quand je le rencontre sous les lambris de l'Institut : il n'a pas changé depuis ces années soixante où on le voyait, aux côtés de De Gaulle, baptiser des porte-avions. La même allure, haute taille et menton fier, la même prestance, toujours ce côté hussard bonhomme qui en a fait un grand second rôle de la politique pour des générations. Il a quatre-vingt-trois ans, mais il n'a pas d'âge. Il est un militaire. Il l'est ce 17 juin 1940 quand, avec son ami Simon, il quitte l'armée française. Rien ne l'y prépare, c'est un saut dans le vide. Jusqu'alors, tout est fait dans son éducation pour l'obéissance. Il ne connaît rien de De Gaulle, il ne l'a même pas lu, s'engage la veille de l'appel du 18 juin, s'intéresse à peine à ce qui se trame à Bordeaux, au gouvernement Reynaud puis au gouvernement Pétain ; et pourtant il rompt, net, en militaire et contre justement les militaires, contre Pétain, contre Weygand, contre les états-majors, contre tout ce qui fait jusque-là sa religion. Le 17 juin 1940, le lieutenant Messmer décide de devenir un paria, de rejoindre des armées improbables en Afrique, en Asie, dans l'Empire français, à Londres… Il ne sait vraiment pas où il va à ce moment-là, en fuyant son baraquement.

1. Entretien réalisé les 5 et 22 décembre 1997, et le 5 février 1998.

Pierre Messmer deviendra un résistant militaire, pas un « londonien » ni un résistant de l'intérieur, mais un de ces Français libres qui eurent pour champ de bataille l'ancien Empire français.

***

En 1940, vous êtes militaire de carrière. Comment et quand avez-vous compris qu'il fallait résister ?

Le 17 juin. Pour moi, le glas a sonné lorsque j'ai entendu à la radio la voix chevrotante de Pétain annonçant l'armistice. À ce moment-là, moi, simple sous-lieutenant, j'ai réalisé que Pétain n'était pas seulement le vainqueur de Verdun. J'ai entendu ce message à 13 heures, dans le mess des officiers. Je faisais partie d'une escadrille d'observation, repliée à Le Breuil-sur-Couze, une petite commune de l'Allier. La cinquantaine d'officiers présents n'a pas bronché. Nous avons reçu l'ordre d'aller à Pau. La plupart ont obéi. Quelques-uns ont changé d'avis et ont embarqué à Bayonne. Seuls quatre ou cinq ont gagné l'Angleterre. Avec un de mes camarades, le lieutenant Jean Simon, nous sommes sortis du mess, décidés à partir. Nous en avions un peu parlé, nous avons appliqué notre plan. Le jour même, nous quittons tous les deux, à moto, la région de Clermont-Ferrand pour Marseille.

Vous n'aviez pas encore entendu l'appel du général de Gaulle quand vous avez décidé d'entrer en dissidence…

Ma réaction est celle d'un soldat qui n'a pas le droit de déposer les armes tant qu'il ne s'est pas battu jusqu'au bout. Je me serais senti déshonoré si j'avais accepté l'armistice.

J'étais révolté par cette défaite, mais aussi par la défaillance du commandement. L'armée était brisée. L'indignation, presque la colère, dominait chez moi. Je faisais mon service militaire depuis 1937. Je portais un jugement assez sévère sur le commandement français. Les chefs, usés moralement, quelquefois physiquement, par la guerre de 1914-1918, avaient traité ce nouveau conflit comme vingt ans auparavant. À quelques exceptions près, ils n'ont pas saisi les changements, les progrès techniques.

Au moment de l'armistice, je ressens alors un sentiment encore confus, mais très présent. Rester en France signifierait l'obéissance à un gouvernement aux ordres de l'ennemi. Je le comprends après le discours du maréchal Pétain à la radio demandant de cesser le combat. Il serait malhonnête de ma part de dire que cette analyse provenait d'un véritable raisonnement, il s'agit plutôt d'une émotion provoquée par le choc de la défaite, l'invasion du territoire.

Jusqu'en 1941, date de l'entrée en guerre de l'URSS, puis des États-Unis, je ne pense pas à une victoire, contrairement au général de Gaulle. Je me bats pour l'honneur. Je n'ai pas rencontré beaucoup de gens y croyant. Jusqu'en 1943, personne n'a rallié la France libre par intérêt.

Ceux qui quittent la France avec la volonté de reprendre le combat hors des frontières forment une minorité. Pourquoi certains partent et d'autres restent ? Pourquoi dites-vous « non » le 17 juin, et pas les autres officiers ?

Plusieurs réponses l'expliquent, géographiques ou psychologiques. Beaucoup de Français sont mariés, ont des femmes, des enfants, des parents qu'ils ne veulent pas abandonner. Pour eux, le devoir familial passe avant le devoir national. Moi, je n'avais pas ce choix à faire. À Londres, la proportion de célibataires est supérieure à la moyenne nationale. Quand vous êtes jeune, libre, sans attaches, la décision de partir est plus facile.

L'aspect géographique compte aussi. L'exemple des habitants de l'île de Sein qui ont rejoint de Gaulle est symbolique. Les hommes valides ont traversé la Manche en bateau de pêche, sauf le maire, le recteur (le curé en Bretagne à cette époque) et le boulanger. Comme eux, beaucoup de Bretons sont partis aussi. Gagner l'Angleterre est plus facile pour eux que pour un Alsacien ou un homme du Midi. Quitter la France était difficile. Au Sud, partir par l'Italie et passer par l'Espagne risquait de vous conduire directement dans un camp. Les difficultés matérielles freinaient le mouvement. À Marseille, quand je traînais sur le port, dans les rues, à la recherche d'un embarquement, je croisais pas mal de jeunes, en civil, comme moi... À leurs chaussures, par exemple, je devinais des militaires en situation irrégulière. Les difficultés étaient telles pour partir que beaucoup n'ont pas réussi. J'ai eu de la chance.

Pour vous, jeune militaire, quelle est l'alternative à l'armistice ?

L'hypothèse de l'installation d'un gouvernement en Afrique du Nord fait, encore aujourd'hui, l'objet de discussions. La marine était intacte et l'aviation — ce qui en restait — pouvait être sauvée. L'armée de terre, en revanche, était perdue. Mais, avec l'appui des Alliés, s'installer en Afrique du Nord pour continuer le combat aurait peut-être été possible. En revanche, je ne croyais pas du tout au « réduit breton[1] ».

1. Le 10 juin 1940, alors que les troupes allemandes se trouvent à une centaine de kilomètres de Paris, et que les premiers départs de membres du gouvernement commencent, le président du Conseil Paul Reynaud, décidé à combattre, propose, lors d'un comité de guerre, de se replier en Bretagne. Cela permettrait de rester en contact avec l'Angleterre et d'essayer de faire entrer les États-Unis dans la guerre. L'idée est également défendue par le général de Gaulle, nouveau sous-secrétaire d'État à la Défense nationale. Le généralissime Weygand est sceptique, il pense qu'une telle position est impossible à tenir. Le projet sera enterré sous les coups des partisans de l'arrêt des combats et de ceux qui souhaitent poursuivre la guerre en Afrique du Nord.

Paul Reynaud a jeté l'éponge trop tôt. L'emprise de sa maîtresse, Hélène de Portes, est souvent évoquée pour expliquer son abandon. C'est trop simple. J'y ai réfléchi pendant la guerre. Cette femme a exercé une certaine influence, mais il reste que Paul Reynaud était président du Conseil, elle non. Je crois, en vérité, qu'il a craqué. Il s'est effondré d'un coup, comme la France.

Après des aventures rocambolesques[1], *un détournement de navire, vous rejoignez l'Angleterre. Quelles sont vos premières impressions ?*

Une impression un peu ridicule, comique. Je débarque, le 24 juillet, à Liverpool. Les formalités sont réduites au minimum. Tout se déroule dans un hangar où un brave officier britannique, flanqué d'un officier français, contrôle ma carte d'identité. Avec mes camarades, nous défilons derrière une table en bois blanc, et on nous demande : « Voulez-vous rester en Angleterre ou repartir en France ? » Voilà les consignes de l'époque ! Rapatrier ceux qui le désirent !

Dans cette belle campagne anglaise du Sud-Est, des « home guards » en tenue de chasse, armés de vieux fusils de la guerre 14-18 ou de fusils de chasse, surveillent les gares, les routes, les points sensibles. Une section de parachutistes aurait facilement balayé tout ça. Mais les Britanniques restent calmes. Ils font confiance à la Royal Navy pour empêcher les Allemands de débarquer.

Le soir même, nous arrivons à Londres. Le Blitz n'avait pas commencé, il y avait seulement quelques

1. Pierre Messmer a fait le récit de son voyage pour l'Angleterre dans ses Mémoires, *Après tant de batailles*, Albin Michel, Paris, 1992.

Avec un officier de la marine marchande, le commandant Vuillemin, Messmer et Simon obtiennent d'évacuer sur l'Afrique du Nord le cargo *Capo Olmo*, une prise italienne, puis le détournent vers Liverpool.

bombardements. Nous nous renseignons pour savoir où se trouvent le général de Gaulle et son entourage. En quarante-huit heures, nous savons l'essentiel : l'endroit où l'on peut s'engager. Le 30 juillet, nous nous sommes présentés d'une façon très normale, réglementaire, au général de Gaulle dans un immeuble de bureaux, au bord de la Tamise, St. Stephen's House.

La rencontre avec le général de Gaulle s'est déroulée exactement de la même manière que la présentation à mon colonel dix-huit mois auparavant. Deux lieutenants se présentent à leur chef de corps. Nous n'avons pas eu droit à un mot de compliment, tant il lui semble normal de nous trouver là. Il a eu tout de même la bonté de nous demander où nous voulions être affectés. (Air ironique.)

Mon souhait ? Entrer dans la Légion étrangère. Par romantisme, car j'étais très jeune, mais aussi et surtout parce que je voulais continuer la guerre avec des professionnels. Combattant en Afrique, je ne suis pas revenu à Londres avant janvier 1944.

Quelles étaient les grandes figures du Londres français de 1940 ?

Le colonel Passy, polytechnicien mystérieux. Il a ce sentiment de supériorité des polytechniciens par rapport aux autres militaires. Il a construit pour le général de Gaulle, à partir de rien, la DGER, aujourd'hui la DGSE. C'est un homme du secret, indispensable dans ce métier, un homme dont les opinions politiques sont un peu ambiguës. Par exemple, il n'était pas adversaire de François Mitterrand[1]. Ce n'était pas un cagoulard, comme ses ennemis ont voulu le faire croire. Son état-major en compte un ou deux : Saint-Jacques, indiscutablement, mais lui, Passy, n'a jamais appartenu à la Cagoule.

Passy est extrêmement puissant en ce qui concerne

1. Le colonel Passy s'est prononcé en faveur de François Mitterrand lors des élections présidentielles de 1974 et de 1981.

les relations avec la Résistance intérieure. Il tient à Londres les fils de tous les réseaux de France, par la radio, par les liaisons avec la métropole, par les courriers… Il est à la charnière entre le général de Gaulle et la Résistance intérieure. Il dispose du monopole de l'information : pour des raisons techniques, toutes les informations passent par lui, et il est le seul interlocuteur du Général. Dans le domaine de la Résistance extérieure, en revanche, il n'a joué aucun rôle.

Les cagoulards dont vous parlez étaient-ils sincèrement ralliés à de Gaulle ?

Oui, pour ceux qui ont rejoint Londres. La France libre réunit des gens d'extrême droite et d'extrême gauche. De Gaulle en est parfois encombré. Quand Pierre Cot arrive à Londres en disant : « Je suis prêt à tout faire, y compris balayer les escaliers », le Général l'envoie à New York. Il ne souhaite pas l'avoir à ses côtés parce qu'il lui rappelle trop la IIIe République. Et puis il traîne une réputation sulfureuse de crypto-communiste d'avant-guerre. On le tient pour responsable du mauvais état de l'aviation française, assez injustement, à mon avis.

En outre, le général de Gaulle n'a aucune envie d'avoir autour de lui d'anciens militaires d'un grade trop élevé. La seule exception, c'est le général Catroux parce qu'il s'est mis, dès 1940, sous ses ordres.

Vous souvenez-vous d'une autre figure du premier Londres français ? L'amiral Muselier, « l'inventeur » du pavillon frappé de la croix de Lorraine, l'emblème qui ornait l'étendard de Jeanne d'Arc[1]*…*

1. L'amiral Muselier avait une médiocre réputation dans la marine et parmi les bien-pensants. Non-conformiste, bohème, audacieux, imaginatif, bien introduit dans les milieux radicaux, ayant le goût de se mêler de tout, indiscret, il fait figure de trublion. En

Muselier était un intrigant extraordinaire, un Marseillais, avec une tête de pirate barbaresque, très brun, olivâtre, les yeux noirs. J'ai fait sa connaissance à Gibraltar, un beau vantard… Il profitait de l'absence du général de Gaulle à Londres pour intriguer derrière lui. Ce Levantin ne quittait jamais la capitale britannique, sauf quand de Gaulle l'a envoyé à Saint-Pierre-et-Miquelon en 1941, ce qui nous a valu des ennuis avec les Américains[1]. Plus tard, en juin 1943, Giraud le nomme préfet de police d'Alger. Il est complètement passé dans le camp giraudiste.

Le militaire que vous étiez n'a-t-il pas eu d'états d'âme en rejoignant de Gaulle, un rebelle ? Vous vous êtes même par la suite battu contre l'armée française vichyste…

---

novembre 1939, il fut mis à la retraite d'office pour avoir communiqué à des parlementaires des renseignements militaires. À l'arrivée des Allemands, en juin 1940, il est parti pour Marseille où il s'est embarqué, le 23 juin, sur un navire anglais. À Gibraltar, il a pris sous son autorité les bâtiments français déroutés ou ralliés et a gagné Londres, le 29 juin, pour rejoindre les Britanniques. Il ignorait l'action du général de Gaulle, qui le reçoit le 30 juin et lui confie le commandement des Forces navales françaises libres, les FNFL.

1. Après l'armistice de 1940, les anciens combattants des îles de Saint-Pierre-et-Miquelon, sous le contrôle de Vichy, avaient lancé plusieurs appels en faveur d'un ralliement à la France libre. De Gaulle décide, en novembre 1941, d'y envoyer l'amiral Muselier en inspection. Le 18 décembre, passant outre aux objections des États-Unis, qui venaient d'entrer en guerre, il ordonne à Muselier de rallier immédiatement les îles « sans rien dire aux étrangers ». Muselier, bien que jugeant l'ordre « insensé », obéit. Roosevelt proteste violemment. À son retour à Londres, en mars 1942, l'amiral Muselier prend la tête du clan antigaulliste, jugeant dictatorial le comportement de De Gaulle. Ce dernier réplique en le déchargeant du commandement des FNFL. L'épreuve de force entre les deux hommes est rude. Muselier finit par mettre fin, lui-même, à sa collaboration avec la France libre.

Il faut distinguer entre la légalité et la légitimité. Vichy était certainement légal. Mais, dès le premier jour, le régime était illégitime. Ne pas lui obéir était un droit.

Pour le général de Gaulle et des hommes comme moi, une autre attitude que la contestation de la légitimité de Vichy se révélait impossible. Comment justifier autrement notre combat contre les troupes françaises, en Syrie par exemple ?

De Gaulle avait une telle conscience de ce problème que seuls des volontaires ont fait la campagne de Syrie, comme la brève opération de Libreville, en novembre 1940. Il y a eu des refus. Mon propre colonel et mon capitaine ont refusé de commander pendant la campagne de Syrie. Chacun avait le droit de ne pas combattre les forces vichystes. Du côté de Vichy, en revanche, l'objection de conscience n'existait pas, les officiers avaient prêté serment à Pétain : ils devaient nous haïr et nous tuer.

Après la guerre d'Algérie, le général de Gaulle a fait voter la loi sur l'objection de conscience. J'étais réticent. Il m'a rappelé : « En 1941, vous étiez favorable à l'objection de conscience de certains de vos camarades. » En fin de compte, l'expérience a montré le bien-fondé de cette loi. Plus tard, Charles Hernu l'a rendue trop laxiste. Dans le texte d'origine, il fallait justifier son objection de conscience.

Autre exemple de l'illégitimité de Vichy, selon de Gaulle. Au moment de l'opération de Dakar, en septembre 1940, un de mes meilleurs amis, Fred Scamaroni, avait été déposé par un petit avion sur le terrain militaire de Dakar pour haranguer les aviateurs et essayer de les rallier à notre cause. Il s'est fait « cravater » immédiatement, a été arrêté, transféré à Alger, puis à Vichy. Deux jours après, j'ai averti de Gaulle : « Il est pris, il va être jugé pour trahison. Ne pourrait-on pas imaginer un échange avec des vichystes que nous détenons au Cameroun et en AEF ? » De Gaulle ne voulait pas ce genre de négociation. Il évita le débat avec moi et me répondit : « À quoi pensez-vous ? Dans cette affaire, où est la trahison ? Elle est du côté de Vichy ! » Cela lui permettait de ne pas me répondre sur l'échange que j'avais eu la mauvaise idée de suggérer ce jour-là[1].

Fred Scamaroni a finalement été libéré[2]. Il a continué son action dans la Résistance. En mars 1943, en Corse, il est arrêté, conduit à la citadelle d'Ajaccio, questionné et torturé. Il sentait peut-être qu'il allait craquer et, dans sa cellule, il s'est servi d'un fil de fer pour se trancher la gorge. Il était mon ami.

Et puis, un jour de 1943, vous avez vu venir vers la France libre les militaires de Vichy. Comment avez-vous réagi ?

Très mal. Dans l'armée, une seule division est, par la suite, vraiment restée celle de la France libre : la 1re Division française libre, qui, sur un effectif moyen de dix mille hommes, en a perdu quatre mille. La 2e DB est commandée par un Français libre, le général Leclerc, mais elle est composée en majorité d'unités

1. Il semble néanmoins que le chef de la France libre ait fait un geste, deux mois plus tard. Le 22 novembre 1940, un message du général de Gaulle propose l'échange des militaires arrêtés à Dakar, le commandant Hettier de Boislambert et Fred Scamaroni, contre un certain général Têtu, les colonels Claveau et Crochu et un évêque, celui du Gabon. Vichy ne répondra pas à la demande d'échange, mais enverra un message à Alger où sont détenus les deux hommes : « Suspendre toute exécution concernant otages de Vichy ». Le général de Gaulle les a sauvés du poteau d'exécution. (Marie-Claire Scamaroni, *Fred Scamaroni*, France Empire, Paris, 1986, pp. 105-106.)

2. Après le 13 décembre 1940 et le départ de Pierre Laval du gouvernement, une politique de détente intérieure est suivie. Le commandant Hettier de Boislambert revendique à l'instruction toute la responsabilité de l'affaire de Dakar. Les autres prisonniers de Dakar sont considérés comme de « petits égarés » par la propagande anglaise. Libéré en janvier 1941, Fred Scamaroni prend contact avec la Résistance, puis met en place un réseau de renseignements en Corse. (*Ibidem*, pp. 108-109.)

d'Afrique du Nord ; le régiment du Tchad et le 501e régiment de chars sont de la France libre, les autres sont des giraudistes, et parfois même des vichystes, comme le régiment de fusiliers marins. Mais tous vont se battre, remarquablement commandés par le général Leclerc et par leurs officiers qui, même s'ils n'ont pas été gaullistes, sont de bons combattants. Ils portent tous la croix de Lorraine parce qu'ils ont libéré Paris et Strasbourg.

Pour ma part, en juillet 1943, je suis capitaine à la Légion étrangère, en Tunisie. Les forces de Vichy rallient le général Giraud et se retrouvent aux côtés des Français libres venant de Libye, la 1re DFL et la colonne de Leclerc. Les giraudistes, s'étant battus contre nous en Syrie, nous en veulent beaucoup. Mais un certain nombre de sous-officiers ou de simples soldats des troupes de Giraud préfèrent alors la France libre. Ils pensent simplement qu'il vaut mieux continuer la guerre avec ceux qui n'ont cessé de la faire. Ils viennent donc nous voir en nous demandant s'ils peuvent s'engager chez nous. J'accepte. Les giraudistes les considèrent comme des déserteurs. Moi, j'appelle ça des « mutations volontaires ». J'organise des filières pour les faire venir chez nous, car nous avons grand besoin de renforts.

Le 31 juillet 1943, Giraud et de Gaulle signent un accord. Giraud devient le commandant en chef de toutes les forces françaises, tout en demeurant coprésident du CFLN. Le général Kœnig, chef d'état-major adjoint, qui connaît mes pratiques, décide d'interdire ces « mutations volontaires ». Et il m'envoie aux Antilles françaises. Évidemment pour Kœnig, à ce moment-là, je suis un trublion. Je le gêne dans sa politique de réunification de l'armée. Nous sommes en guerre, et nous avons absolument besoin du plus grand nombre de combattants pour gagner la guerre contre l'Allemagne et l'Italie. Aller leur demander des explications sur ce qu'ils ont fait contre nous en 1941 n'était pas l'intérêt de la France.

Évidemment, voir des vichystes collaborateurs arriver à Alger en 1943 ne me fait pas plaisir. Le jour de l'assassinat de l'amiral Darlan, le 24 décembre 1942 — je suis en Cyrénaïque —, je rassemble ma compagnie pour faire part de ma satisfaction.

Il y a, en 1943, le conflit giraudistes-gaullistes, mais, dès 1940, il y a deux résistances, une à l'intérieur, une à l'extérieur, qui longtemps s'ignorent !

Pour des raisons de sécurité, une cloison étanche a été établie entre les deux. Sans doute les Londoniens ont-ils plus de contacts que moi, engagé dans une unité combattante.

Mis à part ces réserves, je pense qu'au départ la concurrence n'existe pas. En 1940-1941, et peut-être même jusqu'en 1942, des réseaux d'évasion de prisonniers se forment avec des personnes de bonne volonté : un prisonnier évadé arrive, on lui recommande d'aller chez un copain de la ville voisine, etc. Par exemple, un réseau de renseignements en Normandie se forme dès septembre 1940, sous l'impulsion des Anglais, très inquiets des préparatifs allemands, en vue de l'invasion de l'Angleterre. Les Anglais vont former alors eux-mêmes leurs propres réseaux sous les ordres du colonel Buckmaster. Ces réseaux n'ont pas d'ambition ni d'objectif politiques ; recevoir des ordres de Londres ne les gêne pas. Ils ne savent même pas s'ils dépendent des Anglais ou de la France libre.

Le problème surgira plus tard quand des réseaux action (édition de tracts, de journaux, action physique, puis les maquis après le STO en 1943) constituent, peu à peu, des groupes aux ambitions militaires et politiques. Ces mouvements de droite comme de gauche prévoient de construire après la guerre une France différente de celle de la IIIe République. De Gaulle ne l'ignore pas, évidemment. Son objectif, c'est de contrôler cette Résistance intérieure afin de former un seul bloc avec la France libre. Ce qui explique le choix d'un homme comme Jean Moulin ; d'où des dissensions avec certains résistants de l'intérieur. Henri Frenay est fondamentalement en désaccord avec Jean Moulin.

La trahison de Caluire est-elle une conséquence de cette rivalité entre les deux résistances ?

J'en ai discuté plus tard avec Émile Bollaert[1], le successeur de Jean Moulin, qui a été pris et déporté. Il n'aimait pas en parler. Est-ce parce qu'il avait eu des soupçons ? Est-ce parce que, comme beaucoup de déportés, il a voulu oublier après la guerre ? De Gaulle non plus n'aimait pas tellement en parler, pourtant il devait avoir son idée sur la question.

Une trahison est certaine. Je pense qu'Hardy est responsable, mais il a toujours nié, et il a été acquitté par deux fois[2].

Henri Frenay n'hésitait pas à en parler, mais avec un reste d'hostilité irréconciliable vis-à-vis de Jean Moulin. Il jugeait inacceptable l'obéissance de la résistance au général de Gaulle qui résidait à Londres. Pour lui, la direction de la Résistance devait appartenir aux résistants de l'intérieur. Je crois qu'il se trompait parce que, de l'intérieur, la Résistance, quelle que fût la qualité des hommes engagés, ne voyait pas clairement la situation. Et puis les résistants étaient tellement divisés qu'ils ne seraient arrivés à rien sans l'unification que de Gaulle a voulue.

Certains avaient intérêt à l'arrestation de Jean Moulin… Henri Frenay possédait une grande intransigeance morale, mais il était incapable de trahison. Autour de lui… ? Une trahison est certaine. Commise par qui ? Cela reste un objet de débats…

La Résistance extérieure était une sorte de bloc avec la cohésion que suppose et qu'impose la discipline militaire. Les résistants de l'intérieur, par nature, formaient

1. Voir l'entretien avec Claude Bouchinet-Serreulles.
2. Voir l'entretien avec Serge Ravanel.

une sorte de constellation d'hommes et de femmes aux activités diversifiées. Les uns s'occupaient de renseignements ou d'évasions de prisonniers, d'autres faisaient de la propagande, d'autres, plus tard, à partir de 1943, constituaient des maquis. Les Français libres, eux, s'inséraient dans un système d'organisation militaire, la marine, l'aviation, l'armée de terre, les services civils à Londres puis à Alger, avec une hiérarchie, une cohésion et une mission parfaitement claires. À l'intérieur, la hiérarchie était souple et nécessaire, car travailler avec une hiérarchie de style militaire signifie que, quand quelqu'un tombe, l'édifice s'écroule. C'était un système lâche, où le fil était impossible à remonter quand il était tiré. Les réseaux s'ignoraient heureusement les uns les autres ; certains étaient aux ordres de la France libre, les autres étaient fabriqués par les Anglais, d'autres par les communistes qui obéissaient d'une façon ou d'une autre à Moscou. La Résistance intérieure n'avait aucune cohésion. Son seul projet commun était la volonté de chasser de France les Allemands.

La Résistance extérieure a, encore aujourd'hui, une très forte cohésion. Une seule association des Forces françaises libres existe, et il n'y en aura qu'une jusqu'à sa disparition le 18 juin de l'an 2000, date à laquelle elle a décidé de se dissoudre. Les résistants de l'intérieur, eux, se perdent dans la multiplicité de leurs groupes et sous-groupes. Ils sont divisés politiquement, les uns ayant travaillé dans la nébuleuse communiste, les autres sous les ordres de Londres et du colonel Passy, d'autres encore sous ceux du colonel Buckmaster. Sans parler de ceux qui se tenaient à l'écart comme, par exemple, l'Organisation de Résistance de l'Armée [1] où les vichystes étaient très influents. Même les déportés n'ont jamais réussi à avoir une seule association, ils sont incapables de se mettre d'accord. Et ceci parce

1. L'ORA est formée au début de 1943 par des officiers de l'armée d'armistice dissoute.

qu'ils avaient des activités très différentes. Isolés dans des petits groupes indépendants les uns des autres, ils ne partageaient pas le sentiment de solidarité que les gens de l'extérieur avaient forcément.

Vous venez de parler du réseau Buckmaster. De Gaulle n'avait pas l'air de le porter dans son cœur. Il considérait même, je crois, les résistants de l'intérieur aidés par lui comme des « traîtres »...

La preuve : quand, en décembre 1943, de Gaulle enjoint à Mitterrand de rester en Afrique du Nord, de servir comme officier dans le corps expéditionnaire d'Italie, il refuse et retourne en Angleterre[1]. Qui le conduit ? Les réseaux Buckmaster. Buckmaster avait une main sur la Résistance intérieure. Il a fait toujours très attention à ce que ses réseaux restent indépendants des mouvements français. En Anglo-Saxon sûr de ses techniques, il n'avait pas une confiance sans limites dans nos méthodes. Les Français étaient, à son avis, trop bavards.

En juin 1944, vous retrouvez la France, après quatre années passées à combattre sur les champs de bataille africains. L'émotion doit être forte...

(Silence.)

Quand j'ai débarqué en France en juin 1944, le côté hétéroclite de la Résistance m'a frappé, tout autant que

1. François Mitterrand raconte qu'il « a été pressenti par ses collaborateurs [du général de Gaulle] pour entrer à l'Assemblée consultative. C'était une proposition honorable, mais j'avais d'autres projets qui se résumaient en un seul : revenir. Je craignais aussi chez de Gaulle cette tactique qui consistait à vider la Résistance intérieure de ses dirigeants en les attachant à Alger ou à Londres par des titres honorifiques ». (François Mitterrand, *Mémoires interrompus, Entretiens avec Georges-Marc Benamou*, Odile Jacob, Paris, 1996, p. 133.)

le caractère douteux de certains résistants. À les entendre, toute la France avait été résistante !

À partir du début de 1944 et jusqu'à la libération de Paris, j'étais à l'état-major du général Kœnig, puis au gouvernement militaire de Paris. J'ai passé huit mois à l'état-major du général Kœnig dont trois, du 15 juin au 15 septembre, après le débarquement. Découvrant la situation en France, j'ai ressenti une profonde déception. Mon désappointement tenait, d'une part, à l'écart sans doute inévitable entre le rêve et la réalité. J'ai vécu des moments de rêve : par exemple, la descente depuis l'Étoile jusqu'à la Concorde, le surlendemain de la Libération. Mais la réalité s'est imposée. J'ai vu fleurir des croix de Lorraine sur les brassards de gens qui n'avaient strictement rien fait pendant la guerre, certains avaient même collaboré un peu et se trouvaient des habits de résistant au dernier moment. Ces résistants du mois d'août 1944 — sans doute pour se faire pardonner leur inaction, ou avec l'arrière-pensée d'une conquête possible du pouvoir, je pense aux communistes — se livraient à des abus manifestes. Depuis les filles dont on rasait le crâne jusqu'aux exécutions expéditives. Et, naturellement, je trouvais encore la marée innombrable des fonctionnaires français de tout poil qui se précipitaient pour garder leur place, quoi qu'ils aient fait.

J'ai eu un accrochage sévère avec le général Kœnig à propos de la fourragère rouge de la police parisienne. Les règles militaires sont formelles : une unité ne peut la porter qu'après avoir été citée sept fois à l'ordre de l'armée. La police parisienne n'avait qu'une seule citation, gagnée au surlendemain de la Libération. Des gredins de la police parisienne, peu résistants quoi qu'ils en aient dit par la suite, étaient allés rafler des fourragères, et, le lendemain, tous les policiers se baladaient avec. Mon sang de légionnaire n'a fait qu'un tour. Je suis monté dans le bureau du général Kœnig : « Les policiers parisiens portent la fourragère rouge, ils n'y ont aucun droit, vous le savez, j'ai préparé une note. » Il a refusé de signer. Le plus important pour lui, même si j'avais raison, était la cohésion de la police parisienne. Il préférait fermer les yeux. Donner la fourragère à des gens qui se sont battus quarante-huit heures, et encore pas tous, alors que, pour une unité militaire, il faut des années de combats et des milliers de morts, est scandaleux ! Cette décision du général Kœnig fut approuvée par le général de Gaulle. Ils avaient raison de leur point de vue. La police parisienne la porte toujours sans y avoir droit.

J'accepte très bien cela aujourd'hui, mais, sur le moment, j'ai demandé ma mutation immédiate. J'ai rejoint mon régiment au mois de septembre 1944, dans les Vosges, puis je suis parti très loin, en Extrême-Orient, en décembre 1944. La France dont j'avais rêvé pendant quatre ans ne ressemblait pas à celle que je retrouvais. Les résistants de l'intérieur n'ont pas eu la même réaction, car ils sont restés tout le temps en France. Moi, je m'attendais à un grand sursaut. Je me trompais, évidemment. Venant de l'extérieur, je ne savais pas ce que l'occupation ennemie avait été : les cartes d'alimentation, les restrictions, la misère. Pour les Français, la Libération devait d'abord changer leur situation matérielle, avant tout ; moi, je rêvais d'un autre monde.

J'ai cité l'exemple de la fourragère dont j'ai été témoin ; des affaires semblables avaient lieu tous les jours qui mettaient en cause trop de monde, parmi les élites en particulier, surtout dans la haute administration et dans la magistrature. Pensez qu'un seul magistrat a refusé de prêter serment au maréchal Pétain[1]... Ils ont tous prêté serment, tous ! Fallait le faire ! En rentrant en métropole, j'apprends cela... Comment respecter ces magistrats qui jugeaient les collaborateurs ?

1. Paul Didier, alors juge au tribunal de première instance de la Seine, refusa, lors de l'audience solennelle de rentrée, en septembre 1941, de prêter serment au maréchal Pétain. Il fut, en conséquence, immédiatement relevé de ses fonctions, puis interné. Il fut réintégré à la Libération.

Bien après la Libération, dans les années cinquante, avez-vous vu resurgir les réseaux vichystes ?

Oui. J'ai vu revenir ces gens. Je les regardais avec mépris, tout simplement. Tout le monde les a croisés entre 1944 et les années soixante-dix. Ils étaient nombreux dans la vie publique et privée, dans la finance, dans l'industrie, dans la politique. Parmi eux, quelques salauds, bien sûr, mais la plupart étaient des lâches, des médiocres. C'étaient des attentistes : ils attendaient de connaître les vainqueurs pour se rallier.

J'ai curieusement senti la pérennité de Vichy très tôt. Revenant d'Indochine en décembre 1945, je deviens chef de cabinet du ministre de la France d'outre-mer, alors Jacques Soustelle. Je suis amené à appliquer, pendant la journée du 25 décembre, les décisions concernant la dévaluation du franc, la création du franc CFA, et la réévaluation de la piastre indochinoise de sept à dix-sept francs : une absurdité car l'Indochine était ruinée, et nous ne la contrôlions plus. Le Nord était gouverné par les Chinois et Hô Chi Minh ; au Sud régnait une anarchie totale. Cette mesure me stupéfiait et je me suis opposé durement aux fonctionnaires des Finances sans aucun résultat. J'étais persuadé que la Banque d'Indochine était derrière tout cela. À l'époque, la banque était sous le contrôle des vichystes. De Gaulle, le sachant, avait exigé un changement de président, mais l'ancien, un vichyste affiché, continuait à être le véritable patron. La banque s'est enrichie grâce à la réévaluation de la piastre qui a augmenté ses actifs de 70 %. Elle avait sûrement des amis aux Finances qui espéraient y faire carrière plus tard : le pantouflage existait déjà.

L'inspection des Finances a été un des bastions de Vichy : elle a traversé sans encombre la guerre et la Libération. Les réseaux vichystes se sont prolongés, après la guerre, outre-mer, et notamment en Algérie, sauf au Cameroun et en AEF. Le monde des affaires et de l'administration était vichyste, il l'est resté.

Des vichystes ? J'en ai croisé certains. En revanche, je n'ai jamais accepté de serrer la main de René Bousquet. Je n'étais pas le seul, je connais beaucoup de résistants ou de déportés qui lui tournaient le dos quand ils le rencontraient quelque part. Pendant les années cinquante-soixante, le poste occupé par René Bousquet, secrétaire général de la police dans le gouvernement Laval en 1942-1943, et ses responsabilités sous l'Occupation étaient connus, contrairement à ce que Mitterrand a voulu faire croire[1].

François Mitterrand est un de ceux-là. Il a joué sur les deux tableaux. Il avait de nombreuses relations des deux côtés, et René Bousquet appartenait à celles du côté de Vichy.

Les gaullistes comme vous n'aiment pas François Mitterrand, à cause de Vichy, entre autres. Pourtant, un Premier ministre de De Gaulle, comme Maurice Couve de Murville, a assumé des fonctions bien plus importantes !

François Mitterrand a tout de même été un vichyste distingué : il a reçu la francisque. Peu de gens ont reçu

1. Nommé préfet de la Marne en septembre 1940, René Bousquet est secrétaire général de la police dans le gouvernement Laval d'avril 1942 à décembre 1943. À ce titre, durant l'été 1942, il négocie avec le chef supérieur des SS et de la police allemande en France, Karl Oberg, les accords définissant la collaboration entre les polices française et allemande, aussi bien en matière de lutte contre la Résistance que de déportation des juifs. Les accords seront renouvelés en 1943. En décembre, les Allemands obtiennent son départ, lui reprochant de ne pas agir suffisamment contre les maquis. Arrêté en 1945, il est jugé en 1949 par la Haute Cour de justice qui le condamne seulement à cinq ans d'indignité nationale en raison des services qu'il aurait rendus à la Résistance ; la sanction est d'ailleurs levée très vite. René Bousquet mène alors carrière dans les milieux bancaires. Une plainte est déposée contre lui en 1989 pour crime contre l'humanité, une information judiciaire est ouverte, mais, le 8 juin 1993, René Bousquet est assassiné à son domicile par un déséquilibré.

cette décoration. Maurice Couve de Murville[1] ne l'a pas eue. Sachez que les résistants dont je parle n'ont jamais considéré Maurice Couve de Murville et même Jacques Chaban-Delmas comme des leurs, jamais. Ils n'étaient pas de notre bord depuis 1940.

Maurice Couve de Murville était un jeune inspecteur des finances, envoyé en 1941 à la délégation française de Wiesbaden, chargé de l'application de l'armistice. Il était un conseiller technique, sans grand rôle. Giraudiste en 1942, gaulliste en 1943, ce n'est pas un résistant, mais il n'a pas participé aux crimes de Vichy. Jacques Chaban-Delmas est un cas à part : inspecteur des finances, il a commencé à résister en 1943 et s'est distingué en 1944. Quant aux autres Premiers ministres du général de Gaulle : Michel Debré était au Conseil d'État et a résisté presque tout de suite ; Georges Pompidou a enseigné pendant toute la guerre, sans résister, mais sans jamais collaborer.

Nous n'avons pas parlé de cette autre France, celle réfugiée à New York ; d'ailleurs, peu de monde s'y intéresse...

Rien à voir avec la Résistance ! J'ai passé le mois de septembre 1943 à New York. Personne ne sentait la guerre. Les Français de New York et de Washington n'étaient pas engagés dans le combat. Une association gaulliste, France Forever, très minoritaire, se rangeait derrière le général de Gaulle ; mais la plupart des Français des États-Unis se sont placés à l'écart du conflit au moins jusqu'en 1943. À partir de 1943, certains sont entrés dans la guerre, à la fois parce que le résultat s'annonçait clairement et à cause de la pression de l'opinion publique américaine. Les Américains n'aimaient pas tellement ces Français antiallemands opposés à de Gaulle. Les intellectuels, comme Saint-John Perse,

1. Voir la note sur Maurice Couve de Murville dans l'entretien avec Pierre Lefranc.

Pierre Lazareff ou Pierre Cot, très sensibles au qu'en-dira-t-on, sentaient bien ce que les Américains pensaient : « Ils ont peut-être de bonnes raisons, mais d'autres vont se faire casser la figure à leur place... », y compris les boys américains à partir de 1943.

Ceux qui ont le plus de classe se sont engagés à ce moment-là. C'est le cas de Saint-Exupéry, qui ne fut pas gaulliste, mais un homme courageux. Ceux qui restèrent « planqués » ne firent plus parler d'eux. Saint-John Perse passa la guerre à la bibliothèque du Congrès à Washington.

L'antigaullisme était la seule justification des Français des États-Unis de leur refus de se battre. Ils ont quitté la France en 1940. En principe, si vous partiez à cette époque-là, c'était pour combattre les Allemands. Eux ont traversé l'Atlantique et se sont retrouvés à des milliers de kilomètres des champs de bataille !... Pour expliquer leur inaction, quelle autre justification que l'antigaullisme vouliez-vous qu'ils trouvent ?

Avez-vous approché la mort durant la guerre ? Certains jours, vous considérez-vous comme un miraculé ?

J'ai connu toutes les situations, depuis la petite opération où l'on pense s'en sortir, à moins de malchance, au gros coup où l'on n'a pas de grandes chances.

Le gros coup pour moi, par exemple, fut celui d'El-Alamein. Dans la nuit, mon bataillon a attaqué une position germano-italienne sur un plateau, à pied, à cause des champs de mines et d'une falaise qui empêchaient l'engagement des chars ; les deux compagnies, deux cents hommes, en rang au coude à coude, avançaient dans la nuit ; nous savions qu'en bas de la falaise nous serions accueillis par un feu d'enfer ; sur les cent hommes de ma compagnie, seuls cinquante ont atteint l'objectif. Au petit matin, nous avons été repoussés sur notre base de départ par une contre-attaque blindée allemande. Notre action n'avait pas servi à grand-chose, mais toute la VIIIe armée attaquait ce soir-là. Dans un coup pareil, vous savez que vous n'avez pas grande chance de vous en sortir… Une sur deux.

J'ai vécu une autre épreuve dans l'Érythrée quand j'ai failli mourir de soif. J'ai beaucoup souffert avant de tomber dans le coma, un hoquet sec me déchirait. Avec ma compagnie, nous n'avions bu qu'un quart de litre d'eau en deux jours, en montant et en descendant des montagnes. On m'a sorti du coma deux ou trois heures avant la mort.

Beaucoup de Français libres « sont entrés dans la carrière » à la Libération, pour reprendre l'expression d'Olivier Wieviorka. Vous, au contraire, vous éloignez. Pourquoi ?

Les résistants vont se laisser absorber par la politique ; les uns sont nommés préfets, commissaires de la République, les autres entrent dans des partis traditionnels, comme Maurice Schumann, René Pleven, Pierre de Chevigné, avec ce que cela comporte d'obligations, de négociations et de compromissions.

Une réaction comme la mienne est rare. Le général de Gaulle n'en a rien dit. Il a accepté sans commentaire ma nomination de chef de la mission militaire de Calcutta. Si ce poste m'a éloigné de lui un certain temps, seul mon désaccord avec sa politique indochinoise en a été la cause. À partir du coup de force japonais du 9 mars 1945 [1], je me suis prononcé en faveur de l'indépendance. Je respectais l'amiral Thierry d'Argenlieu, haut-commissaire pour l'Indochine, mais je n'étais

1. Les Japonais par un coup de force mettent fin à la souveraineté française en Indochine. En une journée, ils éliminent l'armée et l'administration françaises maintenues depuis 1940 sous l'autorité du régime de Vichy par le gouverneur général, l'amiral Decoux. Ce dernier ainsi que la plupart des fonctionnaires et militaires français sont placés en résidence surveillée. Une partie des troupes françaises parvient à se réfugier en Chine.

pas d'accord avec sa politique indochinoise qui était celle du général de Gaulle.

Avez-vous rompu avec le général de Gaulle pour cela ?

Non, pas rompu. Je me suis éloigné. En 1947, je n'ai pas adhéré au RPF. Ce mouvement ne correspondait pas à mes idées. Pour moi, il avait deux défauts majeurs : il acceptait les anciens vichystes au nom du rassemblement, et sa politique africaine était, selon moi, une politique réactionnaire, en contradiction avec le discours de Brazzaville de 1944.

Tous les partis ont recyclé des vichystes, y compris les communistes qui se sont servis des résistants, puis les ont mis très vite sur la touche. Quand j'étais Premier ministre, j'invitais les parlementaires anciens combattants à Matignon, le 11 novembre, vers 18 heures. Un soir arrivent quelques députés communistes résistants. « Cela me fait plaisir de vous recevoir, car on ne vous voit pas souvent ici », dis-je. L'un d'eux me répond : « Dans une réunion d'anciens résistants, nous sommes sûrs de ne pas rencontrer Georges Marchais. » C'était à l'époque des révélations sur les activités du secrétaire général du parti communiste dans les usines Messerschmitt, pendant l'Occupation.

La solidarité de la Résistance après la guerre se traduit surtout par des groupes informels. Une espèce de franc-maçonnerie des Compagnons de la Libération existait au Parlement, de l'extrême gauche jusqu'à l'extrême droite. Les Compagnons de la Libération ont, entre eux, un type de rapports différent des autres. Ils se retrouvent dans des réceptions à l'ordre de la Libération, même s'ils sont en désaccord. Même chose chez les résistants : des groupes d'hommes se connaissent, se côtoient, se respectent, même s'ils s'opposent politiquement.

Cela vient du fait que la France libre et la Résistance étaient composées de gens de tous les milieux, de toutes les appartenances religieuses, philosophiques, politiques, donc avec de très grandes différences de culture, de métier, de province ; des catholiques, des protestants, des juifs se trouvaient réunis. Ils formaient un ensemble provisoire, solide jusqu'au jour de la victoire, mais voué ensuite à se disperser. De Gaulle pensait qu'il ne devait pas fonder de parti politique au lendemain de la Libération. Il a d'abord conseillé aux résistants de rejoindre les partis politiques de leur choix où ils devaient être une sorte de levain dans la pâte. En fait, ils ont été absorbés par la pâte.

Charles Péguy a bien décrit la dégradation de l'idéalisme en politique. Après l'affaire Dreyfus, Péguy, dreyfusard, se révoltait en voyant ce que les dreyfusards devenaient. En lisant Péguy, j'ai retrouvé un processus comparable en ce qui concerne les résistants.

Avez-vous reparlé de la Résistance avec le général de Gaulle après la guerre ?

Nos conversations sur ce sujet-là se situent plus tard quand je serai ministre des Armées. Par exemple à l'occasion de la guerre d'Algérie, au moment où je serai amené à prendre des décisions parfois sévères vis-à-vis d'officiers, anciens de la France libre, mais dont la conduite laissait à désirer.

Savez-vous pourquoi de Gaulle a libéré Karl Oberg[1] *en 1962?*

Je ne sais pas et j'étais contre, mais je n'avais pas à donner d'avis sur de telles grâces. Oberg a été jugé par une cour d'assises et non par un tribunal militaire. Je

1. Karl Oberg fut le chef suprême des SS et de la police en France. Il fut déféré en 1954 devant le tribunal militaire de Paris et condamné à mort. Gracié en 1958 par le président de la République René Coty, il est libéré en 1962 par le général de Gaulle.

n'ai pas très bien compris. Je n'ai pas vu l'intérêt politique de le faire.

Pensez-vous qu'il existe aujourd'hui, comme le répète votre compagnon Philippe Séguin, une forme de réhabilitation de Vichy ?

Dans l'esprit de beaucoup de Français, une réaction fondamentalement vichyste subsiste. Vichy ne représente pas simplement la collaboration avec l'Allemagne, c'est une philosophie de gouvernement, conservatrice et autoritaire, prête à céder aux pressions extérieures. Cet esprit conservateur, antidémocratique et presque oublieux de la souveraineté nationale a toujours existé dans une partie de l'opinion française.

Vous avez, en 1995, exprimé votre désaccord avec Jacques Chirac lorsqu'il a parlé de responsabilité collective de la France pour les crimes de Vichy. Pourriez-vous développer votre position d'alors ?

Juger le pays collectivement responsable des crimes de Vichy est inacceptable. Y contribuaient ceux qui le voulaient : policiers, miliciens, dénonciateurs. En obéissant à des ordres injustes ou illégaux, vous engagez votre responsabilité. J'impute à ces fonctionnaires et à leurs complices une grave faute, mais pas aux autres. Je me refuse à admettre la responsabilité de la France. Dans sa déclaration, le président de la République accuse tous les Français. Il n'ose pas le dire, mais il n'y a pas d'autre interprétation. Il accuse les Français d'hier, d'aujourd'hui et de demain, leurs enfants et petits-enfants. C'est intolérable. En droit, la responsabilité collective n'existe pas, ou alors nous retournons au Moyen Âge avec les excommunications prononcées pour des générations. Dans notre droit, la responsabilité est individuelle et non collective. Tous les Français avaient des parents et grands-parents qui vivaient pendant l'Occupation, c'est leur faire injure, une injure gratuite, que de les accuser de crimes qu'ils n'ont pas commis.

La mémoire s'attache à certains événements et en oublie d'autres, la mémoire collective est construite par les historiens. Le véritable problème est celui de la transmission de la mémoire collective, c'est-à-dire de l'enseignement. L'enseignement doit être capable d'expliquer pourquoi de tels événements se sont produits, et comment faire pour qu'ils ne se reproduisent pas.

Comment expliquer la démarche de Jacques Chirac ?

Une explication, que je ne retiens pas, est donnée par ses adversaires : la démagogie. Il aurait fait ce discours pour séduire l'électorat juif français — je me demande s'il y en a un. Indiscutablement, la collectivité juive de France l'a bien accueilli.

À mon avis, Jacques Chirac pense que ce problème est écarté depuis trop longtemps du débat politique, et même du débat historique. Pour de Gaulle et ses successeurs jusqu'à François Mitterrand, officiellement Vichy n'existait pas. Jacques Chirac ne refuse pas d'examiner le problème de la légitimité du gouvernement de Vichy. Il a voulu remettre les pendules à l'heure. Mais il l'a fait très maladroitement, sur un terrain dangereux.

Je ne partage pas plus l'opinion de François Mitterrand sur ce sujet qui s'explique en grande partie par son itinéraire pendant la guerre. À cette époque, il a voulu garder deux fers au feu : il a pratiqué à la fois la collaboration avec Vichy et les contacts de plus en plus étroits avec la Résistance jusqu'à un engagement complet à partir de 1943. Cette attitude ambiguë explique son comportement vis-à-vis des crimes de Vichy et, en particulier, du plus grave de tous ces crimes, celui d'avoir aidé à la déportation des juifs étrangers puis français. Il a regardé ces événements avec recul, en spectateur, non comme un témoin, car il ne témoigne jamais sur ces drames, et jamais comme un acteur. Pour lui, il s'agit de crimes commis par l'État français, mais les Français, collectivement, n'ont aucune responsabilité dans cette affaire.

Ma position est différente. Je tiens le gouvernement de Vichy pour gravement responsable, et aussi plusieurs administrations. La police, la gendarmerie et certains membres de la préfectorale ont été impliqués directement dans ces opérations. Les listes ont été dressées dans les préfectures, les arrestations ont été faites, sur l'ordre des préfets, par des policiers et des gendarmes. Les forces de l'ordre ont embarqué ces déportés dans des trains, ou à Paris dans des autobus, pour les conduire jusqu'au camp de Drancy d'où ils partaient en Allemagne, dans les camps de la mort. Ces administrations sont responsables. Je n'arrive pas à comprendre que des fonctionnaires, responsables de l'exécution de ces ordres, aient accepté d'obéir. L'argument qui consiste à dire : s'ils ne l'avaient pas fait, on en aurait trouvé d'autres, n'est pas valable. Un homme, quelles que soient ses fonctions, engage sa responsabilité lorsqu'il exécute un ordre illégal, un ordre qui conduit à un crime de guerre ou un à crime contre l'humanité.

Dans *Grandeur et Servitude militaires*, Alfred de Vigny écrit : « Ne viendra-t-elle jamais, la loi qui, dans de telles occurrences, mettra d'accord le devoir et la conscience ? Il faudra bien sortir de là. » Un siècle et demi plus tard, j'ai rédigé un article du règlement de discipline générale qui tente de répondre à ce problème : « L'obéissance aux ordres est le premier devoir d'un subordonné. Toutefois, celui qui exécute un ordre prescrivant une action dont l'illégalité est flagrante... »

Jean-Pierre Vernant [1]

Une vieille bâtisse carrée et claire à Sèvres, dans une arrière-cour. Le décor rustique de la région parisienne d'avant-guerre, d'avant l'urbanisation qui a fait de cette petite ville où il vit depuis 1953 une simple excroissance de la capitale. L'illustre professeur au Collège de France, le compagnon d'Althusser, le légendaire spécialiste de la Grèce antique pour des générations de normaliens, n'habite pas Rive gauche.

Il vit à l'écart dans cette maison fraîche, aujourd'hui cernée par les HLM. On le dit à l'écart de tout, d'ailleurs, des modes et des médias. Un homme farouche et intraitable. Intellectuel et Compagnon de la Libération, il a toujours été, concernant sa résistance, un grand silencieux. Vernant est un cas. À quatre-vingt-cinq ans, ce redoutable militaire (il a été le chef de l'Armée secrète en Haute-Garonne et le libérateur de Toulouse), ce compagnon de route du PC — on inventa pour lui et ses camarades le label « communiste libéral » —, n'a jamais écrit sur cette expérience, malgré une œuvre universitaire imposante. J'ai cherché, je n'ai trouvé qu'une interview dans la revue *Raison présente* [2].

Je redoute ce rendez-vous que l'ermite Vernant m'a

1. Entretien réalisé le 15 janvier et le 3 mars 1998.
2. « L'apprentissage d'un intellectuel : un militantisme au quotidien », propos recueillis par Alain Schnapp, *Raison présente*, n° 118 (1996).

curieusement accordé, par crainte de me décourager, moi qui ne suis qu'au début de ce voyage.

Pourquoi accepte-t-il d'« en parler » aujourd'hui ? A-t-il vraiment, comme on l'a prétendu, fermé la porte à ses souvenirs ? S'agit-il de pudeur ? Ou bien de sa fameuse rigueur universitaire… ?

Il devance ma sonnerie, il a dû entendre mon pas, et là, un sonore : « Comment ça va ? » Surprise. Je ne m'attendais pas à lui. Je me trouve face à un géant joyeux qui, tout de suite, tutoie, et rudoie, et raconte. Je l'ai aimé tout de suite.

L'appartement est simple, clair, briqué, sent bon l'encaustique, le café qu'il prépare, un côté hors du temps qui convient à son récit débordant ; au mur, des aquarelles, des visages de femmes, des amazones d'avant-guerre, des résistantes magnifiques, des beautés, et aussi d'anciennes photographies d'une joyeuse bande, la sienne probablement, qui font penser aux films de René Clair ou de Julien Duvivier. La Résistance avec lui prend tout de suite les couleurs du Sud-Ouest, terre d'insurrection, de la Grande Révolution et du Front populaire. Elle est la belle épopée, comme on dirait « la belle équipe ».

***

Est-ce que vous vous souvenez avoir entendu le fameux discours radiophonique de Pétain annonçant l'armistice, le 17 juin. Où étiez-vous ? Que faisiez-vous ?

Le 17 juin, je suis au garde-à-vous, sur la place de Narbonne, écoutant le discours du maréchal Pétain. Mon frère, nommé dans la même unité que moi, est à mes côtés. Je pleure comme un veau. Puis je me reprends. En fait, je m'attends, depuis la formation du cabinet Pétain, à cet armistice honteux. Mais je suis sonné. Au bout d'un moment, de retour à la caserne, je lance à mes jeunes recrues : « Vous êtes contents car vous pensez la guerre terminée. Mais rien ne va s'arranger. Vous allez avoir sur le dos non pas des Allemands, mais des fascistes, des nazis… Préparez-vous au pire. »

La défaite est insupportable, impossible. J'aime mon pays, avoir été battu dans ces conditions me remplit de honte. L'écroulement de *ma* France me désespère. Dès ce moment, je pense à la façon dont le combat peut continuer. Pétain au pouvoir, c'est un monde opposé au mien.

En effet, plusieurs « France » coexistaient en 1940. La mienne, évidemment antifasciste, était une façon de prendre la vie, gravement mais sans se prendre trop au sérieux. C'était une conscience politique, des copains, des chansons et des films. La culture du Front populaire, quoi ! La victoire du Front populaire avait été extraordinaire pour un jeune comme moi. Un bonheur, pas seulement une victoire. J'avais fréquenté les auberges de la jeunesse avec ma future femme et avec des copains. Nous partions sac au dos en chantant à la fois de vieilles chansons traditionnelles et d'autres plus engagées.

Ce jour-là, je me dis que cette France-là ne peut pas être foutue. Je suis révolté par l'armistice car, comme mon frère, j'ai cru à un moment que le gouvernement Reynaud préparait un départ pour l'Afrique du Nord. Malgré sa démission, le 16 juin, nous continuons à y croire. Avec un groupe de sept ou huit officiers, nous prenons langue avec un officier de marine, pour lui demander s'il y a moyen de passer en Afrique du Nord. Il s'en occupe si bien qu'il va nous dénoncer à notre colonel. Celui-ci nous convoque, fait un sermon, déclarant que seul le général de Gaulle se trouve à Londres avec un certain nombre de « métèques ». Il nous cite en vrac Geneviève Tabouis et Pertinax (le journaliste de *L'Écho de Paris*, conservateur et réactionnaire, mais patriote). Nous ne sommes donc pas partis : de toute façon, ça devient difficile, ma femme est enceinte, elle a accouché au mois d'août.

Vous n'avez donc pas basculé, l'esprit de résistance était là, déjà...

Rien n'a « basculé » pour moi... En 1940, j'ai vite compris la nature des événements autour de moi, j'avais déjà réfléchi sur la situation. J'étais préparé depuis plusieurs années, parce que membre du parti communiste depuis 1932. Dans les années trente, avec mes copains du Quartier latin, nous passions notre temps à nous bigorner avec les fascistes, les jeunes de l'Action française, les Camelots du roi, les Jeunesses patriotes, y compris le franciste Marcel Bucard. En dehors de nos études, l'essentiel de notre temps consistait à imprimer des journaux, à les vendre et à nous battre contre eux. Nous connaissions physiquement les fascistes, ces types qui défilaient en criant : « À bas les métèques ! Mort aux juifs ! La France aux Français ! » Pour moi, Pétain, en juin 1940, c'était l'arrivée au pouvoir des gens contre lesquels je n'avais cessé de me battre au Quartier latin. Le choix était simple.

La France étant encerclée par le fascisme en Italie, en Allemagne et en Espagne, la guerre nous semblait inévitable. Nous pensions, avec naïveté et notre vue plus ou moins marxiste de l'Histoire, que le triomphe des fascistes placerait l'humanité en face d'un affreux cul-de-sac, d'une régression incompréhensible, absurde ; en revanche, avec notre victoire, tout serait à nouveau possible...

Quel type de communiste étiez-vous en juin 40 ?

Officiellement, je ne l'étais plus... Je m'explique. Reçu à l'agrégation de philosophie en juillet 1937, j'ai dû quitter le parti, en octobre, au moment de mon service militaire. Envoyé, sur ma demande, dans les troupes alpines, à Modane, j'avais demandé à connaître des noms de camarades communistes. Le responsable de la section militaire du parti communiste m'avertit qu'il n'était pas question de former une cellule dans mon unité. À l'époque, le parti suivait encore la ligne unitaire, antifasciste. « Il n'y a pas de travail antimilitariste ou fractionnel à faire dans l'armée, m'a-t-il expliqué, l'armée est celle de la nation française. » Je n'avais aucune intention fractionniste, je voulais simplement avoir des contacts dans un coin où je ne connaissais personne. J'ai dû rendre ma carte comme on me l'avait demandé. Pour le *vulgum pecus* comme moi, c'était la règle.

C'était une bonne chose au fond ; au moment du catastrophique pacte germano-soviétique, je me suis senti plus libre, n'étant plus officiellement membre du PCF. En 1939, la nouvelle du pacte nous a flanqués par terre. Aragon proclamait : « La paix est sauvée ! » Je n'y croyais pas. J'étais en désaccord complet avec le parti. La guerre n'était pas interimpérialiste, mais antifasciste.

Vous ne pouvez pas finalement rejoindre l'Afrique du Nord. Que comptez-vous faire alors ?

Durant l'été 1940, mon frère, moi et nos deux épouses restons à Narbonne. Nous attendons que la mienne accouche. Nous vivons dans un petit appartement, sans meubles, aidés par des bonnes sœurs. Mon frère et moi étions très proches politiquement. Il avait appartenu à l'Union fédérale des étudiants, à l'Association des écrivains et artistes révolutionnaires. Sans être membre du parti communiste, il en était proche. Il se procure une petite imprimerie portative, et nous écrivons des textes, des tracts que nous collons sur les murs de la ville. Plusieurs fois, la nuit, même si nous sommes jeunes et rapides, nous cavalons comme des sourds, coursés par la police. Un des premiers textes composés est celui-ci :

Si la France est par terre,
c'est la faute à Hitler.

Son drapeau dans l'eau sale,
c'est la faute à Laval.

Un autre texte dit ceci :

Le nouveau mot d'ordre de l'Internationale fasciste : Traîtres de tous les pays, unissez-vous.

Et puis encore celui-ci au moment de Mers el-Kébir, quand la vague antianglaise déferle sur tout le pays :

Vive l'Angleterre, pour que vive la France !

Avec cela, vous pensiez faire avancer l'Histoire ?

Cela peut paraître ridicule, aujourd'hui, cette histoire de calicots, mais nous ne pouvions pas rester neutres ou indifférents. Cette action était minuscule, mais, un jour, nous avons eu la petite satisfaction d'entendre un ami de ma femme, futur spécialiste de la littérature russe aux États-Unis, nous dire : « C'est extraordinaire, nous avons vu dans Narbonne plein d'affichettes avec des mots d'ordre anti-Vichy, et antiallemands. »

On est seuls, mais d'autant plus convaincus que l'attitude des communistes officiels est insupportable. Au moment où nous collons nos petites affiches, un journal local communiste me met dans une fureur épouvantable. Il mobilise contre le gouvernement « réactionnaire » de Vichy, il faut reprendre la défense des salaires, du peuple, et mettre fin à un conflit déclenché par les « ploutocrates britanniques », écrit-il. Pas un mot sur l'armistice honteux, rien sur les nazis. C'est la ligne Jacques Duclos. Les communistes croient pouvoir reprendre leurs activités, faire reparaître leur presse. Ils condamnent Vichy et veulent s'arranger avec les Allemands. Ces derniers ont ainsi deux fers au feu et peuvent agir sur Vichy grâce à eux. Les communistes demandent à leurs maires de se réinstaller dans leur mairie. Cela n'a pas marché longtemps. À Moscou,

Maurice Thorez et l'Internationale ne sont pas d'accord avec cette ligne [1].

Vous êtes démobilisé en août 1940, à Narbonne... Comment allez-vous vivre ? Où ? Comment ?

À ce moment-là, notre solitude est complète. Il y a beaucoup de professeurs prisonniers. L'administration nous a complètement oubliés. Mon frère et moi, nous signalons notre disponibilité à ce qu'il reste d'administration. En retour, nous recevons de Vichy un télégramme de l'Éducation nationale : « Vernant, agrégé de philosophie, nommé à Clermont-Ferrand. » Nous répondons : « Sommes deux Vernant agrégés de philosophie. » Réponse : « Vernant, reçu premier agrégation de philosophie, nommé Clermont. » Nous avions été reçus tous les deux premiers à l'agreg de philo, lui en 1935, moi en 1937 ! Alors nous renvoyons un télégramme : « Sommes deux Vernant reçus premiers... » Troisième télégramme du ministère : « Vernant, aîné, nommé Clermont-Ferrand. » Mon frère est donc casé.

Probablement épuisée par cet effort, l'administration m'oublie. Dans le courant du mois de novembre, n'ayant plus un sou, touchant une vague allocation, ma femme étant malade, devant m'occuper de ma fille, un

1. Durant l'été 1940, au nom de la direction clandestine du parti, des communistes mènent à Paris, avec l'assentiment de Jacques Duclos, des négociations avec les Allemands visant à la reparution de *L'Humanité*. Duclos encourage aussi la réoccupation des municipalités de la région parisienne. Cette politique se heurte à l'hostilité de Maurice Thorez à Moscou. Les négociations sont abandonnées à l'automne 1940. Le parti travaille désormais sur la base de la lutte contre Vichy et le patronat (voir la note sur l'appel de Maurice Thorez dans l'entretien avec Pierre Lefranc). Ses militants sont invités à développer les revendications sociales. D'autres dirigeants, comme Charles Tillon, sont en revanche clairement partisans de la lutte contre l'occupant. Peu à peu, la ligne « officielle » s'infléchit ; sous la pression croissante de la base et de quelques cadres, l'antinazisme resurgit. Cependant, jusqu'à l'attaque allemande contre l'URSS, le 22 juin 1941, la contradiction n'est pas levée.

bébé, je téléphone à mon frère à Clermont pour qu'il aille expliquer ma situation à Vichy. Du coup, je suis nommé à Toulouse, à la place de Canguilhem, au lycée de garçons, le lycée Fermat.

Là, je retrouve mon maître à penser, le psychologue Meyerson[1]. À l'époque je ne le connaissais que pour avoir suivi son enseignement à la Sorbonne, me livrant à des plaisanteries d'un goût douteux pendant son cours sur l'usage des instruments chez les singes. Directeur du *Journal de psychologie*, nommé à la chaire de psychologie à Toulouse, Meyerson a été aussitôt révoqué en octobre 1940, parce que juif.

Sa vision des choses m'intrigue : il pense que Hitler, comme individu, n'est rien. Selon lui, les vraies lignes de force pour comprendre la situation sont ailleurs. J'en suis moins sûr. Mais il est, lui aussi, convaincu de la nécessité d'agir sur place, là où on est. La suite de la guerre dépend, selon lui, de la résistance de l'Angleterre, puis des Américains qui seraient amenés à intervenir. Rien n'est donc perdu selon lui. Il avait une vision exacte de cette guerre mondiale. C'était rare à l'époque. En homme actif, il décide de créer, fin 1940, une société scientifique, la Société toulousaine de psychologie comparée, à laquelle il m'associe. Nouveau professeur de lycée, paraissant beaucoup plus jeune que mon âge, je rencontre ainsi des professeurs d'université, à la faculté de médecine, des sciences, à l'Institut catholique, à l'archevêché, pour leur proposer d'entrer dans cette société savante. S'ils acceptaient d'adhérer à une société scientifique de psychologie historique et comparative fondée par un juif, fraîchement exclu par Vichy, c'est qu'on pouvait leur faire confiance.

1. Ignace Meyerson, né en 1888 à Varsovie, est, depuis 1923, directeur adjoint du Laboratoire de psychologie de la Sorbonne. Après la guerre, il est directeur d'études à l'École des hautes études. Sociologue et psychologue, il a écrit des travaux sur l'usage de l'instrument chez les singes. Il est surtout le fondateur et le théoricien de la psychologie historique.

Mais qu'est-ce donc que cette curieuse Société toulousaine de psychologie comparée ? Une vitrine ? L'embryon d'un mouvement de résistance ?

D'abord c'est un filtre, un point de rencontre. Et aussi une marmite où l'on agite des idées, où l'on disserte. Petit professeur de philosophie, cela me donne des possibilités d'accès et de discussion avec une hiérarchie universitaire à l'époque très distante. Vladimir Jankélévitch vient à la Société donner une conférence. André Aymard, l'historien de l'Antiquité, futur doyen de la Sorbonne, Faucher, le géographe, Paul Dottin, le doyen de la faculté des lettres, Paul Vignaux, beaucoup de Parisiens comme Georges Friedmann y passent. Mgr Saliège, déjà physiquement impotent, adhère par l'intermédiaire d'un jeune abbé, son secrétaire. Mgr Solages, de l'Institut catholique, lui aussi marche tout de suite. Je prends contact, à ce moment-là, avec beaucoup de médecins, Soula, Ducuing, Bugnard, Guilhem, les futurs membres du service médical des FFI.

Ces contacts vous permettent-ils de rejoindre le mouvement « Libération » ?

Pas vraiment. Je suis entré à Libération grâce à d'anciennes connaissances. Début 1941, Jean Cavaillès [1], professeur de philosophie à la faculté de Strasbourg, repliée à Clermont-Ferrand, crée Libération. Il connais-

1. Jean Cavaillès, reçu premier à l'École normale supérieure, agrégé de philosophie, docteur ès lettres, est alors un brillant intellectuel. Fait prisonnier en 1940, évadé, il reprend son poste à l'université de Strasbourg, repliée à Clermont-Ferrand. Avec Emmanuel d'Astier, Lucie Aubrac et le banquier Georges Zérapha, il fonde à l'automne 1940 un petit groupe de résistance. En juillet 1941, ce groupe publie un journal, *Libération*, et développe ses activités. Entre-temps, en mars 1941, Jean Cavaillès, appelé à la Sorbonne, est parti pour Paris où il travaille à la direction de Libération-Nord et fonde, en avril 1942, le réseau Cohors. Arrêté en septembre 1942, il s'évade le 29 décembre. Révoqué par Vichy, il gagne Londres en

sait mon frère et lui a demandé de porter une valise à Marseille. Il fallait aller à telle adresse, tel étage, sonner et donner un mot de passe : « La Seine passe sous le pont… » (j'ai oublié le nom). Première mission : mon frère sonne, un peu inquiet, et Lucie Aubrac, que nous connaissons très bien — j'avais milité avec elle dès le début des années trente —, ouvre la porte. Ils tombent dans les bras l'un de l'autre. C'est par cette connexion que plus tard, en février 1942, je vois à Toulouse Lucie et Raymond Aubrac qui me proposent de prendre en main les groupes paramilitaires de Libération.

Ce n'est plus aussi simple que coller des affiches ou animer un club. C'est la résistance dure cette fois ! Comment faites-vous ?

La société toulousaine restait une inconnue pour moi. Je fais donc venir mes copains, communistes ou paracommunistes, Victor Netchein (« Leduc »), Jean Mialhe. Je retrouve sur place un Italien, Mario Levi, le frère de Nathalia Ginzburg, la romancière, que j'avais connu à Paris. Mario avait travaillé pendant la guerre à la radio française en italien ; au moment de l'arrivée de Pétain, il a été flanqué dehors. Jacques d'Andurain[1], dont la mère fut assassinée dans des conditions obscures ; on a raconté qu'elle appartenait à la fois aux services français, à l'Intelligence Service et à la Gestapo. Je retrouve aussi Pierre Doassans, un étudiant en médecine, plus ou moins communisant, dont le père, un

---

février 1943. Il revient en métropole le 15 avril 1943, est de nouveau arrêté le 28 août 1943. Incarcéré à Fresnes, il est transféré, en janvier 1944, à Compiègne d'où il devait être déporté. On apprendra, en juin 1945, que les Allemands sont venus le chercher juste avant le départ pour « complément d'information » ; il fut emmené à Arras, jugé par un tribunal militaire et fusillé.

1. Jacques d'Andurain, après avoir été un des acteurs de la manifestation du 11 novembre 1940 à Paris, s'est vu confier ensuite la direction des Étudiants communistes.

maire du coin, nous a rendu beaucoup de services. Avec eux, les discours sont inutiles, tous veulent agir.

En octobre 1941 débarquent chez moi Pierre Hervé [1], sa femme Annie, son beau-frère et sa belle-sœur. Hervé venait de s'échapper du Palais de justice dans des conditions rocambolesques. Une quarantaine de communistes, arrêtés entre 1940 et 1941, avaient été enfermés dans une cellule qui donnait sur une cour close par une grande grille. Un jour, Annie et d'Andurain passent le soir sur le quai, Annie dit quelque chose comme : « S'il suffisait de dire : Sésame ouvre-toi… » Elle tourne le bouton de la porte et elle s'aperçoit que cette immense grille n'est pas fermée. Le lendemain, le surlendemain, ils reviennent, elle n'est toujours pas fermée. Alors, ils décident — une folie — de faire évader Pierre. Avec la complicité des détenus, d'Andurain et Annie s'introduisent dans cette cour avec une échelle, grimpent jusqu'au deuxième étage et scient consciencieusement les barreaux, pendant qu'Hervé fait de même de l'autre côté. Une fois les barreaux brisés, Hervé lance aux copains : « Allez, on fout le camp ! » Les autres : « As-tu un ordre du parti ? — Non, je n'ai pas les moyens d'avoir des consignes. — Une autorisation ? — Non. » Et alors, une chose incroyable se produit : la plupart des détenus décident de rester. Parmi eux, certains ont été fusillés, choisis pour des exécutions d'otages.

Juste après leur évasion, pendant le couvre-feu, sur un pont de la Seine, Pierre Hervé et ses complices tombent sur une escouade de flics qui leur demandent leurs papiers. D'Andurain sort un pétard — il aimait beaucoup ça — et leur dit : « Écoutez, nous sommes français, vous n'allez pas nous emmerder. » Ils les ont lais-

1. Pierre Hervé, jeune professeur de philosophie, ancien dirigeant des Étudiants communistes, prisonnier de guerre évadé, nommé en janvier 1941 au lycée Marcelin-Berthelot à Paris, a rejoint le groupe de l'Université libre organisé par des militants communistes et sympathisants. Il est arrêté en juin 1941 et enfermé avec d'autres communistes au Palais de justice dans une grande salle située sous l'escalier de la façade donnant sur la place Dauphine.

sés passer, ce n'est pas tellement étonnant. Ils ont filé chez moi, à Toulouse, après d'autres étapes, puis ils se sont planqués chez les parents Doassans, en Béarn.

Je retrouve donc un noyau de combattants avec des avantages et des inconvénients. Nous pouvons nous voir sans éveiller les soupçons de la police, mais chacun connaît l'autre.

En dehors de ce cercle, pendant toute la période, je préserve mon identité à l'aide de pseudonymes. Et puis j'exerce mon métier de professeur, une bonne couverture. La première année, avant le bac, Paul Dottin, le doyen de la faculté, me prend à part : « Préparez-vous bien vos élèves ? me demande-t-il. — Oui, je crois. — Faites attention, j'espère que vous aurez de bons résultats au bac, les parents vous ont à l'œil... » J'allais en cours dans des tenues considérées comme peu philosophiques — ce qui prouve à quel point ils ignoraient l'histoire de la philosophie —, en sandales, un peu débraillé. Je jouais avec ce style, je tutoyais les élèves, ils me tutoyaient. Des circulaires du proviseur constataient que la tenue des élèves de terminale laissait à désirer et demandaient aux professeurs d'y veiller. Ce même doyen, après le bac, m'a confié, au cours d'une séance suivante : « Vernant, vous avez gagné ! » Il y avait eu en philo un nombre de reçus considérable. « Maintenant, vous pouvez même y aller pieds nus, les parents ne vous diront rien ! »

Au lycée, dans la salle des profs, beaucoup essaient de vous tirer les vers du nez. Un jour, un élève est venu me voir : « Il paraît que vous êtes dans la résistance armée, je voudrais m'engager. » Je lui réponds : « Je t'emmènerais au commissariat de police si tu n'étais pas un bon élève. » Il est passé en Espagne, puis s'est engagé dans la France libre. Quand il est revenu à Toulouse, il m'a fait une scène épouvantable. J'étais derrière mon pupitre avec des galons de colonel, commandant la région. « Vous êtes quand même un beau salaud ! — Si je t'avais embauché, je ne serais pas là en ce moment. »

La région bouge dès 1941. Dans les usines, des groupes existent déjà. Pierre Bertaux et Jean Cassou ont formé un mouvement avec Silvio Trentin, le libraire de Toulouse[1]. Un parachutage d'armes, en liaison avec le réseau du Musée de l'Homme, est effectué. Les habitants de la région toulousaine, par tradition radicale et socialiste, anticléricale, considéraient assez mal le régime de Pétain. *La Dépêche du Midi* représentait un courant laïc. Et l'Église, comme on l'a vu, s'est mieux tenue qu'ailleurs en France.

Vous êtes un intellectuel, mais, dans la Résistance, vous avez l'air de prendre goût à l'action militaire...

C'est vrai. Ce sont les circonstances qui l'exigent ! J'avais déjà une certaine expérience. En 1940, je faisais partie d'un régiment d'élite depuis trois ans. Élève officier au 6e chasseurs de Grenoble, j'ai été brillamment collé avec le grade de sergent. J'ai été fiché sur une « liste rouge » recensant les personnes subversives, communistes, anarchistes, antimilitaristes. Par conséquent, je ne devais pas être nommé officier. Preuve que je ne suis pas militaire dans l'âme, le plus bel éloge que j'aie reçu est cette note : « Inapte au commandement. »

En février 1942, vous mettez en place dans la région de Toulouse les groupes paramilitaires. En quoi cela consiste-t-il ?

Il faut constituer des groupes de cinq hommes, tous cloisonnés les uns par rapport aux autres. Il y en a dans les entreprises, dans les villages, dans les quartiers.

1. Le premier pôle de la résistance socialiste à Toulouse fut la librairie de Silvio Trentin, un ancien professeur à la faculté de droit de Padoue et député socialiste réfugié en France dès 1926. Il crée un petit mouvement, « Libérer et Fédérer », en janvier 1941 composé d'un groupe d'Italiens, en majorité des anciens des Brigades internationales, de Pierre Bertaux et Vincent Auriol, auxquels viendra se joindre Jean Cassou, l'ancien conservateur du musée d'Art moderne, après le démantèlement, en avril 1941, du réseau du Musée de l'Homme auquel il appartenait.

Nous diffusons le journal *Libération*, mais notre boulot essentiel consiste à réaliser des manifestations, ou des sabotages. Dès le début du mouvement Libération, Carrère, un ouvrier menuisier du coin, un artisan d'art, se charge de faire des démonstrations d'utilisation des explosifs, du plastic. Il se balade avec sa valise et explique pratiquement le maniement des explosifs et de la mitraillette Sten. Dans une usine d'aviation, chez Latécoère je crois, un de nos types qui réalise une démonstration sur une mitraillette, parachutée dès 1941, est arrêté par la police.

Nous attaquons des dépôts d'essence, des trains de munitions, faisons sauter les voies quand un convoi militaire doit passer, collectons des renseignements. Il faut aussi récupérer des armes. Comme l'armée française ne veut pas nous en donner, nous devons dénicher ses caches de matériel. Un bordel noir ! Finalement, les militaires nous en ont passé une partie, des fusils, des munitions, pas de matériel lourd. Des dépôts se constituent.

Chacun de ces actes réclame une mise au point minutieuse. Des aléas peuvent survenir dans leur exécution. Il arrive que le dépôt choisi se révèle finalement impraticable, alors on se retrouve, au moment du couvre-feu, avec un camion plein d'armes, sans pouvoir rentrer dans Toulouse. Un jour, je suis tombé ainsi sur une patrouille de gendarmes, avec un bon chargement dans un camion bâché. Je suis descendu, j'avais mon revolver de l'armée française. « Qu'est-ce que vous avez là ? » J'ai joué franc-jeu, j'ai répondu : « Écoutez, mon lieutenant, je crois qu'il est préférable de ne pas ouvrir. » Je lui ai montré mon pétard : « Voici mon revolver d'officier que j'ai gardé, ce qu'il y a là-dedans en est la continuation, vous voyez ce que je veux dire… » Il est resté un moment interloqué, et puis il a lancé : « Filez, filez… »

Comment avez-vous appris ces techniques de résistance ?

Des schémas et des consignes nous avaient été délivrés. Ces techniques étaient évidentes. Il fallait faire en sorte qu'en cas d'arrestation rien ne puisse remonter, toujours le cloisonnement donc.

Ex-militant communiste, j'étais méfiant par culture politique. Entré au PC en 1932 sous un faux nom, Jérôme, j'avais l'habitude du camouflage. Cette règle évitait aux ouvriers communistes d'être licenciés par les entreprises ou de ne pas être embauchés. J'avais aussi la pratique des consignes de sécurité : ne pas parler, ne pas faire de confidences. Et quand des collègues professeurs m'ont demandé d'entrer au sein d'un mouvement de résistance, je me suis dit : « Nom de Dieu, s'ils agissent ainsi, ils vont se faire prendre tout de suite. » J'avais bien sûr décliné leur proposition.

En 1943, les Anglais ont fait venir à Londres, depuis la France, un des hommes avec lesquels j'avais travaillé pour les parachutages dans la région toulousaine. Après la Libération, il m'a dit : « Sais-tu comment j'ai appris ton identité ? À Londres, les membres de l'Intelligence Service m'ont montré ta photo. » Il m'a reconnu, il me connaissait sous les noms de « Lacome » et de « Berthier ». Les Anglais lui demandent : « Sais-tu ce qu'il fait ? — Non. — Il est prof de philo. » Ça m'a coupé les bras et les jambes. Cela signifiait que les services britanniques avaient des informateurs à l'intérieur même des mouvements de résistance !

Pourquoi un travail paramilitaire dès cette époque ? Les organismes politiques, agissant par la propagande, voulaient déjà avoir une base organisationnelle pour des actions militaires. Cela viendra peu à peu… En novembre 1942, au moment de l'invasion par les Allemands de la zone libre, les différents groupements, Combat, Libération, Franc-Tireur, sur Toulouse et sa région, les neuf départements du Sud-Ouest, décidèrent de fusionner leurs appareils paramilitaires en une seule organisation : l'Armée secrète. Puis les trois mouvements, tout en gardant leur spécificité politique, se réunirent dans les MUR, les Mouvements unis de Résistance. Les MUR vont se développer et permettront d'avoir localement des comités de libération et, nationalement, des groupes représentatifs de l'ensemble de la Résistance. Ce travail se fera en 1943-1944, au moment où de Gaulle enverra des représentants et choisira clairement cette carte. Mais, en 1942, de Gaulle n'a pas encore mis le paquet pour apparaître comme le patron de la Résistance intérieure.

Novembre 42, avec l'invasion de la zone dite libre, représente donc un coup d'accélérateur pour la Résistance à Toulouse.

Bien sûr. Le même type de travail se poursuit, mais la présence des Allemands change tout. Des questions nouvelles se posent. Vaut-il mieux opérer des attentats contre les membres des forces d'occupation ou, comme nous l'avions fait, nous concentrer sur des objectifs purement militaires et stratégiques ? Faut-il monter un maquis ou bien agir dans les villes ? Les maquis me semblent prématurés, les moyens matériels manquent. Faut-il, dès 1942, envisager le débarquement ? En quoi consisterait l'intervention des forces paramilitaires ? Ces questions vont se poser jusqu'en 1943, un autre tournant avec le STO et le développement des maquis qui en est la conséquence.

Dans la vie d'un résistant, la trouille domine-t-elle ? Vos camarades parlent souvent de la joie de vivre, mais la trouille au quotidien, c'est quoi ?

La trouille n'a rien de drôle, bien sûr, mais la trouille n'empêche pas de vivre. Maintenant, je me dis : « Mon Dieu, qu'est-ce qu'on a rigolé ! » Pendant la période 1942-1943, nous faisions un tas de choses sans trop de pertes. Vers la fin, en revanche, en 1944, la situation devint vraiment très dure. À aucun moment on n'était tranquilles. Je n'habitais plus chez moi, j'avais plongé complètement dans la clandestinité. J'avais déménagé ma femme, sa mère et ma fille dans un petit bourg où personne ne les connaissait. J'avais prétexté vis-à-vis des habitants l'impossibilité de rester à Toulouse à cause des bombardements britanniques. Ils ne s'en sont pas étonnés, cela paraissait normal. Une fois ma famille à l'abri, je me sentais traqué mais libre. Un gangster en fuite doit éprouver les mêmes sentiments que nous à l'époque. Il fallait être constamment en éveil, ne pas avoir d'habitudes, vérifier que personne ne nous suivait.

Justement. Avez-vous été suivi, repéré, traqué ?

Il m'est arrivé plusieurs fois d'avoir la Gestapo aux fesses. Ils avaient des techniques particulières, et des traîtres. Il y en a eu, par exemple, au sein de l'intendance du maquis, chargée de nourrir et vêtir les maquisards. Il fallait dévaliser les Chantiers de jeunesse, voler les tickets d'alimentation dans les mairies, se débrouiller pour trouver de l'argent. Les membres de cette intendance portaient des noms d'animaux. Un jour, lors d'une réunion avec les responsables, deux hommes me sont présentés : « Souris, Renard. » En réalité, je connaissais très bien Souris, un de mes anciens élèves, Charvet, un jeune type vraiment délicieux, militant catholique. Lui et sa fiancée étaient déjà venus chez moi. Il savait donc mon adresse. Le jour de son arrestation, je le rencontre par hasard dans la rue. « Comment ça va ? — Pas bien, j'ai l'impression que le local est repéré et je suis inquiet. Des types passent et repassent devant, ça sent mauvais. — Fais gaffe. Je n'habite plus chez moi en ce moment, la clef est à tel endroit, si tu veux tu peux t'y cacher. — Non, non. — Où vas-tu ? — Dans une ferme que Renard a trouvée. — Si vous y allez, n'y entrez pas en voiture, arrêtez-la avant, que l'un d'entre vous aille d'abord voir à pied pendant que l'autre reste dehors. » J'apprends le soir, par une note dans une de mes boîtes postales, que la Gestapo les attendait dans la ferme. Le mot dit : « Souris, Renard arrêtés, Renard a pu s'évader, Souris a parlé. »

Je prends contact avec mes camarades et je demande comment ils savent que Souris a parlé. « Renard s'est évadé, il nous l'a dit, et il voudrait te voir. » Je n'avais dit à personne que je connaissais très bien Souris, je réponds simplement : « Vous direz à Renard que je ne veux pas le voir. Je ne crois pas un mot de ce qu'il raconte, Souris n'a pas parlé. — Comment peux-tu le savoir ? — J'ai mon idée là-dessus. » En effet, si Souris avait parlé, le premier qu'il pouvait donner c'était moi. Non seulement Souris n'a pas parlé, mais les Allemands lui ont fait creuser sa fosse et l'ont fusillé. J'étais sûr qu'il ne dirait pas un mot. Je n'étais pas sûr de moi du tout, mais j'étais sûr d'un type comme Charvet, tout à fait sûr. C'est comme ça. Il y a des gens à qui on fait confiance, complètement.

« Renard souhaite te voir. » Le piège était clair comme de l'eau de roche. La Gestapo le remet en liberté en pensant pouvoir attraper le patron de cette bande.

Quelque temps plus tard, à Toulouse, je l'aperçois dans une voiture. Des hommes de la Gestapo, au volant d'une torpédo décapotable, semblent lui demander de désigner des gens dans la rue. Je roule à vélo. La voiture me suit. Et c'est parce que je suis à vélo que je peux les semer. Je crois que Renard a eu de graves ennuis à la Libération…

J'ai connu un autre résistant passé à la Gestapo, Charles ; le type avait accompli un boulot énorme, il était un des chefs d'un groupe franc à l'échelle nationale. Un matin, j'ai rendez-vous avec lui devant la gare de Toulouse pour discuter d'une action. Le soir, nous devons faire sauter les chœurs de l'aiguillage, lui à un bout, moi à l'autre bout. Après voir fixé les détails, l'heure, je l'accompagne jusqu'à son tramway, il est à pied, moi à vélo. Pendant qu'il grimpe dedans, j'aperçois un type qui se hâte pour prendre le même tramway et monte derrière lui. À ce moment-là, en 1944, devant le moindre petit événement, l'esprit se met en alerte. Je double le tram. Comme il est assis du côté de la rue, je lui fais un signe. Il me regarde. Je crois qu'il a compris.

Le soir — j'ignorais totalement son arrestation —, je le revois. Je suis toujours à vélo. Il se tient dans une torpédo superbe, ouverte, avec plusieurs hommes, un devant, deux à l'arrière. J'ai cru à une balade dans une bagnole avec ses gars du groupe franc, nous aussi on en volait et on s'en servait. En le voyant, mon premier réflexe a été de me dire : « Mais il est fou ce type ! Qu'est-ce qui lui prend ! ? Il va se faire repérer avec sa torpédo... » Il vient vers moi, et puis, manifestement, il fait semblant de ne pas me voir. Le soir même, j'apprends qu'il a été arrêté au sortir du tramway après notre rendez-vous.

Un autre jour, je prends le train pour faire visite à ma femme, dans le petit hameau où je l'avais planquée. J'ai dans ma serviette un certain nombre de papiers que je ne devrais pas avoir. Sur le quai, je vois Charles au milieu de trois ou quatre messieurs. Quelle trouille ! J'ai commencé une de ces cavalcades dans toute la gare... avec l'idée qu'on me courrait derrière ! Ce qui ne devait pas être vrai. A-t-il parlé ou pas ? Je ne l'ai jamais su. Je crois qu'il n'a rien dit. Plus tard, Charles a expliqué n'avoir livré que les communistes. Mais je crois qu'il ne m'a pas donné. J'ai cavalé ce jour-là !

Dans la Résistance, étiez-vous seul, comme certains de vos camarades l'ont dit, absolument seul au milieu de « quarante millions de pétainistes » ?

Selon moi, le tableau d'une France maréchaliste, tracé dans *Le Chagrin et la Pitié,* est faux. Le film détruit avec raison la légende d'une France dressée tout entière contre l'occupant, mais le mythe inverse l'est également. La description du lycée de Clermont-Ferrand ne tient pas debout. À Clermont, le nombre de résistants est considérable, de même à la faculté, à commencer par Cavaillès. Or le film n'en dit pas un mot.

Un tas de gens réfléchissaient, n'étaient pas d'accord. Rien n'était blanc ou noir, les nuances variaient à l'infini.

La situation était si complexe… Dès le début, des intellectuels, des bourgeois, médecins, industriels, et aussi des ouvriers font partie de la Résistance. Il est impossible de prétendre qu'une seule classe se soit engagée. Il y avait des types d'extrême droite, des officiers, des militaires. J'ai rencontré, grâce à Albert Lautman[1], un autre philosophe, fusillé par les Allemands, les officiers avec lesquels il s'était évadé d'Allemagne. Ces militaires étaient très éloignés de la gauche. Ils n'appartenaient plus à l'armée d'armistice, n'avaient rien à voir avec l'Organisation de Résistance de l'Armée, et ils ont fondé des groupes très efficaces.

Bien sûr, dans des conditions si difficiles, les gens ayant une culture de gauche ont pu, peut-être, comprendre avant les autres et s'engager sous une forme plus structurée, avec un appareil intellectuel plus vaste qu'un simple refus épidermique de soumission aux Allemands et de trahison vis-à-vis de nos alliés. Mais l'esprit de résistance, même minoritaire, était partagé entre la gauche et la droite.

Pourtant, le régime de Vichy, vous l'avez dit, c'est la revanche de la vieille droite ultra-réactionnaire française.

Droite réactionnaire, oui, pour l'essentiel, jusqu'à la droite la plus fascisante, sans être fasciste. Des affinités existent entre le régime de Vichy et celui de Salazar. Salazar était-il fasciste ? Pétain était-il fasciste ? Vieux débat. En un certain sens, oui, puisqu'il supprime les libertés démocratiques, la liberté de la presse. Il ins-

1. Normalien, ami de Jean Cavaillès, Albert Lautman est le responsable du secteur de Toulouse du réseau Patrick O'Leary. En mars 1943, il prend la succession du docteur Guérisse (voir l'entretien avec André Postel-Vinay) à la tête du réseau. Arrêté le 15 mai 1944, Lautman sera fusillé le 1er août 1944.

taure un certain nombre de frontières à l'intérieur du corps social pour en exclure des éléments dangereux, les syndicalistes, les communistes, les militants ouvriers, les intellectuels libres penseurs. Vichy inclut ces courants xénophobe, antisémite et fasciste. Mais pas seulement, le gouvernement entreprend de remodeler la nation avec l'ancien régime des corporations, aboli par la Révolution.

Alors, s'agit-il de fascisme ou de contre-révolution ? De Mussolini ou de Joseph de Maistre ?

Un peu tout cela à la fois. Le régime est bricolé selon les circonstances. La droite cléricale traditionnelle, non fasciste, en fait partie ; en témoigne le slogan travail-famille-patrie. Le régime refuse la démocratie, la représentation populaire, les syndicats, se méfie de l'intelligence, du rationalisme, de l'effort d'analyse intellectuelle. Il se révèle hostile au progrès, il prône le retour aux traditions rurales, il glorifie la paysannerie et fustige l'urbanisation, le paysan doit rester sur sa terre. Est-ce le fascisme ? Par certains aspects…

Mais c'est aussi un vaudeville — dangereux, certes — qui transparaît dans cette idéologie conservatrice et patriotarde. Les défilés militaires. La fanfare. Les bénédictions des évêques. L'eau bénite à tout bout de champ. Et la célébration des valeureux Gaulois. Grotesque puisqu'on s'est fait battre à plates coutures ! Il ne nous reste qu'une armée croupion, aux ordres de l'ennemi.

Et cette façon d'encenser ce vieillard aux yeux bleus et au regard clair ! les portraits de Pétain… ! Vous n'imaginez pas à quel point l'administration a voulu répandre cette imagerie grossière dans l'enseignement, dans la société, partout. La première année où j'ai fait passer le bac de philo, trois sujets ont été donnés, typiquement pétainistes, des conneries monumentales, sur la patrie, sur la famille, sur la terre qui ne ment pas. Dans mon paquet de copies, une contenait, à la place de la dissertation philosophique, un dessin, un portrait du Maréchal, avec écrit dessus « travail famille patrie ». Je lui ai mis un zéro pointé avec ce commentaire afin de me couvrir : « S'efforce en vain de ridiculiser la personne du Maréchal »…

Les lycéens ne rentraient pas dans ce jeu-là, heureusement.

Novembre 1942. Vous êtes resté professeur longtemps tout en étant un résistant important. Et, un jour, vous plongez dans la clandestinité. Pourquoi ?

J'ai continué dans l'enseignement le plus longtemps possible. Je logeais à droite et à gauche, je bougeais beaucoup. Ma maison était située du côté des Minimes, dans un quartier appelé Moscou, assez retiré et d'où on voit bien les alentours. Je pouvais m'enfuir par le jardin de derrière en cas de besoin. En fait, je faisais semblant d'être professeur… Je l'étais de moins en moins. En 1943, j'ai donné mes copies du bac à Rossignol, un collègue ami de mon père ; il les a corrigées à ma place, en signant Vernant.

Un matin, au printemps 1944, je reçois une lettre dans mon courrier, que j'ai conservée, sans date, mais expédiée de Vichy.

« Cher Monsieur Vernant, j'apprends avec beaucoup de tristesse et d'indignation la mesure qui vient d'être décidée contre vous, à la réunion du ministre et des inspecteurs généraux. Vous êtes chassé de l'enseignement. Vous ne le savez pas. Il a été jugé préférable de ne pas vous en informer. La Milice doit s'en charger. Je souhaite que les événements se déroulent de telle façon que vous n'ayez pas à en souffrir. Cordialement. »

La signature était illisible.

Le matin même, je me rends au lycée, j'ouvre mon casier et je trouve un autre mot, que j'ai conservé aussi, plein de fautes d'orthographe, celui-là : « Monsieur Vernant, je ne suis qu'un pauvre employé du lycée, mais je veux vous prévenir, l'inspecteur général — dont il me donne le nom — et le proviseur vous trahissent. Faites attention à vous ! »

Deux avertissements dans la même matinée… Je me dis : « C'est sérieux. » L'après-midi, j'annonce mon départ à ma classe du lycée de filles : « Mesdemoiselles, pour que vous ayez de bons résultats à l'examen, il ne faut pas trop vous surmener. Juste avant, prenez du temps libre. Je ne reviendrai plus faire mes cours. » Je crois qu'une bonne moitié de la classe a compris. Et je ne suis plus retourné au lycée. Mais pour que les autorités ne s'en aperçoivent pas tout de suite, il fallait quelqu'un pour parapher le livre de présence à ma place. Cela commençait à être la débandade, le bordel. Ce ne fut pas difficile. Paul Badiou, le futur maire de Toulouse, signa à ma place, « Vernant », comme si j'enseignais toujours au lycée.

Après la guerre, j'ai appris comment j'avais été visé. Une réunion à Vichy avait eu lieu, où je ne sais qui a déclaré que la situation n'était plus possible, un tas de communistes et de gaullistes restaient encore dans l'enseignement, il fallait sabrer tout ça. Il a donné une liste avec mon nom dessus.

Qui m'a prévenu de Vichy ? Je n'en sais toujours rien. Quand je suis arrivé à Toulouse, un inspecteur d'Académie, pas très âgé, m'avait demandé de lui donner des leçons de philo. Je ne pouvais pas, ma femme était malade à Narbonne, j'avais beaucoup de classes. Mais je lui avais dit qu'il pouvait m'envoyer des dissertations et que je lui donnerais un avis. J'avais dû faire ça. Je me suis dit après : « Il est pensable que cet inspecteur d'Académie ait été à Vichy, qu'il ait su et qu'il m'ait écrit cette lettre. »

Ce sont des riens, des riens qui vous sauvent la vie. Des riens significatifs…

À l'opposé de ce geste, l'inspecteur général, venu de Vichy dire au proviseur qu'il ne fallait pas me prévenir et laisser faire les services qualifiés pour s'occuper de moi, est resté en place. En 1946, j'ai reçu une note de cet inspecteur : « Étant donné les services éminents que M. Vernant a rendus à la patrie et la haute qualité de son enseignement, il franchit plusieurs échelons d'un coup. » Il avait fait partie de mon jury d'agrégation où il s'était montré très aimable. Son frère, un général, a appartenu au gouvernement de Vichy… Il aurait pu me faire prévenir, c'était la moindre des choses.

Heureusement, il existe aussi des tas de gens qui ont agi autrement, probablement l'autre inspecteur qui m'écrit de Vichy, l'employé du proviseur qui écoute à la porte et met un mot dans ma case. Ce genre de geste a considérablement limité les dégâts.

Aujourd'hui, avec le recul historique, pensez-vous que la Résistance soit un bloc ou une coalition circonstanciée ?

D'une certaine façon, mais pas tout à fait. Il y a eu plusieurs résistances. Si on situe la Résistance par rapport à Vichy, aux collaborateurs, aux partisans de la victoire de l'Allemagne nazie, ou aux indifférents, elle forme un bloc. Mais cet ensemble est traversé de tensions, d'ambiguïtés, voire d'oppositions.

Moi-même, j'étais un « communiste libéral ». Ayant fait partie de la Résistance non communiste, j'avais beaucoup appris des gens qui pensaient différemment de moi. Par exemple, je ne pouvais plus voir les catholiques de la même façon, en particulier depuis l'histoire de Charvet. Pendant qu'il était emprisonné par la Gestapo, sa fiancée est allée le voir, il lui a donné sa petite croix et lui a dit : « Donne ça aux Vernant…, parce que leur amour me soutient. » Du coup, j'ai abandonné mon anticléricalisme, mon athéisme révolutionnaire. Les chrétiens engagés dans la Résistance ont fait preuve d'un désintéressement, d'un dévouement et d'un courage complets.

Que pensez-vous des attaques portées contre la Résistance depuis dix ans, et en particulier sous l'influence de Me Vergès[1] ?

Il y a une explication socio-politique. L'affaire Aubrac, après d'autres, comme l'affaire Pierre Cot, l'affaire Jean Moulin[2], s'inscrit dans une certaine logique, celle des transformations de l'opinion. La Résistance, après avoir été un mythe gaulliste, un peu communiste aussi, réduisant au silence les interprétations différentes, aujourd'hui donne lieu à une révision. Oui, il s'agit bien d'une forme de révisionnisme. Il existe car la France a connu, pendant les années quarante, une fracture aussi fondamentale que celle de l'affaire Dreyfus. J'ai vécu mon enfance dans un milieu dreyfusard. La rupture était visible. On racontait qu'on ne pouvait pas déjeuner en famille… C'était vrai, la France était divisée en deux. Cette fracture recoupait, dans une large mesure, la division entre anticléricaux, la gauche et les républicains, et cléricaux, les conservateurs, les militaristes et les nationalistes. Vers 1880, mon grand-père avait fondé un journal républicain, *Le Briard*; en face de lui existait un journal clérical, *La Brie*.

Une coupure semblable a eu lieu en 1940. La défaite fait exploser les partis politiques, les élites. Deux droites, une collaborationniste ou vichyssoise et une

1. Lors de son procès, l'ancien chef de la Gestapo lyonnaise, Klaus Barbie, dans une note, revue et corrigée en 1990 par son avocat Me Vergès, appelée « Testament », formule des accusations contre un certain nombre de résistants, dont Raymond Aubrac, qu'il désigne comme le responsable de l'arrestation de Jean Moulin à Caluire.

2. En 1977, Henri Frenay, dans *L'Énigme Jean Moulin*, accuse l'envoyé du général de Gaulle d'avoir été un crypto-communiste. Il fait reposer cette thèse sur les liens qui unissaient Moulin et les proches de Pierre Cot, qui allaient devenir progressistes ou compagnons de route, après la guerre. Seize ans plus tard, Thierry Wolton, dans *Le Grand Recrutement*, publié en 1993, reprend ces accusations, et fait de Jean Moulin un agent soviétique.

patriote, se sont retrouvées face à face. La gauche aussi s'est divisée, mais elle a recollé les morceaux plus facilement.

Le pays aussi a vécu cette coupure. Un seul exemple. Il y a deux ans, des amis toulousains résistants m'ont demandé de retourner sur les lieux d'un des maquis du sud de la Haute-Garonne, dans les Pyrénées. Là où, après le premier débarquement, j'avais prévu d'installer le poste de commandement des FFI de la Haute-Garonne.

Dans les premiers jours de juin 1944, le 4 ou le 5, j'avais quitté Toulouse pour rejoindre ma femme, ma belle-mère et ma petite fille, réfugiées depuis un an et demi dans un petit village. Écoutant la radio, j'entends la phrase pour le déclenchement du plan Vert, la destruction de tous les moyens de communication. Les messages donnent l'ordre d'entrer en action partout. Je prends donc mon vélo pour filer au maquis. J'ai une veine faramineuse. Dans un petit village du coin, ce même jour, la division « Das Reich [1] » a zigouillé la population avec les enfants. Les Allemands, à la recherche des maquis assez nombreux dans la région, sont féroces. J'aperçois cette division, croyant voir arriver la gendarmerie de Toulouse. J'avais prévenu les gendarmes : « Dès que vous entendez le message, vous venez avec tout votre matériel. » Leur colonel était d'accord. Au lieu des gendarmes, je tombe nez à nez avec la division Das Reich. Chance incroyable : une paysanne me reconnaît. Un jour, passant devant elle en bagnole, elle avait vu deux types du maquis me faire

1. Au début de juin 1944, la 2e division blindée SS Das Reich remontait de Montauban pour combattre sur le front de Normandie. Entre autres massacres perpétrés par cette division, celui d'Oradour-sur-Glane le 10 juin. Le commandant Dickmann exigeait qu'on lui livre une cache de dépôt d'armes, faute de quoi il détruira le village et ses habitants. Les hommes furent massacrés à la mitraillette, les femmes et les enfants furent enfermés et brûlés vifs dans l'église. Il y eut 642 victimes.

signe, elle leur avait demandé qui j'étais : « C'est le patron. » Me voyant là, à vélo, alors que les Allemands arrivent, elle m'ouvre la porte. La division arrive, se met en position, puis mitraille et fait sauter les fermes d'en face. Je les vois par la fenêtre. Bien disciplinés, aucun n'a demandé à entrer. J'entends les miliciens français qui les conduisent parler avec eux. Ils sont partis, j'ai filé aussi vite que j'ai pu, je n'ai même pas eu le temps de remercier cette femme qui avait pris des gros risques, elle était avec ses enfants.

Il y a quelques années, avec un groupe qui s'occupe d'histoire de la Résistance et qui filmait notre balade, on a donc essayé de retrouver le lieu du maquis. C'était un petit vallon avec une grange où l'on couchait et un abri où l'on planquait les voitures, les camionnettes volées. Le paysage avait tellement changé qu'on ne retrouvait rien, sauf la maison de cette femme. Finalement, en demandant autour de nous à voir des gens qui s'occupaient de ravitailler le maquis pendant la guerre, on a fini par arriver chez l'un d'entre eux. Un homme nous ouvre la porte : « Qu'est-ce que vous voulez ? — Vous ne voyez pas ? C'est Berthier, lui annonce le garçon qui m'accompagnait et qui en 1944, au maquis, était encore un tout jeune homme, Benech. — Berthier ! ? réplique notre gaillard. Eh bien, vous avez grossi ! » Nous sommes repartis avec lui pour retrouver les endroits où nous avions combattu. La géographie de ce pays était marquée par la Résistance. Un réseau, constitué des résistants, perdurait. J'ai compris, en parlant avec les habitants, y compris les enfants, que cette période vécue par eux ou leurs parents représentait une aventure passionnante. La Résistance avait profondément imprégné ce canton. En me montrant une maison, le paysan me dit : « Deux salauds habitaient là. Il y a dix ans, ils ont essayé de me tuer. À la chasse, ils ont tiré contre moi. — Pourquoi ? — Mais parce qu'ils étaient collabos ! »

Pendant la guerre, une distinction s'est établie entre les résistants et les autres. Les uns ont eu peur d'être dénoncés, les autres, à la Libération, ont craint d'être liquidés. La coupure fut plus brutale que celle de l'affaire Dreyfus, se battre était autre chose que de se flanquer des assiettes à la figure.

De Gaulle a gommé cette coupure sur le plan des réalités politiques. Et maintenant, elle ressort. Les vichyssois, pétainistes ou même franchement proallemands, qui n'osaient pas le dire, se dévoilent. Aujourd'hui, en 1998, à partir du moment où le gaullisme comme rassemblement de toute la droite n'est plus vivant, à droite, certains pensent qu'il faut combler ce fossé dans l'histoire de France. Pour cela, il faut expliquer que Vichy n'était pas si mal, et que la Résistance n'était pas si bien.

D'une certaine façon, l'histoire de François Mitterrand rejoint cette thèse, sauf qu'il s'est rallié. Sur ce terrain, ayant été pétainiste, il a toujours été très embarrassé. Il n'a jamais renié ouvertement ses liens familiaux ou amicaux avec les pétainistes, même ceux des Affaires juives, ou les cagoulards, ou des hauts fonctionnaires. Il pensait cela aussi sans doute, qu'il y avait des gens bien des deux côtés.

Je me suis prononcé en sa faveur, en 1981, appelant à voter pour lui. Par la suite, j'ai été très étonné d'apprendre l'histoire de sa jeunesse. Cela m'a fait réfléchir. Issu d'un milieu tout autre, il ne pouvait pas avoir vécu les événements comme moi. Il approuve l'effondrement de la IIIe République, mais, prisonnier en Allemagne, détestant les Allemands, il agit. Pour moi, son évasion le sauve.

Pendant longtemps, j'ai classé les gens en deux catégories, les prisonniers qui n'ont eu qu'une idée, se sauver, et les autres. Je condamne Althusser[1] d'être resté pendant quatre ans dans sa geôle sans en bouger et, de

1. Althusser, né en 1918, est agrégé de philosophie en 1948. Membre du PCF depuis 1948, il entreprend une œuvre importante de théorie marxiste.

plus, d'avoir prétendu qu'il n'avait jamais été si bien ! Perdu dans ses concepts, dans sa théorie, il n'avait aucune idée de l'Histoire en tant que vie de groupes, d'individus. Un jour, dans les années soixante, nous discutions sur l'URSS. Il ne mettait pas en doute mes propos, il a eu ce mot : « C'est peut-être vrai, mais tu n'as pas l'esprit théorique. » Je lui ai répondu : « Dieu soit loué ! »

Que peuvent et doivent faire les historiens face au « révisionnisme » dont vous parlez ?

Par leur fonction sociale et universitaire, les historiens essaient de connaître la vérité historique. Mais leur méfiance à l'égard des témoins est grande. Évidemment, les témoignages oraux des acteurs doivent être sérieusement revus, ce que j'ai dit de la mémoire le prouve, mais les archives aussi. Il faut faire le même travail dessus.

Pourquoi mettre en doute l'histoire des Aubrac, l'évasion de Raymond le 21 octobre 1943 grâce au subterfuge de sa femme ? Lucie met son costume, prétendant être Mlle de Barbentane ; elle raconte s'être fait engrosser et vouloir régulariser sa situation à cause de son père, un colonel de cavalerie. Bref, une histoire de fou ! Si Lucie m'avait exposé son plan, j'aurais été affolé : « Tu es tombée sur la tête ! Cela ne tient pas debout. Comment vas-tu rentrer à la Gestapo ? » Déjà au Quartier latin, chaque fois qu'un coup complètement fou se présentait, Lucie était partante. Son plan réussit justement grâce à ce côté absolument irrationnel. À la Gestapo, les Allemands en bons rationalistes ne peuvent croire une seconde qu'un professeur de lycée va imaginer une histoire pareille : trouver une fausse carte, se déguiser… Ils vont émettre toutes sortes d'hypothèses, mais pas une évasion.

Les historiens réagissent de même. À une table ronde organisée en mai 1997 par le journal *Libération*, réunissant les époux Aubrac et quelques historiens, l'un d'entre eux disait : « Mais on ne peut pas entrer dans la Gestapo comme ça, c'est impossible. À Paris, quand je voyais le siège de la Gestapo, je changeais de trottoir. » Je ne mets pas une seconde en doute son témoignage : lui change de trottoir, mais Lucie entre. Elle ne fut pas la seule ; d'autres femmes y sont entrées ; tout dépendait des endroits, du moment… Et puis il y a une façon d'entrer. Lucie le peut, elle joue son personnage, elle entre.

L'histoire de Lucie et de Raymond est par ailleurs celle d'un grand amour. Lucie a accentué ce côté-là ; dans son récit, leur amour conjugal est omniprésent, on se demande toujours si elle agit pour Raymond ou pour la Résistance. Les deux sont indissociables.

Dans cette situation hors norme, les résistants se trouvent dans une position analogue à celle des réfractaires ou des gangsters. Ils forment une société à part. Ça marche ou ça ne marche pas, certains tombent, d'autres pas. Le hasard, les coups de chance, les coïncidences interviennent. Et éplucher les déclarations de Pierre, Paul ou Jules au nom d'une certaine rationalité, celle du quotidien et d'une société normale, fait passer à côté de la réalité.

La Résistance, pour beaucoup d'entre vous, ce n'était pas seulement la lutte contre les Allemands. C'était une refondation politique. Pour vous aussi ?

J'avais de l'Union soviétique une conception idyllique… La prestigieuse Armée rouge avait battu les Allemands. Les inquiétudes, les doutes que j'essayais d'écarter avant-guerre sur l'URSS avaient été balayés par la guerre. En France, je pensais que le jeu politique ne se présenterait plus de la même façon ; les partis traditionnels, avec une droite conservatrice et une gauche, devaient disparaître ; les comités départementaux de Libération renouvelleraient le personnel et la vie politiques. Avec naïveté, je pensais la dimension nationale et sociale ressoudée. J'avais vécu une grande fraternité avec des gens qui ne partageaient pas mes idées, des catholiques sociaux, des socialistes, des libéraux, des francs-maçons, des types d'Action française. À la Libération, optimiste, je pensais que ce creuset allait modifier les choses. Le problème s'est révélé à moi lors de la venue à Toulouse du général de Gaulle.

C'est la fameuse scène que raconte aussi Serge Ravanel[1]. Le symbole de la reprise en main par de Gaulle. Est-ce le jour de la désillusion ?

Le 16 septembre 1944, je suis le second de Ravanel à l'état-major régional. Les FFI des neuf départements, très nombreux, sont fous de joie de la venue du général de Gaulle. Une réception splendide est préparée. Ravanel va chercher le Général à l'aéroport. Après un discours au Capitole, un grand défilé a lieu devant de Gaulle, encadré par Ravanel à sa droite et moi à sa gauche. Vingt mille hommes, la plupart de nos unités, en tenue plus ou moins correcte, vêtus de vieux uniformes de 1939 dénichés dans des casernes, défilent dans cette longue avenue. Le chef du gouvernement provisoire salue chaque fois qu'un détachement passe devant lui, et Ravanel salue aussi jusqu'au moment où de Gaulle lui dit : « Est-ce que vous allez arrêter de saluer comme ça ! » Ravanel avait tort. Les militaires qui défilent doivent saluer la personnalité invitée ; si Ravanel saluait aussi, cela signifiait que le défilé était pour lui. (Rires.) Tout juste si de Gaulle ne lui a pas dit : « Vous me ferez vingt-cinq jours d'arrêts de rigueur pour ne pas connaître votre règlement. » C'était marrant. Et puis arrivent au loin des types avec des drapeaux espagnols, les unités de guérilleros, qui sont très contents de défiler. De Gaulle voit les drapeaux espagnols. J'ai cru qu'il allait attraper une attaque : « Qu'est-ce que c'est que cette chienlit ? ! Qu'est-ce que ces types foutent là ? ! — Ce sont les guérilleros, mon général. »

1. Voir l'entretien avec Serge Ravanel.

Et ce n'était rien. Derrière eux, on voit arriver des unités soviétiques, des Russes évadés des camps de prisonniers qui ont combattu dans les maquis. Nous les avions regroupés, à la demande des autorités soviétiques, dans des unités destinées à retourner en URSS. Ils défilent là, au pas de l'oie, avec des drapeaux rouges, ornés de la faucille et du marteau. La tête de De Gaulle… Une scène à mourir de rire. De Gaulle : « Et ça ? ! Qu'est-ce que c'est que ça ? ! — Ce sont des soldats soviétiques qui ont combattu à nos côtés. — Vous vous foutez de moi ! » Il est hors de lui.

Ensuite, la réception à la préfecture. De Gaulle passe en revue nos principaux dirigeants militaires. Nous sommes rangés les uns à côté des autres, et à chacun il dit quelque chose d'assez désagréable. En particulier, il y a à côté de moi un jeune garçon, tout jeune, dix-neuf ou vingt ans, il avait été arrêté, terriblement torturé, les ongles arrachés ; on l'avait fait évader, il a eu la croix de la Libération, mais il est mort très vite des suites de cette aventure. Il est en uniforme de commandant ou quelque chose d'approchant. De Gaulle passe devant lui, le regarde : « Et vous, vous étiez boy-scout avant ? ! » J'entends ça. Il passe devant moi : « Et vous, que faisiez-vous ? — Avant, mon général, j'étais civil. »

Ensuite, de Gaulle nous fait un laïus du genre : « La chienlit, c'est fini, il faut être un peu sérieux maintenant… » Après le déjeuner, il prend Ravanel à part. J'ai bien vu que Ravanel sortait très ébranlé de là[1]. Les hommes sont effondrés ou furieux. Et là se passe un incident. Albert Carovis, président du CDL de Toulouse et de la Haute-Garonne, un personnage important, excellent dans son boulot et dans la Résistance, responsable du secteur 1 de la Haute-Garonne, avec un maquis très bien organisé qui gardait la préfecture, arrive vers moi. Il me dit : « Écoute, je viens de voir mes maquisards, en armes

1. L'entretien avec de Gaulle est raconté dans Serge Ravanel, *L'Esprit de résistance,* Éd. du Seuil, Paris, 1995, p. 392.

dans la préfecture, ils veulent arrêter de Gaulle. — Tu blagues ou t'es sérieux ? — Ah non, non, ils sont sérieux, ils sont furieux d'avoir été traités de la sorte. Moi aussi, je suis d'accord avec eux. Il n'y a qu'à l'arrêter. » Je réussis, sans trop de mal, à l'en dissuader : « Tu es tombé sur la tête. » Et puis je n'y pense plus.

Le lendemain, ou le surlendemain, les journaux parisiens écrivaient qu'à Toulouse un complot se fomentait pour arrêter le Général. Ils invoquaient la République rouge, les communistes, etc. J'en avais conclu que cette affaire avait dû être montée par les Américains ou les Anglais. De Toulouse à la frontière pyrénéenne, nous étions seuls, il n'y avait pas un soldat anglais ou américain, aucun militaire de carrière. Nous étions l'État, nous décidions de tout, du transport, du ravitaillement… Les Alliés souhaitaient envoyer des unités pour contrôler la région et ils avaient dû inventer cette histoire. De grandes campagnes dans la presse parlaient de la République rouge du Sud-Ouest. J'en ai reparlé avec Carovis. Il m'a détrompé : « Non, non, cela a été beaucoup plus loin que tu ne l'imaginais. Je suis revenu revoir mes hommes (ils n'étaient pas communistes du tout), ils ont insisté pour arrêter de Gaulle. » Carovis les en a dissuadés. Pas de complot communiste donc, mais la fureur d'un groupe de maquisards qui, ayant pas mal souffert, ont eu une réaction de gens du Sud-Ouest, de joueurs de rugby : « On est chez nous, y va pas nous emmerder, celui-là. »

Et puis il y a eu autre chose : le départ précipité du colonel anglais George Hiller[1], qui avait joué un rôle considérable, m'avait mis la puce à l'oreille. Il avait favorisé certains des maquis pour les parachutages, il avait fait un énorme boulot et il jouissait d'un grand prestige. Or, le jour où le père de Gaulle nous lave la

1. Membre de la section F du SOE britannique, George Hiller fut parachuté le 7 janvier 1944 en France. Le 19 janvier, avec des membres des MUR de Figeac, il parvint à saboter les usines Ratier qui fabriquaient des hélices pour les avions allemands.

tête, il convoque Hiller au début de l'après-midi et lui dit : « Je connais vos titres… Vous êtes anglais, vous n'avez rien à faire ici. Un avion part à 6 heures. Ne remettez plus les pieds ici. » Il l'a foutu dehors. Ce qui a également perturbé pas mal de gens.

De Gaulle devait craindre que les Alliés ne profitent d'une situation un peu trouble dans le Sud-Ouest pour s'installer. Et puis les renseignements qui lui parvenaient prétendaient qu'un bordel complet régnait, que les communistes avaient pris le pouvoir, que nous formions déjà une République rouge.

Il nous tape sur la tête avec pour seul souci : rétablir l'autorité de l'État. Puis il a fait venir un groupe d'une trentaine de militaires à sa botte. Un mois après, il a nommé un autre général commandant la région, Collet, un militaire de carrière, pour me remplacer. J'ai dit : « Tant que le COMAC[1] qui m'a nommé ne m'en donne pas l'ordre, je ne pars pas. » Collet, plutôt malin, a été d'accord, il a attendu dix jours environ que le COMAC fasse parvenir sa nomination, et il m'a pris comme adjoint. Le rétablissement de l'État, malgré la scène du Capitole et du coup de chaud qui s'en est suivi, s'est fait en douceur. De Gaulle ne voulait pas donner aux Anglais et aux Américains un prétexte pour venir mettre leur nez dans le Sud-Ouest. Le jeu était subtil.

Au fond, de Gaulle n'avait pas besoin de nous, il avait besoin de préfets, de serviteurs, pour très vite reconstruire l'État.

L'autre grand acteur de la Résistance, le parti communiste, a agi de la même manière à la Libération. Le parti se reconstruisait comme l'État. Il fallait normaliser, reprendre en main. Dans le PC, tous ont été liquidés peu à peu, tous ceux que j'avais connus à Toulouse. Les communistes résistants différaient des hommes restés dans l'appareil. Sans galon, ils avaient su prendre des déci-

1. Créé en février 1944 par les mouvements de résistance, le Comité d'action militaire, qui siège à Paris, a pour tâche de coordonner en métropole l'organisation et l'action des FFI.

sions, des responsabilités, s'imposer. Le parti se méfiait d'eux parce que leur position, leur statut dans le jeu politique ne dépendaient pas entièrement de lui. Un chef de FTP comptait, indépendamment du parti. Il savait réfléchir par lui-même, et il n'hésitait pas à donner son avis à propos d'une consigne. Or, à cette période, le parti veut un appareil. Ces anciens résistants ont donc été jetés dehors : Charles Tillon, André Marty, Georges Guingouin. Même localement, il préférait les bons exécutants aux grands résistants trop libres, peu fiables. Exemple : le secrétaire fédéral de la Haute-Garonne, un ancien métallurgiste, autodidacte, très sympathique. Il avait joué un grand rôle dans le Sud-Ouest. À la Libération, il a été vite balancé car il avait ses idées personnelles. Un résistant est habitué à réfléchir, à prendre des décisions. Et comme il connaissait tout le monde, quand il y avait une décision politique à prendre, il allait voir les militants radicaux, socialistes, MRP. Et par conséquent, comme disait le parti, il était perméable aux idées de l'ennemi. À cette époque, un communiste n'avait pas le droit de lire d'autres journaux que *L'Humanité*. Un mur de Berlin entourait les militants. Par leur mentalité, par la place qu'ils occupaient dans le jeu politique local, les anciens résistants ne convenaient plus au parti.

La MOI [1], des Juifs polonais, des Espagnols, quelques Yougoslaves ou Hongrois échappés des camps, a accompli le plus gros boulot dans la résistance militaire communiste, à Paris. Et chacun sait qu'à la Libération le parti les a évacués. Ils ne portaient pas des noms bien français, bleu, blanc, rouge.

1. La Main-d'œuvre immigrée fut fondée en 1923 par le PCF et la CGT unitaire pour rassembler les travailleurs étrangers. Interdite à l'automne 1939, elle se reconstitue clandestinement durant l'été 1940 sous l'impulsion de militants déterminés et expérimentés, des anciens des Brigades internationales, des réfugiés persécutés par les nazis. Elle se distingue par une intense guérilla urbaine, en particulier à Paris. Beaucoup seront exterminés par la répression vichyssoise et allemande, par exemple le groupe Manouchian fusillé le 21 février 1944.

Serge Ravanel [1]

On l'appelle « Rava ». À soixante-dix-neuf ans, il a toujours une bouille de mascotte du régiment, l'air d'un gavroche, rieur et étonnant, jamais démonté, celui qui débrouille toujours les situations dramatiques — un gavroche qui aurait fait Polytechnique. Serge Ravanel est un des grands de la Résistance intérieure, un militaire né dans l'action, un organisateur hors pair, témoignent ses camarades, l'homme des coups durs, un véritable chef d'armée. Il fut en 1943 dirigeant national des groupes francs des MUR — nés de l'unification des grands mouvements de la Résistance —, puis patron des FFI pour la région de Toulouse, l'homme clé, avec Vernant et quelques autres, de ce qu'on appela durant quelques semaines la « République rouge ». Son visage de gavroche m'avait frappé il y a longtemps, avant d'apprendre l'importance de son action, et la singularité de son engagement — juif malgré lui mais longtemps maréchaliste, qui passe à Uriage en juillet 1942, avant de plonger net dans l'action clandestine.

Sur la photo qui me l'a fait connaître, on voit « Rava » à vingt-quatre ans, galonné, saluant aux anges, œil allumé, torse bombé, un de Gaulle qui le voit à peine, un de Gaulle lointain et agacé. La scène se déroule, le

1. Entretien réalisé le 23 décembre 1997 et le 26 février 1998.

16 septembre 1944, sur le tarmac de l'aéroport de Toulouse. Ce jour-là, le chef de la France libre vient solennellement « libérer » la ville. Ravanel exulte, accentue son salut. Il est un jeune chef de guerre, venant fièrement présenter son butin, son armée d'éclopés, de guérilleros espagnols et de Soviétiques perdus dans les maquis. Il vient là, naïvement, prêter allégeance au « Libérateur », lui qu'on traitait de « rouge », à Londres et à Alger. Cette journée fut terrible, de Gaulle n'ayant d'autre souci que d'en finir avec cette armée d'irréguliers. C'est peut-être à cause de ce rendez-vous manqué avec le chef de la France libre, en septembre 1944, que Serge Ravanel est aujourd'hui encore l'un des plus actifs défenseurs de l'esprit de cette Résistance intérieure qui a su aussi parfois dire non à de Gaulle.

***

Dans votre livre L'Esprit de résistance[1], *vous dites avoir cru, au début de la guerre, à la fable du « glaive et du bouclier ». Alors pourquoi, comment et quand avez-vous basculé dans la Résistance ?*

J'ai abordé la guerre avec un sens profond de la patrie. Le drapeau bleu, blanc, rouge, *La Marseillaise* me faisaient vibrer. Peut-être aussi mes origines familiales ont-elles joué. On dit souvent que les Français de parents étrangers ressentent plus intensément cette appartenance. Je suis d'origine tchèque, et la lâcheté de Munich, en 1938, m'était apparue comme le comble de l'abandon et du manquement à la parole donnée. Notre alliée la Tchécoslovaquie avait été trahie sans le moindre état d'âme. C'était avant la lettre un comportement vichyste, un opportunisme à l'état pur, un manque de courage, un renoncement aux principes.

J'étais déjà très antinazi. Le frère de ma mère possédait une propriété de vacances en Autriche. J'y avais

1. Éd. du Seuil, Paris, 1995.

passé plusieurs étés jusqu'en 1937. J'y avais observé mes camarades autrichiens s'engager dans le nazisme avec enthousiasme. J'y avais appris l'allemand. Je savais ce qu'était le nazisme.

En juin 1940, je suis persuadé que Pétain agit par patriotisme, à l'égal du général de Gaulle. Au cours des mois suivants, plusieurs faits me renforceront encore dans la conviction que le Maréchal entend reprendre la guerre contre les Allemands.

Par exemple, en août 1940, alors que je me trouve élève officier[1] à l'école d'artillerie de Fontainebleau qui s'est repliée après la défaite dans la région de Saint-Laurent-sur-Gorre, dans le Limousin, un officier nous est envoyé par l'état-major pour nous distribuer nos affectations futures. Je dois pour ma part rejoindre le 10e régiment d'artillerie coloniale à Draguignan (Var). Toutefois, avant de conclure, il nous dit : « Je vais maintenant vous faire part d'un "secret défense". Le maréchal Pétain a décidé de constituer à côté de l'armée d'armistice une armée de réserve clandestine de cent mille hommes. Elle s'appellera les "Chantiers de jeunesse[2]" et nous aidera, le moment venu, à "remettre cela". Nous avons besoin d'officiers pour l'encadrer. Y a-t-il parmi vous des volontaires ? » Voilà ce qui se dit, fin août, dans les milieux militaires gouvernementaux : « Nous allons remettre ça. »

Je me suis aussitôt engagé dans les Chantiers de jeunesse et n'ai donc pas rejoint Draguignan. Je me

1. En septembre 1939, j'avais été reçu au concours d'entrée de l'École polytechnique. En raison de l'état de guerre, mes études furent interrompues en avril 1940 et l'on m'affecta à l'École d'artillerie de Fontainebleau. La débâcle nous y surprit en juin 1940. C'est pour cette raison que je m'étais retrouvé dans le Limousin.

2. Après l'armistice, le gouvernement de Vichy trouva ainsi de quoi occuper les jeunes recrues qui n'avaient pas été versées dans des unités combattantes, cent mille jeunes Français furent alors invités à effectuer une sorte de service national de huit mois. Installés à la campagne, soumis à une rude discipline, ils étaient astreints à des travaux d'utilité publique. De plus, ils recevaient des cours d'instruction civique, fortement imprégnés de maréchalisme.

retrouve avec d'autres camarades, tout aussi déterminés que moi à reprendre la lutte, dans le massif montagneux des Bauges, entre Chambéry, Aix-les-Bains et Albertville. Nous y faisons des travaux forestiers. J'y apprends la production de charbon de bois. Mais, comme on le sait depuis, le régime de Pétain n'a jamais songé à reprendre la lutte.

En novembre 1940, l'École polytechnique se rappelle à notre bon souvenir. Je reçois l'ordre de rejoindre Lyon où elle vient de rouvrir ses portes pour y reprendre mes études.

Et, à ce moment-là, que décidez-vous ? Avez-vous compris les limites de la Résistance « vichyste » selon les Chantiers de jeunesse ?

Je sens l'importance des appels de De Gaulle. Aussi, je décide, pendant l'hiver 1940-1941, de le rejoindre. Je commence donc à m'y préparer. Il me fallait traverser les Pyrénées, le Pays basque, la Galice. Au bout de deux mois, je suis prêt. J'ai même prévu d'emporter du riz précuit pour ma nourriture. Il ne me reste plus qu'à attendre la venue des beaux jours pour traverser les Pyrénées.

Mais le sort en décide autrement. En avril 1941, un bulletin clandestin me tombe entre les mains. Il porte la signature d'un général Cochet [1], membre de l'état-major de l'armée d'armistice. Il témoigne d'un vif esprit patriotique et antiallemand. Aussi, quand le général Cochet vient à Lyon, quelques jours plus tard, pour une causerie, je décide de le rencontrer. Il m'invite à demeurer en France et m'engage dans son mouvement, un des premiers de la Résistance en zone Sud.

Jusqu'à cette époque, je me plaçais moins dans une position d'opposition à Vichy que dans une volonté de reprendre le combat contre les Allemands. Pour moi, les résistants sont des individus qui s'en prennent en premier lieu à l'occupant ou à ceux qui le soutiennent. Je

1. Voir l'entretien avec Lucien Neuwirth.

dois convenir que, même après avoir commencé mes activités de résistance, je continue à éprouver pour le maréchal Pétain un attachement sentimental qui ne s'est résorbé que lentement.

Alors, quelles sont donc les différentes étapes de votre « dépétainisation » ?

La poignée de main de Montoire porte un premier coup à ce mythe. Pourtant, ma première réaction avait été de pitié. Le pauvre Pétain, voilà à quoi le traité d'armistice l'oblige... Mais, ensuite, j'ai de moins en moins accepté la politique de collaboration, la flagornerie avec laquelle le gouvernement paraît se ranger systématiquement derrière les Allemands, pas plus que je n'ai accepté de le voir prendre des positions de plus en plus hostiles aux Anglais.

J'en arrive donc à la conclusion qu'il y a antinomie complète entre un de Gaulle qui prône avec fermeté la poursuite de la lutte et le gouvernement de Pétain qui propose aux Français de devenir les brillants seconds des Allemands, déjà considérés comme les futurs vainqueurs. Comme moi, d'autres parmi les premiers résistants ont tenté de concilier leur volonté de libérer la France avec leur sympathie pour Pétain. Ce fut le cas d'un des plus importants d'entre eux, le capitaine Frenay, fondateur du mouvement Combat, qui ne s'est éloigné du Maréchal que progressivement [1].

1. Henri Frenay, fils d'un officier supérieur, saint-cyrien, est fait prisonnier le 25 juin 1940 ; il s'évade, puis retrouve l'armée d'armistice. Tout en approuvant le maréchal Pétain, il entend bien lutter contre les Allemands dans l'ombre. Il fonde un groupe baptisé Mouvement de libération nationale auquel il se consacre pleinement en mars 1941 après avoir demandé son congé à l'armée. Fusionnant avec d'autres groupes, le mouvement prend le nom du journal qu'il émet : Combat. Henri Frenay prend de plus en plus ses distances avec le pétainisme. En mai 1942, Combat publie une lettre au Maréchal annonçant la rupture. Il entre en conflit avec Jean Moulin, refusant la concentration des pouvoirs entre ses mains, et son éviction du commandement de l'Armée secrète qu'il avait contribué à

On attendait de Pétain qu'il se montre ferme et digne à l'égard des Allemands. Or chaque jour apportait une nouvelle preuve d'un recul. Il ne paraissait plus exister aucune limite à ses abandons successifs.

Par exemple, en novembre 1942, lorsque les Allemands, violant les accords d'armistice, occupèrent la zone Sud, Pétain aurait dû exprimer publiquement son refus. Il aurait dû ordonner à l'armée d'armistice de la métropole de livrer ses armes à la Résistance, alors que tout au contraire on l'obligea, sous peine de mort, de les remettre aux Allemands. Il aurait dû inviter l'armée d'armistice d'Alger à rejoindre le camp des Alliés. Il n'aurait jamais dû autoriser les troupes allemandes à débarquer en Tunisie pour y mener la guerre contre les Alliés qui venaient de débarquer en Algérie.

L'histoire du pétainisme a finalement été celle d'un recul permanent.

Malheureusement, il fallut du temps à beaucoup de Français pour découvrir que Pétain n'avait pas la force de caractère nécessaire pour faire le poids face à Hitler. Ce dernier, qui l'avait compris, découvrit bien vite qu'il pourrait, avec facilité, le manipuler et en obtenir ce qu'il voulait.

Je pense que, chez beaucoup de Français, une compassion mêlée d'affection pour ce vieillard dura jusqu'en 1944. Sa tournée à Paris, en avril 1944, après que des bombardements américains meurtriers y eurent fait plusieurs milliers de morts, le montre. Beaucoup de Parisiens étaient dans la rue pour l'acclamer, ce qui ne signifie pas pour autant qu'ils étaient hostiles à la Résistance. Même les résistants en voulaient aux aviateurs américains d'effectuer leurs bombardements d'une altitude trop élevée et avec une trop faible précision.

---

former. En mai 1943, Frenay gagne Londres, puis Alger, il est nommé commissaire aux Prisonniers et déportés de guerre dans le CFLN, puis ministre des Prisonniers, déportés et réfugiés dans les gouvernements provisoires de 1944 et 1945. Il meurt en 1988.

Vous finissez par voir clair sur Pétain. Mais quel est véritablement votre premier acte de résistance ?

J'ai l'habitude de dater mon entrée dans la Résistance d'avril 1941, au moment où le général Cochet m'a demandé d'entrer dans son mouvement de résistance. Jusque-là, je n'avais eu que des velléités de résistance.

Vous êtes tout de même un drôle de résistant, Serge Ravanel. En 1942, vous passez un moment à l'école d'Uriage, dont les ambiguïtés vichystes sont bien connues !

Je suis déjà dans la Résistance depuis plus de quinze mois lorsqu'en juillet 1942 j'effectue ce stage de quinze jours. La réputation de l'école de Dunoyer de Segonzac est celle d'un lieu de réflexion sur l'homme, le pouvoir, les élites, les chefs. J'ai toujours été intéressé par les mécanismes de fonctionnement des sociétés. Que de fois ne m'étais-je pas posé de questions sur le fonctionnement de la IIIe République et sur les raisons de son échec ! Je me demandais comment concilier une politique dynamique, donc appuyée sur une volonté ferme, et le besoin que cette politique soit soutenue par une adhésion de ceux qu'elle impliquait, ce qui nécessite un débat démocratique.

Je sais aussi qu'à Uriage on est antiallemand. Il y existe une ambiance ouverte fondée sur des débats très libres. Le « vieux chef », comme on appelle Dunoyer de Segonzac, est respecté et tolérant.

Il y a certes une propension à développer les théories du chef, mais ce n'est pas bien grave. Beaucoup d'intellectuels aussi éminents que Beuve-Méry en sont. S'y ajoutent un romantisme du feu de camp, un esprit de grande camaraderie, un dévouement au bien public, toute une série de choses qui me font trouver mon séjour à Uriage comme un moment important de réflexion.

Il n'y a d'ailleurs pas à se tromper. Très rapidement

le gouvernement enjoint à Uriage de changer de style. Puis, comme ses nombreuses remontrances n'y font rien, il décide, à la fin de 1942, de fermer l'école[1].

Mes relations avec Dunoyer de Segonzac ne s'arrêtent pas là. En juin 1944, il se retrouve dans le Tarn. Entre-temps, j'étais devenu le chef des Forces françaises de l'intérieur (FFI) pour la région de Toulouse. Mon chef départemental, le colonel Redon, officier de carrière, me dit un jour : « Dunoyer de Segonzac est là. Il a de la famille dans le département et voudrait entrer dans la Résistance. Il s'est mis à notre disposition. Que fait-on ? »

Le Tarn est divisé en six secteurs. Redon songe lui confier le commandement de celui du sud. Je m'interroge : avons-nous le droit de mettre à un poste de responsabilité un homme qui continue d'être un symbole du vichysme. J'hésite. Finalement, connaissant sa grande honnêteté et son patriotisme, je donne mon accord. On décide de changer son nom. Pour tout le monde, il devient « Hugues ». Il fut un excellent chef de résistance. On lui doit, lors des combats de la Libération, la reddition de la garnison allemande de Carmaux où il fit quatre mille trois cents prisonniers.

Il avait cherché des contacts avec la Résistance à l'époque où l'école d'Uriage avait été dissoute. Mais il se fit repousser de partout. Malgré la sanction que lui avait infligée Vichy, il était devenu un symbole du vichysme. Il s'était même rendu à Alger où on l'avait mal accueilli. Finalement, il était revenu en France. Au bout de cette quête qui dura un an et demi, il s'était installé dans le Tarn et nous avait offert ses services. Je suis le seul à l'avoir accepté, puis à lui avoir confié un commandement.

La vie quotidienne d'un résistant, parlez-m'en... On l'évoque si peu, si mal, dans les films ou dans les livres.

1. Le 27 décembre 1942. Voir la note sur l'école d'Uriage dans l'entretien avec le général Le Ray.

Je ne reviendrai pas sur la clandestinité. On en a beaucoup parlé. Une chose m'a frappé : quelle qu'ait été la cruauté de la Gestapo et de la Milice, les résistants vivaient avec le sentiment qu'ils parviendraient toujours à s'en sortir. Chacun croyait à sa chance. Je pense qu'aucun de nous ne parvenait à imaginer le type d'hommes, cruels et sans pitié, que fabriquaient les nazis et la Milice. On pensait que même les pires conservaient un petit fond d'humanité en eux.

Ces résistants qui côtoyaient la mort demeuraient d'un optimisme inébranlable. Ils n'étaient pas malheureux, ils vivaient, ils riaient, avaient confiance dans l'avenir.

J'ai aussi été frappé par le changement qui s'est opéré en nous dans notre rapport à la mort. Nous nous étions accoutumés à elle. Les Allemands tuaient, les miliciens tuaient. Lors de certains combats sur le front soviétique, on enregistrait jusqu'à dix mille morts en une seule journée. Le moindre bombardement d'une ville occasionnait des dizaines, voire des centaines de morts.

Or tout est devenu différent. Aujourd'hui, l'assassinat d'une petite fille ou un accident routier provoquent une émotion nationale. Ma sensibilité sur ce point est infiniment plus élevée. Il m'est donc devenu très difficile de reconstituer mon état d'esprit sur ce point.

Mon rapport au courage m'a amené aussi à découvrir que les véritables héros de cette époque n'étaient pas toujours ceux auxquels on songeait. J'étais dans la situation d'un « permanent ». Ce mot signifiait que je recevais une rémunération de mon mouvement de résistance, les MUR, auquel je consacrais mon plein-temps.

Grâce à cette situation, je disposais d'une grande mobilité. Par exemple, lorsque, à Lyon, à la fin d'octobre 1943, je me suis senti traqué, ma tête étant mise à prix, il m'a suffi d'un billet de train pour transférer le centre de mon activité à Paris où j'étais un inconnu pour la police.

Mais combien plus dangereuse était la situation d'un résistant obligé de mener une activité professionnelle afin de faire vivre sa famille ! Il devait mener une vie double. Celle officielle qui le contraignait à se rendre régulièrement à son travail et celle de la clandestinité qu'il menait pendant le reste du temps.

Pour de tels résistants, la situation était beaucoup plus périlleuse, car il suffisait d'un soupçon pour attirer l'attention sur eux. Ils étaient infiniment plus faciles à surveiller que ceux qui étaient devenus clandestins. Et beaucoup plus faciles aussi à arrêter.

La mobilité était un élément important de la sécurité. Les résistants légaux en étaient privés. Il me semble que c'était faire acte de grand courage que d'agir lorsqu'on se trouvait ainsi, pieds et poings liés, assujetti à un lieu de travail ou d'habitation où on pouvait se faire arrêter à n'importe quel moment.

Les résistants du fameux groupe Manouchian[1], par exemple, ont été victimes de cet immobilisme. Ils se savaient surveillés mais n'ont pas su ou pu changer à temps de secteur pour fuir le danger.

Il n'y a tout de même pas que les rires ou l'insouciance. Vous avez aussi eu peur à certains moments...

Oui, bien sûr. Comme beaucoup d'autres, j'ai eu dans ma vie clandestine des moments de peur. J'ai été arrêté plusieurs fois. Le 5 novembre 1942, à Marseille, le 15 mars 1943, à Lyon, le 19 octobre 1943, à Villieu, dans l'Ain.

À Marseille, j'ai pu m'évader d'un commissariat de police grâce à la complicité d'un commissaire. À Lyon, cela a été plus compliqué. La police avait réussi à capturer dans un coup de filet une vingtaine des nôtres.

1. Ce groupe de combattants communistes de la MOI, Main-d'œuvre immigrée (voir l'entretien avec J.-P. Vernant), dirigé par le poète arménien Misrak Manouchian, fut arrêté en novembre 1943 à Paris. Au début de 1944, une affiche rouge présentait Manouchian et dix de ses compagnons comme l'armée du crime. Condamné à mort le 15 février 1944, il est fusillé six jours plus tard avec vingt et un de ses camarades au Mont-Valérien.

Nous étions détenus à la prison Saint-Paul (à Lyon). Nos camarades de l'extérieur songèrent très vite à organiser une évasion. À cet effet, ils fournirent à quelques-uns d'entre nous des produits chimiques nous permettant de nous faire porter malades, moyennant quoi nous fûmes transférés à l'hôpital de l'Antiquaille où l'on soignait les détenus en état de maladie. Un commando de groupes francs vint nous y délivrer le 24 mai 1943.

À Villieu, ce fut une autre paire de manches. C'était une petite agglomération en pleine nature. J'y avais été arrêté en compagnie de six camarades par la gendarmerie militaire allemande. On nous avait placés sous la surveillance de gardiens en attendant que la Gestapo vienne prendre livraison de nous. Je décidai de risquer le tout pour le tout en sautant par la fenêtre et en m'enfuyant dans la campagne. Je n'avais sans doute pas une chance sur cent de m'en sortir. Mais, ce jour-là, la chance était du bon côté.

La chance ou l'instinct jouait beaucoup. Une de mes anciennes secrétaires, qui réside à Clermont-Ferrand, me rappelait, il y a quelques années, qu'au début de 1944 nous avions installé un bureau au 1, rue Lord-Byron à Paris. « Un jour, écrit-elle, où nous devions y aller ensemble, vous m'avez dit : "Il y a quelque chose que je ne sens pas, il ne faut pas aller au bureau." Comment avez-vous senti que la police s'y trouvait ? »

Dans mon cas, l'instinct était devenu une sorte de sixième sens. Il fallait apprendre à tout surveiller autour de soi et à tout instant. Il fallait repasser trois fois dans la même rue, regarder dans les reflets des vitrines, essayer de repérer s'il y avait des gens qui vous suivaient. J'avais appris à vivre avec les sens toujours aux aguets.

Ce n'est pas pour autant qu'on se sentait malheureux.

Votre formation de polytechnicien a-t-elle eu une influence sur votre comportement de résistant ?

Cette formation donne un esprit de rigueur. J'ai considéré que se lancer dans une activité qui comportait autant de dangers exigeait un comportement de professionnel. La clandestinité était incompatible avec l'amateurisme.

Résister obligeait à appliquer des règles de sécurité avec une discipline de tous les instants.

Première règle d'un résistant : savoir se taire. Ne rien dire au téléphone. Ne rien confier à des lettres. S'abstenir de confier des secrets, même à sa femme ou à ses amis. Moins ils en savent, mieux cela vaut. Ce n'est pas toujours facile. Combien est-il souvent tentant, par exemple, d'entrer dans le jeu d'un voyageur, dans le train, qui se met à tenir des propos antipétainistes ! On a envie de lui rétorquer : « Mais je pense comme vous. » Non, il ne faut pas entrer dans son jeu. C'est peut-être un provocateur qui cherche à découvrir un résistant pour nouer des liens avec lui et faire un travail d'infiltration.

Deuxième règle : modifier sans cesse ses comportements et son emploi du temps. Ne pas fréquenter toujours les mêmes lieux. Changer souvent de quartier. Au début, je distribue des journaux à Villeurbanne, puis à Vénissieux, puis encore dans une autre banlieue. Je m'efforce d'éviter que des liens ne s'établissent dans l'esprit des gens qui peuvent m'avoir remarqué.

Troisième règle : être constamment sur ses gardes, emprunter des ruelles permettant de vérifier qu'on n'est pas suivi. À l'époque, nous avons tous notre vélo à la main. Faire en sorte que, si une filature policière s'organise, elle soit rapidement coupée.

Quatrième règle : se fondre dans l'anonymat. Ne pas s'habiller de façon voyante, changer fréquemment de vêtements, modifier son allure, porter des lunettes un jour, ou une moustache, etc. Ne pas se laisser entraîner par des habitudes.

Ces règles relèvent du bon sens. La difficulté est de les suivre avec rigueur et sans faiblesse. On ne nous les enseignait guère. Je les avais peu à peu découvertes. Je demandais à mes hommes de les suivre.

Un exemple : à Lyon, il n'y a pas de concierge dans

les immeubles. En revanche, on y trouve des batteries de boîtes aux lettres, de tous modèles et le plus souvent accolées les unes aux autres de façon fantaisiste. Chaque résident met la sienne. J'ai l'idée d'en ajouter dans des immeubles où elles sont nombreuses. Personne ne s'étonnera de voir de nouvelles boîtes. Cela permet ainsi de transmettre des courriers sans faire courir de risques à des locataires.

Un des drames de la Résistance est la lenteur de l'apprentissage de la clandestinité par rapport à la rapidité du recrutement. Avec chaque nouveau venu il faut recommencer la formation. Les néophytes sont dangereux en raison de leur inexpérience.

Vous dites que vous avez été arrêté plusieurs fois. L'arrestation de Jean Moulin est-elle due à une suite d'imprudences ?

Elle est d'abord due à l'activité de la Gestapo. Mais elle est due aussi à des imprudences. Et, à la fin, il y a eu la trahison.

La première imprudence a été le fait d'Aubry, un des collaborateurs du général Delestraint, qui avait oublié de prévenir ce dernier qu'une boîte aux lettres de Lyon était grillée, alors qu'un courrier y était déposé fixant au général le rendez-vous du 9 juin 1943 à la station de métro la Muette, celui-là même où il se fera arrêter.

Une deuxième est celle commise par Pierre de Bénouville qui, ayant rencontré Hardy après son arrestation par la Gestapo, ne s'est pas méfié. Il a cru que ce dernier avait dupé les Allemands. Les règles de sécurité imposaient de lui dire : « Malgré toute la confiance que je puis t'accorder, je suis obligé de t'envoyer au vert pendant trois mois. » Il ne l'a pas fait.

Enfin, il a été contraire aux règles d'envoyer Hardy à la réunion de Caluire du 21 juin 1943 sans en demander l'autorisation à Jean Moulin qui en était l'organisateur.

Si ensuite on se reporte au rapport établi huit jours

plus tard, le 29 juin 1943, par le chef des services de sécurité de l'État allemand, Kaltenbrunner, on peut lire l'explication suivante : « Grâce à une mise en scène d'agents à laquelle Hardy s'est prêté, l'EK Sipo-SD de Lyon, en coopération avec le Sonderkommando de la RSHA pour la lutte contre l'AS, a réussi à surprendre à Lyon une réunion des dirigeants des MUR et à arrêter à cette occasion les personnes suivantes[1]... » Suivent les noms d'un certain nombre des résistants arrêtés à Caluire.

Les tensions entre la Résistance intérieure et Jean Moulin étaient fortes. Peut-on envisager une origine politique à son arrestation ?

Je viens d'expliquer que non. Cela dit, il est vrai que la Résistance a été sans cesse un lieu de débats. À la fois à l'intérieur et entre elle et Jean Moulin. Exactement comme il existe d'innombrables débats dans la société d'aujourd'hui. C'était à la fois sain et normal. Tout autour de nous posait problème. Il fallait sans cesse trouver des réponses aux questions que nous étions amenés à nous poser. Par nature c'était difficile. La clandestinité ajoutait encore un peu de complexité.

La constitution des Mouvements unis de Résistance ou celle du Conseil national de la Résistance par exemple, où Jean Moulin a joué un rôle important, ont été le fruit de négociations entre hommes différents par leurs tempéraments et leurs façons de concevoir la Résistance. Comment s'y prendre ? Comment faire travailler efficacement ensemble des hommes dont les idées sur la tactique de la Résistance étaient différentes ? Croit-on, par exemple, que, lorsque la loi du

1. EK Sipo-SD : Einsatzkommando (commando opérationnel) de la Sipo (Police de sécurité)-SD (Services de sécurité). Sonderkommando de la RSHA : commando spécial du ReichsSicherheitsHauptAmt (Bureau principal de sécurité du Reich). AS : Armée secrète. MUR : Mouvements unis de Résistance. (Voir Serge Ravanel, *op. cit.*, pp. 419-420.)

STO[1] est apparue et qu'il a fallu que les mouvements de résistance appellent les jeunes requis à se dérober puis à s'engager dans la création des maquis, cela se soit fait sans susciter d'innombrables interrogations auxquelles des réponses très diverses pouvaient être apportées ?

Comment fallait-il s'y prendre, quand rien ne nous préparait à une action d'une telle ampleur et que nos forces étaient extraordinairement faibles par rapport à la dimension du problème posé ? Une classe d'âge représentait deux cent à trois cent mille jeunes ! Combien pourrait-on en cacher ? Dans quelles régions ? Comment les protéger ? Comment les nourrir ? Comment les encadrer, alors que nos effectifs étaient notoirement insuffisants et non préparés à ces tâches ?

Il en a fallu des discussions et des débats pour trouver, par tâtonnements successifs, de bonnes solutions !

Mais ce n'est pas parce qu'il y avait débat qu'on allait se dénoncer les uns les autres. Je ne connais aucun cas où une telle éventualité se soit produite. La Résistance a été d'abord un mouvement « pour l'honneur ». Il y existait des règles d'éthique.

Avez-vous rencontré Jean Moulin ?

J'ai appris il y a seulement quelques années qu'en décembre 1942, avec un groupe franc, j'avais assuré la protection d'une réunion à laquelle il avait participé. J'ai vu un certain nombre de personnes entrer dans les lieux puis en repartir sans savoir qui elles étaient. Sinon, je ne l'ai jamais rencontré.

À Caluire, Jean Moulin pensait sans doute que la meilleure protection résidait dans le secret. Il n'a donc demandé aucune protection. Il a procédé comme il l'avait déjà fait à Paris, le 27 mai 1943, lorsqu'il avait organisé la réunion[2] du 48, rue du Four au cours de

1. Voir l'entretien avec le général Le Ray.
2. Voir l'entretien avec Claude Bouchinet-Serreulles.

laquelle le CNR a été constitué. Il n'avait réclamé aucune protection non plus.

Le printemps 1943 est particulièrement cruel pour la Résistance. Répression, rafles, réseaux qui tombent, arrestation du général Delestraint et, bien sûr, le traquenard de Caluire... Quelques semaines avant Caluire, cependant, c'est vous qui tombez entre les mains de la police française. Pouvez-vous nous raconter cet épisode ?

Je suis arrêté le 15 mars 1943, avec une vingtaine de personnes, par la police française. L'affaire a été référencée par la justice française sous le nom de Curtil. Jean-Marie Curtil, un agent de liaison, est appréhendé dans la nuit du 13 au 14 mars 1943 alors qu'il se trouve dans la salle d'attente de la gare de Bourg-en-Bresse. À l'époque, pour aller de Chambéry à Lyon, il était commode de prendre le train pour Paris et de changer à Bourg-en-Bresse. Curtil s'est endormi et a dépassé la gare de Bourg. Réveillé, il est revenu sur Bourg mais n'y a pas trouvé de correspondance. Il a donc décidé d'attendre le lendemain matin pour reprendre un train. Alors qu'il passe la nuit dans la salle d'attente, un contrôle de police a lieu. Sa fausse carte d'identité est mal faite. Il est fouillé. Des courriers et des adresses sont trouvés sur lui.

Aussitôt des souricières sont mises en place à Lyon. C'est ainsi que, le 15 mars 1943, je suis arrêté. J'ai rendez-vous avec Raymond Aubrac[1] et Maurice Kriegel-

1. Né en 1914, fils de commerçants aisés, Raymond Samuel (Aubrac est un pseudonyme choisi dans la Résistance), diplômé de l'École des ponts et chaussées, licencié en droit et titulaire d'un *master of sciences*, est résolument antifasciste durant les années trente. Il est proche des communistes sans être membre du parti. Mobilisé comme sous-lieutenant, fait prisonnier par les Allemands en juin 1940, il s'évade aussitôt, gagne la zone Sud avec sa femme. Pendant l'automne 1940, à Clermont-Ferrand, les deux époux entrent dans un petit groupe de résistants, dirigé par Emmanuel d'Astier de La Vigerie, qui donnera naissance au mouvement Libération. À partir de l'été 1942, Raymond Aubrac fonde et dirige les groupes paramilitaires du mouvement. Après sa première arrestation de mars

Valrimont[1] dans un appartement situé au 7, rue de l'Hôtel-de-Ville (aujourd'hui rue Édouard-Herriot) pour une réunion de l'Armée secrète. Je reviens d'Annecy où j'ai étudié les possibilités d'implantation de maquis et de terrains de parachutage. À mon retour, le 14 mars au soir, je me présente au domicile de Raymond Aubrac pour lui remettre mes cartes sur lesquelles j'ai marqué par des « haricots » les localisations favorables. Il me renvoie en me disant : « Je ne veux pas avoir ces papiers chez moi, viens à la réunion de demain matin au 7, rue de l'Hôtel-de-Ville. Tu me les y remettras. »

L'appartement se trouve au cinquième étage. Lorsque j'arrive, la police française est dans les lieux. Raymond Aubrac et Maurice Kriegel-Valrimont se

---

1943 et une évasion en mai, il est arrêté une seconde fois, à Caluire, le 21 juin. Il réussit à s'évader le 21 octobre 1943 (voir l'entretien avec Jean-Pierre Vernant). Il part ensuite pour Alger où il siège à l'Assemblée consultative provisoire et devient le collaborateur d'Emmanuel d'Astier, devenu commissaire à l'Intérieur. En août 1944, Aubrac est nommé commissaire régional de la République à Marseille. Son action, s'appuyant sur les syndicats et les communistes, est contestée, il est destitué en janvier 1945. Après la guerre, il devient haut fonctionnaire international à la FAO et aux Nations unies.

1. Né en 1914, Maurice Kriegel (Valrimont est son pseudonyme dans la Résistance), secrétaire général de la section CGT des assurances en 1939, entre au mouvement Libération en juillet 1942. Avec Raymond Aubrac, dont il est l'adjoint, il met sur pied les premières formations paramilitaires du mouvement. Après son arrestation en mars 1943, et son évasion, il devient le responsable de l'action ouvrière des Mouvements unis de Résistance. Ce groupe réalise surtout des sabotages industriels. À Paris, au printemps 1944, il devient chef d'état-major des corps francs de la Libération et un des trois dirigeants du COMAC (Comité militaire d'action), l'organisation constituée par le CNR pour diriger les FFI en France. Il joue un rôle important dans l'insurrection de Paris en août 1944 qui aboutit, le 24 au matin, à la capitulation du général von Choltitz. Membre de l'Assemblée consultative provisoire à la Libération, il devient député, directeur du journal *Action*, ex-journal clandestin de l'action ouvrière, vice-président de la Haute Cour de justice, membre du Comité central du PCF.

trouvent déjà en état d'arrestation. Les inspecteurs n'ont trouvé sur eux aucun document compromettant. Ils ne savent donc rien de ces individus sur lesquels ils ont mis la main. Une souricière était souvent une opération en aveugle. La police cueillait ceux qui se présentaient sans savoir qui appartenait à la Résistance. Nous sommes trois à être arrêtés dans ce local. Par chance, plusieurs camarades qui devaient se joindre à nous évitent l'arrestation, ayant repéré les voitures de police qui stationnent dans la rue.

Lorsque les policiers demandent à Aubrac et à Kriegel le motif de leur présence sur les lieux, ils ont une réponse toute prête. Profitant du remue-ménage qu'a provoqué mon arrestation, ils ont eu la possibilité d'échanger quelques mots sans se faire remarquer. À la hâte, ils décident de se faire passer pour de petits trafiquants de marché noir. Ils prétendent donc s'être rencontrés pour se vendre un peu de sucre. Cela s'est passé devant moi. L'histoire est si ridicule qu'évidemment certains historiens se sont interrogés : « Vous avez prétendu être arrêtés pour un petit trafic de marché noir, mais la police n'y a jamais cru. » C'est vrai, mais il leur a bien fallu inventer quelque chose. De plus, ils ont été arrêtés sous de fausses identités et la police n'a rien d'autre à se mettre sous la dent à leur sujet.

Il faut préciser qu'elle ne s'est pas montrée très agressive dans ses recherches. Elle n'a pas tenté de voir plus loin, tant il est vrai que déjà à cette époque les résistants peuvent parfois compter sur une certaine passivité de la police. Elle n'est pas pour la Résistance, mais ne témoigne pas de zèle.

Mon cas est différent. J'ai sur moi des papiers et des cartes. Je tente de m'enfuir. Lorsque le policier qui m'a ouvert la porte veut me mettre en état d'arrestation, je sors de ma poche une matraque télescopique et le frappe violemment. Il réussit à se dérober et me met aussitôt un gros automatique sur le ventre. Curieusement, cela ne me fait ni chaud ni froid. Après un demi-tour, je me précipite dans l'escalier. Malheureusement, deux autres inspecteurs sont en train de monter, appelés par téléphone, pour venir prendre livraison de mes deux camarades. En m'enfuyant, je me heurte à eux. Une bagarre homérique a lieu, à la suite de quoi je me trouve, moi aussi, en état d'arrestation.

Je ne peux donc pas nier que je travaille pour la Résistance. Je leur avoue donc que, pour me faire un peu d'argent, j'ai accepté de transporter des courriers pour des inconnus sans savoir ce qu'ils contenaient.

Les policiers se comportent avec moi aussi sans chercher à trop en savoir. À l'époque, la police française est surtout préoccupée par la Résistance communiste. Or, il est clair que nous n'en sommes pas. De plus, ils ont découvert dans le bureau utilisé par un de nos camarades un dossier contenant des archives de l'Armée secrète qui mentionnent en clair des noms de généraux de l'armée de Vichy qui sympathisent avec nous. Cela les incite à la prudence : face à une Armée secrète qui bénéficie de soutiens aussi importants, mieux vaut faire preuve de prudence. Pas plus qu'Aubrac et Kriegel, je ne subis de brutalités lors de mes interrogatoires. Le juge d'instruction Cohendy, un résistant, ne fait rien pour pousser à fond son enquête.

En prison, le hasard nous permet de nous retrouver réunis à cinq dans la même cellule. J'ai été copieusement tabassé lors de mon arrestation. Aussi, lorsque, après quelques jours passés au « petit dépôt », on nous amène à la prison Saint-Paul, je me trouve encore en piteux état. Aubrac et Kriegel me soutiennent. Ils essaient d'arracher la pitié du gardien, qui tient le registre d'écrou, un brave Alsacien : « Il ne faut pas le laisser seul, il est en trop mauvais état. »

Nous nous retrouvons à cinq camarades de résistance dans la même cellule : nous trois, auxquels se sont ajoutés François Morin, le fameux chef de l'Armée secrète dont les archives ont été saisies, et Raymond Hégo, un agent de liaison du mouvement Libération.

L'emprisonnement, soixante-dix jours dans mon cas, a été certainement une des périodes les plus riches de ma vie. Nous sommes cinq amis, dans une petite cellule, de deux mètres de large sur deux mètres soixante-dix de long, prévue pour une seule personne. Même s'allonger est difficile. Pour dormir, quatre d'entre nous se couchent à terre, côte à côte. Le cinquième à leurs pieds dans l'autre sens. Nous représentons un vrai kaléidoscope politique. Aubrac est un libéral de gauche, Kriegel un communiste, Hégo un socialiste. Morin est un représentant assez typique d'une droite humaniste. Quant à moi, je continue à être considéré comme un jeune patriote plutôt de droite. Je n'ai pas vingt-trois ans.

Nous voilà donc tous les cinq à passer notre temps à discuter politique. Nos points de vue sont souvent fortement divergents. Mais l'esprit de tolérance règne. Il n'y a jamais entre nous ni élévation de ton ni disputes. C'est un des miracles de la Résistance que d'avoir réussi à faire vivre ensemble des individus aussi différents que la vie courante n'aurait sans doute jamais réunis, dans un esprit de camaraderie et de respect mutuel.

J'ai beaucoup appris pendant ce séjour. Je n'ai pas oublié les taquineries d'Aubrac et de Kriegel à l'égard de mes opinions « patriotardes ». Elles me sont faites de façon tellement amicale que jamais je ne leur en ai voulu.

Parmi les vingt de notre groupe qui ont été arrêtés, cinq subissent un interrogatoire par la Gestapo. Par chance — et cela prouve que la Gestapo ignore tout de nos identités — François Morin, l'homme qui aurait dû le plus l'intéresser puisqu'il était le détenteur des fameuses archives de l'Armée secrète, ne fait l'objet d'aucun questionnement. Il est vrai qu'il a réussi à détourner les soupçons de lui. Les quinze autres détenus de notre groupe ne sont pas inquiétés.

Après une enquête faite auprès de détenus de la prison Saint-Paul, nous en arrivons à la conclusion que les Allemands procèdent de temps en temps à des coups de sonde parmi les prisonniers détenus par l'administration pénitentiaire française. Dans d'autres groupes d'emprisonnés, quelques-uns seulement ont été pareillement interrogés, puis rendus à l'administration pénitentiaire.

C'est moi qui suis interrogé le premier par les Allemands. Je me borne à répéter ce que j'ai déjà dit à la police française. J'ai été pris avec des documents compromettants sur moi et ne peux donc nier. Ma tactique face à la police française a consisté à raconter que je rends des services moyennant finances à des individus que je ne connais pas qui me demandent d'acheminer des courriers à leurs destinataires tout aussi inconnus.

Je raconte dans le détail comment je rencontrais ces individus dont je ne connaissais pas les noms qui me fixaient des rendez-vous dans la rue. Par exemple, à Grenoble, mon correspondant me paraissait être un médecin parce qu'un jour j'avais vu une trousse dans le coffre de sa voiture. Il avait un mètre soixante-dix et des cheveux gris.

J'utilise des moyens mnémotechniques pour me rappeler mes histoires. Par exemple, le médecin de Grenoble s'appelle Noblet et je lui donne le visage d'un de mes camarades parisiens. En décrivant un personnage réel, je ne peux pas me tromper : yeux bleus, moustache. L'essentiel est de conserver le souvenir des identifications que j'avais données.

Face à la Gestapo, il me faut me rappeler avec précision mes interrogatoires précédents. L'individu qui m'interroge est un professionnel. Pendant deux ou trois heures, il revient sans cesse sur mes déclarations, procédant par des retours en arrière, cherchant à me faire me couper. Finalement, on me ramène à la prison.

Le lendemain, c'est le tour d'Aubrac, de Kriegel et de Hégo à être appelés ensemble pour être interrogés en présence les uns des autres. La cinquième personne interrogée est notre amie Christine Desnoyers, enfermée à la prison Saint-Joseph.

Nos interrogatoires par la police allemande inquiètent nos camarades de l'extérieur qui décident alors de tenter le tout pour le tout pour nous faire évader. Pour cela, ils prévoient que cinq d'entre nous se feront porter malades : quatre hommes qui seront ainsi transférés à l'hôpital de l'Antiquaille où existent des salles pour détenus malades gardées par des gendarmes, et Christine Desnoyers à l'Hôtel-Dieu dans les mêmes conditions. Les murs d'un hôpital étant moins protégés que ceux d'une prison, on pense qu'il sera plus facile de nous en faire évader.

Nous communiquons régulièrement avec l'extérieur par nos avocats qui viennent nous voir à tour de rôle.

Sur les cinq hommes sélectionnés, quatre se trouvent dans notre cellule. Le pauvre Raymond Hégo ne fait pas partie des évadés. Ce genre de choix est dramatique : pourquoi l'un et pas l'autre ? Il nous répond avec élégance : « Vous êtes des chefs, c'est normal. » Plus tard, il sera remis aux Allemands qui le déporteront au camp de concentration de Dachau. Il en est revenu, mais après avoir beaucoup souffert.

Je quitte la prison vers le 14 mai, étant le dernier à arriver à l'hôpital de l'Antiquaille. J'y retrouve Morin et Kriegel, mais pas Aubrac qui vient d'être mis en liberté provisoire par une intervention de sa femme qui, au culot, est allée menacer le procureur de le faire abattre [1].

Cet épisode inquiète certains historiens, tant il apparaît invraisemblable. Mais il faut se mettre dans le climat de l'époque. Le procureur savait certainement que la Résistance était capable d'exécuter un magistrat. Devait-il en prendre le risque ?

Lucie Aubrac, qui ne manquait pas d'imagination, avait eu l'idée d'utiliser un message radio entendu sur les ondes de la BBC à l'heure du déjeuner. Elle savait qu'il repasserait dans la soirée. Dans l'après-midi, elle réussit à obtenir un rendez-vous et alla chez le procureur en s'authentifiant comme envoyée par Londres. « Pour preuve, lui dit-elle, un message passera ce soir à la radio de Londres qui vous est destiné, monsieur le

1. Voir l'entretien avec Jean-Pierre Vernant.

procureur. Nous vous demandons de libérer M. Vallet (nom sous lequel Aubrac avait été arrêté). Si vous ne le faites pas, vous serez exécuté. » Moyennant quoi, Raymond fut libéré le 12 mai.

Quelques jours plus tard, le 24 mai 1943, c'est notre tour. Un groupe franc se présente à l'hôpital de l'Antiquaille muni de faux papiers maquillés de la Gestapo et inventés de toutes pièces. On est persuadé que le personnel français de hôpital, au vu de papiers aussi éloquents, n'ira pas chercher plus loin. Les gendarmes qui nous gardent sont impressionnés. Ils ne s'opposent pas à notre enlèvement.

Au cours de cette année 1943, la rivalité entre la Résistance intérieure et la Résistance extérieure s'accentue. La Résistance intérieure hésite à suivre de Gaulle qui veut unifier et diriger une armée des ombres. Étiez-vous aussi hostile à de Gaulle à cette époque ?

Je ne pense pas qu'il faille parler de rivalité... Sur l'essentiel, le combat aux côtés des Alliés, la volonté de rendre au pays son indépendance et sa place dans le concert des nations, la Résistance était d'accord avec de Gaulle. En revanche, les points de vue à propos des méthodes à mettre en œuvre, notamment en ce qui concerne le rôle de la Résistance intérieure, divergeaient.

De Gaulle avait tendance à penser que la Résistance devait être à ses ordres plutôt que de la considérer comme un partenaire avec lequel on recherche les solutions les meilleures aux difficultés rencontrées. Il la mettait donc en demeure d'appliquer des décisions prises à Londres d'abord, puis plus tard à Alger.

Or la Résistance intérieure possédait l'atout irrempaçable de se trouver sur le terrain et d'apprécier mieux qu'on ne pouvait le faire depuis l'extérieur l'état de ses forces, de même que celui de l'opinion publique.

Mais le problème du garde-à-vous derrière de Gaulle ne se réduit pas à un débat sur la discipline. Deux mondes différents s'étaient constitués en parallèle : celui de la métropole avec sa résistance, sa clandestinité, ses dangers permanents, et celui de la France de l'extérieur, où on vivait en uniforme, à l'abri du danger, et sans se voir menacé à longueur de journée. Il était normal qu'il y ait eu entre ces deux mondes de nombreuses incompréhensions.

Cinquante-six ans après, qui avait raison ?

La vie politique ne se résume pas en un « qui a tort et qui a raison ». C'est beaucoup plus compliqué que cela.

Sur toute une série de points essentiels, nous approuvions la politique de De Gaulle et lui étions reconnaissants de l'extraordinaire odyssée qu'il avait su mener en dépit des obstacles qui s'étaient dressés sur son chemin. Nous admirions la fermeté sans pareille dont il avait su faire preuve. Nous étions donc des gaullistes.

Cependant, cette approbation ne nous empêchait pas de regretter, comme je l'ai déjà fait remarquer, qu'il n'ait pas eu sur certains points des positions plus conformes aux souhaits de la Résistance intérieure. Il aurait dû comprendre que notre sensibilité ne résultait pas d'un moi chatouilleux, mais d'une imprégnation par le terrain et par les conditions dans lesquelles nous devions évoluer.

Nous avons eu trop souvent l'impression de trouver en ses services des bureaucrates bien trop éloignés de nos préoccupations.

On a eu un exemple de cette impuissance à diriger avec efficacité la Résistance depuis l'extérieur lorsque le général Kœnig a été nommé commandant en chef des Forces françaises de l'intérieur à l'époque du débarquement. Il se trouvait à Londres et a tenté de donner ses ordres à distance. Il s'est montré très inefficace. Seuls ont pu être été mis en œuvre correctement un certain nombre de plans de sabotage qui avaient été préparés avec des officiers présents en métropole : le plan vert (chemins de fer), le plan violet (téléphones, télégraphes), le plan tortue, etc. Seules ont pu être menées avec efficacité les missions qui ont été parachutées et qui, se trouvant mêlées aux maquisards, prenaient leurs décisions en fonction des réalités locales.

La seconde raison tenait à ce que nous vivions au milieu de la population. Nous connaissions les traumatismes qu'elle subissait et étions au fait de son évolution. Ni à Alger ni à Londres on ne pouvait disposer d'un vécu sur ces points. Il n'y a donc rien eu d'étonnant si le programme du CNR ou les tendances progressistes qui se sont emparées de la population n'ont pas été compris à Londres ou Alger.

Mais, en même temps, il était nécessaire d'unifier la Résistance. Seul de Gaulle était en position de le faire.

C'est exact. C'est la raison pour laquelle les efforts de Jean Moulin pour l'unification ont reçu le soutien des résistants, même si elle s'est faite parfois difficilement. Mais sur le principe tout le monde était d'accord.

Les grands différends que nous avions avec de Gaulle ont porté sur d'autres points.

L'un d'entre eux mérite d'être raconté. C'est celui de la représentation, exigée par lui, de tous les partis politiques dans la composition du Conseil national de la Résistance.

Il souhaitait que tous, sans exception, y figurent aux côtés des mouvements de résistance, d'une part, et de deux syndicats, d'autre part. Même ceux qui n'avaient eu aucune activité dans la Résistance devaient être représentés.

En somme, il voulait que le Conseil national de la Résistance, symbole de la lutte de la Résistance, ait parmi ses membres des partis qui, a priori, n'avaient rien à y faire et ne pouvaient en aucun cas symboliser la lutte.

C'était, par avance, discréditer ce Conseil avant même qu'il ne prenne naissance. C'était hypothéquer l'avenir en donnant des brevets de bonne conduite à des partis qui avaient donné d'eux une image complètement négative dans la vie politicienne d'avant-guerre et portaient une terrible responsabilité dans la défaite. C'était porter un coup à l'effort de rénovation de la vie politique d'après-guerre que la France entière souhaitait.

Pourquoi de Gaulle tenait-il à leur présence ? Il en avait besoin, disait-il, pour avoir un plus grand poids auprès de nos alliés américains et anglais. Il ajoutait : « Les dirigeants de la Résistance sont des inconnus pour nos alliés. Ce n'est pas le cas des dirigeants politiques de l'avant-guerre ! »

Il demandait donc à la Résistance de transiger avec les principes. Cette dernière ne formulait aucune opposition à la présence des partis socialiste et communiste qui s'étaient montrés résistants. Par contre, elle était hostile aux autres qui avaient brillé par leur absence.

Jean Moulin fit entendre raison aux mouvements de résistance.

Il est dommage que l'on n'ait pas mieux tenu compte de leur sensibilité. N'aurait-il pas été possible, par exemple, de trouver d'autres formules qui auraient permis à la fois de concilier la nécessité de garder au Conseil national de la Résistance son esprit de rigueur et son immense crédit moral tout en organisant, sous une autre forme, une représentation du soutien à de Gaulle par ces mêmes hommes politiques de l'avant-guerre ?

Il aurait fallu pour cela qu'existât un véritable dialogue. On peut reprocher à de Gaulle de ne pas l'avoir instauré.

Cette situation artificielle née de sa demande pressante a constitué un des éléments qui, ajoutés à d'autres manquements semblables à des principes, ont conduit *in fine* à l'échec de la IVe République dont les partis, repris rapidement en main par les caciques de l'avant-guerre, politiciens expérimentés et roublards, sont retombés très vite dans leurs anciennes habitudes politiciennes.

Il y avait, bien sûr, la rivalité entre la Résistance intérieure et la Résistance extérieure. Sans oublier les Anglais qui entretenaient eux-mêmes leurs réseaux sur le territoire français. Vous ont-ils approché ? Vous ont-ils aidé ? Ont-ils financé la Résistance française ?

À ma connaissance, les Anglais n'ont pas distribué d'argent. En revanche, les Américains ont, pendant plusieurs mois, tenté de nouer des liens avec la Résistance en lui fournissant des fonds. Le bureau de Berne de l'OSS (l'ancêtre de la CIA) s'en était chargé. Il avait des contacts avec le mouvement Combat. Les Anglais, par l'intermédiaire du SOE, également appelé réseaux Buckmaster, ont eu une activité importante de parachutages. Non seulement d'armes mais aussi de personnels parachutés qui créaient en France des missions de sabotage, de renseignements, ou encore des réseaux d'évasion (pour récupérer des aviateurs abattus au-dessus de nos pays).

À l'approche de la Libération, certains de ces officiers ont, dans le cadre de missions spéciales, aidé les combattants des maquis à mieux s'organiser.

En règle générale, les services secrets alliés n'ont pas opéré de tentatives de débauche de la Résistance à leur profit. Nous nous y serions opposés farouchement. Nous étions des gaullistes conséquents et savions que notre solidarité avec lui devait apparaître aux Alliés comme étant sans faille.

Vous commencez la guerre à droite et vous la terminez à gauche. Comment expliquer votre itinéraire ?

Mon ambiance familiale était assez représentative de ce qu'on appelait avant la guerre la petite bourgeoisie urbaine. J'en faisais partie et, de surcroît, avec une tendance cocardière. Je n'avais jamais rencontré un communiste. J'ignorais ce qu'était la vie d'un ouvrier. Je n'avais jamais mis les pieds dans le monde rural.

Or la Résistance a été un extraordinaire lieu de brassage social qui m'a fait découvrir ce qu'était cette France à la composition si variée. Les responsabilités que j'ai exercées au niveau national de juin 1943 à avril 1944 m'ont amené à faire d'innombrables voyages dans tout le pays et à côtoyer à cette occasion les résistants les plus divers et de toute condition sociale.

J'ai découvert que, de façon générale, c'était parmi les couches laborieuses qu'on trouvait le dévouement le plus grand, l'esprit de sacrifice le plus développé. Plus on montait dans la hiérarchie de l'argent ou de la notabilité, plus se faisaient rares les individus qui se dévouaient à la Résistance…

Je suis devenu en quelque sorte un militant du programme du Conseil national de la Résistance que j'ai trouvé conforme à mes aspirations.

Beaucoup d'autres intellectuels ont suivi la même évolution. La majorité d'entre eux avaient adopté en 1945 des positions semblables à la mienne.

Un autre élément extérieur nous a tous influencés. C'était la lutte de l'armée soviétique. Elle fut titanesque et marquée par des sacrifices comme on n'en avait jamais vu. On a tendance à l'oublier aujourd'hui. On oublie d'évoquer combien la bataille de Stalingrad, par exemple, a été un symbole de la victoire devenue accessible. On oublie de répéter notre reconnaissance à l'armée soviétique qui a perdu entre dix et quinze millions d'hommes dans son combat vital pour écraser l'hitlérisme.

À l'époque, on ne connaissait que mal les camps de concentration allemands et on savait encore moins qu'il existait des goulags en URSS.

Nous étions donc convaincus que le courage des Soviétiques découlait de leur adhésion à leur régime. On croyait qu'il existait le socialisme en URSS. L'URSS est donc sortie de la guerre auréolée d'un immense prestige.

La Résistance a été pour moi une extraordinaire école politique. J'ai effectivement évolué vers la gauche et ai continué après la guerre, lorsque j'ai pris conscience de l'abandon par les milieux dirigeants de cet espoir que la Résistance avait fait naître en France et qui constituait un héritage qu'il nous appartenait, selon moi, de faire fructifier…

Après la guerre, je me suis situé dans la tradition des rationalistes français, croyant qu'en s'appuyant sur les progès de la science on pourrait construire un socialisme scientifique. Or je me suis aperçu rapidement que cet espoir n'était pas encore et pour longtemps à l'ordre du jour de l'humanité. Je crains que le monde vers lequel nous allons ne donne un poids de plus en plus grand, et bientôt incontrôlable, aux puissances de l'argent.

L'opinion publique change. À quel moment, dans la Résistance, avez-vous senti l'adhésion des Français ?

Le processus d'adhésion de l'opinion à la Résistance a été lent et progressif. Il a accompagné l'évolution de la Résistance. Plus la Résistance se renforçait, plus grand était le soutien de la population.

Mais cette évolution n'était pas indépendante des événements. La défaite des Allemands en Afrique du Nord puis à Stalingrad qui avait marqué le grand tournant de la guerre de 1942-1943 a joué un rôle important de sensibilisation.

Le durcissement de la guerre a joué ensuite son rôle, de même que la fascisation du pétainisme de plus en plus soumis à l'influence de l'aile dure du régime appuyée sur Darnand et ses miliciens. L'autorité grandissante de De Gaulle a joué aussi son rôle.

Tout a donc évolué en bloc.

Toutefois, selon mon expérience de la zone Sud, un basculement important s'est produit à la fin de 1943. J'ai eu l'impression qu'à cette époque l'opinion, après nous avoir été majoritairement hostile ou du moins attentiste, commençait à nous observer d'un autre regard.

Nous trouvions de plus en plus facilement les aides et les soutiens dont nous avions besoin. Pourtant, nous aider demeurait aussi dangereux qu'auparavant. La Gestapo n'a jamais relâché sa pression.

Nos maquis parvenaient à s'approvisionner sans grands problèmes. Les résistants des villes bénéficiaient de caches sûres en plus grand nombre, de voitures, d'aides de la part de médecins ou de pharmaciens, de soutiens de toute sorte, fournis bénévolement et sans esprit de retour.

Fin 1943, je me rappelle avoir déclaré à des camarades : « J'observe un changement dans l'état d'esprit de la population. Si, au début de l'année, j'avais couru dans les rues poursuivi par la police et j'avais frappé au hasard à une porte pour demander de l'aide, il y avait deux chances sur trois pour qu'on me livre à la police. Le rapport me paraît s'être inversé. »

Qu'est-ce qui a provoqué ce basculement ?

Ce qui a joué le plus, me semble-t-il, est la souffrance qu'entraînait la présence allemande en France et le sentiment d'hostilité qu'elle déclenchait. La population était de plus en plus opposée à la politique vichyste de larbinage à l'égard des Allemands.

En même temps, les buts de guerre de nos Alliés étaient devenus plus clairs. Les Français se sentaient de plus en plus solidaires de la croisade pour la liberté que menaient les puissances alliées.

Après le débarquement, un immense courant de soutien à l'égard de nos Alliés s'était fait jour. La France se sentait solidaire des combattants. Elle voyait enfin poindre une revanche sur l'humiliation de juin 1940.

Il est évident qu'un certain nombre des ralliements qui se sont produits alors n'étaient pas dépourvus d'esprit de calcul. De nombreux retournements de veste ont eu lieu alors. Nous le savions. Mais comment faire pour les éviter ?

Avions-nous la possibilité de tout contrôler ? De vérifier la véracité de tel service rendu à la Résistance ?

À tort ou à raison, face à ce phénomène qui nous dépassait, nous avons pensé que le plus important était de maintenir la cohésion entre nous et de veiller à ce que les collaborateurs ne parviennent pas à s'infiltrer dans l'administration dont, plusieurs mois avant la Libération, nous étions en train de préparer déjà la mise en place pour les lendemains de la Libération.

On sait aujourd'hui que, bien souvent, nous n'y avons pas réussi. Un exemple montrera le genre de difficulté que nous avons rencontré. Les gardes mobiles de réserve (GMR) ont été parmi nos pires ennemis. Au plateau des Glières, ils ont combattu aux côtés des Allemands et des miliciens. À la prison d'Eysses, des GMR ont fusillé douze résistants, fin février 1944, après une tentative d'évasion[1]. Un de leurs lieutenants s'était même porté volontaire pour diriger le peloton d'exécution. Le régime les utilisait systématiquement contre la Résistance. Or j'apprends, un mois avant la Libération, que, dans le Tarn, une compagnie de GMR s'était ralliée à la Résistance. Elle était venue offrir ses services avec armes et bagages. D'où une grande joie des résistants. Ils manquaient d'armes et ont été ravis de voir cent cinquante mousquetons leur tomber ainsi du ciel. Ils les ont donc accueillis à bras ouverts, sans chercher midi à quatorze heures. Ces GMR ont donc combattu pour la Libération, acquérant ainsi un brevet de résistance.

1. La prison d'Eysses près de Villeneuve-sur-Lot détient près de 1 200 prisonniers politiques, communistes pour la plupart. Une organisation clandestine prépare une évasion collective. Le 19 février 1944, les détenus font prisonniers le directeur de la prison et de nombreux gardiens. Mais, faute d'armement, ils ne peuvent se libérer. Ils se rendent contre la promesse qu'il n'y aura pas de sanctions. Malgré cela, une cour martiale formée de trois miliciens est constituée par Darnand, chef de la Milice. Le 23 février, douze « meneurs » sont fusillés. Le 30 mai, les autres seront livrés aux Allemands et déportés.

À la Libération, des Papon et les résistants de la dernière heure ont été recyclés...

Oui. La plupart des hauts fonctionnaires vichystes ont senti le vent tourner bien avant la Libération. Ils ont compris que leur intérêt était de donner des gages à la Résistance tout en faisant oublier leur zèle vichyste ou proallemand. Il était facile à des fonctionnaires de rendre des services : délivrer des fausses cartes d'identité ou des tickets d'alimentation, donner des informations, sauver des juifs... Il leur était tout aussi facile de prendre contact avec la Résistance. À partir du débarquement, on pouvait la trouver partout.

Je pense que Maurice Papon s'est conduit comme bien d'autres, de même que René Bousquet. Il est donc très probable qu'il a rendu effectivement des services, ce qui n'implique pas pour autant qu'il ait exercé des responsabilités dans la Résistance. En plus, cela s'est passé dans la région de Bordeaux où la Résistance a vécu une période très dramatique à la suite de la trahison d'un de ses dirigeants, Grandclément [1]. Ce dernier avait pactisé avec la Gestapo dans le cadre d'une soi-disant lutte commune contre le communisme. Des arrestations nombreuses en avaient résulté. On ne savait plus qui était contrôlé par le Gestapo et qui ne l'était pas. Un climat de méfiance généralisée régnait.

Du coup, la mise en place des nouvelles autorités de la Libération en a été rendue beaucoup plus compliquée. Difficile de savoir où on mettait les pieds. Le commissaire de la République, Gaston Cusin, arrivé sur place depuis quelques mois seulement, éprouvait des difficultés à trouver des collaborateurs sûrs. Il ignorait le passé de Papon et ne pouvait pas s'appuyer fiablement sur les organisations de résistance pour enquêter sur les uns et les autres.

Tout autre a été la situation à Toulouse où Jean Cas-

1. Voir l'entretien avec Claude Bouchinet-Serreulles.

sou avait pu préparer depuis de nombreux mois et en toute tranquillité la mise en place des nouveaux responsables en s'appuyant sur le réseau d'information mis en place par la Résistance. La nomination à un poste de responsabilité élevée d'un homme ayant le passé d'un Maurice Papon n'y aurait pas été possible.

En septembre 1944, en tant que chef des FFI, vous recevez de Gaulle à Toulouse[1]. *C'est un temps fort de la Libération. Votre camarade Vernant m'en a parlé. Quel souvenir gardez-vous de cette journée ?*

Je suis convaincu qu'il avait choisi Toulouse à dessein pour y faire une démonstration ostensible de son autorité sur la Résistance. Elle y était unie et efficace. Le groupe de dirigeants qui s'était constitué autour de Cassou, de Vernant et de moi-même était homogène et soudé. Nous étions animés par l'esprit de la Résistance. Une profonde amitié nous unissait. Nous étions fortement imprégnés par le programme du CNR.

Lorsque de Gaulle est venu à Toulouse, un mois après que nous eûmes mis en place les nouveaux pouvoirs de la République, nous l'avons accueilli avec les plus grandes manifestations d'enthousiasme. Nous étions tous gaullistes et souhaitions qu'il réussisse dans sa remise sur pied du pays. Il était l'homme qui avait mené le combat pour l'honneur depuis quatre ans. Nous l'avions plébiscité pour reprendre le flambeau de chef de l'État.

Il nous répondit par le mépris. Il ne manifesta pas la moindre curiosité pour nos résistants. L'important pour lui était, disait-il, de rétablir l'autorité de l'État alors que tout, autour de lui, démontrait que par nous-mêmes nous avions rétabli l'autorité de l'État qui se trouvait normalement exercée par le commisssaire de la République que nous avions mis en place (et que de Gaulle

1. Voir l'entretien avec Jean-Pierre Vernant.

a ensuite maintenu à son poste, ce qui prouvait qu'il ne faisait pas si mal son travail que cela).

Nous apprîmes plus tard qu'il s'était comporté pareillement dans les autres régions qu'il avait visitées, bien que moins ostensiblement : par exemple, à Lyon avec Yves Farge, ou à Marseille avec Raymond Aubrac.

Aujourd'hui, il existe des témoignages innombrables de la position de De Gaulle à l'égard de la Résistance. En arrivant à Paris le 24 août, son premier geste a été de décréter la dissolution des FFI sur tout le territoire alors que Lyon n'était pas libéré et que les FFI se battaient encore dans plusieurs régions de France. C'était de la folie. Il s'agissait bien d'une volonté politique. Le décret a d'ailleurs soulevé un tel tollé qu'il n'a pas été mis en application. De Gaulle n'a jamais reçu le CNR ès qualités. Il a préféré manœuvrer en prenant son président, Georges Bidault, comme ministre des Affaires étrangères.

Les résistants avaient un haut sens du devoir et de la morale. Or, en plein combat pour la renaissance du pays, de Gaulle dit à ces hommes : « Laissez-moi tranquille, rentrez chez vous. » Selon moi, ce fut une terrifiante erreur. Une grande partie, écœurée, est effectivement rentrée chez elle. Découvrir qu'un des principaux soucis de De Gaulle était de renvoyer les résistants chez eux a été dramatique pour nous. Nous avions un point de vue différent. Le pays sortait épuisé par quatre années de guerre, un travail gigantesque était nécessaire pour le remettre sur pied, et nous y étions prêts.

Les résistants voulaient se donner corps et âme à cette tâche valorisante. Était-ce bien le moment de les renvoyer chez eux et de se priver de leur concours ? Ils représentaient ce qu'il y avait de meilleur en France, de plus dynamique, de plus désintéressé, de plus généreux. Ils rejetaient l'esprit vichyste avec tout ce qu'il comportait de compromissions et de lâchetés.

Était-il conforme à l'intérêt national de s'en priver ?

André Dewavrin, alias colonel Passy [1]

Il est Richelieu et il est un mousquetaire. Il est le diable, il est un héros. Il fut, à la tête du BCRA, l'officine de renseignements gaulliste qu'il a créée de rien, l'homme le plus puissant de Londres, avec de Gaulle. Et depuis toujours le plus secret... André Dewavrin, alias colonel Passy, quatre-vingt-sept ans, une terreur, une légende.

À Londres, dans les maquis, à Vichy ou à Alger, on voyait partout la main de ce polytechnicien glacial, dans les corridors, dans tous les complots, les attentats, les coups tordus et héroïques. Mais, durant la guerre, il n'est pas que cela. Au faîte de sa puissance, le 26 février 1943, il quitte Londres pour la France, où il rejoint son ami Brossolette. Durant six mois, il prend tous les risques. Ce sera la fameuse opération Arquebuse-Brumaire dont l'objectif est de préparer la fondation du Conseil national de la Résistance en zone Nord, coordonner les éléments paramilitaires des mouvements de résistance et réorganiser les réseaux de renseignements. C'est son côté mousquetaire.

Un appartement surchauffé, dans un immeuble au luxe américain, avec gardien et vidéo-surveillance, une maison de retraite de luxe près de la maison de la Radio. Il s'est installé là depuis la disparition de son épouse. On s'occupe de lui, il lit toute la journée, rêve devant les photographies accrochées dans ce salon où il se tient toujours, reçoit peu et parle court.

1. Entretiens réalisés les 16 janvier et 7 avril 1998.

Il attend, gentleman en pantoufles, souffrant de partout, malade, affaibli. Il va mal, mais l'œil bleu, cinglant, ironique, de Passy est toujours là. Il ne se laissera pas interviewer, mais préférera parler dans un désordre savant, je m'en rendrai compte comme je me rendrai compte de son étonnante liberté, de cette manière inattendue de parler de De Gaulle à Londres, et aussi de Moulin… Jean Moulin qu'il a souvent critiqué et parfois même combattu, en particulier son projet de CNR ; ces scènes désopilantes de Carlton's Garden ; les règlements de comptes d'après-guerre ; les haines gaullistes dont il fut l'objet à cause de Mitterrand, son ami ; et enfin, tous les secrets de famille de cette grande bourgeoisie tour à tour maréchaliste puis gaulliste sans états d'âme… André Dewavrin parlait ainsi, sans jamais être amer. Il aurait pourtant eu bien des raisons de l'être, en particulier à cause de « l'affaire Passy ».

Durant des heures, il racontait, en s'économisant parfois, alors il rejetait la tête en arrière sur ce fauteuil, exténué par sa lancée, et, avant de recommencer son récit, il avait au coin de la bouche, et dans l'œil aussi, cette étincelle d'ironie qui semblait dire, comme d'Astier : « La Résistance était un jeu enfantin et mortel. »

Il en meurt d'ailleurs, Passy, socialement, politiquement et historiquement, de la Résistance. En 1946 éclate l'affaire qui porte son nom. On l'accuse d'avoir détourné les fonds du BCRA. Les gaullistes le lâchent, de Gaulle est prudent : « Il faut que justice passe », déclare-t-il. Sa carrière est brisée, sa légende entachée. Il ne s'en remettra jamais, et cet espoir de la République passera sa vie à côté de son destin. Il s'explique ici sur cette ténébreuse affaire.

Le temps était compté, en cette année 1998, pour Passy. Il réglait ses comptes avec l'Histoire. Il venait de confier son journal de Londres et ses archives à son ancien collaborateur, Daniel Cordier. Il recevait le résistant et écrivain Guy Perrier. Il s'était, semble-t-il, fixé trois priorités biographiques. D'abord, en finir avec cette réputation de « cagoulard » qui le poursuivait depuis soixante ans. Ensuite, rétablir la vérité sur « l'affaire Passy », délivrer son ultime plaidoirie devant le tribunal de l'Histoire, et se défaire de ce curieux serment qui, à ce propos, l'aurait lié à de Gaulle — charge aux historiens de conclure. Et enfin, Brossolette : rétablir la postérité de Brossolette malmenée par l'Histoire, l'opposer à Moulin devant l'éternité, puisqu'il l'estimait supérieur au martyr de Caluire et, confidence stupéfiante, à de Gaulle lui-même.

Brossolette, son ami, son contraire, l'homme qui changea sa vie. Celui auquel, depuis cinquante-six ans, il voue un culte solitaire. Brossolette, celui qui déjà est au ciel, et Passy qui n'y est pas encore.

***

Pour de nombreux résistants de la première heure, l'événement qui les engage n'est pas l'appel du général de Gaulle, le 18 juin 1940, mais le discours du maréchal Pétain, le 17 juin, annonçant la cessation des combats. Est-ce votre cas ? Comment et quand avez-vous pris la décision de vous rendre à Londres ?

Le 17 juin 1940, jeune capitaine de trente ans, je débarque à Brest, de retour de Norvège, avec le corps expéditionnaire sous la direction du général Béthouart. Je m'étais porté volontaire pour combattre en Norvège, en avril 1940, avec la 13e demi-brigade de la Légion étrangère. Nous sommes encore affublés de nos vêtements polaires. Après le déjeuner, nous écoutons le discours du maréchal Pétain à la radio. Parmi mes compagnons, le sursaut est immédiat : il faut aller continuer la guerre en Afrique du Nord. Ayant chassé les Allemands de Narvik [1], nous étions une division victorieuse.

Dans la soirée du 18 juin, le général Béthouart reçoit l'ordre de réembarquer ses troupes, mais il a fallu menacer le commandant du port pour se procurer un bateau. Le maréchal Pétain avait déjà fait fermer les frontières.

1. Le 19 avril 1940, les troupes françaises et anglaises débarquent en Norvège pour aider ce pays et arrêter les Allemands dans leur marche vers le nord. Les Français parviennent à maintenir leur position jusqu'au 28 mai, date de l'assaut allemand sur Narvik. Le colonel Passy se trouvait à Harstad où s'était installé le quartier général.

Nous avons trouvé le moyen de convaincre le commandant avec un revolver… Nous sommes partis, sur le *Meknès*, croyant filer vers le Maroc. Du navire, nous apercevons la ville de Brest en flammes. Un rideau de fumée nous cache, les Allemands ne peuvent pas nous descendre… Mais en pleine mer, le carburant manque : impossible d'atteindre l'Afrique du Nord. Nous décidons de brûler le pont pour continuer à avancer et accoster au plus près, en Angleterre. Nous débarquons à Southampton, le 21 juin, à l'aube.

Les Anglais ne nous reçoivent pas à bras ouverts. Ils se demandent ce qu'on vient faire dans leur pays, ils préféraient qu'on regagne le continent. Sous une pluie battante, nous sommes acheminés au camp de Trentham Park. Nous sommes installés sous des tentes, en attendant de connaître notre sort.

Le général Béthouart avait appris par les Anglais que le général de Gaulle, un de ses camarades de promotion, était à Londres. Il part aussitôt pour prendre contact avec lui. À son retour, quatre ou cinq jours après notre arrivée, Béthouart réunit ses officiers pour leur expliquer le choix qu'ils ont à faire : « L'ordre du gouvernement français est de rembarquer pour l'Afrique du Nord. Mais il y a, à Londres, un général de Gaulle, que je connais, courageux et loyal, il appelle tous les Français, qui sont en Angleterre ou qui peuvent y aller, à le rejoindre. » La grande majorité des deux bataillons de chasseurs alpins et des deux bataillons de légionnaires a rembarqué pour l'Afrique du Nord. Ma situation est différente de la leur. Je suis disponible. Je suis un officier sans troupes. À l'origine, je devais commander le génie du corps expéditionnaire et, à Narvik, il ne m'avait jamais rejoint. J'avais alors formé un corps bâtard, avec des Polonais, des Norvégiens et des Anglais qui évidemment ne m'avaient pas suivi. Je demande son avis à Béthouart. « Vous avez toute liberté de manœuvre, faites ce que vous voulez », me dit-il. Je n'hésite pas : étant officier d'active, mon devoir est de continuer la lutte si quelqu'un veut la continuer. Et je suis allé me présenter au général de Gaulle.

C'est le 1er juillet 1940, je crois..., dix jours après votre arrivée en Angleterre, que vous êtes, finalement, reçu. Aviez-vous des contacts dans son entourage ?

Non, pas vraiment. Ce fut un rendez-vous très simple. Je suis allé au premier quartier général de la France libre, installé au troisième étage d'un immeuble gris, triste et sale, du nom de « St. Stephen's House », au bord de la Tamise. Je n'ai même pas eu besoin de décliner mon identité à l'entrée. À la vue de mon uniforme, un homme à la livrée douteuse m'a fait monter dans l'ascenseur et m'a déposé à l'étage où manifestement je me rendais. Là, je vois Geoffroy de Courcel, qui jouait au standardiste, le lieutenant Hettier de Boislambert, que le Général a pris comme chef de cabinet, et je retrouve le capitaine Tissier que j'avais connu en Norvège. Il n'y a quasiment personne en dehors d'eux. Je suis introduit presque aussitôt chez le Général. J'entre dans une pièce grande et claire, dont les fenêtres s'ouvrent sur la Tamise, et d'où on aperçoit Big Ben. J'ai l'impression d'un monsieur assez sec, pas chaleureux. Il me demande mes origines : « D'où sortez-vous ? » Je dis que j'avais été professeur adjoint de fortification à Saint-Cyr, je sortais de l'École polytechnique. Il veut savoir si je parle l'anglais. Je lui réponds par l'affirmative. Il marque un temps, il y a un flottement, et il me déclare : « Alors, vous serez le chef de mes deuxième et troisième bureaux. »

Un deuxième et un troisième bureau… Pour quoi faire ? Cela m'a paru fantomatique étant donné qu'il n'avait pas de troupes !

J'ai compris qu'il voulait monter un service de renseignements sur la France. Les Anglais le réclamaient. Winston Churchill voulait savoir ce qui se passait de l'autre côté de la Manche. Le premier bureau notait les noms des gens qui arrivaient, le deuxième bureau, c'était moi, un service de renseignements, le troisième bureau était chargé de l'opération de Dakar[1], mais je n'ai pas participé aux plans de ce débarquement avorté, un souvenir pitoyable. La France libre, si fragile, a bien failli en mourir, de cet échec de Dakar…

De Gaulle ne voulait pas se trouver dans la position des exilés de la Révolution, en terre étrangère, il lui fallait une terre française d'où il dirigerait le combat. Il a cru qu'il pourrait l'avoir avec Dakar. Cela a été un échec complet. Les Anglais ne lui ont pas facilité la tâche. Pierre Boisson, haut-commissaire pour l'ensemble de l'Afrique noire, était tout à fait déterminé à suivre Vichy. De Gaulle lui avait écrit, comme au général Noguès, à Alger, et au général Mittelhauser, en Syrie, pour les adjurer de continuer la lutte. Dans ce cas, il disait qu'il se mettrait à leurs ordres, car lui n'avait que deux étoiles à titre temporaire. Il était prêt à suivre n'importe quel général un peu plus ancien que lui. Cela ne s'est pas produit.

Vous nommer à la tête d'un service de renseignements était un pari d'un culot formidable. Ce n'était pas du tout votre métier…

De Gaulle a dû trouver que j'avais une tête qui lui convenait, la tête de l'emploi… Durant l'été 1940, il est seul, il faut s'en souvenir. Il fait alors connaissance avec les officiers de Norvège. Il organise, à l'hôtel Rembrandt où il habitait à Londres, des dîners avec eux, en tête à tête. J'ai dîné plusieurs fois avec de Gaulle, seul

1. Le 23 septembre 1940, à l'aube, la flotte franco-britannique se présente devant Dakar. Le général de Gaulle s'adresse par radio à la population en demandant le ralliement à la France libre. Le gouverneur général Pierre Boisson choisit de rester fidèle au gouvernement de Vichy. Une tentative de débarquement d'éléments français libres a lieu dans le port de Rufisque, mais les batteries côtières et des croiseurs vichystes répliquent. L'affrontement risquant de prendre les proportions d'une véritable bataille, le général de Gaulle décide de renoncer à débarquer.

à seul, en arrivant à Londres. Manifestement, il me sondait sur ma culture générale et mon intellect. Il n'a pas manifesté par la suite de regrets de m'avoir nommé chef du service de renseignements[1].

Êtes-vous impressionné par le général de Gaulle, la Jeanne d'Arc que vous avez en face de vous ?

Non, pas vraiment… Pour être franc, de Gaulle à Londres n'était pas l'icône à la Duguesclin que l'on a voulu en faire. Il était un chef militaire atypique et visionnaire, mais contesté parfois. Même au début, lorsque je suis arrivé à Londres, les officiers présents ressentaient de l'agacement à son égard, et parfois s'opposaient à lui. On l'appelait Malikoko, très méchamment. Ce surnom était tiré d'une pièce de théâtre de l'époque : *Malikoko, roi nègre*[2]. Il avait d'ailleurs un côté « monarque illuminé ».

Il considérait comme anormal qu'on ne vienne pas à lui quand on se trouvait en Angleterre. Il était très sec vis-à-vis des gens. Il était parfois invivable. Un soir, lors de l'un de nos dîners en tête à tête, je lui ai dit : « Mon général, ici, beaucoup de gens vous trouvent inhumain, très lointain. Vous devriez peut-être vous montrer un peu plus serein et aimable avec ces gens qui ont quitté tout ce qui leur était cher pour vous rejoindre. » Il m'a interrompu net et m'a dit : « Je n'ai pas de leçons à recevoir d'un gamin comme vous. »

Le lendemain matin, j'arrive à Carlton Gardens. De Gaulle descend du premier étage. Il croise dans l'escalier un jeune soldat noir qui monte jusqu'à mi-étage, se retrouve en face de lui. Le pauvre homme se met au

1. Ce deuxième bureau deviendra, en avril 1941, le Service de renseignements (le SR), en janvier 1942, le BCRAM (Bureau central de renseignements et d'action militaire), puis en octobre 1942, le BCRA. (Voir Guy Perrier, *Le Colonel Passy et les services secrets de la France libre,* Hachette Littératures, Paris, 1999.)

2. Il doit s'agir de l'ouvrage de Pierre Benard, *Malikoko : président de la République*, les Éditions de France, Paris, 1931.

garde-à-vous, pétrifié. Et, inhabituellement sociable, de Gaulle lui demande : « Comment allez-vous ? Avez-vous des nouvelles de vos parents ? » Et je vois le soldat qui reste là, pétrifié par cette soudaine sollicitude. De Gaulle a continué sa descente. Je me suis dit que ma semonce de la veille avait peut-être servi.

On n'était pas soumis. Je me suis d'ailleurs opposé à lui un certain nombre de fois. Un jour de 1942, il m'a convoqué : « Vous allez organiser une grève annoncée par la radio de Londres, les ouvriers resteront au garde-à-vous pendant dix minutes dans toutes les usines de France, à telle date et telle heure. » Je ne sais qui le lui avait conseillé mais il voulait tester sa popularité, son poids dans l'opinion, chez les ouvriers français. J'ai répondu : « Mon général, je ne le ferai pas, je refuse dans votre intérêt, vous allez vous discréditer. Vous n'imaginez pas une seconde que les ouvriers vont risquer de se faire envoyer en camp de concentration pour vous faire plaisir pendant dix minutes, cela fera un flop ridicule. » Il n'était pas content. On a transigé pour cinq secondes. Finalement rien ne s'est produit.

Tout n'était pas simple à Londres. J'ai dû donner quarante-huit fois ma démission. Le plus souvent, c'était parce que je n'arrivais pas à obtenir le personnel ou le matériel dont j'avais besoin. Le BCRA s'est développé très rapidement, alors je manquais toujours de tout.

En 1940, vous allez vous installer au 3, St. James's Square[1], dans un pavillon isolé, alors que le QG de la France libre s'installe à Carlton Gardens. Pourquoi ?

Pour être à l'écart de la pétaudière. Je ne pouvais pas monter des opérations secrètes, où la vie des gens est

1. Un an plus tard, en mars 1942, quand le service a pris de l'extension, le BCRAM déménage au 10, Duke Street.

en jeu, dans un bâtiment qui est ouvert à tous les vents, à tous les courtisans, où on fait n'importe quoi, et où entre n'importe qui.

Le Londres du général de Gaulle, ce n'était donc pas une armée héroïque et disciplinée. C'était vraiment une pétaudière ?...

Dès que vous confrontez les Français à l'intérieur d'un organisme quelconque, ils ont un génie particulier pour organiser la pétaudière. De Gaulle était dans son bureau au premier étage ; les autres étages, c'étaient des complots, des manœuvres, des batailles... Sans parler du Londres antigaulliste. Il y avait des socialistes réfugiés là, avec Pierre Comert[1]. Ils avaient fondé un journal, le quotidien français de Londres, *France*. Son équipe et lui étaient manifestement antigaullistes. Pour eux, de Gaulle c'était le général Boulanger. De Gaulle était un militaire, il ne devait donc pas prendre de position politique.

Conscient de ce handicap, il était pourtant impensable pour de Gaulle de ne pas le faire. Seul, il a procédé à un coup de bluff : la France, c'est moi, puisque l'autre France est discréditée. De Gaulle est cohérent ; puisque le régime du maréchal Pétain est inacceptable, il faut absolument prétendre que nous sommes la France. C'est un bluff, mais un bluff indispensable.

Comment expliquez-vous que ce bluff ait réussi ?

Il a eu de la chance : Winston Churchill a cru en lui. Le Premier ministre britannique avait été très impressionné par l'attitude de ce général français inconnu lorsqu'il avait assisté en juin, en France, à l'agonie du gouvernement. Il y a eu ce plan d'un gouvernement

1. Voir l'entretien avec Stéphane Hessel.

franco-britannique soumis à Paul Reynaud[1]. Il a aidé de Gaulle à se rendre à Londres, le 17 juin. Et il a accepté tout de suite de le laisser devenir le chef des Français qui se rallient à lui. Cela ne voulait rien dire d'ailleurs. Pas plus que cela n'impliquait une totale et franche collaboration entre les deux partenaires anglais et français. Mais Churchill a plutôt joué de Gaulle. Au contraire de Roosevelt…

Une des premières recommandations de De Gaulle, lorsque j'ai pris mes fonctions de responsable du renseignement, a été : « Méfiez-vous des Anglais. » Il ne voulait pas se laisser pirater. Il savait que les services anglais barbotaient la moitié des Français qui avaient traversé la Manche. Tous ceux qui arrivaient atterrissaient à Patriotic School, étaient vus par les Britanniques qui signalaient immédiatement à leurs services secrets les Français intéressants à utiliser. Les Anglais ont ainsi réussi à nous prendre un certain nombre d'agents potentiels. Ils avaient une méthode très simple, quand les volontaires demandaient à rejoindre de Gaulle, ils disaient : « Oui, de Gaulle a monté un service secret, mais ces gens-là ne connaissent pas le métier, ce sont des jeunes, tandis que nous, l'Intelligence Service, nous avons une réputation mondiale. Vous avez intérêt à venir chez nous. » Cela marchait souvent.

Entre les Français qui travaillaient pour les Anglais et ceux de la France libre, y avait-il de la méfiance ?

1. Le 16 juin 1940, à 16 heures, le général de Gaulle, de Londres, rappelle Paul Reynaud au téléphone. Il lui annonce que le cabinet britannique vient d'adopter un projet d'union franco-britannique, préparé par Jean Monnet, président du Comité d'achat français à Londres qui en a eu l'idée, et les conseillers de Churchill. Il lui dicte le texte. La France et l'Angleterre ne formeront qu'une seule nation, un acte constitutionnel définira l'union, la double nationalité est prévue, et un cabinet de guerre commun dirigera les forces des deux pays. Une majorité de ministres se prononce contre ce projet. Paul Reynaud démissionne le soir même.

Nous ne les connaissions pas. En général, ils travaillaient pour le SOE (Special Operations Executive) qui dépendait du Ministry of Economic Warfare, le ministère de la Guerre économique, où il y avait un réseau par pays. Pour la France, c'était le colonel Buckmaster qui le dirigeait. Ses membres se présentaient souvent en disant qu'ils étaient des gaullistes. J'ai failli en faire descendre quelques-uns sans le vouloir, car des hommes qui prétendaient être envoyés par les services gaullistes et qui ne l'étaient pas se découvraient très vite et devenaient des suspects à nos yeux. Je ne pouvais pas savoir qu'ils étaient des agents britanniques… Donc, je suis convenu avec Buckmaster, pour éviter de faire fusiller ses gars sur place, que, dans ce cas, je lui demanderais avant s'ils étaient à lui.

Il y avait une rivalité entre nous. En réalité, les Anglais trichaient. Ils utilisaient leur potentiel d'armements, supérieur au mien ; ils multipliaient les parachutages et ainsi constituaient leurs réseaux en France ; ils étaient plus généreux sur les distributions d'armes que nous. Moi, je ne pouvais distribuer plus qu'ils ne me donnaient, une portion congrue. Pour les missions aériennes, atterrissages et parachutages, nous passions en second par rapport à eux. Je râlais bien sûr tout le temps. J'avais des opérations très importantes et je trouvais qu'on manquait de moyens.

La Résistance française a instrumentalisé cette compétition. Elle a joué un peu sur les deux tableaux. Dans certains cas, les résistants de l'intérieur travaillaient avec les Anglais ; dans d'autres, avec nous. Ce double jeu a cessé quand, entre 1942 et 1943, la logique politique s'est imposée. Ils nous ont alors rejoints, clairement, sans pour autant tous devenir gaullistes.

Avez-vous craint que le BCRA, dans l'état de dépendance où il était par rapport aux Anglais, ne soit qu'une filiale de l'Intelligence Service…

Le danger existait, bien sûr. Mais deux séances de briefing, au moment de la mise en place du BCRA, avec de Gaulle me convainquent qu'il faut jouer cette carte. À partir du moment où je crée des services secrets, où j'envoie des agents en France, il veut que j'aie une mainmise totale sur eux. Et il a raison...

Vous savez, ce n'était pas facile tous les jours entre les Anglais et de Gaulle. Par exemple, régulièrement, il était furieux que je sois obligé d'accepter de passer par la radio britannique pour diffuser mes messages. Il ne cessait de répéter : « Nous sommes les représentants de la France. Les seuls, les vrais. À Vichy, ce sont des traîtres. » C'est une position constante, universellement acceptée par les Français libres.

Londres semble bien compliqué, bien dangereux. Pourtant, on vous dit l'homme le plus puissant de la France libre.

Ce n'est pas si simple... On est puissant et on est fragile. Rien n'est vraiment assuré et, dans une position comme la mienne, on est toujours menacé, on sait trop de choses. On est au centre du jeu... Il fallait être constamment sur ses gardes. Par exemple, j'ai été très menacé par les services secrets du général Giraud. Au début de l'année 1943, juste après le débarquement des Américains en Algérie, les services secrets de Vichy sont passés avec armes et bagages en Afrique du Nord où ils se sont placés sous les ordres du général Giraud. Ils ont commencé à travailler, soi-disant, à faire du renseignement. Leurs dirigeants ont voulu me rencontrer — il y avait là, entre autres, le commandant Paul Paillole [1], le chef du contre-espionnage de Giraud —, et ils m'ont tenu à peu près ce langage : « Nous sommes

1. Le chef du contre-espionnage de l'armée d'armistice était, selon lui, favorable à la cause alliée depuis l'armistice ; il favorisait l'envoi de renseignements à Londres. Dès le lendemain de l'invasion de la zone libre par les Allemands, le 12 novembre 1942, son service passe dans la clandestinité. Il monte des filières d'évasion vers l'Afrique du Nord, se rend à Alger et coopère avec les services secrets américains.

des spécialistes. Vous, vous êtes un fantaisiste, vous n'y connaissez rien. Vous devez vous retirer, vous installer dans l'armée à votre poste, et nous prendrons votre place. » J'ai répondu : « Cela fait trois ans que j'envoie des gens en France, vous les attrapez, les mettez en taule et, lorsque vous êtes partis en Afrique du Nord, vous les avez laissés à la merci de la Gestapo, avec des fiches qui préparent leur ordre de déportation. Vous n'avez pas ouvert la porte des prisons. Je n'ai donc rien à faire avec vous. Je vous considère comme des salauds. Les Britanniques apprécient notre travail. Je vais continuer à faire mon métier. »

Il s'en est suivi une guerre au couteau entre les services du BCRA et ceux de Giraud. On risquait de se flinguer tous les uns les autres. J'ai prévenu de Gaulle qu'on ne pouvait pas continuer ainsi, cela allait se terminer en drame. « Il faudrait que vous nommiez un arbitre », lui ai-je dit. J'ai pensé à Jacques Soustelle. Il était à ce moment-là très proche du Général. Il pouvait traduire en notre faveur la fusion des services secrets. Il a accepté. Le 27 novembre 1943, il a été nommé à la tête de la Direction générale des services spéciaux, la DGSS, chargée de réaliser la fusion entre le BCRA et les services spéciaux dépendant du général Giraud. Il ne connaissait rien au renseignement, mais cela n'avait pas d'importance : à partir d'Alger, il ne pouvait pas faire grand-chose.

Comment avez-vous recruté vos premiers agents ?

Quand j'ai dit à de Gaulle que j'avais besoin d'argent, d'hommes et de moyens de transmission, il m'a répondu : « De l'argent, je n'en ai pas, des moyens de transmission, je n'en ai pas, mais des hommes, vous en trouverez tant que vous voudrez à l'Olympia City Hall, vous choisirez. » C'était l'endroit où les premiers Français arrivés à Londres étaient regroupés. Là, j'ai pris les hommes présents : des officiers que j'avais connus en Norvège, dont Maurice Duclos. Il fut le seul cagoulard du BCRA. Je ne savais même pas qu'il avait appartenu à la Cagoule. C'est lui qui m'a dit que ses membres s'attribuaient des noms de stations de métro comme pseudonymes. J'ai fait la même chose. Duclos est devenu Saint-Jacques, moi Passy et Pierre Fourcaud Barbès. Ce choix fortifia l'idée qu'au BCRA il y avait des cagoulards.

Cette accusation d'être un repaire de cagoulards, d'où vient-elle ?

Le BCRA a de tout temps été très attaqué parce qu'il était un outil majeur du Général. Les Français réfugiés aux États-Unis, le journaliste et député Henri de Kérilis, le diplomate et poète Saint-John Perse, étaient farouchement antigaullistes. Ils répandaient le bruit que nous étions un repaire de cagoulards. Et les Américains n'étaient pas en reste. Cela a duré tout le long de la guerre, cette campagne. Et jusqu'à aujourd'hui puisque vous en parlez. Un exemple d'attaque, ce mémorandum adressé par le procureur général des États-Unis au président Roosevelt, le 15 décembre 1944, une magnifique intoxication : « ... *Colonel Dewavrin* [...] *was formerly closely associated with the Cagoule, one of the most ruthless fascist organizations in France. He is supposed to have been mixed up with several acts of violence including murder, and is thought to be a dangerous and unscrupulous man*[1]... » Et pendant qu'ils montaient ces cabales contre moi, et donc contre de Gaulle, les Américains me faisaient visiter leur pays en avion. Cela a duré deux mois. À la Libération, les communistes ont repris cette accusation.

Or, quand on prend la liste des membres du BCRA,

1. « ... Le colonel Dewavrin [...] était auparavant très lié à la Cagoule, l'une des organisations fascistes françaises les plus cruelles. Il est censé avoir été impliqué dans plusieurs actions violentes, y compris le meurtre, et passe pour un homme dangereux et sans scrupules... »

on s'aperçoit que les neuf dixièmes de ses officiers étaient de gauche. Il y avait Stéphane Hessel, Jean-Pierre Bloch, Pierre Brossolette... Il se trouve qu'il n'y avait qu'un cagoulard parmi nous, Maurice Duclos, dit Saint-Jacques. Il a fait l'objet de poursuites quand il est rentré en France, bien que Compagnon de la Libération. Il s'est sauvé et s'est exilé en Amérique du Sud où il est mort. À l'époque, je ne connaissais même pas les partis, j'étais d'une nullité crasse en ce qui concerne la politique. Les polytechniciens ne s'intéressaient pas beaucoup à la politique. Je ne lisais pas les journaux. Je n'étais donc pas d'extrême droite, pas de gauche. Si je voulais essayer d'analyser ce que j'aurais pu être, cela aurait été social-démocrate, mais cela n'existait pas.

J'ai demandé un jour au journaliste André Labarthe [1] pourquoi diable il avait raconté partout que j'étais cagoulard. « Je n'ai pas dit cela, m'a-t-il répondu, j'ai dit que vous étiez l'élément 93. » Dans la classification de Mendeleïev des corps chimiques, il y avait le numéro 93 qu'on ne connaissait pas, cela voulait dire : Passy, c'est l'inconnu. Les gens ont peut-être assimilé ce chiffre à un numéro de la fameuse liste de la Cagoule, je ne sais pas...

De Londres, quelle vision avez-vous de la Résistance intérieure ?

Nous connaissons le réseau du Musée de l'Homme parce que son démantèlement, en février 1941, a fait du bruit. Les Allemands ont suffisamment fait savoir qu'ils avaient arrêté et fusillé ces premiers résistants. Nous entendons parler ici ou là d'actions individuelles, comme la manifestation des étudiants le 11 novembre 1940, mais ce n'est qu'à la fin de 1941 qu'on a entendu

1. André Labarthe rejoignit Londres parmi les premiers, où il fut vite considéré comme un intrigant et un mythomane. Il collabora au service des armements de la France libre avant de conspirer contre le général de Gaulle.

parler des mouvements d'Emmanuel d'Astier, d'Henri Frenay et de Jean-Pierre Lévy. Je ne comprends d'ailleurs pas très bien pourquoi ils n'ont pas essayé de nous contacter tout de suite. C'était plus facile pour eux que pour nous. On ne les connaissait pas et, sur place, ils n'avaient pas un renom tel qu'il fût facile de les trouver. On les a connus par l'intermédiaire d'agents envoyés pour des missions d'action. La plupart sont revenus en nous signalant l'existence de journaux clandestins comme *Combat, Libération nationale* ou *Franc-Tireur* ou de certaines figures notables comme François de Menthon ou Georges Bidault... On a pu prendre contact avec eux, les connaître petit à petit. Et puis Jean Moulin a eu l'opportunité de venir à Londres.

Pourquoi Jean Moulin n'arrive-t-il qu'en octobre 1941 ?

Ce n'était pas aussi facile qu'on l'imagine aujourd'hui d'atteindre Londres ! Après son histoire de Chartres [1], et sa tentative de se trancher la gorge, il s'est rafistolé, puis il a été mis à la porte par Vichy. Il a pris contact avec la Résistance. Étant préfet, il connaissait du monde dans les milieux politiques, il est tombé sur François de Menthon et sur quelques intellectuels qui traînaient en zone Sud. Là, il a réussi à entrer en contact avec les chefs des principaux mouvements, Emmanuel d'Astier de La Vigerie, Henri Frenay, Jean-Pierre Lévy. Il s'est renseigné sur leurs effectifs, des chiffres faramineux lui ont été donnés. Puis Jean Moulin a conçu son idée : rejoindre de Gaulle et lui offrir ses services pour coordonner cette résistance qu'il estimait brouillonne et désordonnée. Il avait aussi remarqué que

1. Préfet d'Eure-et-Loir en juin 1940, Jean Moulin refuse la demande des Allemands de signer un papier attestant que des tirailleurs noirs ont commis des exactions ; il finit par se trancher la gorge de peur de céder sous la torture.

la plus grande amitié ne régnait pas forcément entre ces différents mouvements…

De Gaulle, l'ayant vu dès son arrivée à Londres, le 25 octobre 1941, l'a sûrement trouvé intelligent ; il ne l'aurait pas nommé s'il ne l'avait pas jugé apte. Il correspondait tout à fait au genre de personnage apprécié par le Général : un fonctionnaire d'autorité ayant suivi la carrière et un républicain. Il en avait besoin… Probablement convaincu par sa personnalité et son analyse sur la Résistance intérieure, il l'a chargé très vite d'être son représentant en zone libre.

Le plan d'unification de la Résistance était-il une idée du Général ou de Jean Moulin ?

Ce plan était probablement déjà dans la tête de De Gaulle. Jean Moulin le lui a proposé. Il fallait unifier les mouvements de résistance. Jean Moulin a décrit une pétaudière : « Ils se battent comme des chiffonniers, ils ne sont d'accord sur rien. La seule chose à faire est de se mettre à vos ordres. » Cela a dû plaire à de Gaulle.

À l'époque, fin 1941-début 1942, vous n'aviez pas de prise sur la Résistance intérieure…

Aucune prise. Ce n'est qu'en octobre 1942, quand les chefs des mouvements, d'Astier et Frenay, sont venus à Londres, que nous avons pu faire connaissance.

Quelle image conservez-vous des trois principaux chefs des mouvements de résistance en zone Sud : Emmanuel d'Astier, Henri Frenay, Jean-Pierre Lévy ?

Jean-Pierre Lévy était un type de grande qualité, loyal et droit, de très bonne composition quand on travaillait avec lui. Henri Frenay était un soldat de métier, raide comme beaucoup de soldats, et surtout, même s'il fut l'un des premiers résistants, très marqué par son vichysme initial. En très bons termes avec le deuxième bureau de Vichy, il a vu l'opportunité d'agir avec les militaires restés fidèles à Pétain. Avec eux deux, je n'ai pas eu de gros problèmes. En revanche, je ne me suis pas bien entendu avec d'Astier de La Vigerie. Il était très Grand Siècle, on aurait pu l'imaginer en habit Louis XIV avec de longues manchettes. Le premier contact entre nous n'a pas été bon. Et c'était réciproque. Il ne supportait pas en moi le bourgeois, pas assez maniéré pour lui, l'aristocrate.

En février 1944, les Anglais, qui ne voulaient pas que l'on transporte de courrier en France, ont intercepté et m'ont apporté une lettre de d'Astier de La Vigerie, alors ministre de l'Intérieur [1], à Pascal Copeau en France. Cette missive a joué un grand rôle dans ma carrière personnelle. D'Astier, à l'encontre des directives gouvernementales, réclamait la création de comités de libération, non pas à l'échelon du département comme il avait été convenu au départ, mais au niveau du plus petit village. Fonder un comité de libération dans chaque bourgade de France aurait abouti à organiser un massacre affreux. Cette lettre était plus proche des thèses communistes que de celles du gouvernement. Je suis parti avec pour Alger. J'ai été reçu par de Gaulle, à la villa des Glycines. Je la lui ai fait lire en m'étonnant que le ministre de l'Intérieur donne des ordres opposés à ceux du gouvernement. Le lendemain, j'étais vidé. De Gaulle m'a dit : « Vous quittez le BCRA et vous devenez chef d'état-major du général Kœnig. » C'était un coup très dur pour moi qui avait créé le BCRA. Je m'étais opposé à un ministre, donc à de Gaulle.

Pourtant, un an auparavant, en février 1943, le général de Gaulle vous avait confié une sérieuse mission en France, avec Pierre Brossolette : préparer la fondation du Conseil national de la Résistance en zone Nord, tan-

1. Emmanuel d'Astier a succédé à André Philipau, au commissariat à l'Intérieur, le 9 novembre 1943.

dis que Jean Moulin est envoyé quelques jours plus tard en zone Sud.

Au cours de cette mission, appelée « Arquebuse-Brumaire », Pierre Brossolette (Brumaire) et moi (Arquebuse) avons largement ébauché le travail qui aurait dû être celui de Jean Moulin, la création du CNR. Comme Jean Moulin était encore à Londres, nous avons commencé sans lui. Et ce n'était pas une ébauche, en vérité, le travail a été largement mâché. Brossolette seul a procédé au choix des mouvements, et moi à la désignation de l'état-major militaire.

Moulin et de Gaulle n'ont pas tout repris de notre travail. L'ambition de Brossolette allait bien au-delà d'un CNR politicien… En fait, entre Moulin et Brossolette, cela ne collait pas. Jean Moulin était l'inverse de Pierre Brossolette. Ils ne s'entendaient pas bien. Moulin était un haut fonctionnaire normal, un type intelligent, mais pas un crack, alors que Brossolette était un personnage fulgurant, un esprit comme on en rencontre rarement dans sa vie. Il y avait un monde entre les deux. Brossolette, c'était l'intelligence et l'opposition systématique faites homme. Moulin, c'était l'administrateur. Inutile de vous dire que Brossolette n'était pas le genre de personnage apprécié par de Gaulle, il préférait les gens plus souples.

Brossolette m'a intellectuellement séduit. Pourtant, nous étions aux antipodes l'un de l'autre. Quand il est arrivé à Londres, en avril 1942, je ne savais pas grand-chose de lui. Sa personnalité m'a attiré tout de suite. Il est devenu mon meilleur ami. Issu d'une famille modeste, sa vie était celle d'un lutteur. C'était un homme petit et mince, aux yeux bruns, pétillants de malice et d'esprit. Normalien et agrégé d'histoire, il avait été, en 1938, violemment antimunichois. Au moment de la défaite, refusant de continuer son métier de journaliste dans la presse vichyste, il avait acheté une petite librairie-papeterie rue de la Pompe à Paris et, tout en donnant des cours d'histoire dans un pensionnat de jeunes filles, il gagnait sa vie en vendant des gommes et des crayons. Il possédait une mémoire vivante, une connaissance profonde de la vie politique, un don de déduction formidable qui lui permettait de tirer les leçons des événements qui se déroulaient autour de lui comme je ne l'ai vu faire que par de Gaulle lui-même. Brossolette était de ce calibre, plus brillant même que de Gaulle, plus cultivé par certains aspects. Mais il avait un caractère impossible. Comme beaucoup de ces gens trop intelligents, il était très sarcastique. Il cachait sa profonde sensibilité.

Grâce à votre mission Arquebuse-Brumaire, vous découvrez la Résistance intérieure. Vous en parlez au général de Gaulle à votre retour. Comment le général de Gaulle voyait-il la Résistance intérieure ?

Il n'aimait pas tellement les résistants de l'intérieur, trop rétifs, trop divisés ; il ne les comprenait pas, ils l'inquiétaient, mais il s'en est servi pour créer le Conseil national de la Résistance. Il faut dire qu'ils se battaient comme des chiffonniers. Les querelles entre d'Astier et Frenay ne faisaient pas bonne impression. Ils arrivaient à Londres. Ils voulaient voir de Gaulle, mais on sentait qu'ils n'étaient pas gaullistes. Ils pensaient que de Gaulle était un usurpateur qui s'attribuait les mérites de leurs exploits.

De Gaulle n'a rien compris à la Résistance intérieure. Ainsi, lorsqu'il a essayé de mettre d'accord les divers mouvements de zone Sud, il a créé une armée secrète, le 11 novembre 1942. Il a nommé pour cela le général Delestraint, qui était fait pour faire de la résistance comme moi pour être archevêque de Canterbury. Et puis cela n'avait aucun sens, diriger une armée secrète en France alors que les communications intérieures étaient impossibles ou très difficiles… J'étais personnellement contre, mais de Gaulle l'a décidé. Et la Résistance s'est accrochée à l'idée que le général Delestraint pouvait servir de tampon.

Cette sourde rivalité entre de Gaulle et la Résistance intérieure explique-t-elle ses rapports tendus avec le successeur de Jean Moulin à la tête du CNR, Georges Bidault ?

Le général de Gaulle disait de ce professeur agrégé d'histoire : « Je ne dis pas qu'il ne sache pas l'Histoire, je dis qu'il n'y comprend rien. »

Vous avez occupé un poste très important auprès du général de Gaulle, on sent des réticences de votre part à son égard...

Cette réserve est venue après. Vers 1943. Je considère que de Gaulle, assisté par André Philip qui était son ministre de l'Intérieur de juillet 42 à novembre 43, n'a absolument rien fait pour trouver un remplaçant à Jean Moulin, après l'arrestation de Caluire. Il a laissé en déshérence un terrain sur lequel on s'était battu pour mettre en place le CNR. Il a hésité, il ne s'est pas emparé de la question. C'est curieux. Il écrit dans ses souvenirs ne pas en avoir eu le temps. Il ne m'en a pas dit plus.

Y avait-il un débat possible autour de De Gaulle à Londres ?

Il faut lire, dans le très bon livre de Guy Perrier sur Brossolette [1], le courrier adressé par Pierre Brossolette, justement, à de Gaulle en novembre 42 à Londres. Dans une lettre très correcte dans la forme mais très brutale, il lui reproche : « Vous êtes inhumain. Si vous continuez comme ça, au bout de trois mois après votre retour en France, les Français vous foutront dehors. » Il n'a pas fallu six mois en 1946 pour cela. Son échec à la Libération était inscrit dans la mesure où il a fait entrer les

1. *Pierre Brossolette : le visionnaire de la Résistance*, Hachette, Paris, 1997.

anciens partis politiques dans le jeu. Les forces politiques traditionnelles, incluses au sein du CNR, l'ont foutu dehors.

Mais y avait-il une alternative au CNR tel qu'il était constitué ?

Peut-être pas… (Silence.) En vérité, le CNR a été voulu par Daniel Mayer et les socialistes. Persuadés qu'ils risquaient d'être les grands perdants de la Résistance en ayant mis leurs troupes à la disposition de Libération zone Sud, ils ont lancé l'idée d'un CNR dans lequel les divers partis politiques et mouvements seraient représentés. De Gaulle aussi y avait intérêt, il avait besoin d'une certaine représentativité vis-à-vis des Anglais et des Américains. À court terme, c'était inévitable. Mais pour le long terme, l'après-guerre, ce fut une erreur.

François Mitterrand, à la fin de sa vie, s'est revendiqué de votre soutien lorsqu'il est venu à Londres en novembre 1943, en transit pour Alger, où il a voulu rencontrer le général de Gaulle. Qu'en est-il vraiment ?

François Mitterrand voulait demander à de Gaulle de désavouer son neveu, Michel Cailliau, qui dirigeait une organisation de prisonniers de guerre concurrente de la sienne. Je l'ai envoyé à Jacques Soustelle, à Alger, pour organiser le rendez-vous avec de Gaulle. Je l'ai un peu aidé en lui donnant un faux ordre de mission au nom de Morland.

Qu'est-ce que vos agents savaient sur Morland ?

On disait que son réseau était une officine vichyste. Comme le neveu de De Gaulle était en concurrence directe avec François Mitterrand, on en disait pis que pendre.

J'ai fait corriger ce qu'a écrit Alain Peyrefitte[1] sur la visite de Mitterrand à de Gaulle à Alger. Selon lui, j'avais envoyé François Mitterrand vers de Gaulle tout en faisant passer une note le présentant comme un personnage « douteux ». C'est faux. Si quelqu'un l'a fait, c'est Jacques Soustelle[2]. Moi, je n'ai jamais fait ce genre de commentaires sur Mitterrand. Quand il est venu me voir à Londres, je ne lui ai pas parlé de sa francisque. Je savais qu'il l'avait eue, je savais ce qu'il faisait à Vichy et cela m'était égal. Ils étaient quelques-uns dans son cas, il valait mieux qu'il rejoigne la Résistance, même un peu tard. Cela ne m'a pas choqué, sa francisque ! S'il l'avait refusée, il aurait été mis en taule. Il pouvait parfaitement, avec une hypocrisie jésuitique, mettre sa main dans le dos en croisant les doigts pour dénier le serment. Évidemment, il aurait pu partir plus tôt peut-être. Il a été un peu maréchaliste,

1. A. Peyrefitte, *C'était de Gaulle,* Fayard/de Fallois, Paris, 1997.

2. Né à Montpellier en 1912, reçu premier à l'École normale supérieure, professeur agrégé de philosophie à vingt ans, docteur ès lettres, il se consacre à l'étude des anciennes civilisations mexicaines. Dès 1935, il appartient à l'équipe dirigeante du Comité des intellectuels antifascistes, il s'indigne des accords de Munich. Il apprend l'effondrement de la France à Mexico où il dirige une mission scientifique. Informé de la présence à Londres d'un général qui appelle au combat, il le rejoint à Londres. Après l'avoir chargé de différentes missions en Amérique du Sud afin de préparer la voie à la reconnaissance de la France libre, le général de Gaulle lui confie, en 1942, le commissariat national à l'Information dans le CFLN. Puis, à Alger, en novembre 1943, il le nomme à la tête de la Direction générale des services spéciaux, qui regroupe tous les services de renseignements, de contre-espionnage et d'action, de la France libre et giraudistes. En 1944, il est commissaire de la République à Bordeaux. En 1945, il est ministre de l'Information, puis des Colonies. Il suit de Gaulle au RPF, entame une carrière de député. En 1955, il est nommé gouverneur général de l'Algérie par Pierre Mendès France. Défenseur de l'Algérie française, membre de l'OAS, il rompt avec le général de Gaulle à cause de sa politique algérienne. Exilé en 1962, il revient en France en 1968.

probablement… Je n'en sais rien. Je n'ai jamais parlé avec lui de cela. Cela me déplaisait.

Bien sûr, en décembre 1943, quand Mitterrand a été reçu à Alger, de Gaulle a refusé de sacrifier son neveu à son ambition d'être seul représentant des prisonniers de guerre. Les deux hommes se sont très mal entendus. Je ne sais pas si la fiche passée par Soustelle en est responsable… je dis Soustelle parce que je ne vois que lui qui ait pu transmettre une fiche de ce genre, il ne brillait pas par son sens politique. Et de Gaulle, avec sa mémoire de cheval, s'en est souvenu.

Après votre renvoi du BCRA en février 1944, vous êtes nommé chef d'état-major du général Kœnig. Vous ne restez pas longtemps à l'état-major…

J'ai été écœuré par la pagaille qui régnait à l'état-major et indigné parce que Kœnig avait donné les archives du BCRA aux Américains. J'ai souhaité rejoindre une unité combattante. Dans la nuit du 4 au 5 août 1944, comme chef d'état-major du colonel Éon, j'ai participé à un parachutage au sud de Guingamp. C'était ma deuxième mission en France, après Arquebuse-Brumaire. Sous la direction du colonel Éon, nous devions récolter tous les volontaires pour se battre et essayer de repousser les Allemands le plus possible vers l'ouest, vers Brest.

Je me souviens à propos de cette mission d'une anecdote cocasse. Juste avant de partir, Maurice Schumann, le speaker vedette de la France libre, était venu me trouver : « Écoutez, Passy, je veux faire de la politique après la guerre, j'ai besoin d'avoir dans mon CV plus que le fait d'avoir posé mon derrière sur le siège de la BBC pendant quatre ans. J'ai appris que vous alliez être parachuté en France, prenez-moi avec vous. » J'avais dit non. En sautant à quatre-vingts mètres — cela signifie être au sol en sept ou huit secondes —, il avait toutes les chances de se tuer, n'ayant jamais fait de parachute. Il a intrigué et obtenu tout de même l'autorisation de De Gaulle, et j'ai eu la faiblesse de le prendre avec moi. Il était dans le dernier des huit avions, j'étais dans le premier, j'ai sauté, les autres aussi. Et puis les avions ont tourné, tourné dans un vacarme effrayant. J'étais au sol, j'attendais, je le guettais. Finalement, Schumann n'a pas sauté. Il a expliqué qu'il avait mal au ventre. Dans ma fureur au moment de l'affaire Passy, en 1946, quand *L'Aube*, le journal démocrate-chrétien, lâchait des horreurs sur mon compte, j'ai piqué une rogne et j'ai raconté cette histoire. Après, chaque fois qu'il apparaissait à la Chambre, les députés criaient : « Sautera, sautera pas ! »

En 1946 éclate ce qu'on appellera l'« affaire Passy ». Vous devenez un maudit. Pourriez-vous nous expliquer ce qu'elle fut pour vous ?

Au moment du départ du général de Gaulle du gouvernement, en janvier 1946, j'étais le directeur du SDECE, le Service de documentation extérieure et du contre-espionnage. J'étais allé me reposer avec celle qui allait devenir ma femme et Daniel Cordier, mon directeur de cabinet. Nous étions partis faire du ski à Saint-Moritz, en Suisse. Je m'étais cassé une jambe. Félix Gouin, le nouveau chef du gouvernement, s'installait. Il m'envoya un officier pour me demander de revenir d'urgence. Le chef des services secrets devait être là pour l'accueillir. Avec ma jambe, ce n'était pas commode, mais je suis rentré quand même et j'ai été me présenter à M. Gouin, qui m'a dit : « Je serais content d'avoir votre démission. »

Je lui ai répondu que j'étais très content de ma position, mais que je ne tenais pas, à tout prix, à rester à la tête des services secrets. Je lui ai dit, en substance : « J'ai servi sous les ordres d'un grand monsieur, le général de Gaulle, je ne suis pas un spécialiste, je ne désire pas continuer. » J'ai inventé pendant la guerre une méthode qui a donné des résultats en ce qui concerne le renseignement, une histoire soit dit en passant qui a d'ailleurs été bien racontée par Jean-Louis

Crémieux-Brilhac[1]. Il a même été prouvé que le travail du BCRA a aidé l'avancée des forces alliées en France.

Lorsque j'ai transmis le pouvoir à Henri Ribière, le nouveau patron du SDECE, le 20 février 1946, la première chose qu'il m'a demandée : « Est-ce qu'il y a de l'argent caché quelque part ? » Il allait en avoir besoin pour les élections. Je lui ai répondu : « Les fonds secrets ne sont pas destinés à payer des élections, vous ferez ce que vous voudrez, mais il n'y en a pas. »

Il y avait la trésorerie habituelle, et puis des fonds secrets, lequel argent avait disparu. Je savais comment il avait été dépensé. Il avait été consacré à des missions confiées par de Gaulle à Jacques Soustelle, mon prédécesseur à la tête de la DGSS. Les fonds secrets de Soustelle représentaient une dizaine de millions de francs de l'époque. Il en disposait, comme tous les chefs des services secrets, pour les opérations qui ne devaient pas être comptabilisées normalement, notamment lorsque cela pouvait avoir des incidences sur les personnes en cause. Il disposait aussi de l'argent du BCRA de Londres, une dizaine de millions, donc au total entre quinze et vingt millions de francs de l'époque, pas une somme énorme. Lorsqu'il est rentré à Paris, à l'automne 1944, il a ramené son coffre et son argent avec lui.

Lorsque Soustelle a été nommé commissaire de la République à Bordeaux, j'ai été nommé à sa place, le 19 avril 1945. Il m'a passé son coffre et m'a dit avoir reçu une mission particulière et secrète à remplir : « Le Général m'a autorisé à vous en faire part, car il désire que vous l'accomplissiez. » Soustelle avait nommé quelqu'un pour s'en occuper, le commandant Armand Sémidéi, dit « Servais », qui a mené à bien l'opération. De Gaulle m'a confirmé les instructions : « Il faut le faire, j'y tiens beaucoup. » Il s'agissait de récupérer un objectif géographique[2]. L'argent a servi à préparer cette

1. *La France libre*, Gallimard, Paris, 1996.
2. Cette opération serait le rattachement de Tende et de Brigue à la France. (Voir Guy Perrier, *op. cit.*, p. 271.)

opération de ralliement qui paraissait importante à de Gaulle. Je n'ai jamais voulu la révéler. Je considère que de Gaulle, chef d'État, n'avait pas à dévoiler ses desseins. De plus, cette affaire montre les appétits territoriaux de De Gaulle sous un jour un peu ridicule.

La seconde opération financée par cet argent était un travail de coopération avec les Anglais pour récupérer les archives finlandaises. Les Finlandais avaient capté les télégrammes russes pendant toute la guerre, et ils avaient le code soviétique. Or, ces Finlandais étaient des criminels de guerre recherchés, donc de Gaulle m'a dit qu'il ne couvrirait pas l'opération : « Prenez vos responsabilités. Si cela tourne mal, c'est pour vous. » On a donc récupéré les archives finlandaises. Une partie des fonds secrets a été utilisée à monter cette opération en Finlande, à loger et à nourrir ces officiers finlandais.

Lors de la passation de pouvoir, en février 1946, je n'ai bien sûr pas raconté à mon successeur Ribière la destination des fonds secrets, qui avaient d'ailleurs bien fondu. À force d'alimenter les Finlandais, plus l'autre mission, il ne restait plus grand-chose.

Quelques mois plus tard, le 5 mai 1946, eut lieu un référendum qui devait donner à la France une nouvelle Constitution. Elle avait été préparée par les communistes et les socialistes. De Gaulle, le MRP et la droite dans son ensemble étaient contre. Au même moment, je reçois du gouvernement, présidé par Félix Gouin, un papier me rappelant à l'activité — j'étais redevenu colonel d'active — et me communiquant, parallèlement, une sanction de soixante jours d'arrêts de forteresse, pour négligence dans la comptabilité. Je suis resté éberlué [1].

1. Un rapport d'Henri Ribière, son successeur à la tête du SDECE, lui reprochait la constitution de dépôts d'argent en Angleterre et à Paris, l'utilisation de quinze millions de francs provenant des services spéciaux anglais, d'avoir laissé périmer les billets du BCRA, d'avoir consenti un prêt de dix millions au quotidien *France-Soir*, d'avoir disposé de quatre millions et demi hors comptabilité. (Voir Roger Faligot, Rémi Kauffer, *Les Résistants*, Fayard, Paris, 1989, pp. 155-158.)

Dans la nuit des élections, vers 11 heures du soir, les premiers résultats du référendum semblaient favorables au gouvernement de Félix Gouin. À l'époque, ils tombaient plus lentement que de nos jours. Félix Gouin a alors eu l'idée machiavélique de faire passer un télex à l'AFP disant (c'est Soustelle qui me l'a raconté) : « Le colonel Passy et cinquante officiers gaullistes sont arrêtés. » Cela faisait coup d'État. Le lendemain matin, l'information est démentie. Elle se réduisait à l'arrestation du colonel Passy. Entre-temps, le projet constitutionnel avait été refusé.

J'ai été incarcéré à la forteresse de Metz. Un officier du service du BCRA, un de mes agents pendant la guerre, m'a accompagné, par solidarité, à Metz avec ma femme et la sienne. Au bout de trois jours de forteresse, j'ai été transféré à la gendarmerie de Thionville, dans un local plus confortable, sans barreaux, avec la porte ouverte, où je faisais ce que je voulais. L'officier qui faisait la liaison entre le commandant de la place et la gendarmerie est venu me signaler la présence, à cinquante mètres, de la frontière avec le Luxembourg. Je pouvais donc fuir. « Vous me prenez pour un crétin ou quoi ? ! » lui ai-je répondu. Si je m'étais carapaté, j'étais coupable, évidemment. Je suis donc resté là. Au bout de trois ou quatre jours, j'ai commencé à avoir des espèces de syncopes. Je tombais évanoui bizarrement, par cycles. L'homme qui m'apportait mes repas m'a trouvé plusieurs fois sans connaissance, mais aucun médecin n'est venu me voir.

Une équipe du SDECE, dirigée par un ancien fonctionnaire à moi, est alors venue m'interroger, sans aucun pouvoir judiciaire. J'étais sonné, hors d'état de répondre. Je ne sais pas ce que je leur ai dit, je ne sais même pas si j'ai signé quelque chose. Ils voulaient savoir où étaient passés les millions ramenés du BCRA de Londres dans le coffre. Ils me reprochaient des irrégularités dans la gestion des comptes… Je suis resté dans mon trou, sans rien comprendre. J'étais informé par la presse…

En vérité, le gouvernement Gouin a cru que j'étais en train de fomenter un coup d'État. En outre, une somme d'un milliard ou d'un milliard et demi de francs avait été retrouvée chez le trésorier-payeur général de Londres, un Français. Ce milliard et demi les a appâtés, ils pensaient pouvoir mettre la main dessus pour les élections. Quand on m'a parlé de ce milliard et demi, je ne savais pas de quoi il s'agissait. Soustelle ne m'en avait pas dit un mot. Après, j'ai réfléchi et j'ai trouvé : ce milliard et demi correspondait aux sommes versées tous les mois à la Résistance, entreposées chez le trésorier-payeur général en francs français. Cela ne pouvait être que cela, le milliard et demi qui aurait servi à alimenter la Résistance le mois suivant, si l'opération du débarquement n'avait pas réussi le 6 juin. Mais, entre-temps, une réforme monétaire avait eu lieu, si bien que ces billets à Londres ne valaient rien. On me l'a reproché.

Le gouvernement a fait un tapage autour de l'affaire Passy, les journaux se déchaînaient, ils racontaient n'importe quoi. J'ai eu ma photo en première page de *France-Soir*, allongé sur un lit d'hôpital, à moitié mourant. Que n'avais-je pas commis ? C'est tout juste si je n'avais pas volé les tours de Notre-Dame ! Les communistes, André Wurmser dans *L'Humanité*, étaient délirants.

Plus le temps passait, plus j'étais mal. J'étais toujours à Thionville. Ma femme ne comprenait rien. On parlait de sommes gigantesques, et elle ne voyait rien. Elle a enfin obtenu l'autorisation de venir me voir à Thionville. J'étais dans un tel état — je tombais toutes les deux secondes, j'étais incohérent dans ce que je racontais, je souffrais de troubles de la vue — qu'elle est allée chez le général Ély, le directeur de cabinet du ministre de la Défense nationale, et lui a dit : « Je viens de voir mon mari, il est dans un état subclaquant. Si jamais vous le laissez mourir, je tue Bidault. » Georges Bidault avait remplacé Félix Gouin à la présidence du Conseil depuis le 19 juin 1946. Il ne l'a pas fait enfermer comme folle ;

il a eu suffisamment peur pour me faire transférer d'urgence au Val-de-Grâce.

Sous le nom de capitaine Bienvenue, j'ai été enfermé avec les fous dans le quartier psychiatrique. Un médecin capitaine m'a demandé de décrire les symptômes. Il a pris ma tension : 5/3. Niveau très bas, assez dangereux, qui expliquait les pertes de conscience. J'ai dit avoir l'impression d'être empoisonné. Le médecin avait de l'humour : « Ça, on ne le saura qu'à l'autopsie », m'a-t-il répondu. Il a fait un rapport à Georges Bidault à la suite duquel j'ai été envoyé au centre psychiatrique de Saint-Cloud où j'ai vécu avec un régime de coq en pâte. Bidault avait eu peur, si j'étais mort, une autopsie aurait été nécessaire, or je présentais vraiment des signes cliniques d'empoisonnement. Il m'a envoyé deux grands professeurs pour me soigner, Louis Pasteur Vallery-Radot, que je connaissais parce qu'il avait dirigé le service sanitaire de la Résistance pendant la guerre, et le professeur Milliez. Ils ont pris ma tension : 4/2. J'étais vraiment en chute libre. La tension avait baissé malgré les soins. Ils n'ont pas fait d'analyses. Ils m'ont donné un régime de suralimentation et ils ont dit à mon épouse : « Si vous avez des choses à faire, faites-les, votre mari ne passera pas la nuit. » Je suis resté là deux ou trois jours avec cette tension. Chaque fois que je relevais la tête, je retombais évanoui. Au bout de quinze jours, j'ai fait une crise d'appendicite. Il a fallu convoquer le chirurgien, qui m'a opéré sur l'heure. Mon appendice était purulent, rempli de cochonneries. Je n'ai pas eu le réflexe à cette époque-là de faire analyser son contenu. Cela aurait été certainement intéressant, mais je n'avais plus mes réflexes habituels de chef des services secrets.

À partir de ce moment-là, ma tension est remontée petit à petit : 6/4 ; 7/5. La presse signala mon rétablissement. J'étais toujours colonel dans l'armée d'active, Pierre Lazareff a fait passer un papier dans *France-Soir* disant que le colonel Passy était le seul colonel de l'armée française à solde entière et à activité nulle, je m'en souviens encore…

Je reçus alors la visite de Gaston Palewski, collaborateur direct de De Gaulle, en septembre. « Étant donné la tournure que prend cette affaire, le général de Gaulle est prêt, si besoin est, à expliquer les instructions données à Soustelle et à vous, qui ont nécessité l'utilisation des fonds secrets. » J'ai répondu à Palewski que cela ne servirait à rien. Je considérais que de Gaulle n'avait pas à révéler ses visées territoriales, c'était son affaire de chef d'État et de président du Conseil. Je n'avais pas besoin de ça, puisque je n'avais rien fait de répréhensible. Je ne demandais qu'une seule chose : être jugé. Je n'acceptais pas que des fonctionnaires non habilités, non munis d'une commission rogatoire d'un juge, viennent me persécuter.

Comment s'est terminée l'affaire Passy ?

Une commission d'enquête était prévue. On n'a jamais connu ses membres, elle ne s'est jamais réunie. Il n'y avait aucun acte qui me reprochait quoi que ce soit de tangible. La seule chose qui existait était dans la presse. Vrai ou faux. Il est resté des soupçons, des zones d'ombre, mais rien n'a jamais été traité au fond.

L'affaire Passy me poursuivit pendant des années. En 1957, Maurice Bourgès-Maunoury, président du Conseil, avec qui j'avais beaucoup travaillé pendant la guerre, m'a dit un jour : « C'est scandaleux que tu ne sois pas commandeur de la Légion d'honneur, je vais te proposer. » Émile Roche, qui me voulait du bien, a écrit au général Catroux, grand chancelier de la Légion d'honneur, pour lui demander ce qu'il en pensait. Et Catroux a répondu d'une lettre dont j'ai la photocopie ici.

« 23 septembre 1957

… Avant de se prononcer […] (sur cette candidature à une promotion dans l'ordre de la Légion d'honneur), le conseil de l'ordre a tenu a être exactement informé de ce qu'on a appelé naguère l'affaire Passy. Ce même conseil, une fois sa religion éclairée, a donné son agrément fin juillet à la promotion en cause. »

C'était, d'une certaine manière, la fin de l'affaire Passy.

En 1946, certains, des socialistes et des communistes, avançaient que vous auriez subventionné France-Soir *sur l'ordre du général de Gaulle...*

Je ne l'ai pas fait sur l'ordre du Général, mais à mon initiative. Fin 1945 ou début 1946, Jacques Roberty, notre changeur pendant la guerre, est venu me trouver : « J'ai des amis à *France-Soir* et j'ai trouvé un journaliste qui veut bien travailler pour les services secrets, comme honorable correspondant. » Cela m'a intéressé. *France-Soir* battait de l'aile à ce moment-là. Et Roberty est venu me demander si je pouvais faire un prêt de cinq millions au journal. J'ai stupidement marché dans cette histoire. Mais tous les papiers étaient là. Le prêt a été consenti à Roberty. *France-Soir* n'était pas nommé[1]. Cela n'avait rien à voir avec une sympathie pour de Gaulle. J'ai fait cela par bêtise. Je ne connaissais rien aux services secrets en temps de paix.

J'ai lu que, quand Félix Gouin a parlé au général de Gaulle de l'affaire Passy, celui-ci aurait dit : « Il faut que justice passe. » Vous n'avez pas eu le sentiment d'avoir été lâché par de Gaulle...

Non. Pas du tout... (Il se lève et montre une photo dédicacée du général de Gaulle : « Au colonel Dewavrin, l'un des premiers, l'un des meilleurs de mes vieux compagnons. Charles de Gaulle ».)

1. Le directeur de *France-Soir* a remboursé ce prêt.

De Gaulle m'a demandé au début de 1947 d'entrer au RPF. J'ai refusé immédiatement. Il m'a expliqué la raison pour laquelle il a créé le RPF : la certitude de la guerre entre l'Est et l'Ouest. Il se trompait. Cela me paraissait farfelu d'imaginer qu'il pourrait y avoir un ultimatum lancé par Truman contre les Soviétiques. De Gaulle avait eu le génie politique de voir que la guerre serait mondiale en 1940. Mais sept ans plus tard, il a fait preuve d'un aveuglement surprenant. Le temps et les acteurs avaient un peu changé. De Gaulle ne connaissait pas la Constitution des États-Unis ; il aurait agi comme Truman s'il avait été à sa place. Les États-Unis ne se dirigent pas comme la France.

Alors, selon vous, qui a manipulé l'« affaire Passy » ?

L'explication est enfantine. À partir du moment où le référendum passe, une nouvelle chambre s'installe, avec deux courants : les socialistes et la droite. Si l'on arrive à me discréditer dans une vilaine histoire, les gaullistes et de Gaulle sont en cause, dans la mesure où Passy passe, à tort ou à raison, pour un des plus proches collaborateurs de De Gaulle. Cette affaire a donc été montée pour décrédibiliser la droite gaulliste.

Quels ont été les cerveaux de cette manipulation ?

L'affaire Passy visait à discréditer de Gaulle à travers ma personne. Elle était en fait une opération montée, en premier lieu, par le gouvernement Gouin qui a utilisé pour ce faire des membres du SDECE, notamment les deux adjoints de Ribière, Pierre Sudreau, directeur administratif du SDECE, et le colonel Fourcaud. Mes anciens collègues m'ont trahi en quelque sorte. Ils ont peut-être cru ce qu'on leur racontait. Dans ces cas-là, on trouve toujours des gens pour dire : il est comme ceci, il est comme cela, il mène une vie de bâton de chaise. Ce n'était pas vrai. J'aimais ma femme, nous menions une vie tranquille…

Les vrais cerveaux de cette manipulation étaient Félix Gouin et Gaston Defferre. Avec Defferre, nous avons liquidé cette histoire plus tard, dans un dîner chez Françoise Giroud. Je lui ai dit : « Vous vous êtes conduits comme des salauds, quand même. » Et il a répondu : « C'est vrai. On a fait une bêtise. » Ensuite, je suis resté ami avec lui.

Vous ne lui en avez pas voulu ? Pourtant, l'affaire Passy a conditionné le reste de votre vie.

Non... (Silence.) Le temps avait passé. J'avais changé de vie. Après mon rétablissement, en 1946, j'ai donné ma démission. D'ailleurs, je ne pensais pas rester aux services secrets. C'était bien pendant la guerre parce que c'était vivant. Sinon, en temps de paix, cela ne m'intéressait pas. Je suis retourné dans le civil. Je connaissais bien Émile Roche qui avait à ce moment-là une affaire de tracteurs. À l'époque, on ne se battait pas au portillon pour avoir Passy dans son affaire. Comme rien n'était réglé et qu'il y avait parfois un écho qui ressortait, j'étais difficile à caser, bien que polytechnicien. Émile Roche m'a pris comme directeur général adjoint. Ayant un rang élevé dans la franc-maçonnerie, il obtenait les licences que personne n'aurait obtenues autrement. On vendait ces machines comme des petits pains.

Au début des années cinquante, je suis entré chez Worms, grâce à un ami d'Émile Roche, Georges Albertini, ancien directeur de cabinet de Marcel Déat, qui éditait le *BEIPI*, son bulletin anticommuniste. Chez Worms, on m'a confié la direction générale des faïenceries. Puis on m'a mis en contact avec les Américains pour le lancement d'un produit de chez Procter et Gamble, le savon Le Chat. On m'avait demandé si j'étais capable de leur bâtir un réseau commercial puisque j'étais un spécialiste des réseaux. Cela a bien marché, nous avons battu Omo qui était le produit type d'Unilever.

Puis j'ai été patron dans l'industrie. Je n'étais pas du tout fait pour être industriel, j'ai horreur de ça. J'ai trouvé un ami américain qui voulait installer en Europe une filiale pour son affaire américaine. J'y suis resté de 1963 jusqu'à ma retraite.

André Postel-Vinay [1]

J'ai rencontré André Postel-Vinay grâce à son livre *Un fou s'évade*. Je ne connaissais pas bien le résistant, mais j'ai été séduit par la jeunesse du récit, sa justesse à mes yeux, son caractère, disons, « déraisonnable ». L'auteur, partant de l'idée que la vraie résistance commence lorsqu'on est pris par l'ennemi, raconte son suicide manqué. Il est arrêté par la Gestapo en décembre 1941. Craignant de céder à la torture, il saute du haut d'une passerelle de la prison de la Santé, mais en réchappe. *Un fou s'évade* commence donc en captivité. On avait rarement parlé de la vie résistante avec autant de précision, si peu d'emphase, cette sorte d'écriture « nouvelle vague ».

Je pensais que ce récit publié en 1997 avait été écrit au lendemain de la guerre, tant le livre est gai, piquant, naturaliste, même quand il décrit le corps en charpie et tous ses os brisés, la rage de s'être raté, l'envie de recommencer, les inquiétants interrogatoires d'un gestapiste professeur en théologie, les mois d'hôpital, l'évasion de l'éclopé, ou la nuit du départ pour Londres sur un cargo à Gibraltar, avec un Emmanuel d'Astier de La Vigerie qui n'a alors qu'un souci, ne pas croiser là son rival Henri Frenay.

André Postel-Vinay a pourtant publié ce livre [2] il y a seulement deux ans. Quand on le rencontre, on ne s'en

1. Entretiens réalisés le 22 janvier 1998 et le 21 juillet 1999. Les notes signalées par un astérisque sont de M. Postel-Vinay, celles signalées par un chiffre sont de G.-M. Benamou.

2. Débuté en 1974.

étonne pas. Il y a toujours chez cet homme de quatre-vingt-sept ans, à la silhouette longue et cassée depuis un demi-siècle par le saut de la prison de la Santé, une jeunesse ironique. Lunettes de collégien, mèche rebelle, ce grand monsieur parle toujours la langue de sa jeunesse. Il emploie des mots drôles et disparus qui semblent sortis des dialogues des *Disparus de Saint-Agil*. Pour lui, un résistant se fait « coxer » par les « fridolins ». Il se fait « bigorner »...

André Postel-Vinay est aussi inspecteur des finances. Je le rencontre, pour la première fois, au moment où, au procès Papon, l'historien Marc-Olivier Baruch [1] présente ses travaux sur les élites administratives sous Vichy, et en particulier sur le rôle de l'Inspection et de la Préfectorale qui constituèrent, sans états d'âme, Paul Baudoin en tête, l'armature de l'État français.

André Postel-Vinay a le même âge que Maurice Papon, l'ancien secrétaire général de la préfecture de Bordeaux. Ils ont tous deux fait partie des élites de la République avant-guerre, Papon dans la Préfectorale, Postel-Vinay dans l'Inspection des finances, et tous deux, des décennies plus tard, se sont retrouvés ministres de Giscard. Postel-Vinay ne le reste que quelques mois, il démissionnera faute de moyens. Comme quoi la Résistance est une forme du tempérament, inextinguible. Un fou s'évade toujours.

*
* *

André Postel-Vinay, qui êtes-vous en 1940 ? Comment vivez-vous la débâcle ?

Elle ne m'a pas surpris. Il me paraissait clair, depuis quelques années, que notre organisation militaire anachronique ne résisterait pas au choc des divisions blindées allemandes. Mais cette prévision ne m'a pas rendu moins atroces l'effondrement de l'armée française et l'avènement du nazisme en France.

En juin 1940, j'avais vingt-neuf ans. J'étais inspec-

1. Marc-Olivier Baruch, *Servir l'État français, l'administration en France de 1940 à 1944*, Fayard, Paris, 1997.

teur des finances célibataire, mobilisé comme lieutenant dans un régiment d'artillerie installé en avant de la ligne Maginot, à l'endroit où la frontière allemande rejoint la frontière luxembourgeoise. Ce régiment avait joué à la drôle de guerre en échangeant des coups de canon avec les Allemands dans la limite des plaisanteries permises par les mœurs de l'époque. Les choses s'étaient un peu durcies après le 10 mai, mais il n'avait pas pris part aux grands combats de Belgique et du nord de la France. Il était resté sur place, puis, au début de juin, il avait fait route vers le sud. Je n'ai donc pas vu moi-même la débâcle ni l'exode.

J'étais chargé de la liaison d'un groupe de ce régiment avec l'infanterie. Ce métier d'officier de liaison est très satisfaisant : si vos canons tirent trop court (accident rarissime, mais qui peut se produire), vous attrapez vous-même des coups, ce qui vous excuse et vous console, dans une certaine mesure, des erreurs de votre artillerie.

Le 17 juin, je me trouvais en Lorraine, entre Domrémy et Vaucouleurs. J'étais avec une compagnie d'infanterie et m'efforçais de la protéger par des tirs de mon groupe d'artillerie. À un moment, ce groupe a cessé de répondre aux appels de ma radio. En cherchant à le rejoindre pour rétablir la liaison, j'ai été coincé, dans un carrefour, entre deux colonnes allemandes et fait prisonnier. Sept jours plus tard, le 24 juin, je me suis évadé d'une caserne proche de Verdun, remplie de prisonniers de guerre français. J'ai mis trois jours pour gagner Paris, à pied, puis sur des bicyclettes plus ou moins détraquées, abandonnées par des civils en fuite. La campagne et les villages étaient presque déserts. La masse de la population avait fui et n'était pas encore revenue. Quant à l'armée allemande, elle n'avait laissé que le minimum d'élements sur ce parcours.

Arrivé à Paris, et rentré chez moi, 2, avenue de Villars, près des Invalides, je me jetai sur mon lit et m'endormis aussitôt. Le lendemain, 28 juin, de très bonne heure, je fus réveillé par un effroyable tintamarre. J'entrouvris les persiennes. En bas, sur le trottoir, juste en dessous de moi, je voyais le cul d'un cheval et le dos de son cavalier, un officier allemand. Devant lui, dans la rue, passaient un autre cavalier allemand, suivi d'une clique de fifres, tambours et cymbales vibrant d'une musique sauvage, puis un sergent portant un fétiche barbare (une énorme croix dorée ornée de pompons rouges et autres fanfreluches), après quoi défilait tout un régiment marchant au pas cadencé (voire au pas de l'oie *) au rythme strident des fifres, du tonnerre des tambours et des *tzingg* des cymbales. La rage me monta au visage : « Non, non et non ! Ça ne va pas durer comme ça ! » L'après-midi dans Paris surchauffa mes pensées hostiles. Des drapeaux à croix gammée flottaient sur les bâtiments officiels. La présence allemande se faisait lourdement sentir. La presse, patriote un mois plus tôt, avait complètement viré de bord. Sa lecture m'horrifiait. L'atmosphère n'était plus respirable. Je ne pourrais pas y vivre sans continuer de combattre.

J'ai été entraîné dans la Résistance par une vraie passion : une passion irrésistible contre le nazisme et le régime hitléro-*pétineux*. J'y ai été entraîné bien que je ne sois nullement insensible à la peur et bien que la défaite allemande me parût presque inconcevable, impossible en tout cas avant de nombreuses années.

Alors, comment êtes-vous précisément entré en résistance ?

Il n'était pas facile, en 1940, de trouver une bonne porte d'entrée, surtout quand on voulait avoir une action militaire efficace, mais j'ai eu une chance extraordinaire.

En octobre 1940, j'étais chargé de préparer une quinzaine d'étudiants au concours de l'Inspection des finances. Un candidat me fut recommandé par un collègue plus ancien que moi, très sympathique, Henry Bizot **, qui avait auparavant conseillé à ce candidat

* J'ai trop le souci de la vérité historique pour préciser ce point.
** Futur président de la Banque nationale de Paris.

d'un genre très exceptionnel de s'adresser à moi. Ce candidat, c'était Pierre d'Harcourt. Il vint me voir et me dit aussitôt en riant que ce n'était pas mon enseignement qui l'intéressait. Cela me fit rire, moi aussi. Il ajouta que ce qu'il voulait, c'était une « couverture » pour cacher son activité dans une organisation de résistance. J'ai accepté de l'inscrire dans mon « écurie » et suis entré dans son organisation. C'était une section spécialement secrète du service de renseignements de l'armée de terre : le « SR-guerre ». Cette section transmettait ses renseignements militaires aux Anglais. Son patron, le colonel Rivet, siégeait à Vichy. Il était représenté à Paris, pour la zone non occupée et la zone interdite*, par le capitaine d'Autrevaux. Celui-ci avait remis en activité le maximum possible des agents de ce service habitant dans ces zones. Il recrutait également d'autres agents. Pierre d'Harcourt était l'un de ses adjoints.

Cette section du SR-guerre avait des liaisons avec l'Intelligence Service par plusieurs moyens : la valise diplomatique de l'ambassade du Canada à Vichy, des voyages à l'ambassade de Grande-Bretagne à Berne et un poste radio près de Royat. Dans le domaine du renseignement militaire, elle était sûrement, au début de l'occupation allemande, l'un des groupes de résistance les plus efficaces et même, je crois, le plus efficace.

Pour aider le plus possible cette section du SR-guerre, je me trouvai une quinzaine de bons associés. André Boulloche était l'un d'entre eux. De tous les membres de ce groupe — moi compris —, c'est lui qui eut, dans la Résistance, l'action la plus audacieuse, la plus efficace et la plus éprouvante. Après une mission à Londres, de mai à septembre 1943, il revint en France

* La « zone interdite » comprenait un secteur du nord de la France (notamment les départements du Nord et du Pas-de-Calais et une partie des départements de la Somme, de l'Aisne et des Ardennes) ; cette « zone interdite » dépendait du commandement allemand de Bruxelles. Il y avait une « ligne de démarcation », surveillée par des postes militaires, entre cette zone et les autres parties de la France occupée par l'armée allemande.

comme délégué militaire de la France libre pour la région de Paris et plusieurs départements voisins. Arrêté le 12 janvier 1944 et très gravement blessé, il fut déporté quelques mois plus tard en Allemagne et subit l'horreur des camps de concentration d'Auschwitz, Buchenwald et Flossenbürg. Il survécut grâce à son courage absolu, à l'aide d'excellents camarades et à la chance également nécessaire à cette survie.

Certains de mes associés avaient eux-mêmes plusieurs adjoints. En plus, j'ai bénéficié d'une aide familiale importante, en particulier de ma sœur Marie-Hélène, mon beau-frère, Pierre Lefaucheux, et mon cousin, Jacques Postel-Vinay.

Mes correspondants de province m'écrivaient, à l'encre sympathique, des lettres qu'ils adressaient à de faux noms, poste restante à Paris. Je venais prendre leurs lettres avec de fausses cartes d'identité. Je leur rendais également visite. Nous n'en étions pas encore à l'espionnage par satellite, mais cela fonctionnait.

Au début de 1941, Pierre d'Harcourt me fit connaître un autre réseau de résistance, qui s'est appelé, après la guerre, le réseau Patrick O'Leary *. C'était une organisation anglaise, chargée de rapatrier en Angleterre les militaires britanniques restés en France après Dunkerque et les aviateurs alliés contraints d'atterrir dans notre pays. Ce réseau s'occupait aussi de renseignement militaire. Il avait son siège à Marseille et des liaisons avec Londres par le consulat d'Angleterre à Barcelone et, plus tard, par radio et par un bateau clandestin naviguant entre le midi de la France et Gibraltar. Je participai aux deux activités de ce réseau : le renseignement et l'aide au rapatriement des militaires alliés, en particulier d'aviateurs de la RAF.

Mon action dans ces deux réseaux s'est développée progressivement. Après l'arrestation de Pierre d'Harcourt, le 9 juillet 1941, je restais le seul des adjoints de

* C'était le pseudonyme de son patron. « Patrick » se prétendait canadien, mais il était belge, officier médecin de la marine, et s'appelait Albert Guérisse.

d'Autrevaux qui soit en contact avec Patrick O'Leary. En septembre 1941, d'Autrevaux lui-même faillit être arrêté. Il quitta ses fonctions et passa en zone libre. À ce moment-là, trois de ses adjoints (Yvonne Pagniez, Roger Dumont et Wiltz) me remirent leurs renseignements, n'ayant plus d'autre moyen de les envoyer en Angleterre. Mon courrier s'engraissa alors considérablement.

Parmi les sept adjoints de d'Autrevaux que j'ai connus, trois ont été fusillés (Roger Dumont, Touny et Wiltz), trois ont été déportés (Depret-Bixio, Pierre d'Harcourt et Yvonne Pagniez). Sauf Pierre d'Harcourt (arrêté et gravement blessé en juillet 1941), ils ont tous continué leur action dans la Résistance après le départ de d'Autrevaux. Ils l'ont continuée jusqu'à leur arrestation, sauf un seul (Jacques Robert) qui n'a jamais été arrêté, bien qu'il ait pris le maximum de risques et participé à la Résistance depuis l'été 40 jusqu'à la Libération. Roger Dumont, Touny et Jacques Robert ont été faits Compagnons de la Libération.

Vous étiez alors un jeune inspecteur des finances. Comment, à ce moment-là, s'est comporté ce corps d'élite ?

Il ne m'est pas possible de répondre vraiment à cette question, car, ayant été reçu au concours de l'Inspection en 1938, je ne connaissais en 1940-1941 que vingt-cinq ou trente de mes collègues, et encore d'une façon très imparfaite. Je ne peux donc que vous donner des indications fragmentaires.

Deux inspecteurs des finances ont rejoint la France libre, à Londres, pendant l'été 1941 : André Diethelm[1]

1. André Diethelm, ancien directeur du cabinet de Georges Mandel au ministère des Colonies, est sorti de France, en août 1941, avec un ordre de mission en règle pour Lisbonne d'où il a gagné Londres. Le mois suivant, il est nommé par le général de Gaulle à l'Intérieur, au Travail et à l'Information dans le Comité national français, ancêtre du CFLN. En 1942, il devient commissaire à l'Économie, puis, en novembre 1943, il est nommé au Ravitaillement et à la Production, puis ministre de la Guerre dans le gouvernement de Gaulle de septembre 1944 à novembre 1945.

et Hervé Alphand[1]. Une trentaine d'autres dont Maurice Couve de Murville[2] sont arrivés à Alger en 1943, au temps du Comité français de libération nationale ou un peu avant. Certains d'entre eux ont combattu dans l'armée française ; d'autres ont fait partie des services administratifs du comité.

Je dois dire qu'en 40-41 le service de l'inspection des Finances s'est montré remarquablement compréhensif à mon égard. Après mon évasion de la caserne de Verdun en juin 1940, il m'a fait remettre un faux papier d'« affecté spécial * ». J'en avais grand besoin, ma situation militaire étant fâcheusement imprécise. Surtout, Fayol, le chef du service de l'inspection des Finances, a accepté, en mars-avril 1941, de me charger d'une vague mission de liaison avec les services financiers de trois départements traversés ou longés par la frontière de la « zone interdite » (la Somme, l'Aisne et la Marne) en sachant parfaitement que je lui demandais cette affectation pour faciliter mes voyages clandestins dans cette zone. D'Autrevaux avait vivement souhaité cette démarche et m'avait conseillé de dire carrément à Fayol que je la faisais sur la demande du SR-guerre. Après avoir beaucoup hésité, je m'y suis décidé. Fayol m'a donné son accord avec une étonnante facilité, en me recommandant seulement la prudence. Je lui ai promis d'être très prudent. À partir de ce moment, j'ai pu réduire mon travail d'inspecteur des finances (déjà fortement comprimé) à quelques heures par semaine. Il est certain que Fayol avait informé Lebelle, mon inspec-

1. Attaché financier à New York, Hervé Alphand demande à rallier la France libre pendant l'été 1941. En 1943-1944, il jouera un rôle important au sein du Conseil des approvisionnements à Washington, secondant Jean Monnet, s'employant à convaincre les Américains de fournir une aide maximale à la France.

2. Voir la note sur Maurice Couve de Murville dans l'entretien avec Pierre Lefranc.

* Les affectés spéciaux étaient des fonctionnaires mobilisables, mais qui avaient été maintenus dans une activité civile par une décision administrative prise en accord avec l'autorité militaire.

teur général, de mon action clandestine et que Lebelle n'y a pas vu d'objection.

Cet état d'esprit compréhensif ou favorable à l'égard de la Résistance était-il assez répandu parmi les inspecteurs des finances en 1940-1941 ?

Il existait sans doute chez ceux qui ont rejoint Alger en 1943 ; il existait aussi chez ceux de mes jeunes camarades ou de mes collègues plus anciens que j'avais connus avant la guerre, et que j'avais trouvés sympathiques. Était-il partagé par beaucoup d'autres inspecteurs des finances ? Je n'en sais rien. Et il y a eu, bien sûr, en sens inverse, des « collaborateurs », des « pétainistes » (appellation utilisée en 1940-1941) convaincus, voire quelques lavalistes, mais ceux-là, je n'avais pas eu l'occasion de les rencontrer et je n'ai su leurs aberrations qu'après la guerre, quand des enquêtes ont été faites sur leur attitude. Il y a eu aussi des attentistes. Les résistants actifs de 1940-1941 ont été — je crois — très peu nombreux. Y en a-t-il eu plus d'un ? Je n'en suis pas sûr.

Les réseaux de résistance dont vous faisiez partie travaillaient-ils essentiellement pour les Anglais ?

Oui, dans le cas du SR-guerre et de Patrick O'Leary, réseaux auxquels j'ai surtout participé, mais j'ai coopéré également avec d'autres organisations, par exemple celle du Musée de l'Homme. Je doutais en effet du bon fonctionnement des liaisons radio de mes deux principaux réseaux. Cela m'a conduit à rechercher sans cesse de nouvelles liaisons radio avec Londres et à entrer en rapport avec de nouveaux groupes de résistance. Vers le milieu de 1941, j'en étais venu à expédier mes renseignements par six voies différentes. J'essayais de m'assurer de leur bonne transmission en demandant que des messages de la BBC me confirment leur arrivée. J'avais choisi pour l'un de ces messages « CBA-321 ». Et voilà qu'un soir, juste en rentrant de voyage, j'ouvre la radio et, au travers de la petite musique de brouillage, j'entends : « CBA-321 »... « CBA-321 ». Dans ces premiers temps de la Résistance, ce genre de message personnel, c'était comme une sorte de miracle, comme un clin d'œil de l'autre monde.

Dans ces autres groupes de résistance avec lesquels j'ai coopéré (en dehors du SR-guerre et de Patrick O'Leary), je ne connaissais qu'un ou deux agents et j'ignorais quel était le destinataire londonien de leurs renseignements. Cela pouvait être le BCRA, l'IS, ou le siège d'un service secret d'une autre nationalité. J'aurais été très heureux que mes renseignements parviennent au BCRA, ayant une grande admiration pour le général de Gaulle, mais la question de savoir quel serait leur premier destinataire à Londres me paraissait tout à fait secondaire. Ce qui m'importait avant tout (sans me dissimuler le rôle infime de mes efforts), c'était d'aider l'Angleterre : l'Angleterre dont le combat représentait alors, pour la France, le seul et dernier espoir d'une très éventuelle et lointaine libération. Le seul espoir, en tout cas, jusqu'à l'agression de l'URSS par l'Allemagne en juin 1941.

En 1941, vous avez voyagé dans les départements du nord de la France. Quelle impression gardez-vous de ces voyages ?

Une impression extrêmement sympathique et réconfortante. La Résistance a commencé, dans ces départements, aussitôt après l'invasion allemande pour essayer de sauver les militaires britanniques ou alliés qui n'avaient pas pu se rembarquer à Dunkerque. Quantité de Français du Nord se sont dévoués pour sauver ces militaires et aussi, très vite, pour sauver les aviateurs de la RAF qui se trouvaient contraints d'atterrir dans ces départements *.

* Atterrissages forcés beaucoup plus fréquents que partout ailleurs en France car, en 1940-1941, les combats aériens ont été particulièrement nombreux au-dessus de ces départements.

Les sauvetages étaient une forme de résistance très particulière : cette forme de résistance présentait autant de risques que les autres, mais elle était beaucoup plus séduisante sur le plan humain, elle correspondait à un devoir plus évident et plus impérieux et elle n'exigeait pas de longues recherches préalables. L'occasion frappait à votre porte. C'était un appel clair et contraignant. Les gens du Nord ont été les premiers à y répondre, et ils y ont répondu de façon massive. En plus, ces sauvetages ont entraîné leurs auteurs très au-delà des premiers secours : fourniture de vêtements civils, fabrication de faux papiers et de faux tickets d'alimentation, recherche de moyens de rapatriement en Angleterre par les filières de passage clandestin de lignes de démarcation ou de frontières, liaison avec des agents de l'IS ou de la France libre eux-mêmes obligés d'opérer ces passages clandestins, engagement dans d'autres formes de résistance.

Henri Noguères, dans sa très remarquable *Histoire de la Résistance en France*[1], se montre sévère à l'égard des Français de 1940-1941 (bien trop sévère, à mon avis), mais pour le Nord il écrit ceci : « Dans le Nord où demeurent vivaces les premiers souvenirs de l'occupation vécue pendant la Première Guerre mondiale, c'est une véritable résistance qui se met en place. » Et il écrit cette phrase en parlant de la situation en juin 1940 ! Sur ce point précis, il a parfaitement raison.

Dans les buffets de gare de ces départements du Nord, buffets aussi surpeuplés que mal approvisionnés, il m'est arrivé d'entendre des conversations qui montraient bien l'état d'esprit régnant : on s'y moquait du « Boche » ! Parfois, c'était plus dangereux, le bavardage aurait pu provoquer des arrestations. C'était très imprudent mais tonique !

Pourquoi cette résistance du Nord a-t-elle été minorée par rapport à celle du Sud ?

1. Tome I, *Juin 1940-juin 1941*, Robert Laffont, Paris, 1967.

Parce que les gens du Sud sont plus éloquents que les gens du Nord !... Quand on parle de la ville de Lyon comme capitale de la Résistance ! Pour des résistants du début comme moi, c'est une plaisanterie... ! Il n'y avait pas d'Allemands à Lyon en 40-41. Lyon capitale de la Résistance ? Peut-être, mais après l'invasion de la zone Sud, en novembre 1942. Et encore... Pourquoi pas Paris ou Lille-Roubaix-Tourcoing ? Il est vrai qu'il y a eu quelques très grands résistants dans la zone Sud en 40-41, mais l'esprit de résistance y était beaucoup moins vivant que dans le Nord, il n'y avait nulle part une densité de résistance comparable à celle des départements du Nord, et la Gestapo n'était pas encore là.

Des organisations de sauvetage analogues à celles des départements du Nord se sont-elles développées dans d'autres régions de France en 1940-1941 ?

Oui, en particulier le long des lignes de démarcation et des frontières que devaient franchir clandestinement les personnes recherchées par la Gestapo : juifs, prisonniers de guerre évadés, Alsaciens ou Lorrains fuyant le régime allemand, militaires alliés restés en France après Dunkerque, aviateurs de la RAF tombés dans notre pays... De véritables organisations de résistance se sont créées pour ces sauvetages et, comme dans les départements du Nord, elles ont été amenées à entreprendre d'autres genres d'activités subversives. Les sauvetages ont joué, à mon avis, un rôle très important dans le développement de la Résistance en France.

Je vous citerai deux exemples de ces organisations que j'ai connues en 40-41 : celle de Millien à Nevers et celle de Cliquet à Vierzon. Il s'agissait, dans les deux cas, d'organisations créées pour le franchissement de la ligne de démarcation entre la zone occupée et la zone libre.

Millien était chef de division à la préfecture de la Nièvre, à Nevers. Ancien fantassin de la guerre de 14, ancien combattant de Verdun, Millien régnait sur les passages clandestins de la ligne de démarcation dans toute la région : bons d'essence, tickets d'alimentation, cartes d'identité, voitures avec laissez-passer, accueil des hôtels du Paon à Nevers et du Chat-qui-fume à Sancoins, vastes relations dans le département. Millien mettait le tout au service des organisations de résistance et des fugitifs qui recouraient à son aide. Et cette extraordinaire machine, exigeant de multiples complicités et connue d'un très grand nombre de personnes (dont le préfet), a fonctionné trois ans sans que la Gestapo s'en doute. C'est en 1943 seulement que Millien fut arrêté.

Ce que Millien faisait à Nevers, le docteur Cliquet le faisait à Vierzon. Quand vous arriviez à Vierzon, vous auriez demandé au poinçonneur de billets : « Par où passer la ligne de démarcation ? » je crois vraiment qu'il vous aurait répondu : « Allez voir le docteur Cliquet, rue de l'Abricot. » Quantité de gens savaient que Cliquet, dont le jardin donnait sur le Cher, c'est-à-dire sur la « ligne », était le grand manitou des passages clandestins, à gué, en barque, ou avec faux papiers, suivant les circonstances et la qualité des voyageurs. Cliquet, son épouse et leurs deux garçons ont joué ce jeu, de juin 1940 à la fin de 1943, époque de l'arrestation de Cliquet. Quantité de gens savaient leur activité, mais pas la Gestapo, qui l'a ignorée plus de trois ans.

Encore une petite histoire de Vierzon. J'y arrive un jour avec quelques compagnons de voyage à destination de Patrick O'Leary. J'avais besoin de cartes d'identité, fausses bien entendu. En 1941, les vraies cartes étaient délivrées par la mairie sur des modèles imprimés qu'on pouvait acheter dans les papeteries. Pour avoir une fausse carte, il suffisait d'acheter ce modèle imprimé, d'avoir un faux cachet, de remplir le modèle, d'y fixer une photo et d'imiter la signature du maire. Mme Cliquet faisait tout ce travail à la perfection. Mais, ce jour-là, il me fallait six fausses cartes, ce qui était beaucoup pour une seule fois. J'entre chez la papetière et je lui demande mes six cartes modèles, d'un air parfaitement dégagé. En me les donnant, elle me dit, avec un gentil sourire : « Ça vous suffira ? » La Résistance bénéficiait, très souvent, de ce genre de sympathie.

Ce que faisaient Cliquet et Millien, beaucoup d'autres groupes le faisaient aussi, en 40-41, le long des frontières ou des lignes de démarcation. Sans compter un grand nombre de « passeurs » individuels ou de frontaliers animés de bonnes dispositions.

Est-il vrai que les aviateurs de la RAF contraints d'atterrir en France étaient habituellement secourus par la population ?

C'est tout à fait vrai. Cela a été vrai dès 40-41 dans toute la zone occupée et la zone interdite, c'est-à-dire dans la partie de la France où ces atterrissages se produisaient généralement à cette époque. Les aviateurs de la RAF obligés d'atterrir dans ces zones étaient presque toujours secourus, sauf lorsqu'ils étaient trop gravement blessés ou quand les Allemands les repéraient immédiatement. Le commandement britannique l'avait rapidement constaté. Le commandement allemand le savait aussi et voyait bien l'état d'esprit que cela supposait. Il le voyait si bien qu'en 1941 il fit placarder dans toute cette partie de la France une affiche annonçant que les hommes qui seraient arrêtés pour avoir aidé des aviateurs de la RAF seraient immédiatement fusillés et que les femmes coupables du même crime seraient déportées en Allemagne. Le même texte promettait des primes de dix mille francs ou plus aux dénonciateurs. Je ne crois pas que ce vaste affichage ait eu le moindre effet.

Voici, au sujet de ces sauvetages d'aviateurs de la RAF, une histoire que je trouve très significative.

Dans la nuit du 10 au 11 septembre 1941, un bombardier Wellington atteint par la « Flak* » fut contraint d'atterrir, de nuit, sur un champ labouré, dans le département de l'Yonne. Aucun des six membres de

* La défense contre avion allemande.

l'équipage ne fut sérieusement blessé. Ils marchèrent pendant la fin de la nuit et les deux nuits d'après.

Le matin suivant, à bout de forces, ils arrivèrent tous les six sur la place de Villiers-les-Moines, un hameau proche de Bar-sur-Seine. Ce hameau avait été perquisitionné la veille par la Gestapo, qui recherchait précisément ces aviateurs.

Quand ceux-ci arrivent sur la place du hameau, l'un d'entre eux s'adresse à un fermier qui s'y trouvait parmi quelques personnes et il lui dit, dans un mauvais français, que ses camarades et lui sont des aviateurs de la RAF. Cela provoque aussitôt des cris de joie : « Les voilà ! Ce sont eux ! » Et l'aviateur en question, un Australien, Ross Christensen, écrit dans ses souvenirs : « Ils nous accueillirent à bras ouverts et, même, nous embrassèrent sur les deux joues, comme seuls les Français savent le faire *. » Après quoi, les habitants du hameau leur servirent un déjeuner en plein air, derrière une rangée de maisons que longeait, de l'autre côté, une route souvent parcourue par des véhicules militaires allemands. Je reprends ici la citation de Christensen : « Ils nous servirent un plantureux déjeuner, du pain excellent, du lait, du fromage, des omelettes délicieuses et, pour couronner le tout **, une grosse jarre de vin rouge. » Ce fut, dit Christensen, « le plus joyeux déjeuner de ma vie ». Les six aviateurs furent ensuite recueillis par des fermiers du pays, qui les cachèrent pendant trois semaines, au vu et au su de tous les habitants du hameau et d'autres gens du voisinage qui contribuèrent à leur ravitaillement. Ces six aviateurs revinrent tous en Angleterre.

L'affiche allemande dont je vous ai parlé a été placardée, en septembre 1941, à proximité de Villiers-

* Traduction littérale. Contrairement à Christensen, je ne crois pas que ce soit une coutume française, mais je crois volontiers que ces six aviateurs ont été beaucoup embrassés au cours de leur séjour en France.

** « ... *and, top of it...* »

les-Moines, pendant que les aviateurs étaient cachés dans les environs immédiats. Les survivants des réseaux d'évasion pourraient raconter quantité d'aventures du même genre datant des années 40-41. Cependant, l'exemple de Villiers-les-Moines me paraît spécialement significatif parce que ce hameau se trouve dans l'Yonne, dans un secteur où les problèmes de sauvetage ne s'étaient jamais posés. La réaction merveilleuse de la population a été tout à fait spontanée, sans autre préparation que la perquisition, faite la veille, par la Gestapo.

Contrairement à ce qu'on dit souvent de nos jours, l'esprit de résistance était largement répandu dans la zone occupée et la zone interdite en 40-41. Les espoirs de libération persistaient et ces espoirs se tournaient naturellement vers l'Angleterre et Churchill, vers la France libre et le général de Gaulle. Ces espoirs pouvaient conduire à prendre le risque de la Gestapo, quand une bonne occasion s'en offrait. Mais, pour se faire une idée de cet état d'esprit, à l'heure actuelle, il n'est pas inutile d'avoir vécu cette période, beaucoup voyagé en France en ce temps-là et même, peut-être, un peu participé à la Résistance.

Comment s'est terminée votre action dans la Résistance ?

De la façon la plus banale : j'ai été arrêté par la Gestapo. Cet événement, normal et prévisible, mais qui causait toujours une surprise désagréable, s'est produit le 14 décembre 1941.

Et ensuite ?

Ensuite, j'ai eu une bien étrange aventure. Mais je ne peux pas vous la raconter dans cet entretien. Ce serait trop long. Il s'est passé trop de choses : prison de la Santé, tentative de suicide, prison-hôpital, simulation de la folie et une deuxième tentative de suicide, évasion de l'asile Sainte-Anne, passage de la ligne de démarcation dans le double fond d'un char à bœufs, navigation clandestine en Méditerranée, arrivée à Londres, entretien avec le général de Gaulle... J'ai raconté tout cela dans *Un fou s'évade*, un livre qui a paru récemment *.

* Aux éditions du Félin, à Paris, en 1997 (prix littéraire de la Résistance, 1997).

Hélie Denoix de Saint Marc [1]

Un moine soldat de soixante-dix-sept ans, et sur ce visage qui semble retenir toutes les souffrances du monde des yeux d'enfant… On se demande, en observant Hélie Denoix de Saint Marc, quels fantômes passent dans ce regard, tant il a dû en rencontrer, dans toutes les guerres qu'il a menées, dans les prisons qu'il a connues, de Buchenwald aux geôles de De Gaulle. On a coutume de parler de lui comme d'un « soldat perdu », sous-entendu, après sa belle Résistance, après Buchenwald, il y a eu aussi l'Algérie — en 1961, il est à la tête d'un régiment parachutiste qui participe au putsch des généraux, ce qui lui vaut cinq ans de prison.

Hélie Denoix de Saint Marc est longtemps resté un maudit, jusqu'à ce qu'une biographie [2] nous le fasse découvrir. Avant ce livre-résurrection, il y avait, pour ceux qui le connaissaient, le bon Hélie : résistant à dix-neuf ans et déporté à vingt et un ans. Mais il y avait l'autre, le « soldat perdu ». Le premier étant chassé par le second. Comme si la vie héroïque et douloureuse de ce guerrier pouvait être si facilement ordonnée. Or les vies de « Denoix » sont un bloc, il ne faut pas choisir parmi elles, et surtout ne rien juger.

Or, de l'enfant bordelais, monarchiste et enflammé, au putschiste d'Alger, en passant par la déportation, c'est la même vie, le même moine soldat, la même exaltation

1. Entretiens réalisés le 22 janvier 1998 et le 14 juillet 1999.
2. Laurent Beccaria, *Hélie de Saint Marc*, Perrin, Paris, 1988.

qu'on trouve — encore — dans le regard du commandant Hélie Denoix de Saint Marc.

On s'en aperçoit en lisant et en l'écoutant, le destin de Denoix est unique, comme tendu par une très ancienne mystique patriote — présente chez de nombreux résistants classés « à droite » — qui va des jésuites à Barrès, de Du Guesclin à Lyautey. Ce sont eux, et le hasard d'une rencontre avec le controversé colonel Arnould, qui décidèrent de son engagement au sein du réseau Jade-Amicol.

*
* *

En juin 1940, vous habitez Bordeaux avec vos parents. Là, vous assistez au spectacle de la défaite, puisque le gouvernement, les assemblées et une partie de l'état-major s'y replient à partir du 14 juin...

À Bordeaux, place de la Comédie, en face du grand théâtre, j'aperçois le chef des armées françaises, le général Weygand. La foule l'applaudit. Il a ce geste... (Hélie de Saint Marc lève les deux bras au ciel en signe d'impuissance et de gêne), comme s'il disait : « On m'applaudit alors qu'on est au fin fond du désastre ! »

À partir du 14 juin, les ministres, leurs services, les états-majors arrivent à Bordeaux, car le gouvernement de Paul Reynaud a décidé de se replier là, probablement en souvenir de la retraite de 1870. Je me promène devant la préfecture, rue Vital-Carles. Je veux voir Paul Reynaud, je n'y parviens pas. Je n'ai pas vu non plus de Gaulle, faute de le connaître à l'époque. J'ai seize ou dix-sept ans, mais je suis conscient de vivre des heures historiques, tragiques...

Je me souviens d'être resté de longues heures à regarder passer la débâcle. C'est une cohue invraisemblable : des gens errants, qui ont perdu une partie de leur famille, les débris d'une armée défaite.

Mon père a eu une syncope quand il a appris l'armistice. Il a fallu faire venir un médecin. Heureusement, il s'en est remis. On ne se rend pas bien compte aujourd'hui de l'ampleur de ce choc.

Difficile d'imaginer, sans l'avoir vécu, ce qu'a été l'effondrement de la France en 40 : un tremblement de terre, un séisme total. Un monde s'effondre brutalement. Tout ce à quoi on croyait, la pérennité de la France comme grande nation, l'invincibilité de l'armée française… disparaît d'un seul coup !

Et, à partir du 23 juin, le décor change : sur la place de la Comédie défile une armée victorieuse. Je regarde l'armée allemande, impressionnante, avec un mélange de haine et de fascination. L'occupant viole notre sol national.

Je suis un adolescent exigeant, fiévreux, romantique. Élevé dans une ambiance patriotique, je refuse de voir mon pays occupé par une armée ennemie. Mon père était avocat, très bon juriste, un homme très droit, et un homme de droite, fervent lecteur de *L'Action française* et ancien de Verdun. L'armée française, cette armée invincible, représentait quelque chose de très important pour moi. Avec mon esprit de jeune Français des années trente, j'abordais l'épopée coloniale sans complexe de culpabilité, avec ses défauts, ses crimes peut-être, mais aussi son œuvre de civilisation.

Quand j'ai vu cette jeunesse allemande triomphante, je me suis dit : « J'aurais bien voulu être à sa place. » Mais j'étais profondément malheureux pour la France. Il ne s'agissait pas de ce « goût abject du vainqueur » que des textes célèbres ont décrit. Heureusement, je ne l'ai jamais ressenti.

Chez qui avez-vous rencontré ce « goût abject du vainqueur » ?

Cette fascination existait chez certains, parmi mes camarades bordelais. À droite, on la trouvait aussi dans une partie de la classe politique ou intellectuelle, chez Robert Brasillach, Pierre Drieu La Rochelle. Les vainqueurs fascinent. J'ai retrouvé le même phénomène plus tard avec la séduction engendrée par le maoïsme. Certains de mes amis ont éprouvé ce sentiment vis-à-vis du Viêt-minh. Ils parlaient avec une attirance non dissimulée de « ces gens en sandales qui faisaient une guerre dure, rude et ascétique ».

L'avez-vous remarqué au sein de la bourgeoisie bordelaise ?

La bourgeoisie bordelaise est complexe. Bordeaux est une ville commerçante, tournée vers le grand large, l'Empire français, cosmopolite, et où l'occupation anglaise a laissé beaucoup de traces. François Mauriac raconte dans ses romans que les fils de la bourgeoisie bordelaise portaient des prénoms anglais, James, William, Valery... Presque tous pratiquaient, ce qui n'était pas courant à l'époque, une, deux ou trois langues étrangères. Des relations commerciales s'établissaient avec le monde entier, y compris l'Allemagne. Quand l'armée allemande s'est installée à Bordeaux, il y avait parmi les officiers allemands d'anciens correspondants commerciaux des maisons de vin ; ils se sont donc retrouvés. Des liens particuliers existaient, ils se sont amplifiés. La « noblesse du bouchon », comme on l'appelle, a continué à faire son travail. Certains ont été résistants. D'autres ont plus ou moins collaboré. Mais je crois que, dans cette période, le commerce a primé sur tout. Et puis ils avaient peut-être une certaine distance vis-à-vis du tumulte de l'Histoire, à cause du souvenir de l'occupation anglaise.

Le régime de Vichy se fonde à Bordeaux, en fait. Perceviez-vous l'importance de ce qui se tramait là, durant ces journées de juin 1940, les manœuvres de Laval, Pétain, Marquet ?

Non. La mémoire ne doit pas travestir la vérité : j'étais un gamin sans conscience politique. J'ai eu alors un simple réflexe de rejet vis-à-vis de l'Occupation, dû à mon imaginaire cocardier, voire militaire. J'étais profondément blessé, et tout prêt, si l'occasion se présentait, à basculer dans une résistance active, pas uniquement sentimentale ou intellectuelle.

Ma réaction a été immédiate, primaire au sens noble du terme, épidermique. « Si on peut emmerder les Allemands, il faut le faire. » Je n'étais même pas antipétainiste. « Je fais don de ma personne aux Français », proclamait le Maréchal. Peut-être voulait-il dire « baiser les Allemands »... Mais l'armistice me choquait. De grandes polémiques traversaient toutes nos familles : fallait-il, ne fallait-il pas cesser de combattre ?

Le souvenir de la guerre de 1870 n'était pas tellement loin. La IIIe République avait été fondée à Bordeaux. Mon grand-père avait assisté, au grand théâtre de Bordeaux, aux réunions de l'Assemblée qui a donné un nouveau régime à la France après l'effondrement du Second Empire [1].

J'étais issu de milieux favorables à la paix en 1870, à la différence de ceux incarnés par la Commune. Du côté maternel, une vieille famille bordelaise, régnait un léger antirépublicanisme de tradition, une méfiance vis-à-vis des maires. On n'aimait pas beaucoup celui de Bordeaux, Adrien Marquet, un bon gestionnaire. Mais le patriotisme était une valeur partagée par nous tous.

1. La République est proclamée à Paris, à l'Hôtel de Ville, le 4 septembre 1870, au soir de la défaite de Sedan, en même temps qu'un gouvernement de la Défense nationale est créé. La lutte contre l'Allemagne se poursuit et le gouvernement doit se réfugier à Bordeaux. L'Assemblée nationale est élue le 8 février 1871 ; réunie au grand théâtre de Bordeaux le 17 février, elle adopte la résolution qui détermine le régime provisoire du pays et nomme Adolphe Thiers chef du pouvoir exécutif de la République française. Il est à la fois président de la République et président du Conseil. Mais la forme républicaine n'est pas définitivement acquise par ce texte, adopté par une Assemblée conservatrice qui veut réserver l'avenir. C'est seulement en février 1875 que l'Assemblée vote les lois constitutionnelles fondant définitivement la IIIe République.

J'avais reçu la formation de la jeunesse de cette époque, celle des pères jésuites, que reflètent certains écrits de Montherlant. Elle prônait la maîtrise de soi, le don de soi, le dépassement… Cette culture un peu stoïcienne était incarnée par des grands héros, dont on faisait en sorte qu'ils deviennent les grandes images de notre panthéon personnel : Georges Guynemer, le héros légendaire de l'aviation française, Henri de Bournazel, le symbole du courageux spahi, combattant au Maroc, et puis Jeanne d'Arc.

Existe-t-il, dans la Résistance, d'authentiques héros dans cette tradition-là ?

Je n'en sais rien… (Silence.) Si… Ceux qui sont morts… (Nouveau silence.) Pierre Brossolette… (Silence encore.) C'était un très grand homme.

Les héros anonymes sont nombreux… Les modestes agents de liaison par exemple. Beaucoup ont donné leur vie. Ils restent inconnus, mais leur valeur et leur force de caractère ont été à la hauteur des plus grands. Personne ne parle de ces héros sans grade. Pourtant, ils ont servi et ne se sont jamais servis.

À l'époque, un de mes camarades a été arrêté à la suite de ses activités dans la Résistance. Pendant le transport, dans un fourgon, les prisonniers lançaient des boulettes de papier pour prévenir leur famille. Un gamin à vélo les a ramassées. L'escorte militaire qui suivait derrière s'est arrêtée, a piqué le gars, et l'a embarqué avec les autres. Ce garçon est mort à Buchenwald. Voyez, ce petit acte de résistance, recueillir un morceau de papier destiné à être transmis à une famille, l'a envoyé dans un camp de concentration.

Et pour vous précisément, dans quelles circonstances la Résistance a-t-elle commencé ?

L'occasion s'est présentée. Le père recteur du collège de Tivoli où je terminais des études incertaines, le père de Gorostarzu, m'a, un jour de mars 1941, convoqué dans son bureau. Avec son air sévère habituel, il m'a dit : « Hélie, je sais que vous vous amusez à franchir, en fraude, la ligne de démarcation entre les deux zones. (Rien n'échappe au père recteur d'un collège jésuite.) Pourriez-vous me rendre un service ? Je connais un ami qui a besoin de passer en zone libre de manière discrète. » J'ai bien entendu accepté. Il a fait entrer le colonel Arnould, un homme massif au regard très vif. Ce dernier m'a donné rendez-vous pour lui faire franchir cette ligne. Ensuite, il m'a demandé des services plus importants, j'ai fait passer des hommes dont j'ignorais l'identité, et enfin j'ai moi-même transporté des courriers et des colis. J'ai su après la guerre qu'il s'agissait d'armes. Je partais de plus en plus loin, dans toute l'Aquitaine, vers la frontière espagnole. J'ai été deux ou trois fois à Bayonne, à Mont-de-Marsan. Ce fut l'engrenage qui m'a entraîné à faire partie de son réseau.

Après la guerre, quand j'ai demandé au père recteur s'il avait hésité avant de m'embaucher dans la Résistance, moi, un jeune élève, il m'a répondu : « À période exceptionnelle, décision exceptionnelle. »

Vous avez appartenu au réseau Jade-Amicol dirigé par le colonel Arnould[1]. Qui était-il vraiment ? Un agent du Vatican, des Anglais ?

Cet homme assez exceptionnel, et en effet assez curieux, est aujourd'hui contesté. On a dit qu'il aurait

1. Né en 1900, Claude Arnould s'engage, en 1917, dans le 1er régiment mixte de zouaves et de tirailleurs. Industriel à Hazebrouck durant les années trente, il semble avoir été un correspondant du deuxième bureau. Mobilisé en 1939 comme maréchal des logis, il se retrouve en juin 1940 à Mont-de-Marsan. Dès juillet 1940, Arnould commence à sillonner la côte atlantique pour monter un réseau. Aidé par le père Dieuzaïde, un aumonier jésuite, il organise son réseau en utilisant les services des congrégations religieuses de la région. Lui-même voyage parfois en soutane. Le nom de Jade-Amicol vient de la pierre précieuse, combiné avec le pseudonyme

été un des animateurs des services de renseignements du Vatican. Le colonel Arnould était un personnage complexe, mystérieux. Dès le début de l'Occupation, il avait réussi à obtenir le soutien des jésuites et s'était installé dans le Sud-Ouest. C'était une tactique très intelligente. Grâce à ce réseau que forment les congrégations jésuites, il disposait, partout en France, du gîte, du couvert et des liaisons nécessaires, avec l'assurance de la plus grande discrétion. C'était un marginal qui prenait des risques. Il m'a d'emblée fasciné et m'a entraîné dans l'aventure. À seize ou dix-sept ans, on est terriblement malléable…

Si j'avais rencontré quelqu'un d'autre, je serais peut-être mort au cours de la campagne de Russie dans les rangs de l'armée allemande. Certains de mes amis y sont partis, des camarades de classe bordelais. À seize ans, voyant la guerre partout, on ne pouvait pas rester sans rien faire, il fallait prendre parti. Un de mes professeurs de philosophie défendait la collaboration. Il souhaitait la victoire de l'Allemagne, pour des raisons idéologiques, je pense. Il a influencé certains de mes camarades qui se sont engagés. Je suis donc infiniment reconnaissant au colonel Arnould de m'avoir entraîné dans la Résistance, même si mon engagement m'a conduit en camp de concentration.

Je vivais une aventure exceptionnelle. Avec l'exaltation, je ne me rendais pas toujours compte des dangers de l'action. Mais j'ai eu peur à certains moments. Je

---

du capitaine Kuehn, un officier britannique de l'IS, dit Amiral, et celui d'Arnould, dit Colonel. Le réseau est directement rattaché à l'IS et compte douze cents agents. Solidement organisé et doté de moyens assez importants, il ne comptera que trente-quatre morts en quatre années de guerre, dont le capitaine Kuehn. À l'actif du réseau : la pénétration de l'organisation Todt et les relevés d'une partie des défenses atlantiques, la pénétration de l'état-major des chemins de fer français. Après la guerre, Arnould devient lieutenant-colonel dans l'armée française et reçoit le Distinguish Order, une des plus hautes distinctions militaires britanniques. Il meurt en 1978.

craignais, si j'étais arrêté, d'être interrogé brutalement. Un jour, j'ai demandé au colonel Arnould s'il pouvait me procurer du poison. Il a ri, sans doute pour me rassurer : « Vous vous prenez pour l'espion du siècle ! Ne vous inquiétez donc pas, vous ne savez pas grand-chose. Les risques sont très minces. Ne songez pas à une arrestation, sinon vous vous ferez prendre. »

J'habitais chez mes parents. Un jour, mon père, pourtant peu communicatif, m'a tenu ces propos, assez nobles : « Je me doute de ce que tu es en train de faire. Fais attention, tu risques de devenir un terroriste. Dans notre famille, il y a des soldats, pas de terroriste. » Je lui ai répondu : « Mais il est impossible de ne rien faire face à l'armée allemande. L'Occupation est une situation insupportable. — Crois-tu que, pour un ancien de Verdun, elle soit supportable ? Tu n'es pas le seul à en souffrir. » Il était inquiet pour moi. Peut-être aussi ressentait-il le regret de ne pouvoir agir lui-même et de la fierté envers son fils.

Mes activités de résistant étaient assez chaotiques. Je continuais mes études au collège. De temps en temps, le recteur me faisait monter dans son bureau pour me confier une mission. Pendant des semaines, je pouvais ne rien faire. Je ne savais rien du réseau Jade-Amicol, même pas qu'il travaillait pour l'Intelligence Service. L'organisation était très cloisonnée. Je connaissais uniquement le colonel Arnould qui ne me faisait guère de confidences. Je ne savais pas qu'il avait fait partie des services secrets. Il ne me livrait aucune information importante. Il m'avait juste parlé de l'avenir du pays après la guerre. Il pensait que les choses changeraient après la Libération, que les clivages politiques seraient effacés ou, en tout cas, différents de ce qu'ils étaient.

Maurice Papon a prétendu, durant son procès, avoir appartenu au réseau Jade-Amicol ?

Je ne sais pas si Papon a appartenu à ce réseau… J'ai été arrêté relativement tôt, en juillet 1943, et je suis revenu, subclaquant, en mai 1945. La Libération avait eu lieu depuis presque un an. Je suis arrivé dans une France qui essayait de se nourrir, de subvenir à ses besoins et d'oublier ce qui s'était passé.

Ce réseau avait des liens avec les Anglais, mais pas avec de Gaulle... Pourquoi ?

Je pense que c'est une des raisons pour lesquelles il a été assez attaqué après la guerre. Le réseau Jade-Amicol, n'ayant jamais appartenu au BCRA, a été un peu marginalisé. Il y en a eu d'autres, Jade-Fitzgerald, lui aussi rattaché à l'IS, les réseaux du colonel Buckmaster. Pour les gaullistes de Londres, travailler sous les ordres des Anglais était une injure personnelle. Selon eux, les Français qui faisaient de la résistance en dehors de leurs structures affaiblissaient le mouvement gaulliste vis-à-vis des Alliés. Une certaine animosité a régné et dure encore de façon plus ou moins consciente à l'égard de ces réseaux qui n'ont jamais fait allégeance au gaullisme. Mais tout cela passait à dix mille mètres au-dessus de moi à l'époque. Je ne l'ai appris qu'après.

C'est aussi pourquoi les hommes de son mouvement, dont je faisais partie, n'ont pas participé au partage du gâteau à la Libération.

Qu'appelez-vous « partage du gâteau » ?

Certains ont beaucoup servi et ne se sont jamais servis, d'autres ont peu servi et se sont beaucoup servis... (Silence.)

Un petit cercle s'est entraidé énormément parmi les résistants. Je n'ai pas voulu entrer dans ce système. Cette solidarité dure toujours, une sorte de franc-maçonnerie... Elle a un côté critiquable, parfois estimable. Ces gens ont eu le courage de s'engager, beaucoup ont vécu un calvaire. Un de mes camarades, un mystique, enregistrait des chants religieux. Il souhaitait sortir un disque, mais aucun producteur ne voulait de lui. Il a été dans une maison tenue par un israélite. Quand ce dernier a su qu'il avait été déporté, il l'a édité immédiatement. Cette solidarité-là est très sympathique. Une cohésion formidable existe entre les résistants et les déportés.

Moi-même, je vois encore beaucoup de résistants et d'anciens déportés. Je fais partie de la Fédération nationale des déportés et internés de la Résistance (FNDIR). J'ai gardé de bons camarades, que j'ai connus en déportation, à Buchenwald, avec lesquels je reste lié.

Vous êtes arrêté le 17 juillet 1943. Quel souvenir en gardez-vous ?

À ce moment-là, je cherchais à passer en Espagne. Je voulais aller me battre en Angleterre, dans l'armée régulière. Le colonel Arnould avait refusé de m'aider. Il m'avait dit : « Votre place est avec moi. » Il m'avait joué la grande scène du dernier acte. « Vous rendez plus de services ici que n'importe où ailleurs. » J'ai donc cherché une autre filière. Elle se révéla moins sûre que le réseau du colonel Arnould. Je suis parti avec plusieurs camarades du collège Sainte-Geneviève. Nous avons été arrêtés dans la montagne, près de la frontière espagnole. Nous roulions dans une camionnette bâchée, sur les chemins de terre, quand nous avons été stoppés par des camions allemands en embuscade. Des soldats nous ont encerclés. Mon premier sentiment fut la stupeur. Je me suis retrouvé les bras en l'air, une arme dans le dos. J'ai entendu pour la première fois la litanie des Allemands, à laquelle je me suis habitué ensuite : *Schnell* (vite)*! Raus* (dehors)*!* J'ai été menotté. Nous avons subi un passage à tabac, léger, c'était juste une mise en condition. Ensuite, on nous a emmenés dans les sous-sols de la citadelle de Perpignan.

Nous avions été trahis par le passeur. Découvert par les Allemands, il avait accepté de leur livrer un convoi sur deux en échange de sa liberté. Je n'ai jamais su exactement ce qui lui était arrivé ensuite. Certains m'ont dit qu'il avait été envoyé en camp de concentration où il était mort. Mais, dans les années cinquante, j'ai été convoqué par un juge qui souhaitait me confronter à un homme qu'il soupçonnait être ce traître. Mes souvenirs s'étaient estompés… Il lui ressemblait légèrement. Mais je n'étais pas sûr de moi. Alors, j'ai dit que je n'en savais rien…

Nous étions de jeunes Français essayant de rejoindre les lieux où l'on combattait. Ce fait méritait la déportation. Certains ont fait beaucoup moins que nous et ont été déportés à cause de leur naissance… De Perpignan, nous avons été conduits au camp de triage de Compiègne. De là, fin juillet-début août, nous sommes partis pour Buchenwald. Je ne me doutais pas alors que nous allions vers les camps de la mort. Le premier transfert s'était passé dans de relativement bonnes conditions. La conscience de notre sort m'est apparue lors de ce second trajet, de Compiègne à Buchenwald. Les gens étaient entassés, sans eau ni nourriture, aux côtés de cadavres… Un train de la mort, comme certains l'ont décrit. L'horreur débutait là.

Et, dans cette horreur, que fait-on ? A-t-on encore la possibilité de résister ?

Oui, mais j'ai cru bien souvent y rester… Surtout durant la détention à Langenstein, une annexe de Buchenwald, qui travaillait au service de l'économie de guerre du Reich. J'y ai été affecté en septembre 1944. Nous étions « employés » à creuser le tunnel d'une usine souterraine. Elle devait abriter les prototypes des armes qui permettraient à Hitler de gagner la guerre. Le travail était inhumain ; nous étions sous terre, sans aération, dans la poussière, le froid. Je dois d'être resté en vie à un mineur de Lettonie, un géant blond, tout en muscles. Il volait de la nourriture, celle de nos camarades, mais aussi, comme il était courageux, celle des nazis. Et il la partageait avec moi.

Une image de cette période reste très forte. À la fin,

en avril 1945, nous avons entendu des bombardements. Les Alliés survolaient la région, ils se rapprochaient de nous. Paniqués, les nazis ont fui le camp dans un grand désordre. Certains de mes camarades évacués ont connu cette marche forcée vers la mort. Ils sont décédés d'épuisement ou mitraillés. Les impotents, les malades, dont j'étais, avaient été entassés dans l'infirmerie. Le bruit avait couru un moment que nous allions être achevés au lance-flamme. Finalement, nous avons été abandonnés, agonisants, dans ce mouroir. J'étais dans un état comateux, refusant de mourir. Le camp vide, des civils allemands, des villageois des environs, sont venus, amenés par un pasteur. J'ai vu un visage de femme apparaître dans un encadrement de fenêtre. Je vivais depuis deux longues années dans un monde sans femmes. Ce visage m'a paru très beau. Et puis j'ai perdu connaissance. Je me suis réveillé à l'hôpital américain de Magdebourg où l'on m'avait transporté.

Alain Le Ray[1]

Dans la Résistance, il y avait des hommes-symboles, il y a aussi des lieux-symboles. J'ai voulu rencontrer le général Alain Le Ray car il fut un des fondateurs du Vercors, le plus mythologique des maquis. Quatre mille combattants étaient réunis là, qui avaient rejoint, en mai 1944, les trois cent cinquante réfractaires installés au printemps 1943. On imagine mal aujourd'hui ce que furent les maquis, et le plus légendaire d'entre eux : le Vercors.

Une sorte de porte-avions de roches grand comme un département français. Un projet militaire fou d'où devait partir, au même moment que le débarquement allié, la reconquête du territoire. C'est le fameux « plan Montagnard » qui, malheureusement, ne fut pas appliqué. On imagine quelle fut l'immense déception pour la France combattante quand Alger et Londres abandonnèrent les maquisards. Du 21 au 23 juillet 1944, huit cent quarante résistants furent tués dans l'offensive de l'armée allemande.

Le général Alain Le Ray, quatre-vingt-neuf ans aujourd'hui, fut l'un des créateurs du Vercors. Il est, depuis toujours, un militaire autant qu'un montagnard du Dauphiné, cette terre particulière dont Michelet avait écrit, bien avant les événements qui nous intéressent, que soufflait là « un vigoureux esprit de résistance ».

Avant-guerre, ce militaire représentait l'alpinisme

1. Entretien réalisé le 23 avril 1998.

français, en lutte sportive et symbolique avec l'alpinisme allemand, sport officiel du IIIe Reich — il rencontrera alors le fameux Heinrich Harrer, lors de ses expéditions du début des années trente. Mais l'histoire du Vercors ne croise pas que des alpinistes et des militaires, on y rencontre aussi des écrivains amis de Le Ray, ce général atypique : Jean Prévost — que le livre de Jérôme Garcin[1] nous a fait redécouvrir —, auteur de quatre romans et d'un essai sur les plaisirs du sport, qui fut, avec le général Alain Le Ray et Pierre Dalloz, l'un des concepteurs du « plan Montagnard » ; François Mauriac, le beau-père de Le Ray ; sans oublier les intellectuels d'Uriage. Alain Le Ray est un des responsables de leur engagement actif dans la Résistance, après un début de guerre « maréchaliste ». Au printemps 1943, après la fermeture par Vichy de l'école des cadres d'Uriage, ses membres se replient au château de la Murinais, dans l'Isère. Ils forment là une communauté d'études, La Thébaïde, publient des journaux clandestins. Alain Le Ray, qui les connaît depuis un stage à Uriage à l'automne 42, les met en contact avec des maquisards. Ils formeront des équipes volantes chargées d'instruire et d'encadrer les maquisards.

***

Prisonnier en 1940, après une double évasion vous rentrez en France en 1941. François Mitterrand racontait qu'après s'être, lui aussi, enfui d'un camp allemand Vichy lui avait octroyé une prime pour son retour...

Je n'ai pas vu l'ombre d'une prime ! Et on ne m'a pas félicité... au contraire ! En Saxe, Colditz, où j'avais été enfermé à la suite de ma première évasion manquée, en janvier 1941, était un camp international d'évadés, de mauvaises têtes. Nous étions tous aussi antiallemands, antinazis qu'il était possible de l'être. Je me suis échappé, seul, une seconde fois, le 11 avril 1941, avec la ferme intention de reprendre le combat le plus vite possible. Arrivé en France le 18 avril 1941, simple lieu-

1. *Pour Jean Prévost*, Gallimard, Paris, 1994.

tenant, je suis allé me présenter à la direction de l'infanterie à Châtelguyon, j'ai été reçu par un colonel qui m'a tenu le discours suivant : « Ah bon, vous vous êtes évadé. Mais vous n'avez rien compris. Vous deviez rester prisonnier. La France étant en état d'armistice avec l'Allemagne, le devoir d'évasion n'existe pas. Il n'est pas question de reprendre les armes. Vous n'avez pas compris votre rôle, mais enfin, étant donné votre jeunesse… »

J'ai d'abord été nommé à Lyon. Comme j'étais furieux ! En tant qu'évadé, je croyais pouvoir obtenir l'affectation demandée : un bataillon de chasseurs alpins. Je voulais retourner au 159e à Grenoble, parce que j'y avais commandé une compagnie en 1940. Cette unité existait encore ; j'estimais, en tant qu'ancien chef, décoré à la tête de sa compagnie pour un fait d'armes assez brillant, avoir le droit d'y retourner. Finalement, j'ai obtenu l'affectation souhaitée.

Arrivé à Grenoble, j'ai été plongé dans une atmosphère étrange. L'armée d'armistice se divisait entre différents clans. Des fanatiques du maréchal Pétain trouvaient qu'il n'en faisait pas assez. D'autres, comme moi, se disaient : « Attendons. On verra : ou bien on passe la frontière espagnole, les Pyrénées, pour aller combattre en Afrique du Nord, ou on reste ici et on fait de la résistance. » Le concept de résistance n'était pas encore très clair. Le mot n'était pas prononcé, mais l'idée y était. En tout cas, je m'aperçus que l'armée d'armistice ne correspondait plus à rien, elle n'avait plus de raison d'être.

Avez-vous cru à la thèse du glaive et du bouclier ?

J'y ai cru à un moment donné. Quand je suis arrivé en France, après mon évasion de Colditz, je ne comprenais rien à la situation. J'ai pensé, naïvement, qu'il pouvait y avoir, qu'il devait y avoir, des accords secrets entre Pétain et de Gaulle. Je me suis rendu compte de mon erreur trois ou quatre mois avant l'invasion de la zone libre par les Allemands.

Je bascule dans la résistance à ce moment-là, en novembre 1942. Mais, moralement, j'y étais décidé depuis un moment. Je me disais : « Si je ne suis pas liquidé par les Allemands, je m'en vais. » Rester dans cette armée d'armistice devenait insoutenable. Entrer en campagne en France était un rêve naïf. Il ne pouvait être question pour cette malheureuse armée de cent mille hommes d'entrer en campagne contre la toute-puissante Wehrmacht ; d'autre part, transformer une armée régulière en une armée de maquisards était impossible. Mais j'ai passé un moment dans l'armée d'armistice avant de comprendre réellement son inutilité.

Au début, je n'étais absolument pas gaulliste. Je le suis devenu. Je me demandais qui était ce général. Peut-être un agent de la puissance britannique ? Je voyais les choses d'une façon tout à fait erronée. Par la suite, je me suis souvent demandé ce qu'on aurait fait si de Gaulle n'avait pas existé… !

Vous êtes passé à l'école d'Uriage, avant de vous engager dans la Résistance. Était-ce encore un lieu maréchaliste ?

Cette expérience m'a aidé à y voir plus clair… En octobre 1942, officier dans l'armée d'armistice, j'ai été envoyé en stage pendant trois semaines à l'école des cadres d'Uriage[1], un mois avant sa liquidation. J'ai

1. L'école d'Uriage, fondée à l'automne 1940 par le gouvernement de Vichy, inspirée et dirigée par le capitaine de cavalerie Pierre Dunoyer de Segonzac, proposait des stages de formation pour les futures élites françaises. Plus imprégnés du personnalisme d'Emmanuel Mounier que de l'esprit de la Révolution nationale, l'école, son chef, ses professeurs et ses élèves s'éloignent peu à peu de l'État français qui s'enfonce dans la collaboration. Le 27 décembre 1942, le gouvernement de Vichy finit par dissoudre l'école et ordonner l'arrestation de son chef. Beaucoup de ses membres, comme Pierre Dunoyer de Segonzac, rejoignent la Résistance. En 1944, il devient chef du secteur sud du département du Tarn et participe à la libération de Castres le 20 août 1944. Voir l'entretien avec Serge Ravanel.

trouvé là un état d'esprit qui correspondait au mien, antiallemand, ayant le mépris de Vichy. Je m'y suis senti parfaitement à l'aise. À l'époque, ils n'étaient plus du tout vichyssois. J'étais d'ailleurs ahuri par leurs propos ouvertement antimaréchalistes, par leur liberté de langage. Dans l'armée, il n'était pas question de s'exprimer de la sorte.

Le fondateur d'Uriage, Pierre Dunoyer de Segonzac, était un officier de cavalerie, un aristocrate de grande classe, beau, s'exprimant bien. Il faisait l'admiration de tous autour de lui, des femmes aussi bien que des hommes. Il possédait surtout le talent de s'entourer de gens de qualité, il avait une très belle équipe, très diversifiée. Des syndicalistes militants cohabitaient très sympathiquement avec des gens de droite. Un grand libéralisme intellectuel, composante de l'esprit d'Uriage, régnait.

Comment le gouvernement de Vichy pouvait-il continuer à subventionner Uriage ?

Vichy avait un côté très hétéroclite qui permettait cela. Jusqu'à un certain point puisque l'école d'Uriage, lors de sa création, était maréchaliste. C'est la raison pour laquelle de Gaulle n'a pas voulu rencontrer Dunoyer de Segonzac. Ce dernier est allé demander audience à Alger et il n'a jamais été reçu.

J'ai assez bien connu Pierre Dunoyer de Segonzac par la suite. Après avoir démissionné de mon poste de responsable militaire du Vercors, en décembre 1943, j'étais très disponible. Il m'a demandé si je pouvais me charger de faire entrer les anciens d'Uriage dans la Résistance. J'ai accepté. Je me suis arrangé pour parcourir la France, les joindre et faire la jonction avec les mouvements de résistance locaux. Ils étaient dispersés, mais ils conservaient l'esprit. J'ai fait rentrer à peu près tous les noyaux d'Uriage. Où qu'ils soient, je les instillais, avec plus ou moins de succès, dans la résistance locale.

En avril 1944, j'ai organisé une grande réunion, avec Paul Delouvrier, à l'Institut catholique de Paris, pour inciter les gens de la région parisienne à entrer dans la bagarre. Comme ils me rétorquaient qu'ils ne disposaient pas d'armes, je leur ai répondu : « Vous n'avez qu'à en prendre. Il n'y a rien de plus facile. Au début de l'occupation allemande, à Grenoble, il m'est arrivé plusieurs fois d'aller dans un restaurant fréquenté par les Allemands, de descendre là où ils rangent leurs armes et de ramasser un pistolet. » Mon discours était symbolique. Il signifiait : « Si vous voulez de l'armement, ne pas avoir le prétexte d'en manquer pour ne pas faire de résistance, vous le trouverez, il suffit de le vouloir. Vous allez piller un magasin d'armes… on a le droit quand on fait de la résistance. »

Mes propos avaient scandalisé. En particulier Hubert Beuve-Méry [1], le grand prêtre de la doctrine d'Uriage. Peu après, au cours d'un dîner dans le quartier de Saint-Augustin, il m'a fait le reproche de vouloir embarquer ces jeunes gens dans des bagarres de coin de rue : « Comment pouvez-vous donner des conseils pareils ? Ils vont se faire prendre, ils se feront fusiller pour rien ! C'est une connerie, parce qu'il faut conserver des hommes d'élite pour l'avenir. C'est la fin de la guerre, les armées s'expliquent entre elles. Ces histoires de coups de main n'ont plus aucun sens, laissez donc ces garçons-là tranquilles, vous allez en faire tuer qui nous manqueront après la guerre. » Alors là, je me suis fâché. Je lui ai donné comme exemple Jean Prévost : « Un écrivain qui aurait eu certainement une grande carrière, un garçon merveilleux. Et il savait qu'il avait de la valeur. Par passion patriotique, par amour de la liberté, il a exigé d'être un combattant de la base, les armes à la main, et il y a laissé sa vie. Voilà un exemple magnifique, et vous, en tenant ces propos, vous me décevez profondément. »

1. Fondateur du quotidien *Le Monde* en 1944.

Vous parlez de Prévost, l'un des fondateurs du Vercors avec vous. Qui en eut l'idée le premier ?

L'idée du Vercors vient de Pierre Dalloz, l'architecte, et aussi de Jean Prévost, l'écrivain, le rêveur. Il l'a encouragé. Dalloz habitait une propriété au pied des trois pucelles du Vercors. Il voyait souvent Jean Prévost qui préparait sa thèse sur Stendhal. Tous deux nourrissaient un rêve : utiliser le Vercors comme un bastion puissant pour recevoir des maquisards. Au début de 1943, Dalloz avait déjà rencontré Max (Jean Moulin), Yves Farge[1], et le général Delestraint, le chef de l'Armée secrète[2]. Ils avaient mis sur pied un petit plan très simple, reposant

1. Yves Farge a informé Jean Moulin de l'existence du projet de Pierre Dalloz. C'est également lui qui apporte au maquis, en mars 1943, les premiers fonds alloués par Londres. Devenu objecteur de conscience et pacifiste après les horreurs de la Première Guerre mondiale, ce militant socialiste, journaliste à Grenoble, à *La Dépêche dauphinoise* puis au *Progrès de Lyon* dans les années trente, se déclare pourtant hostile aux accords de Munich et met en garde contre les fascismes. Après l'armistice de juin 1940, très vite, il met sa plume au service de la Résistance. Il fait partie de l'équipe du *Bulletin de la France combattante*, organe du Bureau d'information et de presse créé par Jean Moulin. Débordant d'énergie, très indépendant, volontiers hostile aux autorités en place et aux puissances d'argent, Yves Farge, devenu commissaire de la République à Lyon à la Libération, accueille le général de Gaulle et lui présente les résistants. « Et les autorités ? » demande le chef du gouvernement. « Elles sont en prison, mon général ! » Occupant le poste difficile de ministre du Ravitaillement en 1946, l'affaire des vins, un sombre trafic sur fond de pénurie et de marché noir, qu'il avait lui-même contribué à déclencher, mettra fin à sa carrière politique. (Georgette Elgey, *La République des illusions (1945-1951)*, Fayard, Paris, 1993, p. 225.)

2. Partisan de l'armée blindée, Charles Delestraint fut le supérieur du colonel de Gaulle dans les années trente et lors de la campagne de 1940. Après l'armistice, placé dans le cadre de réserve avec le grade de général de division, Delestraint commence à regrouper les « Anciens des chars ». À la fin août 1942, à Lyon, il rencontre Jean Moulin qui obtient de Londres sa nomination comme chef de l'Armée secrète en zone Sud. Le général Delestraint est arrêté le 9 juin 1943 à Paris, déporté le 8 mars 1944 au camp du Struthof, puis à Dachau où il est abattu par un SS le 19 avril 1945.

sur l'idée suivante : des points forts, d'où pourraient partir des offensives partielles, sont nécessaires sur le territoire français occupé, offensives dont l'efficacité dépend de leur étroite coordination avec les entreprises alliées ou françaises de l'extérieur. Le Vercors était un bastion naturel susceptible de servir de plate-forme de parachutage à des forces venues de l'extérieur en corrélation avec un débarquement au Nord ou au Sud. Il ne s'agissait aucunement d'un bastion défensif, immobile, bien au contraire. De cette forteresse puissante, ces forces pourraient couper la route soit à des ravitaillements, soit à des replis, soit à des renforts de la Wehrmacht.

Ayant étudié la question, le général Delestraint a demandé à Pierre Dalloz de mettre au point et d'étoffer ce plan. Dalloz a alors fait appel à moi. Je l'avais rencontré, avant la guerre, au club académique de l'alpinisme française de l'époque, le GHM, le Groupe de haute montagne. Il était une des célébrités de l'alpinisme français à l'époque. Il était mon aîné de dix ans et je le considérais comme une lumière. Il avait ouvert des grands itinéraires avec trois ou quatre autres. Les jeunes alpinistes, comme moi, admiraient beaucoup ces découvreurs. J'ai toujours eu énormément de sympathie pour Dalloz. Nous nous connaissions bien. Au début 1943, je l'ai retrouvé à Grenoble. À ce moment-là, j'étais dans l'armée d'armistice, attendant une occasion. Il a compris ma disponibilité et il m'a proposé de travailler à l'étude de cette idée. J'ai alors bâti un projet d'utilisation militaire du Vercors, baptisé « plan Montagnard ». Le plan a été approuvé, au début d'avril 1943, par le général Delestraint qui a inspecté les premiers maquis du Vercors. Londres donna son accord en faisant diffuser à la BBC le message : « Les montagnards doivent continuer à gravir les cimes. »

Quels souvenirs conservez-vous de Jean Prévost ?

Lorsque j'ai rencontré pour la première fois Jean Prévost dans la propriété des Dalloz, sachant que j'étais le gendre de Mauriac, il m'a immédiatement déclaré : « Permettez-moi de vous appeler Alain, je sais qui vous êtes », etc. Mon beau-père, François Mauriac, avait été son témoin de mariage. Il était l'aîné de Jean Prévost d'une bonne dizaine d'années, même un peu plus. Ils étaient très liés et mon beau-père estimait que Prévost avait une très belle carrière devant lui. Jean était un garçon merveilleux. Lui et Dalloz avaient des relations de poètes, de visionnaires. Ils étaient tous les deux de fervents patriotes. Prévost était un jacobin, un patriote sans le dire, un homme de gauche, pour qui la défense du pays et la défense de la liberté sont une seule et même chose. Je ne me souviens pas de l'appartenance politique de Dalloz. Par la suite, il est devenu violemment antigaulliste. Je n'ai pas compris pourquoi.

Avez-vous vu souvent François Mauriac pendant la guerre ?

Nous nous sommes mariés, sa fille et moi, le 4 mai 1940. J'ai quitté ma femme six jours après mon mariage et je ne l'ai retrouvée que onze mois plus tard. Cela aurait pu durer cinq ans…

En 1940, Mauriac était à Malagar, dans sa propriété de Gironde. Au moment de notre mariage, nous n'avons guère parlé ensemble et je l'ai vu très peu pendant la guerre. Mais je sais qu'il a été à fond de notre côté. Il n'a pas tout de suite jeté Pétain aux orties. Il ne s'est pas prononcé contre l'armistice. Il préférait savoir ce que le régime allait donner. Très peu d'intellectuels, de personnalités, ont été contre l'armistice et avec de Gaulle dès le début. Quelque temps après, surtout à partir de novembre 1942, cela a changé. Pour moi, après novembre 1942, il n'était plus permis d'être du côté du Maréchal.

Politiquement, avant la guerre quelles étaient vos opinions ?

Durant les années trente, étudiant au Quartier latin, j'ai adhéré à une petite association, la LAURS, la Ligue d'action universitaire républicaine et socialiste, dont le président était Pierre Mendès France. Je n'y suis pas resté. Malgré tout, j'étais un patriote fanatique. Le patriotisme était ma religion, et l'est encore aujourd'hui. À l'époque, j'ai trouvé que la LAURS était insuffisamment consciente des dangers vers lesquels nous allions. Ma sensibilité a toujours été celle d'une gauche patriote. Aujourd'hui, j'apprécie Jean-Pierre Chevènement, ou Max Gallo.

L'alpinisme a beaucoup compté dans votre formation...

J'ai fait mes études en Suisse et j'y ai pris le goût de la montagne. J'avais ça dans le sang. J'ai commencé à faire des escalades difficiles à treize ans ; à dix-sept, je suis devenu un fervent alpiniste. Je faisais de la neige en tête de cordée, ce qui est rare à l'époque. Et puis j'ai continué. J'ai grimpé sérieusement jusqu'à soixante ans. Ensuite, je me suis contenté de courses plus modestes.

C'est curieux tout de même cette sorte de compétition, dans l'entre-deux-guerres, entre l'alpinisme français et l'alpinisme italien ou allemand — eux instruments de propagande...

Oui, vous avez raison. Ces disciplines étaient tout à fait à l'avant-garde à cette époque. J'ai fait une partie de mes études en Allemagne, deux semestres dont un à Munich en 1929, pour apprendre la technique de l'escalade moderne...

L'alpinisme, un sport héroïque, était un fer de lance, surtout de la façon dont les Allemands le pratiquaient. En ce temps-là, il fallait vaincre de hautes parois. Les Allemands et les Italiens remportaient victoire sur victoire dans les Alpes occidentales, la face nord de l'Eiger, la face nord des Grandes Jorasses. Je fréquentais ce milieu allemand, je le connaissais bien. En particulier, j'ai rencontré Heinrich Harrer[1] deux ou trois fois en refuge, en 1931 ou 1932, avant sa victoire sur l'Eiger, en 1938. Il avait à peu près mon âge..., un garçon sympathique, un grimpeur de très grande classe.

Ces alpinistes allemands furent entraînés dans un flot puissant et énorme qui les emportait sans leur demander leur avis, si j'ose dire. Et ils s'y trouvaient très bien. J'ai découvert un petit livre en Allemagne, *Pour la face nord de l'Eiger*, dans lequel est racontée cette aventure extraordinaire. Auparavant, dix-huit Allemands y avaient péri. Après la victoire, les alpinistes ont été reçus par Hitler, qui leur a donné toutes sortes de décorations et d'éloges. On lit sous la plume de ces garçons-là, en particulier de Harrer, des mots de reconnaissance

1. Heinrich Harrer, né en 1912, dans la province autrichienne de Carinthie, fils d'un employé des postes, escalade, en juillet 1938, la face nord de l'Eiger avec trois autres alpinistes allemands. À la veille de l'annexion de la Tchécoslovaquie, la propagande nazie récupère cette victoire lors d'une fête sportive organisée en leur honneur à Breslau devant trente mille personnes. La même année, Harrer devient membre des SS comme instructeur de ski. Puis il participe en 1939 à une expédition himalayenne allemande sur le Nanga Parbat. Encore aujourd'hui, cette expédition reste une énigme : avait-elle un but idéologique ? Les nazis étaient persuadés que les Tibétains descendaient directement des Aryens qui auraient trouvé refuge dans l'Himalaya au moment de l'effondrement de l'Atlantide... Cette « mission » devait-elle apporter la preuve « scientifique » de cette théorie délirante ou n'était-ce qu'une tentative de gravir l'un des plus redoutables sommets du monde de plus de huit mille mètres ? Que savait Harrer ? Au retour de cette mission, il est interné dans un camp anglais à Dehra Dun, au pied de l'Himalaya, s'évade en 1944 et fuit à travers le Tibet. À Lhassa en 1946, il se lie d'amitié avec le jeune dalaï-lama et reste cinq années en sa compagnie. Il continue ensuite à effectuer de longs voyages d'exploration. La polémique à propos de son passé a resurgi encore dernièrement à propos de la sortie du film de Jean-Jacques Annaud, *Sept ans au Tibet*, une adaptation du récit par Harrer de ses aventures au Tibet, publié en 1953, un classique de la littérature d'aventures, traduit en quarante-huit langues. (*Le Monde*, 23-24 novembre 1997.)

infinie. En dessous d'une des photos, en légende, il y a : « La plus belle récompense est de parler à Hitler ». Complètement embarqués par le régime, ils ne se posaient pas de questions.

Un seul de mes camarades de montagne allemands, un ingénieur, m'avait averti : « Surtout ne te laisse pas prendre, on va droit à la catastrophe avec ces gens-là. » J'ai continué à avoir de ses nouvelles, je correspond encore aujourd'hui avec lui. Il a fait la guerre comme ingénieur, dans sa spécialité, puis est devenu citoyen de la RDA… Il est resté fidèle à ses idées. Un social-démocrate profondément ancré dans sa foi.

Revenons au Vercors. Comment avez-vous bâti le « plan Montagnard » ?

Par rapport à l'idée originelle, je voyais les choses de façon plus détaillée et nuancée. Il n'était pas question de former un bastion fixe. Il fallait d'abord recueillir les forces clandestines, issues des réfractaires au travail obligatoire [1], les entraîner, les armer, les habituer à la vie de maquisards. Cela dans la perspective d'une entrée en action militaire armée contre l'occupant.

Donc une action offensive. C'est la conception — qui n'a pas été appliquée — d'un porte-avions sur terre…

1. Depuis 1942, le Reich tente d'obtenir de la France l'envoi de travailleurs en Allemagne pour combler son manque de main-d'œuvre. Le gouvernement marchande, et « obtient », en juin 1942, « la Relève » : le retour d'un prisonnier pour trois travailleurs volontaires. Devant son échec, le gouvernement allemand exige un système de « volontariat forcé ». En septembre 1942, le gouvernement de Vichy « obtient » de pouvoir administrer la conscription du travail. Enfin, la loi du 16 février 1943 instaure le Service du travail obligatoire, STO, qui permet de réquisitionner des jeunes gens afin de les envoyer travailler en Allemagne. Les réfractaires sont de plus en plus nombreux. Alors que le taux des requis « défaillants au départ » était seulement de 20 % en mai 1943, il passe à 50 %, puis à 70 % en juillet et en août.

Tout à fait, un porte-avions sur terre… Il y avait deux aspects dans le plan Montagnard. Un aspect défensif, un autre offensif. Le premier faisait du Vercors un lieu de recueil de garçons disponibles, qui avaient refusé de partir pour l'Allemagne. Ils devaient devenir de futurs combattants. Il fallait les instruire, les armer, et avoir la possibilité de recevoir des parachutages pour l'armement. Le Vercors était particulièrement adapté à la formation d'un maquis. Il a la taille d'un petit département comme le Vaucluse. Il n'est pas totalement inaccessible. Sur le versant est, le Vercors tombe par des falaises pratiquement verticales, avec un petit nombre de pas ; elles s'étendent sur trente kilomètres avec quelques interruptions, relativement faciles à obstruer ; au nord et au sud, pareil ; à l'ouest en revanche, les pentes sont couvertes d'un maquis inextricable, mélange de falaises, ravins, praticables par une infanterie de montagne bien entraînée, mais ce n'est pas facile.

Le second aspect du plan Montagnard visait à préparer la venue de forces aéroportées dont les maquisards seraient l'avant-garde. Ils compléteraient leurs actions opérationnelles à l'extérieur, soit sur la basse vallée de l'Isère, soit sur la vallée du Rhône, soit du côté de la Durance. Pour moi, il s'agissait d'une conception offensive.

Par la suite, il y a eu une espèce de confusion. Le plan Montagnard a dérivé. Beaucoup ont vu dans le Vercors, y compris parmi les maquisards, une place forte — la conception défensive —, dans laquelle ils allaient s'incruster pour y recevoir l'ennemi et mener un combat frontal. Mes successeurs disaient : « Les Boches vont se casser le nez sur nos falaises. »

Mais ils n'ont pas vraiment eu le choix. Car ils ont pensé jusqu'au dernier moment — c'est ça, le drame du Vercors — que le plan Montagnard avait été bien accueilli à Londres, puis à Alger, que l'on s'était penché sur ses détails et surtout sur sa conclusion : le rôle du Vercors est de recevoir des forces aéroportées, destinées à agir sur les arrières des Allemands.

L'objectif de votre plan était de prendre en tenaille les Allemands pour aider les forces du débarquement...

Oui. Et il était également prévu la possibilité que les forces alliées n'aient pas besoin de cette forme opérationnelle. Dans l'hypothèse où il ne se passerait rien du côté allié, le Vercors devait être une zone de recueil, d'entraînement, d'armement et d'équipement. Ces garçons, une fois instruits, encadrés, iraient faire des opérations ailleurs. Je ne prévoyais pas de bastion fixe.

De qui dépendait le maquis du Vercors ?

Il dépendait directement de Londres, sous les ordres du général Delestraint. Après son arrestation en juin 1943, la situation a changé. Nous avons été vraiment indépendants pendant quelque temps. Nous appartenions à la région R1, la zone du Sud-Est, mais nous n'étions pas intégrés dans l'appareil. Je m'étais mis à la disposition du chef militaire de la région, le commandant Marcel Descour (« Bayard ») en lui disant : « Je n'ai plus de patron ni à Londres ni à Alger, je rentre dans votre système, je suis votre homme. »

Pourquoi avoir démissionné de votre poste de responsable militaire du Vercors en décembre 1943 ?

À la suite d'un parachutage, j'ai été convoqué, régulièrement, comme un commandant de département militaire classique, pour une grande réunion de la zone Sud, dans les environs de Lyon. Devant un aréopage de grands patrons, j'ai été apostrophé par Bayard : « Nous regrettons beaucoup que le premier grand parachutage dont ait bénéficié la région, au Vercors, ait été récupéré dans des conditions non satisfaisantes. » Une partie du matériel parachuté avait été dérobée. J'ai appris plus tard que les voleurs appartenaient aux Groupes francs de Grenoble… Furieux de cette semonce, je me suis levé en lançant : « Si c'est ma démission que vous voulez, la voilà ! » Et Bayard a répondu : « Démission acceptée. » Terminé. Après cela, ni lui ni moi n'aurions accepté de revenir en arrière.

Regrettez-vous ce départ ?

Non, car les choses étaient mal parties. Nous étions considérés un peu comme des dissidents, parce que notre rattachement direct au général Delestraint ne correspondait plus à l'organisation logique de l'Armée secrète qui se mettait en place. Celui qui personnalisait cette anomalie, moi, n'était donc plus persona grata. L'organisation nationale voulait mettre la main sur le maquis du Vercors. Je n'allais pas me battre pour ma place, qui, en fait, était une lourde charge. Notamment, une fois par mois j'allais chercher l'argent pour faire vivre mes maquisards, à mes risques et périls. Si, en plus de cela, je me faisais tirer dans les pattes par les gens de Lyon ! On n'avait pas confiance en moi, je m'en allais.

Après mon départ, peu de choses ont changé. Après un intérimaire, mon successeur, nommé par Lyon, François Huet (« Hervieux »), voyait la situation à peu près comme moi. Il s'est très bien entendu avec le chef civil, Eugène Chavant. Hervieux croyait dur comme fer à l'intervention alliée dans le Vercors. Et il a joué cette carte comme si c'était une certitude, parce que Alger lui en donnait sans cesse confirmation.

À Alger, le lieutenant-colonel « Saint-Sauveur », chef du service action de la DGSS (Direction générale des services secrets), l'annexe d'Alger du BCRA, dirigée par Jacques Soustelle, a maintenu, jusqu'au bout, le commandant du Vercors dans la certitude que les renforts promis arriveraient. Il était aussi le représentant français au SPOC (Special Project Operation Center) dans lequel travaillaient un Anglais, un Américain et un

Français. Il assurait donc les liaisons entre l'état-major français et le commandement interallié qui détenait les moyens.

Quand Eugène Chavant est allé à Alger, le 23 mai 1944, Saint-Sauveur lui a donné des assurances formelles. Il a demandé : « Combien voulez-vous de parachutistes ? » Chavant a répondu : « Avec deux mille cinq cents on s'en sortira très bien. — On vous en enverra bien plus que ça. » Saint-Sauveur en promettait quatre mille, presque le double !

Avant de regagner la France, Chavant est passé voir Jacques Soustelle. Il est reparti muni d'une note officielle stipulant que le Vercors doit continuer à appliquer le plan Vidal — Vidal était le nom de guerre du général Delestraint, le plan Vidal désignait donc le plan Montagnard —, en ajoutant : dans le cadre de la région R1. Le Vercors avait été intégré dans ce cadre. Ce document, portant le timbre du service action de la Direction générale des services spéciaux (DGSS), la signature de Jacques Soustelle pour le général de Gaulle, engageait donc la plus haute autorité.

Preuve supplémentaire de l'importance que le commandement français et les Alliés attachaient au maquis, des parachutages massifs d'armes étaient effectués, des missions françaises et alliées (mission Eucalyptus, etc.), toujours très encourageantes, vinrent, à plusieurs reprises, s'enquérir sur place de la situation du terrain. L'une des plus spectaculaires fut, quelques jours avant l'offensive allemande, l'arrivée d'une équipe de parachutés pour diriger la construction d'une piste pour Dakota à Vassieux. On ne pouvait pas donner meilleur encouragement…

Les responsables du Vercors ont cru à ces promesses et ont continué à préparer l'accueil de forces aéroportées en provenance d'Afrique du Nord. Le commandant Marcel Descour (Bayard), de son PC avancé du côté de Saint-Julien, a donné les directives au Vercors, à Huet, persuadé de l'arrivée des renforts. Il avait pleine confiance dans les encouragements donnés par Alger.

Je les excuse donc entièrement. Je ne suis pas sûr, si j'étais resté — je suis méfiant a priori et personne à cette époque-là ne pouvait s'engager à rien —, que j'aurais marché à fond, mais je n'en suis pas certain...

On a laissé tomber le Vercors. C'est incompréhensible ! Pourquoi les Alliés ou les Français n'ont-ils pas envoyé les renforts promis ?

À Alger, l'état-major français n'avait aucun pouvoir, aucune possibilité d'action sur le territoire français. Il ne disposait que de forces aériennes tronquées, non opérationnelles, sous les ordres du commandement interallié, basé à Naples. Or, à ce moment-là, le commandement de Naples qui menait son opération sur le sud de l'Europe était entièrement le maître du jeu et avait mis l'embargo sur toutes les forces opérationnelles. L'opération de débarquement en Afrique du Nord avait réussi. Les progressions en Italie se poursuivaient dans d'excellentes conditions. Pour achever le coup dans le sud de l'Europe, il avait été décidé de frapper en Provence. Les gens d'Alger n'étaient pas au courant des intentions profondes du commandement de Naples qui gardait un secret absolu sur ses opérations, y compris la date et le lieu du débarquement en Provence. Comme pour le débarquement de Normandie, il n'était pas question de mettre les Français dans le secret.

Les gens d'Alger ont fait des promesses qu'ils ne pouvaient pas tenir puisque tout se décidait à Naples.

À l'époque, de Gaulle aurait-il eu la possibilité, la logistique pour envoyer quand même quatre mille parachutistes ?

Non, les Français ne le pouvaient pas. Ils auraient seulement pu envoyer des renforts dérisoires et, de toute façon, ils n'avaient pas le droit de s'en servir. Le commandement allié n'aurait jamais autorisé une opération montée sur la seule initiative française.

Mais alors, pourquoi, sachant cela, Alger a-t-il encouragé le Vercors ?

C'est, à mes yeux, une irresponsabilité extrêmement grave. Les hommes d'Alger se sont contentés d'envoyer des télégrammes pour dire : « Tenez le coup. » Ils ne se rendaient pas compte de ce que cela représentait, ni de l'encerclement du Vercors.

Le 19 juillet 1944, quatre mille Français, mobilisés par les messages de Londres [1], se sont retrouvés seuls, pour faire face à vingt mille Allemands qui, depuis quelques semaines, encerclaient progressivement le Vercors. Le 23 juillet 1944, le maquis est investi par les Allemands. Les maquisards possédaient très peu d'armes lourdes, mais ils avaient de l'armement léger. À ce moment-là, depuis le 9 mai 1944, désigné par le Comité de libération de l'Isère, je commandais les FFI [2] du département ; je me plaignais de ne pas avoir assez d'armement, on me répondait : « Allez vous approvi-

1. Le drame du Vercors fut aussi la mobilisation prématurée des résistants qui, dès le mois de juin, gagnèrent le maquis au nez et à la barbe des Allemands. Des messages diffusés par la radio de Londres ont mis les maquis de France en état d'alerte. Dans la nuit du 5 au 6 juin, l'un d'entre eux était destiné au Vercors : « Le chamois des Alpes bondit. » En mobilisant les maquis sur l'ensemble du territoire français, les Alliés poursuivaient des buts stratégiques, ils espéraient tromper les Allemands afin qu'ils ignorent le lieu choisi pour l'opération principale, le débarquement en Normandie, et peut-être aussi obtenir un déclenchement maximum de la guérilla afin de soulager le front de Normandie. Devant le succès de l'opération, dès le 10 juin, le général Kœnig, commandant en chef des FFI, envoie un ordre aux maquis pour freiner le mouvement. Mais il était un peu tard pour revenir en arrière, les hommes s'étaient mobilisés.

2. Les Forces françaises de l'intérieur ont été créées par une ordonnance du Comité français de libération nationale en date du 1er février 1944. Elles regroupent l'ensemble des forces militaires de la Résistance, dont les trois principales composantes sont l'Armée secrète, les Francs-tireurs et partisans (FTP) du Front national, et l'Organisation de résistance de l'armée.

sionner au Vercors. » Ce que je faisais. Mais cela n'était pas suffisant pour résister. L'offensive de la 157e division d'infanterie allemande, commandée par le général Karl Pflaum, a été montée de façon très sage. En trois jours, tout a été liquidé.

Beaucoup de maquisards parviendront à s'échapper, mais d'autres, comme Jean Prévost, seront pris et exécutés. Sept cent cinquante combattants et martyrs, dont soixante-douze habitants de Vassieux, ont trouvé la mort dans le Vercors... Qui est responsable ?

La responsabilité se situe au sein de ce petit noyau de la DGSS, et en particulier du groupe action, dont le chef était Saint-Sauveur. D'Alger, il a alimenté constamment l'espoir de nos camarades du Vercors. Jacques Soustelle était forcément responsable lui aussi puisqu'il a signé ce papier.

Des questions ont été posées après la Libération, des réponses fournies. Le très bon livre de Paul Dreyfus sur le Vercors[1] fait état de la polémique d'une façon raisonnable.

À Alger, le drame du Vercors provoqua une polémique. Au cours d'une conférence de presse, le commissaire à l'Air du gouvernement provisoire, un communiste, Fernand Grenier, désigna le général de Gaulle comme responsable de l'abandon du maquis. En Conseil des ministres, de Gaulle lui offrit le choix : sa démission ou la publication d'un démenti. Grenier fit amende honorable et conserva son poste.

Je connais bien ces aventures. L'idée ne me serait pas venue de faire remonter la responsabilité à de Gaulle. Je trouve que Jacques Soustelle a été très, très léger dans cette affaire. Je l'ai vu après la guerre, j'en ai discuté avec lui. Il m'a raconté toutes sortes de choses qui ne m'ont aucunement convaincu.

1. *Vercors, citadelle de liberté,* Arthaud, Grenoble, 1969.

Avez-vous gardé des contacts avec d'anciens résistants ?

Je cotise à un nombre incalculable d'associations. Je suis membre de l'ANACR (Association nationale des anciens combattants de la Résistance). Je suis président d'honneur des Anciens du Vercors, et président de la Résistance unie de l'Isère.

Les amis fidèles de cette époque sont presque tous morts. À quatre-vingt-huit ans, je suis un des derniers survivants de cette génération-là. Je ne vois donc plus grand monde.

Et puis les paniers de crabes que nous avons laissés derrière nous m'écœurent. La Résistance a donné lieu à des inventions, des fabrications de légendes de toutes sortes. Les véritables résistants furent rares.

Un exemple. En mai 1944, quand j'ai pris le commandement de l'Isère, après l'assassinat du commandant FFI du département, Albert de Reyniès — tombé dans un guet-apens, il a été arrêté par les Allemands, il a disparu et on n'a jamais retrouvé sa trace —, le CDLN, Comité départemental de libération nationale, m'a demandé de prendre la succession. J'ai accepté. En arrivant, j'ai fait le compte du nombre de combattants armés dont je disposais : moins d'un millier noté sur mes registres pour le département de l'Isère — ce n'était pas beaucoup — auxquels il faut ajouter les résistants civils. On peut donc compter au moins le double ou le triple de gens, sans armes, pas des combattants de choc, mais des résistants authentiques, qui furent armés par la suite. Or, quelques jours après la Libération, le service chargé de la logistique pour les disponibles dénombrait onze mille rationnaires[1] se réclamant des mouvements de la Résistance et effectivement armés (ils s'étaient armés sur les Allemands qu'on avait capturés, la moitié de la 157e division). Six

1. Selon le dictionnaire Le Robert : « personne qui a droit à une ration ».

ou sept mille faisaient donc partie de la génération spontanée. Évidemment, entre mai et août on s'est énormément battu. Cette génération spontanée a fourni beaucoup de combattants sérieux. Mais, malgré tout, cela donne une idée du côté surévalué de la Résistance.

José Aboulker[1]

Tout y est. L'action, l'héroïsme, la jeunesse. Ce serait un grand film signé Otto Preminger, intitulé *La Prise d'Alger*, avec, dans le rôle de José Aboulker, le jeune Paul Newman. Ce 8 novembre 1942 est un tournant dans la Seconde Guerre mondiale. L'action d'Aboulker est la base de l'opération « Torch », ce débarquement américain en Afrique du Nord qui va changer la face de la guerre mondiale...

José Aboulker, vingt-deux ans, est cette nuit-là à la tête d'une armée de quatre cents gamins. Il supervise dix-neuf opérations dans cinq secteurs de la ville. Dans la capitale endormie de l'Empire français, ses soldats de fortune se faufilent comme des chats, prennent la radio, les commissariats, les casernes, tous les lieux de pouvoir. Et c'est avec un plaisir silencieux que tous ces humiliés d'hier (ils sont juifs pour la plupart) tirent de leur sommeil, pistolet sur la tempe, le généralissime Juin, l'amiral Darlan, le général Koeltz, les miliciens, les nombreux chefs fascistes de la ville, toutes les notabilités d'un puissant pouvoir vichyste consternées par tant d'audace.

À 2 heures du matin, la ville est aux mains des insurgés. Aucun coup de feu n'a été tiré. Et les Américains ne sont toujours pas là... En fait, ils se sont perdus en mer, débarqueront à 2 heures, mais quinze kilomètres trop loin. Et il faut tenir. Aboulker et ses hommes ont tenu.

Ce débarquement américain est préparé de longue date par un curieux comité. D'une part, des monarchistes,

1. Entretien réalisé le 25 avril 1998 et le 10 août 1999.

cagoulards et antisémites, financés par un industriel, Jacques Lemaigre-Dubreuil ; d'autre part, des petits groupes de résistants algérois menés par Aboulker et ses amis. La Cagoule et les juifs vont libérer la capitale de l'Empire français !

Aujourd'hui, José Aboulker, cheveux ras et verbe précis, illustre neurochirurgien à la retraite, la même silhouette jeune dans son flying jacket qu'il devait avoir alors, n'aime pas que l'on parle de « résistance juive ». Cette référence « ethnocentriste », dit-il, réduit le fait militaire exceptionnel à de l'autodéfense, et le ramène au ghetto, lui qui est toujours communiste et président d'honneur de l'Association médicale palestinienne.

À Paris, dans ce petit appartement quai des Tournelles qui, durant la guerre, servait de refuge à son épouse aujourd'hui disparue (d'une grande beauté d'après les photos d'elle que j'observe à la dérobée), il travaille comme un thésard. Il accumule les fiches, il écrit et réécrit un livre-fleuve qu'on attend depuis longtemps. Il court les bibliothèques, fréquente les historiens, fait ouvrir toutes les archives possibles pour écrire *son* histoire de la Résistance en Algérie. Cette nuit glorieuse du 8 novembre 1942, c'est sa vie.

***

En novembre 1942, vous avez vingt-deux ans, vous êtes le chef d'une petite armée clandestine à Alger et, quelques jours avant le déclenchement de l'opération Torch qui va changer la face de la guerre, vous discutez avec le représentant de Roosevelt, Robert Murphy[1].

1. Roosevelt, persuadé de l'intérêt stratégique de l'Afrique du Nord, envoie à l'automne 1940 un envoyé personnel à Alger, Robert Murphy. Ce dernier négocie avec le général Weygand l'accord du 26 février 1941 qui permet le ravitaillement de la région en produits de première nécessité par les Américains. Préparant le débarquement américain, il est en contact aussi bien avec les autorités de Vichy qu'avec les groupes de résistants. Il est un des rares civils américains à avoir participé d'aussi près à des opérations militaires : l'opération Torch lui doit beaucoup.

Pardonnez ma question, mais vous prend-il vraiment au sérieux ?

Plus qu'au sérieux : il a besoin de nous. L'armée américaine débute. Elle est faible, inexpérimentée, elle doit être aidée. Huit jours plus tôt, le second d'Eisenhower, le général Clark, a pris le risque de venir discuter avec nous à Cherchell. Cela paraît surprenant à première vue : nous sommes dépositaires de l'énorme secret qu'est le débarquement. Les Américains sont au courant de l'activité des résistants d'Alger qui rêvent de les voir débarquer et se sont organisés pour les aider. En ce début d'automne 1942, cela se précise. Nous savions jusque-là que les Américains allaient arriver, mais quand ? Nous avons su que c'était bientôt, lors de l'entrevue de Cherchell, les 23-24 octobre. Bernard Karsenty, un garçon de mon âge, y était. Il est présenté dans les livres comme mon adjoint, en fait mon double dans toute cette histoire. Le dernier jour d'octobre ou le premier jour de novembre (je ne me souviens pas exactement), je me rends, avec Karsenty, à un rendez-vous chez Murphy dans sa villa à 7 heures du matin. Il nous annonce : « C'est pour le 7 ou le 8. » Nous voilà prévenus une bonne semaine à l'avance. Nous sommes prêts depuis longtemps.

L'insurrection d'Alger présente tout de même cette caractéristique d'avoir été une opération montée sur le terrain par des maurrassiens antisémites et des juifs. Un cas de figure rare !

(Rires.) Ce n'est pas une insurrection, et c'est tout de même un peu plus compliqué que cette caricature répandue après-guerre. La Résistance a deux composantes : d'une part, une poignée d'hommes d'extrême droite, venus de France, en contact avec Robert Murphy. On les a appelés après la guerre « les Cinq ». Le meneur est Jacques Lemaigre-Dubreuil. Son double à Alger est Jean Rigault. Ils arrivent au début de 1942. Je les appelle les quadras parce qu'ils avaient entre quarante et cinquante ans, des « vieux » pour nous qui avions vingt ans. D'autre part, depuis fin 1940-début 1941, des groupes composés de jeunes Français d'Algérie, juifs pour la plupart, tous antifascistes. D'abord, j'ai aidé des camarades à partir pour Gibraltar. Ensuite, très vite, est venue l'idée de se grouper pour, un jour, aider l'armée de l'Amérique à débarquer et venir nous libérer.

Mais comment pourront-ils s'entendre ? Ils sont si différents !

Il y a deux mouvances dans la Résistance depuis le début. En mai 1941, deux ou trois officiers, autour du capitaine Beaufre, pensaient que la défaite n'était pas acceptable, qu'il fallait reprendre le combat et rallier l'armée française d'Afrique et Weygand, son patron, à la cause anglaise. Ces naïfs imaginaient que l'armée, déjà résignée à la défaite et obéissant à Pétain, allait se soulever, et qu'il suffisait d'envoyer des mémoires en Amérique pour faire venir des armes et des équipements. Robert Murphy est invité par Beaufre à dîner et à parler de l'Amérique. Lemaigre-Dubreuil, de passage à Alger, se trouve mêlé à une de leurs réunions. Weygand apprend l'existence de celle-ci par la dénonciation d'un des officiers participants. Le soir même, il les fait coffrer, puis transporter pour être jugés en France. Sont arrêtés : le capitaine Beaufre[1] et le commandant Faye, un des créateurs du réseau Alliance, l'un des plus importants réseaux de renseignements militaires de

1. Les deux officiers arrêtés en mai 1941 sont transférés à Clermont-Ferrand où ils passent, à la demande de Weygand, devant le tribunal militaire. Ils furent condamnés à deux mois de prison. Faye reprend son activité au sein du réseau Alliance. Ce réseau se chargera du transport du général Giraud vers l'Afrique du Nord en novembre 1942. Beaufre deviendra l'officier d'ordonnance de Giraud et rejoindra Alger avec lui. En 1944, il sera chef d'état-major du général de Lattre de Tassigny.

l'IS. Lemaigre-Dubreuil n'est pas inquiété grâce à un policier résistant, André Achiary.

Au même moment, nous avions commencé à recruter de jeunes civils pour agir, le jour venu, contre l'armée de Vichy.

Deux mouvances donc, dès le début dans la Résistance : ceux qui croient que l'armée d'Afrique espère la revanche et se ralliera aux Alliés. Ceux qui savent qu'il faut l'empêcher de nuire. Elles se rejoindront dès l'entrée de l'Amérique dans la guerre, quand Lemaigre-Dubreuil vient à Alger.

Parlez-nous plus précisément de votre résistance, algéroise, juive.

Non, pas juive, il faut rectifier cette erreur. Contrairement à ce qui est écrit dans quelques livres, il n'y a pas eu une Résistance juive à Alger, il y a eu beaucoup de juifs dans la Résistance. Cette révision de l'Histoire a été imaginée après la guerre, quand les communautés ont pris le pas sur les patries. L'ethnocentrisme, conséquence de l'Holocauste et de la création de l'État d'Israël, a fabriqué a posteriori une Résistance spécifique juive qui n'avait pas existé.

Il y a eu une majorité de juifs parmi les initiateurs et dans les groupes de Résistance. Est-il besoin d'expliquer pourquoi ? Mais il y a eu aussi beaucoup d'autres Français, de métropole et d'Algérie, avec eux dans les mêmes groupes.

Le hasard m'a placé au centre de quatre des cinq principaux groupes. Je suis devenu ce qu'on a appelé leur chef a posteriori. En fait, je ne suis le chef de rien du tout, je suis celui autour duquel tournent un certain nombre de gars que j'aide, que je conseille. Il paraît que j'avais des qualités d'autorité, je ne m'en suis pas rendu compte. Jean Daniel[1], un de ceux que j'ai recrutés, un

1. Jean Daniel, aujourd'hui directeur du *Nouvel Observateur*, alors Jean-Daniel Bensaïd.

courageux combattant à Alger et après, raconte dans un de ses livres l'autorité un peu irritante avec laquelle je l'ai enrôlé, à la fin de l'été 1941, et comment il s'est laissé faire en râlant. Il faut dire aussi que ma famille inspirait confiance. J'étais le fils d'Henri Aboulker, un notable unanimement respecté, dans le monde juif, médical, mais aussi politique puisqu'il avait été président du parti radical d'Alger. Pour toutes ces raisons, je me retrouve au centre des trois quarts des hommes qui devaient prendre les armes le 8 novembre 1942.

Et qui est donc l'autre quart ?

À l'origine, c'est un groupe d'autodéfense juif créé, à la fin de 1940, par trois jeunes commerçants d'Alger qui ont l'idée d'utiliser une salle de gymnastique pour s'entraîner. Hitler menaçait, Vichy enlevait aux juifs leur citoyenneté, il faudra se battre un jour. En attendant, il faut se faire des muscles — l'instinct de se défendre en frappant le premier, de trouver des armes, qu'on se procure chez les truands.

Et puis, très vite, des copains non juifs les ont rejoints. Très vite, le rêve d'un débarquement à venir a remplacé le réflexe initial d'autodéfense. Ils sont devenus un groupe comme les autres où les juifs avaient une motivation de plus : ils étaient très antifascistes, comme dans les autres groupes, c'est-à-dire en guerre contre Hitler et contre Vichy.

Ils mirent à leur tête un médecin, Raphaël Aboulker, ancien chef de clinique de mon père, un vieux de plus de trente ans. Raphaël retrouve une connaissance de l'armée, un ex-capitaine de légion, Pilafort, mis en demi-solde par Vichy. Il était venu à Alger pour chercher quelque chose à faire. Il devient le responsable militaire du groupe et y amène Mario Faivre, le dernier de la plus grande famille de la colonisation en Algérie, les Germain, un résistant très jeune et très courageux.

Aviez-vous des règles de vie clandestine ?

J'ai été le plus prudent, le plus secret de tous les résistants que j'ai connus en Algérie, puis en France, lors de ma mission en 1943-44.

À Alger, j'avais imposé de ne jamais recruter plus de cinq personnes. Lorsque cinq résistants étaient réunis, le groupe ne devait plus s'agrandir ; un des cinq pouvait, alors, constituer un autre groupe de cinq. Seul le dénominateur commun aux deux groupes les connaissait, personne d'autre. Moi-même, je ne connaissais que quelques personnes, les têtes des groupes initiaux. J'ai présenté, chez moi, les chefs des groupes qui allaient prendre Alger, à d'Astier et au colonel Jousse, notre chef militaire, le 6 novembre, à 10 heures. Ils ne se connaissaient pas jusque-là.

Ce fut un modèle de clandestinité réussie, grâce à un excès de précautions que l'on m'a reproché par la suite. J'imposais des cloisonnements féroces, l'interdiction de réunion, entre autres choses. En Algérie, il n'y a jamais eu de réunion comme la Résistance en organisait parfois en métropole, rien qui ressemble à la démocratie de temps de paix, mais une confiance mutuelle totale entre quelques hommes qui s'étaient choisis. Il y avait eu une raison à cette extrême prudence : les Français d'Algérie, le milieu où nous recrutions, étaient vichystes, beaucoup plus qu'en France. Ils étaient encadrés par vingt mille membres de la Légion des Combattants, qui surveillaient et dénonçaient, avec deux mille SOL (le Service d'ordre légionnaire prendra le nom de Milice, en France, en 1943) à Alger. Il fallait faire très attention.

Je ne sais pas d'où m'est venu ce sens du secret. Il ne correspond à rien d'autre dans la suite de ma vie ni dans ce qui précède. On me l'a tellement reproché : l'extrême secret aurait été une gêne pour le recrutement. C'est vrai, mais, à Alger, il a sans doute contribué au succès par la surprise : nous avons arrêté les chefs de l'armée d'Afrique dans leur lit.

Dans ma mission en France — j'étais le délégué à l'organisation du service de santé des maquis et FFI —, je crois avoir convaincu, mais avec une peine extrême, les médecins du comité médical de la Résistance d'introduire un peu de prudence dans leur action clandestine. À mon avis, si la Résistance en France a tenu jusqu'à la fin, malgré ses pertes, malgré les arrestations, les liquidations de morceaux de réseaux ou de réseaux entiers, c'est parce que les polices étaient encore plus mal organisées que la Résistance n'était imprudente.

Je n'ai toujours pas compris comment s'est opérée la jonction entre les résistants d'Alger et le groupe des Cinq.

Il y a deux raisons à cette entente. Avant tout, le but commun, le souhait partagé de rallier l'Afrique du Nord à la cause alliée. Ensuite, il y a un personnage, Henri d'Astier de La Vigerie... D'Astier est un amoureux d'aventure et un patriote fervent. Il est le frère des deux autres d'Astier, Emmanuel qui a fondé le mouvement Libération, en France, et François, général de l'armée de l'air en 1940, qui rejoindra de Gaulle. Henri d'Astier s'est fait démobiliser en Afrique du Nord très tôt. Au printemps 1941, à Oran, il a fait la connaissance de Roger Carcassonne, petit industriel oranais de l'agro-alimentaire — un cousin à moi, pardonnez-moi mes cousins. Carcassonne et d'Astier se lient d'amitié, et conçoivent une résistance des trois pays d'Afrique du Nord. À Oran, ils constituent ensemble un groupe de civils avec quelques officiers.

D'Astier possède un merveilleux charisme. Il est grand, droit, souriant et charmeur. Il séduit les hommes et les femmes. Il est devenu à Oran ce qu'il deviendra avec nous, le chef élu, sans que le mot soit dit, naturellement. Il n'a rien à nous amener que lui-même, et c'est beaucoup. Il n'apporte pas une personnalité de l'administration ou de l'armée, pas un groupe civil. Il s'impose de fait.

D'Astier vient à Alger après l'entrée dans la guerre de l'Amérique. Je le rencontre grâce à Roger Carcassonne qui me prévient que l'on peut faire confiance à ce Camelot du roi : c'est un patriote comme nous. De ce jour-là, l'amitié s'installe entre ce monarchiste de quarante-cinq ans qui a dû souvent crier : « Sale juif ! » au Quartier latin et moi, juif de vingt-deux ans, antifasciste. Le lien est notre patriotisme. À l'époque, c'était une force considérable qu'on ne peut pas, aujourd'hui, imaginer.

D'Astier s'entend avec Lemaigre-Dubreuil et organise ma rencontre avec Rigault. Le point de jonction entre les deux parties de la Résistance va être cette amitié entre d'Astier et moi. Nous avions la même passion pour la France. Nous avons passé tant d'heures ensemble, au domicile de mon père, 26, rue Michelet à Alger.

Au printemps 1942, un accord est passé, lors d'une rencontre à l'hôtel Saint-Georges, entre Jean Rigault et Henri d'Astier, d'une part, et moi-même. Certains livres, notamment celui du fils de d'Astier, racontent qu'un document fut écrit et signé. Ce n'est pas vrai, l'entente fut orale, mais claire, précise. Le but est d'aider un débarquement américain. Leur tâche est de trouver un général, le nom de Giraud est déjà prononcé, et d'avoir les contacts avec les Américains, contacts que je n'ai pas. Moi, je continue à recruter et à préparer la prise d'Alger. Il n'y a pas de débat politique. Chacun est fixé sur les autres. Après le débarquement, chacun reprendra sa liberté, éventuellement contre les autres.

Qui est donc vraiment ce monsieur Lemaigre-Dubreuil qui va devenir votre « associé » ?

Jacques Lemaigre-Dubreuil, patron des huiles Lesieur et d'un grand quotidien, *Le Jour-L'Écho de Paris*, et son second Jean Rigault sont deux anciens cagoulards. Au début 1942, ils viennent à Alger essayer d'organiser une résistance pour faire venir les Américains. Lemaigre-Dubreuil était le chef de fait parce qu'il en avait l'étoffe et l'ambition, parce qu'il était l'industriel riche avec de l'entregent. Il pouvait voyager partout avec des ordres de mission de Vichy et des Ausweis allemands.

Eux et nous voulons aider un débarquement des Américains. Nous sommes certains qu'ils viendront en Afrique du Nord, et à Alger, la capitale militaire où résident les commandants en chef et leurs états-majors. Nos groupes ne se font aucune illusion sur cette armée d'Afrique vichyste. Pour aider un débarquement américain, il faudra agir contre elle. Pour les quadras, l'armée française pourrait se rallier le moment venu. L'Histoire montrera combien ils se sont trompés.

Lemaigre-Dubreuil et d'Astier ont-ils des liens avec Londres ?

Non. Ils ont des liens avec Murphy... Et Giraud.

Revenons à la préparation du 8 novembre...

Jousse, conseiller militaire des quadras, avait fait un mémoire pour les Américains qui marquait un changement dans leurs conceptions. Il ne s'agissait plus de soulever l'armée française et de demander du matériel à l'Amérique, mais d'aider celle-ci à débarquer chez nous. Ils s'étaient, petit à petit, rendus à l'évidence de ce qu'était devenue cette armée, intoxiquée par Weygand, préparée par lui à se défendre contre les Anglo-Saxons et qui fournissait à l'Afrikakorps de Rommel, en Libye, des canons, des camions et de l'essence. Mais un retournement au moins partiel restait leur espoir. Giraud devait être à Alger, la nuit du débarquement, et lancer un appel à l'armée. En même temps, ils considéraient que notre idée initiale n'était pas mauvaise : arrêter les chefs et occuper leurs états-majors pendant la nuit, pour les empêcher de nuire pendant quelques heures.

De mon côté, je trouvais excellent de pouvoir dire à mes camarades, chefs des groupes d'Alger, qu'on avait un général, dont je ne disais pas le nom, ni qu'il s'était évadé, car ils auraient reconnu Giraud, on en avait parlé dans les journaux (ce devait être en avril ou mai 1942). Je disais : on a un général à cinq étoiles, connu dans l'armée, qui lancera un appel pendant que nous aurons neutralisé le commandement.

Autrement dit, le plan pour l'aide au débarquement allié était double : leur conception, plus la nôtre. La nôtre représentait la sécurité et la certitude : paralyser, pendant un certain nombre d'heures, l'armée d'Alger. La leur : Giraud, arrivant, lancerait un appel au ralliement.

En fait, vous et votre groupe avez joué le jeu des giraudistes... !

Non. Nous avons joué le jeu de la réussite d'un débarquement américain. C'était la seule chose qui comptait. Au moment où l'on passe ce fameux contrat, Rigault et moi, je trouve bon qu'un général soit avec nous. Même si je me sens, comme tous mes camarades, gaulliste — parce que de Gaulle est pour nous tous l'exemple —, je trouve plus habile qu'on ne cherche pas à le faire venir, parce qu'on sait qu'il est détesté par l'armée depuis Mers el-Kébir et Dakar. Je suis prêt à soutenir le général qui viendra appeler la troupe à se retourner pendant que nous arrêtons ses chefs collabos, les généraux Juin, Koeltz et les autres. La double opération donnera le maximum de chances de succès à un débarquement allié. Je suis donc partisan de la venue de Giraud, sans la moindre hésitation. Il faut gagner une bataille. « Giraudiste », ça n'existe pas en 1942. Ça commencera en 1943, comme une opération politique pour tenter de sauver les restes de Vichy contre de Gaulle.

Qui est donc ce colonel Jousse qui envoyait des mémos aux Américains ?

Personnage considérable pour la rébellion du 8 novembre, Germain Jousse a fait partie du tout premier groupe d'officiers de 1941, mais il n'était pas venu à la réunion au cours de laquelle Beaufre et Faye ont été arrêtés. Après un commandement en Tunisie, en 1942, il est nommé au bureau de la place d'Alger, poste peu prestigieux (un poste de gestion et d'administration), mais qui sera très précieux pour la rébellion prochaine. Il apporte le plan de maintien de l'ordre dans Alger qui prévoit, comme supplétifs de l'armée, des SOL et autres fascistes, en cas d'attaque extérieure. Nous prendrons leur place et, avec des ordres de mission, nous relèverons les postes militaires de garde de tous les centres de commandement et de transmissions. Jousse nous fournit aussi quatre cents vieux fusils Lebel d'une cache de l'armée.

J'amène des hommes décidés — ils seront quatre cents —, le grand garage des frères Lavausse d'où partira notre mobilisation en autos et cars et le système de transmission pour la rébellion par le « fil spécial police ». J'ai travaillé en octobre, tous les jours, avec Jousse, officier républicain que je connais depuis mon enfance, pendant des heures à son bureau, devant la carte d'Alger, ou chez mon père. Nous sommes prêts quand a lieu l'entrevue de Cherchell le 23 octobre. Tout se passera dans la nuit du débarquement comme prévu.

Le hasard jouant son rôle, j'ai commandé l'opération de prise d'Alger au commissariat central.

Le hasard ? Je ne comprends pas le hasard qui fait de vous, à vingt-deux ans, le commandant de la rébellion.

Je croyais que ce serait Jousse, ou d'Astier, avec moi comme second. Mais ils ont voulu superviser ce qu'ils considéraient comme les objectifs essentiels : Jousse, l'arrestation du général Koeltz, chef du corps d'armée, collabo depuis le début, un homme sûr pour Vichy, et d'Astier, l'arrestation de Juin, commandant en chef en Afrique du Nord.

J'ai été déçu quand d'Astier m'a dit : « Il faut des galons pour diriger l'opération. Je fais venir de France un ami sûr, le colonel A. Vous serez à son côté. » J'ai perdu pas mal d'heures avec A, dans la première semaine de novembre. Il est venu au 26, l'appartement de mon père, devenu le PC de la rébellion, le matin du 6, à la réunion où j'ai présenté à Jousse et d'Astier les chefs de groupe qui allaient prendre Alger, avec chacun, son secteur : le docteur Morali-Daninos, Raphaël Aboulker, Pilafort, le jeune avocat Maurice Ayoun, l'étudiant Paul Ruff.

Et puis, le 7 au soir, on s'est rendu compte qu'on n'avait plus vu A depuis la veille. Jousse et d'Astier m'ont dit : « Allez-y. » Il devait être l'uniforme que je n'avais pas pour impressionner les policiers du commissariat central. On s'est passé d'uniforme et de galons. Avec l'aide du commissaire Bringard, un franc-maçon résistant, vingt hommes en armes et un faux ordre de mission, j'ai pris le commissariat central. Je me suis installé au standard et, par le « fil spécial police », j'ai communiqué avec les chefs des secteurs installés dans le commissariat de leur quartier.

Ça s'était bien passé partout. En vertu du plan de maintien de l'ordre, nos volontaires avaient relevé les postes de garde de tous nos objectifs : états-majors, centraux téléphoniques militaires et civils, préfecture, grande poste, Radio-Alger, palais du gouverneur général.

Alger était à nous. Les soldats américains et anglais étaient en route sur les landing-crafts vers les plages. Alger dormait.

Pilafort a pris le XIXe corps et son chef Koeltz, à qui Jousse dit : « Ralliez-vous. » Il refuse. Il est fou de rage.

Murphy dit à Juin, puis à Darlan, qui se trouvait à Alger depuis la veille au chevet de son fils mourant : « Venez avec nous libérer la France. » Darlan est le dauphin désigné par le Maréchal et le commandant en chef des armées. Lui et Juin refusent et se rendent compte que l'aspirant de réserve Pauphilet a relevé le poste de garde et qu'ils sont les prisonniers d'une rébellion.

Nous n'avons pas pu prendre les deux états-majors de la marine, mais André Cohen a bloqué toute la nuit l'amirauté et Jean-Jacques Rager a fait la même chose à l'état-major de l'amiral Moreau, au Saint-Georges, avec son groupe d'Alsaciens et d'étudiants.

À l'intérieur du port, les troupes de l'amirauté ont mis facilement hors de combat un commando américain de deux cents hommes.

Au commissariat central, tout a changé après 3 heures du matin quand les coups de canon de l'amirauté ont réveillé la ville. Les policiers m'ont demandé : « Qu'est-ce qui se passe ? Ce n'est pas un exercice ? » J'ai dit : « Les Américains arrivent, on va libérer la France. » J'ai fait mon premier discours. Quelques-uns se sont éclipsés. On a chanté *La Marseillaise*. Beaucoup se sont ralliés et sont restés avec nous toute la nuit et le lendemain.

Les personnalités réveillées, trouvant leur téléphone coupé, sont allées à leur commissariat où j'avais donné ordre aux policiers de garde, qui me prenaient pour le commissaire central : « Envoyez-les ici d'urgence. » Ce fut une gigantesque souricière. Les geôles du commissariat central se sont remplies de hauts personnages de l'administration ou des mouvements fascistes, les seconds couteaux de Vichy, car nous n'avions arrêté que onze dangereux chefs.

L'armée n'a réagi qu'en fin de nuit. Elle a libéré d'abord Juin et Darlan, puis a repris tous nos postes dans le courant de la matinée.

Nous attendions les Américains qui, très peu nombreux à avoir réussi le débarquement, n'avaient pas osé entrer dans la ville, malgré l'absence d'adversaire. Ma consigne était, pour nos camarades assiégés : « Les Américains vont arriver. Parlementez, gagnez du temps, ne vous faites pas tuer ; ne tirez pas les premiers. »

Les chefs de l'armée étaient sous le choc du débarquement non prévu, d'une rébellion, d'une arrestation par des civils, beaucoup de juifs, pire encore, des jeunes ! Ils se sont réfugiés au Fort-l'Empereur au lieu de s'installer dans leurs états-majors, libérés de notre occupation depuis 9 heures du matin, où ils avaient des moyens de transmission et de commandement. D'abord, ils voulaient reprendre la ville et leur mobilisation a été faite contre nous. Quand elle a été dirigée contre les agresseurs débarqués, c'était trop tard. Nos alliés arrivaient aux portes d'Alger.

Ils avaient eu les deux aérodromes sans combat, grâce à la Résistance. Nos camarades, le général de Monsabert et le colonel Baril, leur avaient donné celui de Blida, avec l'aide du général Mast. Celui de Maison-Blanche, près d'Alger, devait être défendu contre l'agresseur (d'après le plan de défense que j'ai trouvé dans les archives du Service historique de l'armée) par le 5e chasseurs. À 7 heures du matin, celui-ci est occupé, dans Alger, avec ses automitrailleuses, à reprendre la grande poste. Le lieutenant de réserve Jean Dreyfus, qui parlemente, qui gagne du temps, qui refuse de se rendre, est tué d'une balle dans le dos [1]. Pendant ce temps, un petit bataillon allié prend Maison-Blanche sans un coup de feu et les Spitfire de Gibraltar y sont installés à 11 heures du matin.

Darlan et Juin ont câblé à Pétain, dès le matin, qu'Alger ne pourrait probablement pas être tenue. Ils ont dû demander un cessez-le-feu aux Américains à 16 heures.

Ils n'ont pas cherché à reprendre le commissariat central, renforcé par des volontaires venus de postes repris et bourré d'armes récupérées.

1. Le frère de Jean Dreyfus avait été tué trois mois plus tôt au Tchad dans les FFL.

Depuis midi, Pilafort y a installé un barrage où sont arrêtées les voitures militaires qui passent (c'est la grande artère est-ouest) avec les officiers qui vont mobiliser leurs unités. Il est grièvement, mortellement blessé par le colonel Jacquin, chef de la DCA en Algérie, qui tire une rafale de sa voiture et que nous abattons.

Nous n'avons pas tiré les premiers. Cette armée dévoyée par Vichy, c'était notre armée. Il fallait l'empêcher de nuire et qu'ensuite elle reprenne le bon combat.

Quel est le véritable bilan de cette nuit du 8 novembre ? Son utilité militaire ?

À Oran et au Maroc, nos camarades ont échoué. L'armée d'Afrique n'a pas été neutralisée. Heureusement les débarquements ont réussi. Les combats ont été très durs avec beaucoup de tués des deux côtés, les 8, 9 et 10 novembre.

À Alger, le débarquement des unités destinées à prendre Alger a échoué, techniquement. Heureusement les quatre cents ont réussi. Les Alliés ont eu la capitale quinze heures après avoir débarqué. Deux utilités : d'abord, ils disposent d'un port intact, dès le 9 à 8 heures, pour leurs tanks et leurs camions, qui prennent le chemin de la Tunisie où les Allemands arrivent le même jour. C'est militairement très important. Le général Marshall nous a remerciés pour cela dans son rapport pour le Congrès. Surtout, Darlan et les commandants en chef pour l'Afrique du Nord sont entre leurs mains, grâce à quoi Clark obtiendra l'arrêt des combats à Oran et au Maroc le 10.

Mais nous avions deux objectifs : les quatre cents devaient prendre Alger. Ils ont réussi. Giraud devait rallier, sinon l'armée, du moins une partie. Il a échoué.

En fait, le général Giraud est absent lors du débarquement du 8 novembre. Il hésite, il s'empêtre, il déçoit...

Il reste à Gibraltar au lieu de venir à Alger comme prévu. Il voulait d'abord voir comment allait tourner le débarquement avant de risquer de se fourrer dans un guêpier. Le général Eisenhower qui a passé deux jours avec lui à Gibraltar, Clark, son second, et l'amiral Cunningham, le commandant anglais des flottes de Torch, étaient convaincus que, derrière tous les motifs que Giraud a donnés pour ne pas venir à Alger, il y avait d'abord une extrême prudence. Le général n'était pas si téméraire.

Quand Giraud arrive à Alger, l'après-midi du 9 novembre, après la bataille, nous découvrons qu'il n'est rien, rien du tout. Sa personne ne fait pas le moindre effet sur le chef de l'aéroport de Blida qui refuse de lui obéir. Nous avions déjà constaté, la nuit du débarquement, l'échec de son appel à la radio. Ce message était passé pendant trois heures de suite sur Radio-Alger que nous occupions. Et il n'y a pas eu un soldat, un officier pour nous rejoindre après l'avoir entendu. La légende de ce général était une baudruche, vite dégonflée. L'armée obéissait à Pétain et à ses chefs nommés par lui.

L'avez-vous rencontré par la suite ?

Je le vois, le 10 novembre après-midi, dans la merveilleuse villa mauresque des Germain. Lemaigre-Dubreuil l'avait louée, Giraud y était logé. Nous sommes quelques-uns autour de lui, l'incitant à s'imposer auprès des Américains qui lui avaient formellement promis le pouvoir, dans la rude négociation en cours entre Clark et les généraux d'Alger groupés autour de Darlan. Au lieu de cela, il restait hésitant, inerte, attendant. Il suffisait de le regarder pour comprendre le personnage.

Sous la treille du patio, Giraud déambulait de long en large, avec une longue culotte de peau, des bandes molletières, de grandes moustaches ; il avait de l'allure, l'image même du bel officier français pour roman de midinettes. Je me rappelle mes échanges de regards avec un homme que je connaissais à peine, Louis Joxe. Notre regard, notre mimique signifiaient : « Mais qu'est-ce que c'est que ce vieux c... qu'ils sont allés chercher ! »

Deux jours plus tard, il finit par se mettre aux ordres de Darlan. Dire que les Américains ont voulu ensuite en faire le chef de la France libérée ! En vérité, en novembre 1942, ils se sont rabattus sur Darlan, en partie, à cause de la nullité de Giraud qui avait été absent pendant la bataille et ne leur apportait rien ensuite.

Les Américains négocient avec les chefs militaires de Vichy. N'êtes-vous pas amer ?

Quand on se rappelle l'équilibre des forces à ce moment-là, on se rend compte que les Américains ont eu raison, militairement parlant, de traiter avec Darlan. La bataille était dure à Oran et au Maroc où la Résistance avait échoué et où l'armée menait des combats meurtriers contre les Alliés. Il fallait que ces combats s'arrêtent. Darlan pouvait l'ordonner.

Clark a pris la seule décision possible, compte tenu de l'influence nulle de Giraud, de la bataille qui continuait au Maroc et de l'inexpérience de l'armée américaine révélée dans le débarquement à Alger. Il faut tout de même connaître la faiblesse militaire, inimaginable aujourd'hui, des Américains en 1942. Ils étaient des débutants. Cette opération était leur première expérience. Le plus gros contingent destiné à Alger avait dérivé de vingt à trente kilomètres à l'ouest de la plage prévue.

Le président Roosevelt avait imposé cette expédition alors que les militaires ne se sentaient pas prêts et n'en voulaient pas (Marshall a tout fait pour l'empêcher). Ils étaient en guerre depuis moins d'un an. L'armée, terre et aviation comprises, comptait moins de deux cent mille hommes en 1940. L'armée américaine qui a débarqué en 1942 n'était pas celle qu'on a connue ensuite. Elle était une petite armée naissante, issue d'un pays profondément pacifiste, isolationniste, qui allait livrer son premier combat. La flotte était puissante, pas encore l'armée; elle restait faible, inexpérimentée, et ses chefs le savaient. La majorité des soldats américains n'avaient jamais tiré un coup de fusil à l'entraînement. Les chalands de débarquement étaient conduits par des gars dont la majorité ne l'avaient jamais fait auparavant. Enfin, Alger était prise. Clark avait Darlan et les commandants en chef entre ses mains. C'était essentiel pour la suite.

Oui, il a négocié, mais il ne s'est agi nullement d'une négociation diplomatique d'égal à égal comme elle a été racontée par la suite; la contrainte a joué un rôle essentiel. Clark et Murphy ont fait céder les chefs de l'armée de Vichy par la violence. La négociation entre Clark et Darlan n'a rien eu d'une diplomatie de tasse de thé où l'on discute entre hommes du monde. La réalité a été très différente. Les chefs militaires français se trouvaient dans la situation de mafiosi en état d'arrestation. Un marché leur est imposé : la prison ou, en échange de l'arrêt des combats à Oran et au Maroc, le maintien au pouvoir. Devenir prisonnier de guerre, ou se rallier en conservant la villa avec la voiture et l'aide de camp. Darlan et ses chefs militaires ont été amenés à la cessation des hostilités par la force et le marchandage.

Jusqu'à la surprise du débarquement, les chefs militaires et civils de Vichy croyaient à la victoire allemande. En novembre 1942, Hitler est encore vainqueur partout; il mène le jeu, il gagne les batailles. Ils subissent un choc : le débarquement américain, l'arrestation en plein sommeil, une rébellion de civils. À Oran et au Maroc, leurs subordonnés combattent les Américains tant qu'ils peuvent. En accord avec Vichy, Darlan envoie des télégrammes aux généraux et amiraux de Tunisie pour faciliter la réception des Allemands sur l'aéroport de Tunis, le 9 novembre, en leur enjoignant de ne pas combattre, en leur disant que les Américains sont les agresseurs. Et les responsables de la Tunisie accueillent les Allemands. La légende du double jeu du Maréchal a volé en éclats, ces jours de novembre.

Le 10 novembre, à 10 heures, Darlan se dérobe, d'abord, puis cède à l'ultimatum de Clark qui le menace de prison et a fait déployer ses « marines » (ou l'équivalent) avec leur fusil-mitrailleur au poing devant les portes et les fenêtres. Le général américain lui laisse une demi-heure pour répondre. « Si vous refusez, vous êtes notre prisonnier », a-t-il dit en tapant du poing sur la table et en quittant la salle.

Darlan finit, à 11 heures du matin, par lancer l'ordre d'armistice pour Oran et le Maroc. Puis, seconde étape, le 13 novembre, après trois longues journées, il signe le ralliement de l'armée française et de l'Afrique française à la cause alliée.

Après le 8 novembre, les mêmes hommes, vichystes, sont au pouvoir, le décret Crémieux[1] *est toujours aboli, il semble que rien n'ait changé... Êtes-vous amer ?*

Comment, rien n'est changé ? Le deuxième front a réussi ! Les Américains sont là. Des Français en armes contre Vichy les ont aidés dans leur première bataille. Politiquement je suis déçu, oui. Mais je n'ai pas l'impression d'avoir perdu, car la réalité n'est pas ce qu'on

1. En octobre 1870, Adolphe Crémieux, chargé des Affaires algériennes dans le gouvernement de la Défense nationale, fait adopter un décret accordant la nationalité française aux 35 000 israélites algériens. Dès le 3 octobre 1940, il est abrogé par les autorités de Vichy.

raconte. Le régime a formellement été maintenu par les Américains, avec Darlan, puis avec Giraud. Les structures officielles, les portraits du Maréchal restent. Le système subsiste, la législation antijuive demeure dans les textes. En fait, l'uniforme de Vichy est toujours là, mais plus le contenu, qui s'effrite vite. Les opposants, qui se taisaient depuis deux ans, commencent à parler. Certaines professions sont toujours interdites aux juifs, mais, quinze jours après le débarquement, Darlan laisse les avocats, les médecins rouvrir leur cabinet.

Malgré les apparences, nous avons gagné contre Vichy, puisque les Alliés ont eu Alger dans la journée sans combat terrestre et que, grâce à cette victoire, ils ont obtenu le reste. Et dans la rue nous tenons le haut du pavé. Quelques jours après le débarquement, je me promène dans Alger avec une vieille Citroën transformée à l'alcool. Les gicleurs se bouchent souvent. Je tombe en panne rue d'Isly, la grande rue d'Alger, sur les rails du tramway qui s'arrête et attend. J'ouvre le capot, le gros revolver que j'avais à la ceinture tombe par terre, je le ramasse, je débouche le carburateur en prenant tout mon temps. Deux cents personnes regardent la scène, aucune ne s'en est mêlée…

Il y a une garde américaine devant la maison de mon père, qui envoie à Darlan une lettre insolente réclamant l'abolition du système vichyssois. Il n'obtient aucune réponse, certes, mais, un mois avant, avec Vichy véritablement au pouvoir, il aurait été mis en prison. Non, il n'aurait pas écrit ! Sous Vichy, on se taisait.

Je demande un rendez-vous au gouverneur général Châtel, en décembre. Tout le monde était au courant de mon rôle, le 8 novembre, mais, socialement, j'étais un simple étudiant en médecine que le gouverneur général n'avait aucun motif de recevoir. Or, il me reçoit tout de suite. Je réclame le retour de la République, l'ouverture des camps, l'abolition de la législation vichyste. Il aurait dû me mettre à la porte. Il est embarrassé et mielleux. Il sait que Vichy, sans les Allemands, est condamné.

Très vite, ces hommes se sont aperçus de leur déclin. Ils cherchent déjà des maisons en Espagne ou au Portugal.

Oui, mais on vous met tout de même en prison avec votre père après l'assassinat de Darlan... !

L'exécution, le mot est plus exact... Notre arrestation est leur unique sursaut contre l'opposition ouverte que nous menons depuis les lendemains du débarquement. Murphy laisse faire quand Giraud nous fait arrêter après l'exécution de Darlan, mon père, moi et d'autres dirigeants de la Résistance. Nous n'étions pour rien dans la disparition de l'amiral, mais nous étions devenus les propagandistes de la liquidation du régime et de la venue de De Gaulle. Notre arrestation est très vite connue par nos amis journalistes américains et anglais. Ils avaient su l'histoire de la Résistance à Alger. Dès le 12 ou le 13 novembre, ils avaient pris contact avec nous et faisaient campagne contre « l'expédient Darlan ». Il faut dire que jusqu'au 29 décembre, date de mon arrestation, on travaille, on fait la fête avec eux, on les renseigne sur les restes de Vichy, on ne se quitte pas ! L'opinion américaine et britannique est très vite au courant de ce qui nous arrive. Les correspondants des grands journaux américains et anglais expliquent que ceux qui ont aidé les Alliés à prendre Alger sont arrêtés. Churchill et Roosevelt doivent s'expliquer devant leur opinion publique. Deux jours après notre arrestation, Giraud est obligé de faire une conférence de presse devant les correspondants alliés : « Ils ne seront pas exécutés ! » Nous sommes ramenés de Mauritanie à Laghouat et libérés début février 1943, sur ordre américain.

Il y avait deux Amériques, celle qui maintenait Darlan, puis Giraud au pouvoir, et une Amérique des intellectuels, de la gauche américaine, du New Deal, qui soutenait de Gaulle et les gaullistes que nous étions devenus, le lendemain du 8 novembre.

Lucien Neuwirth [1]

Si Pierre Messmer est un maréchal de l'Empire (gaulliste), Lucien Neuwirth, lui, est un grognard. Résistant à seize ans, gaulliste du 18 juin, il est le seul des premiers résistants présents dans ce livre à avoir vraiment entendu l'appel du 18 juin. Toute sa vie ensuite, et bien plus que Messmer, sera remplie par le Général. Il ne manquera aucun de ses rendez-vous, même les plus douteux, comme cette malheureuse aventure du RPF après-guerre, ou les complots gaullistes qui, à Alger où il se trouvait en 1958, accompagnèrent la naissance de la Ve République. Autant dire que, depuis la disparition du Général, ce benjamin de la Résistance — il a soixante-quinze ans — se sent bien seul dans l'époque, comme dans ce grand bureau de questeur au Sénat. Il n'a plus de goût pour l'action. Il a décidé, après s'être intéressé à la contraception, de se consacrer aux combats éthiques. Alors le grognard se souvient et, comme tous les grognards, son chef lui manque. Il se dit parfois qu'il doit être le dernier gaulliste. Il en est inconsolable, au point de ponctuer sa conversation de soudaines et excellentes imitations du Général, suivies, chaque fois, d'un silence ému. En sortant de chez Neuwirth, la tête encore pleine de ses imitations, je tombe nez à nez sur le Général, enfin non, un sosie, son fils, l'amiral Philippe de Gaulle, sénateur lui aussi. Il me fixe bizarrement. Léger trouble.

1. Entretien réalisé le 28 mai 1998.

*
* *

Lucien Neuwirth, comment devient-on un résistant à seize ans ? C'est étonnant, un engagement aussi immédiat et si jeune !

En juin 1940, je passe mes vacances dans une petite commune de Haute-Loire, Yssingeaux. Le 17, avec ma mère, nous écoutons à la radio le discours de Pétain annonçant l'armistice dans « l'honneur, la dignité, etc. ». C'est la première fois de ma vie que j'ai vu pleurer ma mère. Elle était, pourtant, une maîtresse femme, une dure. Cela m'a impressionné.

Le lendemain, 18 juin, je bricole ma radio, un poste en ronce de noyer, comme ceux qu'on trouve maintenant chez les brocanteurs. Je tombe par hasard sur Londres — quelques milliers seulement de Français ont entendu cet appel ; c'était la bande des trente et un mètres, ça je ne l'ai pas oublié ; un type parle français, quelqu'un que je ne connais pas… Il explique que cette guerre est mondiale, que l'empire est intact, qu'il faut continuer le combat. C'était de Gaulle bien sûr, je n'avais jamais entendu parler de lui.

Pour l'adolescent choqué par sa mère en larmes, ce discours coule de source. Je suis un enfant de la laïque. Je fais partie de cette génération à laquelle les instituteurs apprennent que la France est un pays de cent millions d'habitants sur lequel le soleil ne se couche jamais. Ce qui est vrai à l'époque. Et, en quelques semaines, je vois cet empire s'effondrer. Comme les gamins de mon âge, je m'interroge : « La France ne peut pas disparaître ainsi. »

C'est pourquoi, lorsque j'entends de Gaulle dire : « L'empire est intact, il nous reste des forces pour continuer le combat », je m'enthousiasme. Et ma mère aussi. Ce jour-là, elle s'est dressée, pâle, blanche, elle m'a saisi par le poignet : « Lucien, il a raison ! C'est lui qu'il faut suivre ! » Mon sort était scellé.

Aussitôt — j'ai seize ans, je suis né le 18 mai 1924 —,

j'explique avec fougue à mon père : « Je dois rejoindre le général de Gaulle à Londres ! » Sa réaction est plus mesurée que celle de ma mère : « Écoute, le maréchal Pétain est un patriote, le vainqueur de Verdun. Attends de voir. — Non, non, je veux partir en Angleterre. — Et comment ? — Je peux prendre la moto. » Mon père, un fanatique de moto, avait une cinq cents centimètres cubes, avec un moteur culbuté, une Peugeot. Je savais un peu la conduire. « Tu plaisantes ! Les Allemands sont déjà à la frontière espagnole. Ensuite, comment vas-tu quitter le pays ? L'Angleterre est une île. Où vas-tu trouver un bateau ? Tu vas aller en Bretagne et voler une barque… ?! » Mon père se moque gentiment de moi. Je n'ai donc pas eu gain de cause.

Pour la plupart des anciens combattants français de 1914, comme mon grand-père, le maréchal Pétain est un mythe. Ma mère ne partage pas cette opinion ; question de culture, je pense. Dans sa vieille famille stéphanoise et de la Haute-Loire, les Blachon, ceux qui produisaient du blé, une tradition patriote perdurait.

Rentré à Saint-Étienne, je commence à ameuter mes camarades. Je leur explique qu'il faut écouter la BBC, qu'il y a des Français à Londres, importants, qu'il faut rejoindre. Un petit groupe d'amis alors s'est constitué.

Au début, ce n'est qu'un petit cercle de lycéens. Comment s'élargit-il ? Comment rejoint-il la Résistance ?

La chance… Dans le grand journal de Saint-Étienne, *La Tribune*, nous lisons un article, un commentaire quotidien appelé « Minute », signé Toc, où le journaliste — après, on a su qu'il s'agissait de Jean Nocher — attaque ouvertement Vichy et les Allemands. La censure, à ses débuts, l'a laissé passer. Nous nous sommes dit que ce journaliste partageait nos idées. Nous lui avons écrit une lettre, non signée, pour le lui dire. Le lendemain, dans son article, il a ajouté un post-scriptum : « Je demande aux jeunes qui m'ont écrit de venir me voir. »

Notre étonnement devant sa réponse : « Que fait-on ? » J'annonce que je vais aller le voir, puisque je suis l'auteur de la lettre. Je suis monté à son journal, mes copains m'attendent au bistrot d'en bas. Au moment où je pénètre dans les bureaux, je croise un homme petit qui portait des bottes de cheval à lacets, cela m'a frappé. Il me questionne : « Qu'est-ce que tu cherches, petit ? — Je cherche le journaliste qui écrit "Minute". — C'est moi. Pourquoi ? — Parce que je suis l'auteur de la lettre… — Ah, c'est toi, entre donc ! » Je lui explique tout depuis le début. Il ouvre la porte de communication de son bureau, et là on tombe dans la salle de rédaction avec une grande table ronde autour de laquelle les journalistes travaillaient. Et il leur lance : « Je vous l'avais bien dit : Pétain est foutu ! La jeunesse est avec nous ! » Je ne suis pas ravi, on commence à se méfier.

Avec Jean Nocher, on commence à constituer un premier groupe de résistance. Il y en a si peu en 1940. Il s'agit de réseaux spontanés, portés par un espoir et, au début, isolés, sans lien avec Londres.

Ces réseaux se croisent, tissent des liens entre eux. Comment cela s'est-il passé pour vous et vos amis ?

Jean Nocher connaît le général Cochet [1], un des premiers hommes à lancer des appels à la résistance. Il est aussi en rapport avec Roger Nathan de Marseille, qui

1. Commandant les forces aériennes de la Ve armée en 1939-1940, le général Gabriel Cochet manifeste publiquement dès l'été 1940 son opposition à l'armistice. Le 6 septembre 1940, il fait publier, sous son nom, un premier appel à la résistance. Arrêté le 21 juin 1941, relâché, il reprend ses activités dans la Résistance, clandestinement cette fois. Arrêté à nouveau en septembre 1942, il s'évade, passe en Afrique du Nord. En septembre 1943, il prend la direction du service de renseignements et d'action d'Alger ; en mars 1944, il siège au tribunal militaire d'armée d'Alger, puis est nommé, en avril 1944, délégué militaire pour la zone Sud.

édite le journal *Liberté*[1]. À Lyon, le mouvement Franc-Tireur s'est constitué avec Élie Péju, Eugène Claudius-Petit, etc.[2] Puis se sont formés Combat et Libération. Jean Nocher a créé notre propre groupe sur Saint-Étienne : L'Espoir. À la Libération, notre petite feuille clandestine est devenue un vrai journal. On commence donc à faire notre boulot de résistants. Notre premier contact avec Londres, le premier parachutage du département, est réalisé par Pierre Guillain de Bénouville, à Bas-en-Basset (Haute-Loire), en 1942, il me semble.

Comment entrez-vous en contact avec Londres ? Ce n'était pas facile...

Un agent de liaison nous a joints, à travers Franc-Tireur. Un jour, il est venu à Saint-Étienne. Je me trouve dans le bureau de Nocher. Il nous a dit : « Voilà,

1. Le mouvement « Liberté », fondé à l'automne 1940 par François de Menthon, professeur de droit de la faculté de Nancy, regroupe des universitaires démocrates-chrétiens et publie à Marseille une feuille clandestine. En décembre 1941, il fusionne avec le Mouvement de libération nationale (MLN) d'Henri Frenay, qui faisait paraître le journal *Les Petites Ailes*. Cette fusion donne naissance au mouvement Combat, le troisième principal mouvement non communiste de la zone Sud.

2. Le mouvement Franc-Tireur est issu de France-Liberté, un petit cercle qui regroupe dès la défaite quelques hommes politiques locaux, radicaux, ou anciens communistes tel Élie Péju. Ce dernier, entrepreneur de déménagements, continue à exercer son métier pendant l'Occupation pour camoufler ses activités clandestines. À la fin de 1940, l'arrivée de Jean-Pierre Lévy donne une impulsion nouvelle au mouvement qui édite désormais un journal, *Franc-Tireur*, dont Élie Péju assure la diffusion. Eugène Claudius-Petit, apprenti ébéniste, puis professeur de dessin, côtoie dès la fin de 1940 les cercles de France-Liberté, et s'engage pleinement au printemps 1942. En février 1944, il est délégué de Franc-Tireur à l'Assemblée consultative provisoire d'Alger. Après la guerre, cofondateur de l'Union démocratique et socialiste de la Résistance, UDSR, avec René Pleven et François Mitterrand, il poursuit une carrière politique.

je représente le général de Gaulle. » Nous l'avons accueilli comme le Messie[1]...

Le groupe dont je fais partie publie le journal *L'Espoir* et le diffuse. Nous faisons aussi des actions contre les collaborateurs. Nous avons ainsi brisé les vitrines du siège du groupe « Collaboration ». Nous inscrivons des graffitis sur les murs de la ville. Nous tentons de recruter le maximum de personnes susceptibles d'aider la Résistance. Une chaîne d'évasion a été organisée par le groupe, mais je n'y participe pas directement. Mes camarades et moi fournissons la logistique et le matériel.

Vous êtes arrêté en novembre 1942 ? Pourquoi ? Comment ?

Fin 1942 débutent les premières grandes vagues d'arrestations. La Gestapo, installée à Lyon, montre sa puissance. Une partie de la police de Vichy commence à collaborer. Jean Nocher est arrêté, comme beaucoup de nos amis[2].

Moi, ils sont venus me chercher un samedi matin, de bonne heure. À la suite des arrestations qui avaient eu lieu à Lyon, la police a su que je connaissais les personnes appréhendées. Il est 8 heures à peu près, je suis sur le point de prendre mon petit déjeuner. Ma mère ouvre la porte. Immédiatement, elle comprend qu'elle a affaire à des types de la Secrète, des inspecteurs en civil ; à l'époque, on les appelle la « Secrète ». « Que voulez-vous ? » Ils connaissent ma mère, elle bénéficie d'une bonne réputation à Saint-Étienne. « Le patron de la Sûreté (un salopard fusillé à la Libération) souhaite

1. Il s'agit peut-être de Gaston Tavian, un agent du BCRA, parachuté en France le 27 mai 1942, qui se rend à Saint-Étienne sur ordre du BCRA pour créer un groupe d'action ; il prend contact avec Jean Nocher. (Voir Henri Noguères, *op. cit.*, t. II, p. 440.)

2. Jean Nocher est arrêté en novembre 1942. Il fut relâché au début de 1943 après être passé devant le tribunal d'État à Lyon.

interroger votre fils. — Comment ?! Mais mon fils est mineur ! » Et voilà qu'elle les rembarre. Ils insistent : « Oui mais enfin, il faut qu'il vienne avec nous… » Elle se défend : « Il n'a pas déjeuné, asseyez-vous, et puis, toi, tu manges ! » Le petit déjeuner n'est pas bien descendu…

Finalement, ils m'emmènent. Dans la rue, mon oncle, un forain, un des frères de ma mère, nous croise. En passant à côté d'eux, il leur lance : « Salauds ! » Alors, un des policiers dit : « J'en ai marre ! Maintenant on arrête les gamins ! Je ne marche plus. » L'autre lui répond : « Tais-toi. »

Quand je suis arrivé au commissariat central, situé sous les marches de l'hôtel de ville de Saint-Étienne[1], on me conduit devant le chef de la Sûreté. Je le regarde en face. Pour moi, c'est l'ennemi. Tout le monde le connaît. « Tu as de la chance, je dois partir, je ne peux pas m'occuper de toi maintenant. Mais lundi, à 8 heures, vous m'amenez ce petit salopard. En attendant, en taule ! » Ils me placent en garde à vue, dans une sorte de cage. En y entrant, j'entends : « Lulu ! Que fais-tu là ?! » Devant moi, une brave vendeuse des quatre-saisons, surnommée la Madeleine. De temps en temps elle prenait sa cuite et elle était ramenée là. Son char des quatre-saisons stationnait en bas de chez nous. Elle m'avait vu naître. Je lui explique : « Je n'aime pas les Allemands, c'est peut-être pour cela qu'on m'a foutu là. » Les policiers tapent le carton de l'autre côté des grilles. Elle s'est mise à les engueuler : « Comment ! Vous n'avez pas honte ! Bande de fumiers ! » Elle avait un langage fleuri. « Vous arrêtez les gamins maintenant ! Qu'est-ce que c'est que ça ! » Les autres : « Madeleine, arrête un peu… » Mais elle continue. À la fin, un des flics a été chercher les inspecteurs pour leur dire que Madeleine faisait du foin. Voyant cela, ils m'ont

1. Deux statues en bronze encadrent l'escalier de l'hôtel de ville. On dit alors, quand on va au commissariat, qu'on se trouve sous « l'homme de bronze ».

dit : « Écoute, tu vas rentrer chez toi, et lundi matin, à 7 h 30, tu reviens. » J'ai dit d'accord et j'ai filé.

Je suis rentré à la maison. Ma mère, apprenant ce qui s'était passé, a compris quand je lui ai dit : « Je crois qu'il faut que je parte. Ils m'attendent lundi matin. »

Que vous reprochent les flics qui vous interrogent ?

Participation à des mouvements de résistance, publication de journaux clandestins, bris de vitrines... Nos hommes avaient été arrêtés et je risque la taule ou la déportation.

Comment expliquer qu'ils vous relâchent avec de tels chefs d'inculpation ?

J'étais jeune. C'est peut-être ça. Ils ont cru que je reviendrais lundi matin, quoique... L'un des deux policiers n'était pas fou, il devait bien savoir que j'allais tirer ma révérence.

J'ai eu une chance inouïe. Les premières chaînes d'évasion des pilotes alliés fonctionnaient. On les faisait partir par Andorre. J'ai donc pris le train pour Toulouse et essayé de passer à Andorre. Les Allemands n'occupaient pas encore la zone libre, c'était juste avant le 11 novembre. À Avignon, je vois monter des aviateurs de la base d'Orange. L'un d'entre eux avait une petite croix de Lorraine à sa montre. J'ai engagé la conversation : « Tiens, j'ai la même chez moi. — Ah oui. Allons fumer une cigarette. » Dans le couloir, il m'a demandé ce qui m'arrivait. « Je me taille parce que... — Où vas-tu ? — À Andorre, je vais essayer de passer la frontière. — Tu es fou, à Andorre, c'est complètement bouclé. — Merde. Qu'est-ce que je vais faire ? — Ma belle-mère est à Saint-Girons (Ariège), elle est femme de chambre à l'Hôtel de France et elle travaille pour la Résistance. Va la voir, je vais te donner un mot, elle te planquera et te fera passer. On passe facilement dans l'Ariège. — Mais comment va-t-on à Saint-Girons ? —

Tu descends à Toulouse, il y a un car pour Saint-Girons. »

Je suis donc arrivé à l'Hôtel de France de Saint-Girons. J'ai vu cette brave femme qui s'est étonnée de ma jeunesse. Je lui raconte mon arrestation et elle m'envoie au chef de la Résistance, Maurice Plaisant, qui m'a aidé : « On a un passage mercredi, tu iras avec les autres. » Le passeur fut aussi un autre type merveilleux. J'avais sur moi une petite chevalière, avec mes initiales, offerte par ma mère pour mon anniversaire, et mon trousseau de clefs. Au moment de partir, je lui ai donné l'ensemble : « Pourriez-vous envoyer ceci à ma mère ? » Il l'a fait, accompagné d'une jolie lettre à ma mère… (Silence.)

Après la Libération, ma mère a voulu voir par où j'étais passé ; nous sommes descendus là-bas. J'ai alors appris que Maurice Plaisant avait été tué le jour de la libération de Saint-Girons. Je n'ai jamais oublié son nom, qui a d'ailleurs été donné, je crois, à une place de la petite ville. Le passeur aussi a été fusillé. Les Boches ne plaisantaient pas.

Ensuite, je suis allé en Espagne. Pour passer la frontière, je me déclare américain avec comme nom, en toute simplicité, Lionel Newton (mes initiales). J'ai connu la taule, le camp de concentration, à Miranda, comme tout le monde[1], puis Gibraltar. Direction la liberté.

Quand j'arrive en Angleterre, en juillet 1943, je passe deux ou trois jours à Patriotic School, comme tous ceux qui arrivent du continent. Les Anglais les filtrent là, mènent leur enquête. Comme mon réseau avait déjà été contacté par Londres, j'étais sur leurs tablettes. Je n'y suis donc resté que peu de temps, contrairement à d'autres.

Ensuite, je suis envoyé à Penbrook Lodge, la grande maison où sont reçus les volontaires en provenance d'Europe. Mon premier lit a été fait par Mme Pleven,

1. Voir l'entretien avec Pierre Lefranc.

l'épouse de René Pleven, une petite femme aussi nerveuse que dévouée.

Je rêvais d'être pilote de chasse. J'avais fait du planeur. J'ai passé la visite de la Royal Air Force, les fauteuils tournants, les examens de toute sorte. À la fin, le major m'annonce : « C'est bon, on va t'envoyer au Canada. — Que voulez-vous que j'aille faire au Canada !? — Ton entraînement. — Cela va durer combien de temps ? — Un an, quatorze mois... — Ah non ! Je ne marche pas. Je veux faire le débarquement ! » À partir du moment où j'arrivais en Angleterre, fatalement, le débarquement devait avoir lieu tout de suite... (Sourire.) Le major me regarde et éclate de rire : « Tu veux arriver avant tout le monde ! — Je veux me battre. — Si tu veux te battre, tu n'as qu'à t'engager dans les parachutistes, tu es sûr d'arriver avant tout le monde. »

C'est ainsi que je me suis engagé dans les parachutistes, au Special Air Service, de la France libre.

Pierre Mendès France ou Romain Gary ont-ils subi un entraînement aussi long pour entrer dans la RAF ?

Mendès France était déjà pilote. Quant à Romain Gary... je pense qu'il ne l'était pas. Mais je ne les ai jamais rencontrés à Londres.

Étiez-vous heureux de votre arrivée à Londres ?

Ah oui ! J'avais promis à ma mère d'aller à Westminster Abbey aussitôt arrivé. Pour nous, Big Ben symbolisait la capitale anglaise. Le premier soir de ma libération, je suis allé à une cantine de la YMCA (Young Men Catholic Association), juste en face de Westminster, qui faisait centre d'accueil pour les permissionnaires. Une dame très distinguée, plus âgée que ma mère, la tenait. Les Anglaises ont beaucoup participé pendant que les hommes combattaient, l'Angleterre entière était en guerre. Je considérais cette femme comme une lady, elle portait des bagues, etc. Elle m'impressionnait. Elle parlait un peu le français. Je lui ai demandé s'ils avaient des chambres. « Pourquoi ? me demande-t-elle. — Parce que j'ai promis à ma mère d'être près de Westminster le jour où j'arriverai. — Il n'y a pas de chambre, mais je vais t'en trouver une, tu tiendras ta promesse. » Je la vois partir à l'étage et redescendre avec un Américain derrière elle qui faisait la gueule. Elle l'avait tout simplement viré de sa chambre. Les Anglais n'appréciaient guère les Américains à l'époque, ils écrasaient tout avec leur argent. J'ai donc pris la chambre et j'ai passé ma première nuit en face de Big Ben. Je n'ai pas fermé l'œil. Je pensais à ma mère. C'était ma première nuit d'homme libre, si je puis dire.

Ensuite, j'ai commencé l'entraînement des parachutistes, très complet. La façon dont s'est faite notre unité, le Special Air Service, est étonnante. Au début, il s'agissait du 4e bataillon de l'air, la première unité française de parachutistes avant la guerre, en 37-38, je crois, qui a débuté à Reims, avec Valentin, le fameux homme-oiseau. Puis le bataillon a été transformé en SAS : Special Air Service. Peu de gens connaissent son histoire.

En Libye, un type prodigieux, le colonel Sterling, commandait ce qu'on appelle les Long Range Desert Groups, montés sur jeep. Ils faisaient des raids derrière les lignes de Rommel, pour détruire les aérodromes, les dépôts d'essence, etc., des opérations commandos. Un jour, Sterling apprend que le général de Gaulle veut créer une unité de parachutistes. Sterling (c'est lui-même qui me l'a raconté après) va immédiatement voir le général Auchinleck, commandant en chef du théâtre d'opérations du Moyen-Orient, le prédécesseur de Montgomery. « J'apprends que de Gaulle veut créer une unité de parachutistes. Des Français m'iraient bien pour mes unités de commandos. Je les connais, c'est ce qu'il me faut. — Tu n'y arriveras pas. De Gaulle est impossible, il refuse de faire servir les Français dans des unités étrangères. Les Français ne servent que dans des unités françaises. »

Sterling apprend la venue, par hasard, du général de Gaulle à Damas ou à Beyrouth, en 1941. Dans ses Mémoires, de Gaulle commence le récit de ce voyage par une phrase restée célèbre : « Ce jour-là, je m'envolais vers l'Orient compliqué, avec des idées simples. » Sterling demande l'autorisation d'aller voir de Gaulle. Auchinleck le lui déconseille : « Tu vas te faire foutre à la porte. » Il y va quand même, demande audience au Général et est reçu. Coup de chance inouï, à ce moment-là de Gaulle apprenait l'anglais accéléré. Sterling lui expose son idée : « Je voudrais bien que vous mettiez à notre disposition l'unité de parachutistes que vous êtes en train de constituer. — Comment ! ? Les Français servent dans des unités françaises ! Il n'en est pas question ! » Sterling, furieux, lance en anglais à son officier d'ordonnance qui l'accompagnait : « Il est aussi emmerdant que les officiers anglais de mon état-major ! » Et de Gaulle l'a compris. « *Why ? You are not English ?* répond le Général avec son incroyable accent français. — Non, mon général, je suis écossais et pendant trois siècles ma famille s'est battue aux côtés des Français. — Ah bon… Asseyez-vous… » Nous avons donc été la seule unité de Français, le Special Air Service, à travailler dans une unité britannique. Nous avons mené des opérations un peu partout.

Aviez-vous le goût des choses militaires ?

Ah non, pas du tout. (Sourire.)

Il est rare d'avoir vécu à la fois l'expérience de la Résistance intérieure et celle de la France libre…

J'ai, en effet, eu ce privilège de connaître ces deux aspects du combat. Et je suis un de ceux qui n'opposent pas les deux. La Résistance intérieure a débuté sans rien, les mains nues. Et, à sa manière, de Gaulle aussi. Je fais partie de ces gens pour lesquels Résistance intérieure et Résistance extérieure sont un même courant. À la Libération, cette opinion était visible.

Avez-vous rencontré le général de Gaulle à Londres ?

Il est venu voir les troupes deux fois au camp de Camberley. Mais on ne l'a vu que de loin ; c'était le patron ; on l'idéalisait.

En dessous de notre camp, il y avait un camp d'ATS, Auxiliary Territorial Service, les femmes qui servaient dans l'armée de terre. La princesse Elisabeth se trouvait là. Chaque matin, elle briquait son petit camion, un Bedford, et on la saluait : « *Hello, Queenie !* » Elle répondait très gentiment. La famille du roi d'Angleterre était, à l'époque, très proche de la France, du général de Gaulle.

Combattiez-vous l'Allemagne, le nazisme, ou les deux à la fois ?

Je ne faisais pas de dichotomie entre le nazisme et les Allemands. Les Allemands étaient des hitlériens. Ils avaient écrasé Amsterdam, bombardé les villes, envahi la Pologne… Ils semaient la haine. Ils massacraient. C'étaient de nouveaux barbares. Ma génération ne raisonnait pas encore en termes politiques très élaborés.

Pourquoi, selon vous, les résistants ont-ils été si peu nombreux en France ?

D'abord, le personnage de Philippe Pétain a pesé d'un poids très lourd, a causé une sorte d'inhibition. Dans l'inconscient collectif des Français, le Maréchal était un grand chef de la guerre de 1914. Une guerre qui a fait près d'un million et demi de morts et a constitué un terrible traumatisme pour le pays. Quel que soit le petit village de France que vous traversez, un monument aux morts se dresse en son centre avec la liste des victimes. Et Pétain apparaissait comme un des vainqueurs de la guerre, le vainqueur de Verdun, une idée pas tout à fait vraie, mais personne ne le savait.

Et puis, plus les choses avançaient, plus le bruit courait d'un accord secret entre Pétain et de Gaulle. Beaucoup de gens en étaient persuadés. « Ils font semblant, ils travaillent ensemble » : cette idée plaisait aux Français, ne pas mettre ses œufs dans le même panier.

Une sorte de cohabitation avant l'heure ?

Si l'on peut dire. Cette fiction, ce faux-semblant, a conforté un certain nombre de Français dans l'attentisme. Le Français est un peu timoré. Plus il avance en âge, plus il est prudent. La jeunesse s'engage, elle ne calcule pas. Quand on arrive à la trentaine, la quarantaine, on a un travail, des responsabilités, une famille, etc. On fait attention…

Puis, au fur et à mesure, les événements se sont aggravés, les sentiments vis-à-vis de Pétain et du régime se sont renversés.

Un autre facteur explique le petit nombre de résistants. Ceux qui s'engageaient étaient soit très jeunes et, comme moi, formés par les instituteurs, avec l'idée d'un Empire français de cent millions d'habitants, soit beaucoup plus âgés. Les autres, ceux qui étaient dans la force de l'âge, étaient souvent prisonniers. Ils étaient un million et demi en Allemagne [1]. Hitler savait ce qu'il faisait en les gardant.

Peu à peu, les yeux se sont ouverts et les gens ont participé à la Résistance. Certains Français laissaient faire, mais aidaient très discrètement la Résistance.

1. Les soldats sont emprisonnés dans des stalags, ouverts sur l'extérieur puisqu'ils doivent travailler, alors que les officiers sont enfermés dans des oflags d'où l'on sort beaucoup plus difficilement. Au total, pendant toute la guerre, 300 000 évasions ont été tentées par des prisonniers français, 71 000 ont réussi. Ils sont 16 000 évadés en 1941, 33 000 en 1943.

Dans l'ensemble, ils avaient moralement basculé, disons, à cause du STO en 1943.

Avez-vous suivi le procès de Maurice Papon ?

Non. Ce procès m'ennuyait. Il sonnait faux… J'ai eu le sentiment de deux poids et deux mesures. Je ne pense pas qu'il n'y ait eu en France qu'un seul fonctionnaire de Vichy responsable de déportations. On a pris un sous-préfet. Je n'ai pas de sympathie particulière pour Maurice Papon. Malheureusement, il n'était pas le seul fonctionnaire de Vichy à avoir agi de la sorte.

Auriez-vous approuvé un procès Bousquet ?

Ah oui ! Bousquet, lui, s'est engagé personnellement et librement du côté des Allemands. Comme nous nous sommes engagés avec la France libre. Il défilait avec les chefs de la Gestapo. Bousquet n'avait pas de patron au-dessus de lui. Il donnait les ordres de sa propre initiative.

Mais vous, le résistant, vous n'avez pas été gêné quand, à la Libération, de Gaulle a préféré s'appuyer sur des notables vichystes, plus fiables à ses yeux, plutôt que sur des résistants ?

Le général de Gaulle a eu une peur inouïe de l'AMGOT, l'administration américaine. Les Américains considéraient la France comme un territoire occupé. Ils voulaient installer une administration américaine. J'ai vu les billets de banque qu'ils avaient fabriqués pour la France… La présence du général Eisenhower, un homme correct, a été une chance. Il a protesté auprès du président Roosevelt : « Il est impossible de traiter la France de cette façon-là. Je ne le souhaite pas, parce que la Résistance française vaut vingt-cinq divisions. » Roosevelt s'est incliné. Sans Eisenhower et la volonté farouche du général de Gaulle, les Français étaient bons pour l'administration américaine.

Face à cette menace, de Gaulle s'est trouvé dans l'obligation de mettre très vite en place une administration française. Il a nommé des commissaires de la République. Il a eu du mal à les trouver. Je crois que c'est pour cette raison qu'il a récupéré des fonctionnaires vichystes. À l'époque, Maurice Papon n'était, en définitive, qu'un sous-préfet anonyme. Et puis il a accordé quelques grâces. Dans plusieurs coins, les « flingues » partaient facilement — à la Libération, il faut dire la vérité, certains ont « fait le ménage » un peu fortement. De Gaulle ne voulait pas aggraver le climat de division.

Y a-t-il eu, pour vous, une résistance après la Résistance ? Le sentiment de compagnonnage existe-t-il encore ?

Oui. Indiscutablement, il existe encore. J'appartiens à beaucoup de mouvements d'anciens. Les liens de la Résistance ont été forgés dans de telles conditions qu'ils transcendent les clivages politiques. Un de mes grands amis à Saint-Étienne est Théo Vial-Massat, un ancien député communiste. Et la plupart des autres, de vieux copains, socialistes ou autres, mais résistants. Pour moi, un résistant est un homme qui mérite considération. Il avait une idée de la France et de la liberté. Il s'est battu pour le pays. Hier comme aujourd'hui, on ne distinguait pas, comme disait Aragon, ceux qui croyaient au ciel et ceux qui n'y croyaient pas.

Vous avez connu Alger en 1958. Peu après, les putschistes de l'OAS vont se réclamer de la Résistance. Ils ont entretenu une rhétorique soigneusement calquée sur celle-ci, jusqu'au nom « AS ». Qu'en avez-vous pensé, vous qui étiez là-bas ?

Au moment des événements d'Algérie, moins de quinze ans nous séparaient de l'époque de la guerre.

C'est dire que les références à la Résistance étaient nombreuses, en particulier pour les gaullistes dont j'étais. En 1958, j'ai fait orienter le faisceau de Radio-Alger en direction de la France, et j'ai créé l'émission « France 5 », avec l'idée d'une Ve République, en copiant la BBC pour rappeler les grandes heures de la France libre, faire un appel à l'inconscient collectif. Je pouvais encore le faire parce qu'un effet de masse existait.

Par ailleurs, l'OAS et le général Salan ont eux aussi essayé de récupérer la symbolique de la Résistance. On trouvait parmi eux des Français libres ; leur soi-disant discours d'insurrection était calqué sur celui de De Gaulle, jusqu'à leur nom, inspiré de l'Armée secrète... Mais l'OAS a vite été dépassée, ce petit jeu n'a pas été tenable très longtemps. On connaît la suite, et la dérive meurtrière de l'OAS...

Par la suite, avez-vous parlé de la Résistance avec le Général ?

Beaucoup... Pour le Général, les souvenirs de la Résistance étaient surtout ceux des hommes qu'il avait connus. Contrairement à ce qu'on pense, de Gaulle savait très bien qui était qui, où il était et ce qu'il avait fait. On le voit dans ses Mémoires, ses portraits sont extraordinaires. Il s'intéressait aux personnages et il savait les dépeindre.

Croyez-vous encore présente la pensée du général de Gaulle du 18 juin 1940 ?

De Gaulle est mort. Nous avons connu l'histoire des disciples et des apôtres. Tant que restaient les hommes qui avaient connu de Gaulle et vécu cette période de l'Histoire subsistait une certaine forme de pensée, de résistance à la fatalité. Mais, peu à peu, l'empreinte du Général s'est effacée. Aujourd'hui, j'ai même le sentiment qu'elle tend à disparaître.

Tout cela est loin désormais… J'estime que nous avons été des privilégiés, que nous avons vécu les derniers grands moments d'une France différente. Certes, nous avons dérouillé, mais nous étions portés par un idéal dont les jeunes disent aujourd'hui : « Quelle chance vous avez eue d'avoir vécu à cette époque et d'avoir connu ce que vous avez vécu : une grande espérance ! » Il nous reste à la transmettre, si nous en sommes capables.

Germaine Tillion[1]

Depuis cinquante ans, de sa fenêtre Germaine Tillion voit les cygnes du lac de Saint-Mandé. Ils glissent, et l'on se demande, en la rencontrant, si cette femme de quatre-vingt-douze ans glisse elle aussi sur les années, sur le martyre de ses amis du réseau du Musée de l'Homme fusillés au Mont-Valérien, sur le cauchemar de Ravensbrück où elle vit mourir sa mère et bon nombre de ses camarades. Germaine Tillion est « rayonnante de bonté », elle a l'air d'une sainte laïque, celle qui fut l'une des toutes premières résistantes de France. Sa maison non plus n'a pas d'âge. Comme chez son camarade Jean-Pierre Vernant, on s'y sent bien tout de suite. Un décor simple, des livres, de la lumière, le tendre panthéon des amis en leur jeunesse et, partout sur les murs, la gaieté du temps qui reste.

C'était une très belle journée. Elle s'était préparée à ma visite. J'avais l'impression de revoir après des années mon professeur préféré : le café était là ; elle avait posé sur la table du salon, en cadeau, un livre d'elle qu'on vient de rééditer, et ressorti quelques articles de revue au cas où nous en aurions besoin pour travailler…

J'imaginais trouver une très vieille dame — elle a déjà trente-trois ans quand, en ces mois de l'été 1940, elle crée, avec Boris Vildé, Anatole Lewitzky, Simone Martin-Chauffier[2], les colonels de La Rochère et Hauet, ce

1. Entretiens réalisés les 26 mai et 16 juin 1999.
2. S. Martin-Chauffier, *À bientôt quand même*, Calmann-Levy, Paris, 1974.

qui est considéré comme le premier grand réseau de résistance en France. Je me trouve en face d'une jeune fille. Elle parle elle aussi avec de drôles de mots d'avant-guerre, s'affaire pour recevoir, s'excuse pour ce téléphone qui n'arrête pas de sonner : Jean Lacouture vient prendre de ses nouvelles ; son éditeur qui, je crois bien, la rappelle à l'ordre pour ce livre qu'elle est en train de terminer et cet autre qu'on va rééditer ; ces vacances en Bretagne qu'il faut préparer ; et cet ami commun qui veut connaître l'état de santé de leur camarade de déportation, Geneviève Anthonioz-De Gaulle...

Comme chez ses camarades de Résistance, ce qui m'a intéressé chez elle, c'est l'immédiateté de son engagement. Après l'exode, rentrée à Paris avec sa mère, dans cette ville vide, sous le soleil de plomb de l'été 40, à pied, à vélo, sans relâche, elle va taper aux portes. Je pense à ce qu'écrivait d'Astier sur ces premiers pas : « Il n'y avait vraiment personne. Et on ne savait pas le prix qu'on allait payer... Trois mois s'étaient passés, à tâtons dans une lumière si crue qu'elle vous cachait les buts mieux qu'un brouillard, trois mois de contacts avec des deuxième ou cinquième bureaux, des services de renseignements qui jouaient sur tous les tableaux à condition qu'on restât entre initiés et que le peuple malsain dont le fantôme gardait le visage détesté de 1936 n'y fût pas mêlé..., contacts avec des banquiers..., un gradé, un évêque ou un ancien ministre..., avec des officiers supérieurs qui "voulaient bien" à condition que Pétain fût dans le coup... avec des désœuvrés, aventuriers, avocats sans cause, cinéastes sans cinémas... »

Est-ce l'acharnement, la chance ou cette « rayonnante bonté » ? Germaine Tillion mit moins longtemps que bien d'autres à trouver le contact, à faire, dès septembre 1940, le lien entre les contraires : Boris Vildé et ses collègues, les intellectuels du Musée de l'Homme, et ces vieux colonels (déjà) démodés. Ce sera le tout premier réseau, et, alors que l'on n'emploie pas encore le mot de « résistance », ils le créeront d'une certaine manière — « Résistance » sera le nom de leur journal, sorti le 15 décembre 1940. On pouvait lire dans l'éditorial de cette feuille clandestine la définition d'un combat qui ne faisait que naître : « Résister, c'est déjà garder son cœur et son cerveau. » Le réseau comptera jusqu'à six cents membres. « Nous disposons d'une armée dans Paris », disait souvent Vildé, son patron. Ce seront aussi les tout premiers martyrs. Le « Musée de l'Homme » sera décapité, très tôt. Entre février et mars 41, les premiers animateurs tomberont dans les mains des SS. Un traître, Gaveau, avait infiltré le mouvement. Cet après-midi-là, Germaine Tillion a changé de visage lorsque, à deux reprises, elle m'a dit : « Il est encore vivant, je le sais. Gaveau est encore de ce monde. »

***

Ce qui m'a frappé dans vos récits du 17 juin 1940, c'est la brutalité de votre réaction, immédiate, physique, après le discours de Pétain...

Le matin du 17 juin, ma mère, ma grand-mère et moi nous avons quitté Paris afin de rester à l'intérieur du front français, et imaginant une guerre très dure et très longue…

Dans la seconde partie de l'après-midi, je revois encore une route blanche, ombragée, sur laquelle roulent des véhicules hétéroclites. Pas de bagarres perceptibles, car tous vont dans le même sens : plein sud…

Cette même semaine, j'arrivais du Sud constantinois où, en juin, tout était grillé. Dans la campagne française, juin est au contraire un mois somptueux : blés dorés, prairies vertes, fruits déjà formés sur les arbres et beaux jardins fleuris encadrant des maisons claires, ouvertes — tout cela bien tenu, prospère, à peine clôturé, heureuse région qui n'avait pas connu d'invasion depuis la guerre de Cent Ans…

Dans les villages traversés, les magasins semblaient ne fermer à aucune heure, tous gorgés de marchandises, avec des propriétaires empressés, compatissants, curieux mais pas du tout inquiets pour leur propre compte ; les boulangers avaient fait des fournées supplémentaires pour répondre à la demande : pas de disette en imagination.

En ce temps-là, les transistors n'existaient pas, mais chaque famille, pauvre ou riche, avait un appareil de radio, un vrai monument, gros comme une moitié de piano, intransportable. Beaucoup de particuliers ouvrirent donc leur porte pour que les inconnus qui passaient, anxieux, puissent entendre un communiqué que la radio annonçait d'heure en heure. À l'heure dite, je me suis ainsi trouvée dans la cuisine d'une maison inconnue, et c'est là que j'ai entendu la voix sénile du vieux Maréchal annoncer à la France la demande d'armistice. Pour moi, le choc fut si rude et imprévu que je suis sortie dans la rue pour vomir — le Maréchal avait été nommé, *la veille*, président du Conseil, donc, selon la Constitution de l'époque, maître souverain et légal de la France. Avec l'accord, bien sûr, du président du Conseil démissionnaire et consultation des présidents de la Chambre et du Sénat. Sans compter quelques hommes politiques présents à Bordeaux. Dès ce moment (c'est-à-dire dès le 17 juin), le gouvernement de Vichy a été, pour moi, celui d'un pays étranger. Mais, dans la même période, c'est-à-dire au cours de l'année 1940, j'ai connu beaucoup de résistants engagés et actifs qui pensaient qu'il y avait accord entre le gouvernement de Vichy décidé à résister sur place et le gouvernement de la France libre qui continuait ouvertement la lutte.

Autour de moi, les gens présents avaient écouté, pétrifiés…

Le lendemain, 18 juin, je n'ai pas entendu l'appel de Londres, mais, dès le 19 juin, sur la route de l'exode, des avions italiens vinrent tirer en rase-mottes sur la foule civile qui aussitôt déserta voitures et bagages pour s'abriter sous les arbres. C'est là qu'un officier polonais me parla de l'appel du général de Gaulle…

Sur le moment, je crus que ce nom était un pseudonyme tant l'appel venait à point, mais, dans les heures qui suivirent, j'ai su qui était ce général qui parlait à Londres au nom de la France et qui disait ce qu'il fallait dire…

Vous débarquiez d'une autre planète...

Le 17 juin, j'étais en France depuis moins d'une semaine, après un séjour de plus de cinq années dans le Sud algérien (j'ai dû arriver à Paris deux ou trois jours avant la déclaration de guerre de l'Italie, car je l'ai entendue annoncée à la radio très peu d'heures après mon retour).

Mes deux premières missions (internationales) m'avaient maintenue dans le bled de 1934 à 1938 sans coupure. Ensuite, ce fut un été à Paris. Puis (fin 1938), deux autres missions du Centre national de la recherche scientifique (CNRS) qui venait tout juste d'être créé. La fin de ma quatrième mission avait été prévue en mai 1940. Vu de 1939, « mai 1940 » représentait une date quelconque.

Pendant l'hiver 1939-1940, à quatorze heures de cheval d'un appareil de radio, j'avais tout le temps de réfléchir, car j'habitais une caverne (ou plutôt une sorte d'abri en pierres sèches, appuyé à un rocher demi creux dont la porte était fermée par mon vieux tapis de tentes). Pour m'éclairer, je n'avais qu'une lampe à acétylène et, quand elle commençait à gargouiller, je devais me lever pour la sortir sinon je risquais l'asphyxie. Ensuite, j'avais tout le temps de penser à la situation internationale car je ne pouvais plus lire ni travailler.

Mon courrier et des journaux parvenaient une fois par semaine chez un caïd, habitant à une demi-journée de marche de mon campement, et j'avais deux employés originaires de l'Aurès : un gamin de Menaâ, recommandé par son instituteur, et un homme du douar voisin, bon marcheur, sérieux et sûr. Mes journaux, c'étaient les *Paris-Soir* de Pierre Lazareff et quelques autres...

Après le 18 juin, que décidez-vous de faire ?

Dès l'armistice, ma mère, ma grand-mère et moi nous sommes rentrées à la maison. Ma mère pensait comme moi qu'on ne pouvait pas se fier à un gouvernement qui acceptait de livrer à l'ennemi des antinazis réfugiés en France, qui abandonnait un allié en pleine bataille... Je pensais aussi que l'on pouvait s'appuyer sur l'Afrique et que la flotte française unie à la flotte anglaise resterait, en tout cas, maîtresse de la Méditerranée. Bref, j'avais horreur à la fois de l'hitlérisme et de l'armistice.

Dès le lendemain de notre retour, j'ai pensé qu'il fallait agir et par conséquent s'informer, donc prendre des contacts avec un organisme accessible. Pourquoi pas la Croix-Rouge ? Dans l'annuaire du téléphone, je trouve l'adresse : à l'autre bout de Paris, en plein ouest. Aucun moyen de transport dans le Paris de cette semaine-là, mais heureusement j'avais un vélo. Je pars...

Un bout de banlieue, ensuite la grande ville, muette, déserte, vide : pas de voitures, pas de passants, des grands immeubles à volets clos, pas non plus d'occupants (du moins sur l'itinéraire que j'avais choisi). Je me suis arrêtée une seule fois : pour laisser passer, à bonne distance, un petit détachement en uniforme. Très petit, marchant au pas de l'oie en jouant de la trompette, tout seul dans la grande avenue d'une ville morte...

Au siège de la Croix-Rouge, en ce début d'après-midi estival, je trouve un local assez grand, totalement vide, mais rangé comme pour une inspection : fenêtres et volets fermés, porte clôturée au loquet...

Au bout d'un grand moment, une jeune femme arrive ; elle aussi fait le tour des bureaux et elle a l'air aussi désorientée que je le suis moi-même — elle est venue à pied, avec un chapeau et des gants. Nous nous regardons, nous échangeons quelques lamentations, nous nous nommons... Je lui dit : « Qu'est-ce qu'on peut faire ? » Elle hésite, me regarde encore longuement, puis elle me donne le nom d'un colonel « qui s'est présenté comme otage pour la ville de Paris. Il s'appelle Hauet ».

Ensuite, je vais au musée de l'Homme, où je trouve plusieurs amies et collègues qui, avec le concierge, ont gardé le musée ouvert sans quitter Paris pendant l'exode, afin de veiller sur les collections. Je ne me souviens pas si c'est ce jour-là (ou quelques jours plus tard) que mon amie Yvonne Oddon m'a montré, par la fenêtre, la porte d'une maison : celle de Mme Boutiller du Retail qui, avec son mari, tous deux bibliothécaires, amorçait une petite chaîne d'évasions militaires. Jamais arrêtés, ils furent intégrés à la Libération dans un des grands réseaux de l'époque, je ne sais plus lequel.

Dès le lendemain, j'ai, en tout cas, téléphoné au colonel inconnu, et il m'a donné rendez-vous aussitôt dans un très petit bureau, situé à l'entresol, rue Boissy-d'Anglas. J'y trouve un homme qui me semble très vieux (en fait soixante et onze ans), tout blanc de cheveux et de moustache et en rage contre l'armistice, la défaite, l'univers. Nous nous indignons en chœur... Puis nous parlons longuement, et en particulier de l'Afrique : il est très inquiet pour les prisonniers en général, et surtout pour ceux qui sont originaires d'outre-mer. « Il faut absolument faire quelque chose... » Mais quoi, au juste ? Apparemment, il ne le sait pas encore. En tout cas résister, s'organiser.

Très peu de temps plus tard, le colonel m'appelle au téléphone et me propose de visiter des appartements vides pour y ressusciter l'UNCC (Union nationale des combattants coloniaux) dont, d'accord avec le secrétaire général en titre, il vient de se nommer secrétaire général en exercice. « On » y fabriquera des paquets pour les soldats d'outre-mer prisonniers. « On » leur écrira. « On » recevra ceux qui seront relâchés, etc. C'est moi qui devrai recruter un personnel bénévole (pas nécessairement engagé à fond dans la vraie résistance, mais assez sympathisant avec elle pour ne pas poser de questions et ne pas nous dénoncer). Bref, j'ai alors choisi un appartement au premier étage, à un angle de la rue Bréguet, c'est-à-dire sur mon trajet (toujours accompli en vélo) entre Saint-Maur, la Bibliothèque nationale, le Quartier latin et le musée de l'Homme (où je travaillais alternativement plusieurs fois par semaine, car je terminais mes thèses de doctorat, et le plus souvent dans la belle et neuve bibliothèque du musée organisée par Yvonne Oddon).

Boris Vildé et Anatole Lewitzky [1], tous deux mobilisés, n'étaient pas encore présents, car les hommes valides mobilisés et les militaires, dans cette période du tout début de l'Occupation, devaient se faire démobiliser en zone dite « libre ». Les autres étaient morts. Ou prisonniers. Ou cachés dans une ferme. Ou évadés par milliers. Évadé ? Ce fut le cas en particulier de Boris Vildé, du philosophe Jean Cavaillès, de l'historien Marc Bloch, d'André Postel-Vinay, de Raymond Aubrac, d'Henri Frenay, de Stéphane Hessel — pour ne parler que de ceux dont je me souviens...

Dans ces premiers jours de l'Occupation, ce sont donc les femmes et les hommes âgés qui doivent parer au plus pressé : cacher les gens sans papiers, c'est-à-dire les évadés militaires, les clandestins et, en première urgence, les Anglais de la poche de Dunkerque — ce que fait en particulier notre camarade Sylvette Leleu, garagiste et jeune veuve de guerre.

Dans toute la zone occupée, on écoute Londres, des jeunes, assez nombreux, cherchent à gagner l'Angleterre, et l'illégalité s'installe. En présence de cette illégalité, les fonctionnaires se tiennent cois et la police ne fait pas de zèle. Majoritairement matraqués par le pacte germano-soviétique, les communistes de cette première

1. Boris Vildé est alors un jeune ethnologue de trente et un ans, chargé du département des civilisations arctiques. Fils d'émigré russe, mobilisé, fait prisonnier dans le Jura en juin 1940, il réussit à s'évader et regagne Paris à la fin du mois de juillet. Avec l'accord de Paul Rivet, directeur du musée de l'Homme, et l'aide directe d'Anatole Lewitzky, anthropologue, directeur du département d'Europe et d'Asie, spécialiste mondialement reconnu du chamanisme sibérien, il imprime immédiatement des tracts. Ensuite, il devient le meneur de jeu des activités antiallemandes de plusieurs petits groupes, rassemblant des chercheurs du musée de l'Homme et d'autres intellectuels parisiens. C'est Germaine Tillion qui, en 1946, chargée de la liquidation administrative de ses camarades résistants, a baptisé ces groupes : « Réseau du Musée de l'Homme ».

phase ont publié tout de même une petite feuille pour célébrer ce dernier (clandestine mais diffusée). Ils seront très vite traqués par Vichy, bien avant l'attaque allemande en Russie…

Vous êtes seule, avec le colonel Hauet, dans votre bureau. Comment avez-vous commencé, recruté les premiers membres de votre réseau ?

Je connaissais beaucoup de gens révoltés par la situation, très vite dissidents : quelques-uns voulaient « faire quelque chose » ; d'autres « faisaient quelque chose » et avaient besoin d'aide. Tout de suite, nous avons eu ainsi des lignes d'évasion et des tracts à diffuser. Très vite aussi, dans la foule française privée d'informations, les renseignements se sont échangés et accumulés. Beaucoup ayant un intérêt militaire. Qu'en faire ? Évidemment les communiquer à Londres. Mais comment ? Ce fut, pendant toutes les années 1940 et 1941, notre problème.

Pendant ce temps, rue Bréguet, on continuait à s'occuper des prisonniers d'outre-mer, et cela dura sans problème jusqu'à la Libération. Je m'y arrêtais brièvement presque chaque jour, et le colonel Hauet y avait une secrétaire et un très petit bureau. Il avait aussi gardé son bureau de la rue Boissy-d'Anglas (avec une autre secrétaire) et je le rencontrais également à son domicile (ou plutôt à celui de Mme May Barrault, qui se faisait appeler Tamisa par anglophilie).

Assez vite, les prisonniers de guerre originaires de France ont été transférés dans des camps situés en Allemagne ; en revanche, les prisonniers dits « de couleur » furent entassés dans des camps situés en France, dont, évidemment, ils s'évadaient assez facilement. Il fallait alors les loger, et nous avons eu une combine avec un asile de nuit. Mais, le jour, on ne pouvait pas les enfermer dans un placard, et c'étaient nos bénévoles qui les promenaient jusqu'à ce que nous ayons pu les envoyer se faire démobiliser à Vichy, et rapatrier chez eux.

Avec ceux qui ne comprenaient pas un mot de français, nous avons eu une combine (grâce aux médecins prisonniers de guerre que les Allemands employaient à l'hôpital du Val-de-Grâce). Le prisonnier évadé et bien-portant arrivait et demandait un médecin qui était prévenu et qui l'installait dans un lit, avec un beau diagnostic — par exemple, lèpre : le faux malade et vrai évadé était ainsi redevenu prisonnier de guerre sans le savoir. Mais ensuite, en qualité de prisonnier, il était évacué en train sanitaire par les Allemands jusqu'en zone libre. Il ne risquait pas de diffuser le truc parce qu'il ne savait pas ce qui lui était arrivé.

Dès les premières semaines de l'Occupation, il avait fallu, en effet, d'abord s'organiser, communiquer et agir tout de suite : faire des faux papiers, franchir frauduleusement des frontières, échanger des renseignements indispensables et secrets, exprimer des indignations. Beaucoup l'ont fait, par petits groupes plus ou moins isolés, ensuite raccordés par nécessité, pour être efficaces. Les premières organisations ont été disloquées à plusieurs reprises, toutes, mais jamais complètement, du moins en 1940 et en 1941. Ce qui restait de l'une se raccordait alors à une autre. Du moins, c'est ainsi que je vois actuellement cette toute première période.

Dans notre organisation, les premiers tracts ont été ronéotés dans les caves du musée, par Anatole Lewitzky. Ensuite, il y eut un vrai journal clandestin, *Résistance*, dont le premier numéro est sorti en décembre 1940. À cette date, le traître Albert Gaveau avait déjà vendu Boris Vildé à l'Abwehr[1].

1. Boris Vildé et son groupe ont été arrêtés à partir de février 1941, vendus par Albert Gaveau, un agent de l'Abwehr. Après une longue incarcération à Fresnes, le procès des dix-neuf inculpés accusés d'espionnage s'est ouvert le 8 janvier 1942. Le verdict est rendu le 17 février : dix condamnations à mort (sept hommes et trois femmes, dont Sylvette Leleu et Yvonne Oddon), trois condamnations à des peines de travaux forcés, six relaxes. Le 23 février, les sept hommes sont fusillés au Mont-Valérien, dont Boris Vildé et

Vous connaissiez l'Allemagne nazie, je crois, pour y avoir séjourné.

Un long séjour en Prusse-Orientale, chez une vieille dame qui avait enseigné le français : elle ne me demandait rien, qu'un peu de conversation à l'heure des repas… Pourquoi avoir choisi la Prusse ? Uniquement par amour de l'espace : départ par Prague, Berlin, retour par la Baltique et Copenhague, partout avec des rencontres prévues, de vrais arrêts. À Cologne, je connaissais amicalement deux journalistes allemands, dont un marié à une Suédoise…

Tout cela pendant la fin de 1932 et le début de 1933 (année où Hitler devenait chancelier) et c'est ainsi que je l'ai vu, pour la première fois, au cours des actualités d'un cinéma prussien, godiche en redingote, présentant son ministère à Hindenburg. La vieille dame (qui me recevait très gentiment) révérait Hindenburg — autre maréchal également calamiteux — car, en 1933, toute l'Allemagne savait déjà ce qu'était l'hitlérisme (qui n'était pas majoritaire) et, cette année-là, le maréchal von Hindenburg pouvait encore nommer un autre chancelier. Il est mort l'année suivante et Hitler a alors fait prêter serment à tout ce qui était en poste (et docile) dans la nation. Coup reproduit par le maréchal Pétain six ans plus tard….

À Königsberg, je voyais quelquefois le consul de France, un Méridional qui n'avait jamais froid, qui semblait ne connaître personne, qui s'ennuyait comme un rat mort et prétendait que, depuis Napoléon, aucun Français n'était venu en Prusse-Orientale… Toutefois les gens instruits (donc toute l'université) avaient choisi majoritairement le français comme seconde langue et, très avides de parler le français, m'invitaient quoti-

---

Anatole Lewitzky. Les trois femmes verront leur peine commuée en déportation. Le colonel Hauet et le colonel de La Rochère sont arrêtés en juillet 1941, Germaine Tillion, avec sa famille, en août 1942. Elle est incarcérée à Fresnes, puis déportée à Ravensbrück.

diennement l'après-midi : café transparent, gâteaux épais. J'ai ainsi rencontré dans leurs familles beaucoup de professeurs (quelques-uns juifs, retrouvés plus tard dans des listes de congrès américains), quelques étudiants, pas d'étudiantes.

Parmi les étudiants, il y avait des nazis, dont deux ou trois bécassons agressifs que, tout d'abord — étonnée, polie —, j'ai laissé parler. Ils ont toutefois fini par m'agacer et, à propos du racisme, j'ai orienté la conversation vers les migrations germaniques, sujet qu'ils trouvaient savoureux — et sujet encore frais dans ma tête, car non seulement élève de Marcel Mauss (qui consacra un cours entier du Collège de France aux droits de l'antique Germanie), mais aussi de Jean Marx (folklore européen, Moyen Âge breton), ayant travaillé également avec un préhistorien suédois (Olaf Janse) et même visité le musée de la Préhistoire créé à Saint-Germain-en-Laye avec Henri Hubert, son fondateur. Citant gaillardement les *Gesta Danorum* (de Saxo Grammaticus), j'ai expliqué que le départ de l'émigration — vers le sud, vers l'ouest — était forcément l'œuvre des « jeunes », des « bien-portants », des « audacieux »... « Et alors naturellement ils sont venus peupler la France.... » Puis j'ai pris un air consterné, apitoyé, en disant : « Ensuite, forcément, les pauvres types, les ratés, les timorés ont suivi jusqu'au Rhin et se sont arrêtés là... » Je plaisantais évidemment, et je croyais qu'ils me répondraient sur le même ton de blague. Pas du tout : ils me crurent, consternés. Ainsi s'expliquaient à leurs yeux les victoires de Napoléon, la défaite du 11 novembre : la « pauvre » race allemande était inférieure dès son origine, issue de ratés, de « laissés-pour-compte » (comme il se trouve que mon nom de famille est un ancien prénom mérovingien, ce que je leur expliquais d'un air affligé ne se discutait pas...).

J'ai connu aussi d'autres étudiants. Les plus sympathiques se taisaient en politique, car, dès cette époque, les Allemands lucides avaient peur, et l'on pouvait le percevoir dans certains silences ; en outre, et dans toute l'Europe, les susceptibilités nationales étaient, à cette époque, beaucoup plus vives qu'aujourd'hui et, les partageant, je les respectais.

Toutefois, dès 1932, j'ai pensé que le racisme n'était pas seulement idiot, mais très dangereux, et j'ai dès lors été très attentive à ces évolutions.

Ensuite, à partir de 1934, je n'ai connu que le Sud algérien jusqu'en mai 1940, avec toutefois une longue rupture en 1938, dont j'ai profité pour faire un court voyage dans la région des lacs bavarois. Cinq années après mon séjour en Prusse-Orientale, donc en 1938, en Allemagne, le nazisme vous agressait partout. En outre, j'étais alertée à son sujet par plusieurs chercheurs juifs émigrés qui travaillaient au musée de l'Homme comme moi-même.

Quelles étaient vos idées politiques ? Étiez-vous une militante ?

En 1940, assurément, être « gaulliste », à mes yeux, cela allait de soi… À part cela, et avant cela, j'avais des amis dans tous les partis, y compris l'extrême gauche et l'extrême droite, mais je n'ai, quant à moi, jamais milité dans un parti.

En tout cas, dès juin 1940, ma mère et moi nous avons donné notre livret de famille et nos pièces d'identité à deux amies appelées Lévy. Mes propres papiers allèrent à l'aînée (Adeline), ceux de ma sœur qui était alors en Indochine avec son mari à la cadette (Marthe), ceux de mon père (qui était mort) et ceux de ma mère servirent aux parents Lévy. Il ne fallait évidemment pas qu'on aille, un jour de rafle, avec Marthe et Adeline dans le même café… Je n'ai d'ailleurs jamais considéré cela comme un acte de résistance : Marthe était une camarade de classe de ma sœur, cela allait de soi, en juin 1940, de donner à sa famille nos papiers d'identité.

Deux ans plus tard — exactement le 14 juillet 1942 —, j'ai enlevé presque de force de leur domicile les deux parents d'une camarade dont le frère avait été fusillé comme otage à Châteaubriant[1] : ils ne voulaient absolument pas partir. Finalement ils l'ont fait, et sont restés ensuite dans le domicile d'une de mes collègues jusqu'à la Libération. Tous deux étaient juifs étrangers, parlant mal le français, très repérables, donc terriblement menacés. En juillet 1942, ils n'en avaient pas du tout conscience…

1. À la suite de deux attentats mortels commis les 20 et 21 octobre 1941, contre le Feldkommandant de Nantes et un conseiller d'administration militaire allemand à Bordeaux, le commandant militaire en France, le général Otto von Stulpnagel, décide d'ordonner l'exécution de cinquante otages pour un Allemand tué. Le 22 octobre, quarante-huit otages sont fusillés, vingt-sept à Châteaubriant, seize à Nantes, cinq à Paris. Le lendemain, cinquante autres sont fusillés au camp de Souges près de Bordeaux. Ils ne sont pas les premiers otages fusillés, mais jamais les représailles n'avaient été aussi massives. Le ministre de l'Intérieur, Pierre Pucheu, a participé à la désignation des personnes exécutées, pour la plupart communistes. Les fusillés de Châteaubriant, parmi eux, le plus jeune, Guy Môquet, un étudiant de dix-sept ans, fils d'un député communiste, Jean-Pierre Timbaud, un métallo parisien, deviendront un symbole pour le PCF.

Pierre Lefranc [1]

Il faut imaginer la détresse des Parisiens en cette fin d'année 1940. Ils sont revenus de l'exode, et découvrent une ville asservie, éteinte, déjà combinarde, sans plus aucun rapport avec la « magnifique » capitale de l'Empire français qu'ils ont laissée quelques semaines plus tôt ; ils découvrent une France à l'heure allemande, le marché noir, les drapeaux à croix gammée sur les bâtiments officiels, à tous les carrefours ; ils entrent dans l'hiver de l'Occupation sans savoir combien il durera. Le maréchal Pétain est le père, le rempart — ils sont rares à en douter —, il vient de rencontrer Hitler à Montoire le 24 octobre. La propagande de Vichy, fort bien faite, explique aux Français que c'est pour leur bien. De Gaulle est à peine connu, la Résistance n'existe pour ainsi dire pas, ceux qui ont la tentation d'agir sont désespérément seuls dans une France sonnée. Ils tâtonnent, ils cherchent le contact et, en ce mois de novembre particulièrement sombre, ils ne voient rien venir…

C'est dans ce Paris sinistré que survient la manifestation du 11 novembre 1940. Un coup de tonnerre. Des centaines de jeunes, lycéens et étudiants, défilent cet après-midi-là sur les Champs-Élysées jusqu'à l'Arc de triomphe, en chantant *La Mar-*

1. Entretien du 8 juillet 1999.

seillaise, et en s'en prenant aux soldats de la Wehrmacht abasourdis.

La manifestation provoque un choc chez les Allemands. Des rapports alarmistes sont envoyés à Berlin. La censure de Vichy fait tout pour cacher l'information, mais elle transpire de toutes parts, dans la capitale, en zone non occupée, et jusqu'à Londres où l'on s'étonne et se félicite.

La manifestation du 11 novembre 1940 fut un des tout premiers actes collectifs de résistance. Peu connue, elle est pourtant devenue, depuis soixante ans, un morceau de la croix résistante que se disputent gaullistes et communistes qui chacun prétendent en avoir eu l'initiative.

Pierre Lefranc fut l'un des organisateurs de ce rassemblement. On a du mal à imaginer aujourd'hui que cet homme courtois et un peu raide de soixante-dix-sept ans, sosie d'Anthony Eden, l'ancien Premier ministre britannique, ait été, à dix-huit ans, l'un de ces « terroristes » qui stupéfièrent le IIIe Reich.

*
**

À dix-huit ans, étudiant, vous êtes l'un des organisateurs de la manifestation du 11 novembre 1940, à l'Arc de triomphe, à Paris, célébrant la capitulation allemande de 1918 et appelant à suivre le général de Gaulle. Comment est-elle née, cette première manifestation de la résistance ?

La vue des Allemands dans la capitale est insupportable pour moi. À Paris, les drapeaux à croix gammée flottent sur la Chambre des députés, la tour Eiffel, au fronton des grands hôtels, le long des boulevards. Des plaques en allemand fleurissent à tous les coins de rue. Sans parler de la Wehrmacht… À mon retour de Corrèze, où j'avais suivi le chemin de l'exode avec mes parents en juin 1940, Paris est devenu une ville allemande. Pour moi, pour mes camarades de la faculté de droit, cette occupation est physiquement, culturellement inacceptable. Nous réfléchissons, nous nous réunissons. Que faire face à cette force gigantesque qui a envahi la France ? Nous ne savons pas très bien comment, mais il faut agir.

Je crois que l'idée de la manifestation du 11 novembre nous a été fournie involontairement par le recteur de l'université de Paris. Craignant que des manifestations publiques ne se produisent à l'intérieur des établissements universitaires, devant les monuments aux morts de la guerre 14-18, il a donc décidé de fermer les facultés ce jour-là. Sans le vouloir, il nous a rendu service, car manifester à l'intérieur de l'université n'aurait eu aucun écho. Tandis qu'alors, il fallait trouver un lieu pour exprimer notre révolte. Mes camarades et moi avons pensé que les Champs-Élysées et l'Arc de triomphe avec son soldat inconnu s'imposaient.

Nous étions un groupe d'amis, d'étudiants, de connaissances. Nous nous sommes retrouvés par affinité, sans structure. Le mot d'ordre de la manifestation, fixée pour 17 h 30, a été transmis de deux manières. Par le bouche à oreille. J'ai téléphoné, par exemple, à un de mes cousins qui étudiait au lycée Pasteur, à Neuilly, pour lui dire d'amener ses camarades au métro du rond-point des Champs-Élysées. Et lui en a trouvé d'autres et ainsi de suite — par voie de tracts, aussi, que nous avons tirés sur la machine à polycopier les cours, dans le sous-sol de la faculté de droit, rue Saint-Jacques.

Il y a une polémique sur les origines de cette manifestation. Des jeunes communistes prétendent aussi en avoir été les initiateurs...

Il y eut de multiples initiatives... Elles ont convergé. Imaginez, c'était une date idéale pour exprimer notre patriotisme. Je ne peux pas vous affirmer que notre groupe de la faculté de droit ait été le premier à en avoir eu l'idée. J'en ai eu l'impression, mais je n'avais pas tellement de contacts avec les autres groupes. Des lycéens sont venus grâce à des circuits que j'ignore.

François de Lescure, l'un des responsables de l'organisation des Étudiants communistes, prétend qu'il a tout organisé [1]. Je n'ai pas été au courant de cette prétendue initiative. Le problème, c'est que beaucoup de gens déclarent avoir été là, et on n'a aucun moyen de le vérifier, sauf pour ceux qui sont sur les listes de la prison de la Santé.

Les communistes insistent beaucoup pour avoir la paternité de cette manifestation. En fait, ils ont un complexe terrible, car jusqu'en 1941 ils soutiennent Hitler à cause du pacte germano-soviétique. Depuis, ils essaient par tous les moyens de montrer qu'ils ont été des résistants de la première heure ! Ils ont forcément du mal… Ils avaient demandé aux Allemands de pouvoir faire reparaître *L'Humanité*. Ils ont essayé de gommer cette période par la suite. Ils ont même découvert un appel de Maurice Thorez à la résistance [2] ! Cela dit, après 1941, ils se sont bien comportés. Leur rôle dans

1. Certains anciens des Étudiants communistes et de l'Union fédérale des étudiants, Pierre Hervé, Francis Cohen et François de Lescure, revendiquent l'idée de cette manifestation. (Voir Henri Noguères, t. I, *op. cit.*, p. 207.)

2. Un texte portant la signature de Maurice Thorez et de Jacques Duclos, vraisemblablement antidaté du 10 juillet — il n'a été diffusé qu'en août 1940 —, adressé au « Peuple de France », fut considéré, après-guerre, par le parti communiste comme un véritable appel à la résistance. En réalité, ce texte ne comporte aucune condamnation du nazisme, ni aucun encouragement à la lutte contre l'occupant. Il fustige le « gouvernement de traîtres et de vendus qui siège à Vichy », mais assure qu'il « faut remettre la France au travail » et continuer la lutte contre l'oppression sociale. En revanche, le 18 juillet 1940, Charles Tillon, membre du bureau politique du PC clandestin, qui dès le 17 juin donnait le mot d'ordre de lutter contre le « fascisme hitlérien et les deux cents familles », rédige à Bordeaux une directive qui appelle véritablement à la résistance contre l'ennemi hitlérien. Mais ce n'est pas encore la « ligne officielle » du parti… (Voir l'entretien avec Jean-Pierre Vernant ; les deux textes sont reproduits par Henri Noguères, *Histoire de la Résistance*, t. I, *op. cit.*, p. 521 et suiv.)

la guerre a été très positif. Mais, à ce moment-là, ce n'était pas le cas.

Aviez-vous le sentiment que ce 11 novembre allait être un grand jour ?

C'était la première fois que je manifestais. J'avais déjà, comme tous les étudiants, participé à des monômes, j'avais fait l'imbécile dans les rues. Mais je n'avais jamais organisé une manifestation. Nous savions que nous allions sans doute nous heurter à la police française ou aux Allemands. Toute manifestation étant interdite, nous étions conscients que nous prenions des risques.

Combien de jeunes ont participé à la manifestation du 11 novembre 1940 ?

Dénombrer avec exactitude les manifestants est très difficile… Au début, il y avait des groupes éparpillés qui remontaient les Champs-Élysées ; à un moment donné, place de l'Étoile, c'était noir de monde, mais cela n'a pas duré. Combien étions-nous ?… On connaît seulement le nombre de jeunes arrêtés : deux cents à trois cents…

Comment se déroule précisément cet après-midi peu ordinaire ?

Nous arrivons au bas de l'avenue, vers 3 heures. Il y a du monde sur les Champs-Élysées, des badauds, des gens qui font des courses, des Allemands qui boivent de la bière à la terrasse des cafés. Notre petit groupe remonte les Champs-Élysées, nous en remarquons d'autres, formés eux aussi de jeunes, braillant et exaltés, que nous ne connaissons pas. Très vite, le chahut commence. Je m'arrête devant la permanence d'un mouvement fasciste français, située tout de suite à droite, sur l'avenue, après l'ancien immeuble du *Figaro*. Là, nous tombons sur des petits jeunes en uniforme, bottes, baudrier, l'équivalent des Jeunesses hitlériennes. En nous voyant, ils font le salut fasciste. On entre et on leur demande des explications sur ce salut. Ils disent que cela veut dire : « Je viens à toi sans armes » ! Un peu paradoxal pour le salut des nazis ! Cela dérape vite. Nous fichons en l'air leurs papiers, leurs tracts, et, pour finir, nous lançons des pavés dans leur vitrine avant de filer… Nous continuons à remonter les Champs en chantant *La Marseillaise* cette fois, et en criant « Vive de Gaulle ». Dans ce groupe-là, nous sommes alors une cinquantaine, dont je ne connais que cinq ou six personnes.

Un peu plus haut, des soldats allemands sortent du Prisunic. Ils montent dans une belle voiture décapotable. On se jette dessus et on commence à la secouer. Ils sont stupéfaits, les badauds sur les Champs aussi. Nous les cernons. Les Allemands s'énervent vraiment et, pour se dégager, la voiture fonce sur nous. À partir de ce moment-là, cela sent le roussi. Les Allemands installés en terrasse, se rendant compte que cela va tourner à l'aigre, s'engouffrent dans le métro pour disparaître.

En continuant à remonter les Champs-Élysées, j'assiste à un spectacle admirable. Un balayeur des rues, en train de nettoyer le caniveau, empoigne subitement son balai et tape à bras raccourcis sur un Allemand. Le peuple de France se révoltant avec son balai contre l'occupant ! Quelle belle image !…

Arrivé place de l'Étoile, vers 17 h 30, tout s'accélère. On voit monter, venant de la place de la Concorde, une compagnie allemande, casquée, armée, avançant au pas cadencé. Ils se rapprochent, ils sont là, ils se placent en demi-cercle devant l'Arc de triomphe. Ils se fixent là, nous sommes à cinquante mètres, et les voilà qui chargent et qui tirent. Un de mes camarades, près de moi, est blessé par balle à l'épaule. Ils tirent assez haut, ils ne cherchent pas à tuer, mais il vaut mieux quitter la place. Je m'engouffre rue de Presbourg et je me retrouve avenue Marceau. Les Allemands nous coursent toujours, ils tirent encore. Dans ma fuite, je vois des éclats de pierre sauter de la façade d'un immeuble. Les Allemands lancent ensuite des grenades offensives, des grenades avec un manche en bois et une petite tête en tôle. Une explosion dans mes jambes. Je m'effondre. Je ne suis pas évanoui, je suis sonné. Ils me ramassent et ils m'embarquent, avec mes camarades, dans un camion, direction l'hôtel Continental, rue de Castiglione.

Là, ils nous parquent dans un salon, nous sommes cent cinquante, peut-être deux cents. Blessés, matraqués, inquiets, curieux, nous ne savons pas ce qui nous attend. Il faut se souvenir que nous ne sommes qu'au tout début de l'Occupation, on ne sait rien des mœurs militaires allemandes. Un officier débarque enfin : en bon français, il nous explique pompeusement que la collaboration est l'avenir de l'Europe, etc. Il parle, il parle, il parle, et je me rends compte que j'ai des tracts sur moi. Je profite de son discours pour avaler discrètement deux ou trois feuilles, mais je ne peux pas faire beaucoup plus, d'autant que le papier de la ronéo est assez épais ; j'en passe à mes voisins. Nous avons tout avalé quand il finit son prêche.

Ensuite, vers 20 heures, ils nous mettent à nouveau dans des camions, direction avenue Kléber, un hôtel entièrement occupé par les Allemands. Durant le trajet, nous pensons à nous enfuir, mais ne pouvons pas faire grand-chose : sauter du camion est impossible, un motard suit à cinq mètres derrière avec une mitraillette ; et puis je ne peux pas marcher à cause de la grenade. Je suis étendu au fond du camion, je ne peux pas me tenir debout. Avenue Kléber, ils prennent notre identité, nos adresses, ils nous séparent en deux groupes. Et là, nouveau départ, un dont je fais partie, pour la Santé, l'autre pour la prison du Cherche-Midi.

Avez-vous été particulièrement maltraités par les Allemands ?

Ni plus ni moins qu'avec n'importe quelles forces de l'ordre. Je n'ai pas assisté ce jour-là à des tabassages systématiques. À la prison de la Santé, plus tard, nous avons été seulement un peu bousculés. En revanche, mes camarades emprisonnés au Cherche-Midi ont été plus sérieusement frappés. Pour traverser la cour, ils ont été obligés de passer entre deux haies de soldats allemands, chargés de les frapper.

À la Santé, on nous incarcère dans la division allemande de la Santé. Je me retrouve seul dans une cellule. Il fait gris, un froid de canard. Ce soir du 11 novembre, mon avenir me paraît compromis. Un gardien français passe dans les cellules en répétant que nous avons mérité ce qui arrive et que, si nous sommes fusillés, ce sera bien fait… À la Santé, à l'époque — cela a dû se perfectionner depuis —, il y avait des tinettes[1], reliées comme les branches d'un arbre à un collecteur central. Nous nous en servons pour communiquer, pour savoir si cette manifestation a servi à quelque chose, si ce mouvement de révolte a eu un écho, et nous essayons de nous remonter le moral en chantant *La Marseillaise*… Je passe une nuit atroce. Je me dis que, le lendemain matin, je vais être fusillé.

Le lendemain, pas d'exécution. Un interrogatoire : je reçois quelques claques d'un officier allemand dans le parloir de la prison. Je suis blessé et personne ne s'occupe de ma jambe, je ne la sens plus. Je proteste et un médecin vient m'examiner. Il m'envoie à l'infirmerie de la prison de Fresnes, puis dans un hôpital où le médecin, avec beaucoup de charité chrétienne, m'explique qu'on ne peut pas m'endormir. Il préfère conserver son faible stock de médicaments pour des cas plus graves. Je serre les dents. Il m'enlève à vif les éclats incrustés dans ma jambe.

Trois semaines plus tard, sans explication, je suis ramené à la Santé. Et là, on m'annonce : « C'est la levée d'écrou. » Je me retrouve dehors, devant la porte de la

1. Selon le dictionnaire Le Robert, une tinette est un « baquet servant au transport des matières fécales, qui supplée à l'absence de fosse d'aisances ».

prison, très étonné. Je ne peux toujours pas marcher. Il n'y a pas de taxi, naturellement. Je vois passer un bougnat, un marchand de charbon tirant sa voiture à bras. Je l'arrête. Je lui demande s'il peut m'avancer avec sa charrette rue d'Assas, où j'habite. « Qu'as-tu fait, mon gars ? me demande-t-il. — J'ai été blessé, le 11 novembre, lors d'une manifestation contre les Allemands. — Pas de problème ! Je t'emmène. » Il m'embarque avec lui. De la rue de la Santé jusqu'à l'Observatoire, le boulevard de Port-Royal monte. Il sue comme trente-six, le pauvre ! Il me dépose devant chez moi.

Une fois libéré, il faut que j'aille signer un registre au commissariat de police. J'en suis vite dispensé à cause de ma blessure.

Après ces trois semaines d'emprisonnement, quel est votre état d'esprit, résigné, traumatisé, ou enragé ?

Encore plus révolté ! Quand je reviens à Sciences-po, le directeur me convoque. « Vous avez manqué vos cours et vos conférences. Où étiez-vous ? — J'étais en prison. — En prison ? ! » Je lui explique ce qui s'est passé. Il me répond : « Le maréchal Pétain sait mieux que vous ce qui est bon pour la France. Vous aurez des zéros. » Après ça, je n'ai plus qu'une idée en tête : passer en zone libre, par tous les moyens.

L'un de mes camarades de Sciences-po veut aussi s'engager, comme moi. Il veut résister, il ne cesse de me demander des contacts. Mais, le jour où je décide de partir, je le cherche sans parvenir à le joindre. Plus tard, j'apprends qu'il s'est engagé, oui… mais dans la LVF[1]… Il s'en est sorti vivant. Lors de son procès, à la

1. La LVF (Légion des volontaires français), destinée à aller combattre aux côtés des Allemands sur le front de l'Est, fut créée en juillet 1941. Le 4 septembre 1941, le premier contingent partait dans un camp d'instruction de Pologne, avec Jacques Doriot, le chef du PPF et l'un des plus farouches partisans de la croisade antibolchevique. Mais les « efforts » de ces collaborationnistes ne furent guère récompensés ; d'une part, Hitler limita à 15 000 hommes le

Libération, j'ai expliqué au tribunal que, si j'avais été là, il serait parti avec moi, qu'il serait tombé du bon côté. Il sentait qu'il se passait de grands événements, il voulait faire quelque chose, mais il n'y avait personne pour le placer dans la bonne direction.

Vous abandonnez donc Sciences-po, révolté, avez-vous dit. Comment se concrétise cette révolte ?

Je veux partir pour l'Angleterre. Je pense qu'il est plus facile de gagner Londres en passant d'abord en zone libre. Et puis je suis fiché, la police a mon nom, mon adresse. Il est plus prudent de s'éloigner. Je décide de poursuivre mes études de droit à Montpellier.

Le 14 février 1941, Pétain rencontre Franco à Montpellier. Cette visite suscite une effervescence inattendue. Les opinions des uns et des autres se découvrent et je peux ainsi me rapprocher des camarades dont je subodore qu'ils partagent mes idées. Certains d'entre eux ont appris que j'ai participé à la manifestation du 11 novembre. C'est ainsi que j'entre dans un petit groupe de résistants, constitué d'étudiants des facultés de droit et de lettres. Ce mouvement s'appelle Liberté, par la suite il se fondra dans Combat.

Un jour, un de mes condisciples me dit que je vais rencontrer le grand patron. J'arrive au rendez-vous, et je m'aperçois que c'est mon professeur de droit constitutionnel, Pierre-Henri Teitgen[1] ! Il avait déjà un rôle très important dans la Résistance.

---

contingent, d'autre part, les volontaires furent peu nombreux. Entre 1941 et 1944, la LVF ne reçut pas plus de 13400 demandes d'engagement, 6500 environ furent incorporés, 170 furent tués, 550 blessés. Au fil du temps, les légionnaires devinrent de simples mercenaires à la solde du Reich. Intégrés au 630e régiment de la Wehrmacht, ils portaient l'uniforme de l'armée allemande, avec un petit écusson tricolore cousu sur une manche.

1. Né en 1908, professeur de droit à Nancy, militant avant la guerre au parti démocrate populaire, il est fait prisonnier en 1940,

Le mouvement fait paraître un journal clandestin. Teitgen me donne pour mission d'apporter le premier exemplaire à son père, professeur de droit aussi, dans le Béarn. Sa maison se trouve entre les limites de la zone libre française et les postes allemands de la zone occupée. Je dois d'abord franchir le barrage des gendarmes français. « Où allez-vous ? » Je n'ai pas d'Ausweis. « Je vais voir quelqu'un dans la campagne. » Ils me laissent passer. Puis je croise les patrouilles allemandes. Les troupes ennemies se trouvaient face à face, à trois cents mètres de distance. Et le père de Teitgen habitait au milieu !

Notre groupe fait ce qu'il peut, des tracts. Nous cherchons à agir. Nous avons repéré que les Allemands envoient du matériel par chemin de fer en passant par la gare de triage de Lunel, à quelques kilomètres de Montpellier. Une de mes missions a consisté à aller voir s'il y a des wagons allemands. Dans cette gare gigantesque, se promener en pleine nuit avec une lampe

---

s'évade et rejoint la zone Sud. Nommé professeur à Montpellier, il fonde avec François de Menthon (son collègue à Nancy) le mouvement Liberté dès l'automne 1940. Cette organisation fusionne avec le Mouvement de libération nationale d'Henri Frenay, s'intégrant ensuite au sein d'un ensemble plus vaste : Combat. À l'automne 1942, il devient membre du CGE, puis secrétaire général du Comité général d'études, créé par le général de Gaulle pour étudier les futures institutions du pays. Il participe à la mise au point de nombreuses études, en particulier du projet constitutionnel de Michel Debré. En mars 1944, il est nommé commissaire général à l'Information, à Alger. Puis, adjoint du délégué général en France, Alexandre Parodi, il revient en France, mais est arrêté par la Gestapo, le 6 juin, le jour même du débarquement. Détenu au camp de Compiègne, il réussit à s'évader du dernier convoi de déportés vers l'Allemagne. En septembre 1944, il est nommé ministre de l'Information. Il participe à la fondation du MRP, Mouvement républicain populaire. Il poursuit une carrière ministérielle sous la IVe République. Il devient vice-président de l'Assemblée consultative européenne, puis juge à la Cour européenne des droits de l'homme. Il a été nommé Compagnon de la Libération.

de poche pour repérer les numéros des wagons est ubuesque ! Je me fais pincer par des hommes qui déchargent des wagons. « Qu'est-ce que tu fais là ? — Je prends l'air. — Veux-tu gagner un cageot de légumes ? — Oui. — Eh bien, aide-nous. » Je finis donc ma nuit à décharger des légumes et je pars avec un cageot sous le bras !

Je termine mon année à Montpellier, puis, pendant l'été 1941, je pars pour Lyon. Ma résistance est plus sérieuse à ce moment-là. Le mouvement Combat est en train de se structurer. Je suis envoyé en Corrèze pour monter le mouvement à Brive-la-Gaillarde. Je suis tout à fait au bas de l'échelle. J'exécute les tâches qu'on me donne. Je ne connais rien aux tendances politiques qui traversent les grands mouvements de résistance. À mon échelon, cela n'a d'ailleurs pas grande importance.

Suivez-vous des règles de prudence ?

Au début de 1942, lors de mon installation à Lyon, j'ai commencé à faire très attention. Je me rends compte de la nécessité d'être prudent. Je suis pourtant en zone libre, il n'y a pas encore d'Allemands…

Mais l'environnement est plutôt vichyste ou très éloigné du sentiment de résistance. À la faculté de Lyon, la plupart des étudiants sont indifférents à l'Occupation ou ne songent qu'à terminer leurs études.

Et, depuis longtemps, Pétain a énormément de crédit vis-à-vis des jeunes. Avant la débâcle, j'avais été suivre quelques cours à Sciences-po, pour m'informer. Un jour, Pétain est venu faire une conférence devant les étudiants. Le grand amphithéâtre de Sciences-po était plein. Il est entré dans sa tenue de maréchal bleu horizon, un bel homme, très droit, superbe physiquement, il y a reçu une ovation formidable. Évidemment, la plupart des étudiants étaient des enfants de la bourgeoisie.

Fin 1942, vous quittez Lyon, pour l'Espagne...

Combat m'avertit qu'un vol clandestin pourrait m'y emmener en avion. Ils sont rares. Il n'y en a eu qu'un ou deux, me dit-on, et des personnalités beaucoup plus importantes que moi sont prévues. Je me dis que je ne partirai jamais si je reste là à attendre qu'on me trouve une place dans un Lysander... Je choisis de me débrouiller autrement. Il n'y a pas trente-six chemins. Avec des camarades, je décide de marcher jusqu'en Espagne. Naïvement, nous pensons que si nous arrivons à atteindre un poste diplomatique britannique, à Barcelone ou à Madrid, nous serons pris en charge jusqu'en Angleterre. Nous commettons beaucoup d'imprudences au passage de la frontière. Nous passons en plein jour. La frontière fourmille de gardes civils et nous sommes arrêtés. Voyant venir cela, nous avions brûlé, dans un petit feu, nos papiers d'identité dans la montagne à l'endroit que nous pensions être la frontière. Cela nous avait fait un drôle d'effet, d'ailleurs...

Et là, c'est la deuxième incarcération, cinq mois dans les prisons espagnoles... N'êtes-vous pas désespéré ?

J'ai eu un coup de déprime derrière les barreaux de la prison de Barcelone. J'y ai retrouvé la même odeur qu'à la Santé, une odeur spéciale aux prisons. Nous sommes isolés, un Français par cellule d'Espagnols. Ce sont des républicains ; au début, je les sentais assez montés contre la France qui avait laissé tomber la République espagnole...

Dans cette cellule sont enfermés des condamnés à mort. Tous les matins, mes compagnons de cellule font leurs petits paquets avec une lettre pour la famille, descendent pour écouter la liste de ceux qui sont fusillés dans la journée. Tous les matins, ils descendent sans savoir s'ils vont remonter. L'atmosphère est abominable, effrayante, un cauchemar.

Ensuite, au bout d'une quinzaine, je suis transféré au camp de Miranda, à l'autre bout de l'Espagne, où sont enfermés quatre mille à cinq mille prisonniers, des Polonais, des Belges, des Français, des Espagnols arrêtés pour marché noir. Les conditions ne sont pas très dures. Nous sommes mal nourris, il fait froid, mais nous ne subissons aucun mauvais traitement : pas de coups, pas de travail. Nous ignorons tout de notre sort, car, lorsque nous sommes arrivés, personne n'était encore jamais sorti du camp.

Au bout de quatre mois, nous sommes libérés..., d'une façon inattendue. Nous nous étions tous fait passer pour des Canadiens, nous pensions que nous serions plus facilement pris en charge par une ambassade alliée avec la nationalité canadienne. Et puis, un beau jour, ils décident de libérer les Français. À ce moment-là, tous les Canadiens se retrouvent immédiatement avec une ascendance française ! À la suite d'une erreur, j'avais été, malgré tout, classé Français. Je fais donc partie, avec une quinzaine d'autres, des premiers libérés. Nous sommes appelés au bureau : « Vous sortez dans une demi-heure. » Et nous avons fait aussitôt notre baluchon. Ce soir-là, recueilli par un agent consulaire français, un commerçant de Miranda, j'ai eu droit au meilleur dîner de ma vie !

Avec d'autres libérés, nous gagnons Gibraltar où nous sommes transférés sur un bâtiment américain, le *Santa Rosa*, un bateau de croisière, transformé pour le transport de troupes.

Là, je vois le général de Gaulle pour la première fois le 29 mai 1943. En voyage pour l'Afrique, ayant appris que des Français évadés sont sur ce bateau, le chef de la France libre a voulu nous rencontrer à bord. Nous ne l'avions jamais vu. Il est arrivé sur le pont. Nous sommes rangés en rang d'oignons. Les Anglais nous ont donné des uniformes britanniques ; ainsi, en cas de naufrage, nous serions considérés comme des militaires. Le Général nous passe en revue, puis nous réunit dans une grande salle du paquebot. Son discours nous secoue un peu. Nous nous attendions à des félicitations, pas du tout ! Il nous a dit : « Vous n'arrivez que maintenant... » Nous nous regardons, estomaqués. « Tout reste à faire. Je vous donne rendez-vous à Paris. Mais beaucoup d'entre vous ne seront plus là. » Nous chantons *La Marseillaise*, la gorge un peu nouée. Ensuite nous réfléchissons : il avait bien fait de parler de la sorte. Il s'était adressé à des combattants.

De Gaulle avait un magnétisme certain, mais il était rude, pas du genre à faire des compliments. Il avait une mission très dure, une mission inhumaine, à remplir. Il était verrouillé sur lui-même, il ne se laissait pas aller au sentiment. À Londres, il était crispé, accroché à ses idées. Il ne pouvait pas en démordre. Il vivait une tension permanente. Alors, s'attendrir était impossible.

Ce jour-là, il y a eu aussi un petit incident amusant. Un garçon, qui prétendait être son neveu, était avec nous depuis la prison espagnole. Il s'agissait d'Henri Cailliau[1]. Aucun de nous ne le croyait. En se moquant de lui, nous nous étions tous trouvé une parenté avec le pape, la reine d'Angleterre, etc. Donc, ce jour-là, nous l'avons mis au défi de saluer le Général. Nous pensions dévoiler sa supercherie. Mais pas du tout. Il est sorti des rangs et il a dit, à notre grande surprise : « Bonjour, oncle Charles. — Tiens, te voilà, dit le Général. Donne-moi des nouvelles de la famille. » Et il a terminé par un : « C'est très bien. Reste là. » Nous sommes restés pétrifiés. Henri Cailliau est rentré dans le rang, comme n'importe lequel d'entre nous.

Une fois arrivé en Angleterre, en juin 1943, vous faites l'École militaire des cadets, le Saint-Cyr de la France libre...

1. Henri Cailliau dirigeait le Mouvement de résistance des prisonniers de guerre et des déportés, organisation concurrente du Rassemblement national des prisonniers de guerre de François Mitterrand.

Je rêve d'être aviateur. Quand j'arrive à Londres, on m'informe que la formation des pilotes dure dix-huit mois. Je me dis que la guerre sera finie avant tout ce temps. Comme j'ai quelques références dans la Résistance, on m'envoie à l'École militaire des cadets, mise sur pied par de Gaulle pour former de jeunes officiers recrutés parmi les volontaires. Ces garçons ont souvent seize ans, cela pose des problèmes. En février 1941, de Gaulle a créé cette école avec des instructeurs de Saint-Cyr. Elle formera cinq promotions d'officiers. À la sortie, j'ai le choix entre plusieurs affectations : devenir officier de liaison auprès des troupes américaines qui préparent le débarquement, la 2e DB, la liaison administrative, ou l'encadrement de maquis. Je choisis cette dernière voie. Je suis muté dans une Special Training School britannique, où des tas de techniques, fort utiles, nous sont enseignées : ouvrir des coffres-forts, assassiner des gens sans les laisser crier, faire sauter des locomotives…

En août 1944, je suis opérationnel et envoyé dans l'Indre, dans un maquis communiste.

Vous avez été parachuté ?…

Je devais l'être, mais au dernier moment mon avion n'a pas décollé car le terrain où je devais être largué venait d'être occupé par les Allemands. C'est une chance que d'avoir su cela une heure avant mon départ, car tous les hommes qui ont sauté à cet endroit ont été faits prisonniers. Je suis finalement déposé en avion. Une entreprise assez sportive, poser un Dakota sur un terrain de fortune n'est pas facile. Au cours de l'opération suivante, l'avion est sorti du terrain et a basculé dans une vigne. L'équipage américain nous a laissés seuls, à 2 heures du matin, avec un Dakota, la queue en l'air, sur un terrain clandestin…

Êtes-vous seul pendant votre mission ?

Il y a aussi avec nous une équipe américaine chargée de protéger le barrage d'Éguzon. Comment, à Londres, a-t-on pu imaginer protéger ce barrage contre les Allemands avec quatre hommes seulement ?! De plus, ils ne parlent pas un mot de français. Heureusement, les Allemands n'ont jamais attaqué le barrage. Les Américains ont été finalement logés par des familles françaises. Ils ont été choyés, nourris comme des coqs en pâte. Quand je les retrouve, ils sont gros comme des bibendum...

J'ai trois camarades avec moi. Nous nous répartissons les différents maquis de la région. Je reste dans le maquis communiste avec un camarade, le troisième rejoint un maquis de l'Armée secrète.

Comment ce maquis est-il organisé ?

Il y a là plusieurs centaines d'hommes, répartis en petits groupes très disséminés. Cette région de l'Indre, vallonnée, assez boisée, se prête bien à ce genre d'opération. Une dizaine de maquisards se regroupent dans une ferme, vingt dans un autre endroit, quarante ailleurs. Ils sont isolés et vivent sur le terrain. La population les nourrit discrètement, il aurait été impossible de les ravitailler d'un coup, d'autant que les Allemands bloquaient pratiquement tous les axes routiers.

Les maquisards que vous étiez chargé d'aider étaient-ils prévenus de votre arrivée ? Comment vous ont-ils accueilli ?

Les premières quarante-huit heures sont tendues. Ceux qui nous reçoivent sont déçus, ils auraient préféré voir arriver des caisses de cigarettes plutôt que de jeunes officiers... Le chef de maquis pense que je veux l'écarter. C'est pourquoi, au début, il nous traite assez mal. On finit par s'expliquer : « Nous ne sommes pas là pour jouer les gros bras, disons-nous, nous avons reçu une formation technique qui peut vous aider. Si vous voulez, nous servirons de conseillers techniques au maquis, mais vous continuez à commander. » De plus, je lui dis qu'il faut mettre des galons sur son blouson. Je les lui fabrique, je lui en mets quatre sur les épaules, nous n'étions pas à un près…

Très vite mon assistance technique a été utile, notamment lors d'une de mes premières opérations au cours de laquelle j'évite une catastrophe. En effet les maquisards veulent attaquer une colonne allemande dans un champ à découvert, sans même savoir se servir de nos mitrailleuses. On allait au carnage. Je leur explique qu'il faut attendre les Allemands dans un endroit où on dispose de la supériorité du terrain. Grâce aux Anglais et après d'innombrables répétitions, je connais bien mon métier. Au bout de deux ou trois jours, le chef de maquis, un homme intelligent, comprend. Nous devenons amis. En outre, en plus des mitrailleuses, nous sommes arrivés avec des armes sophistiquées, des armes antichars, dont ils ne savent pas se servir. Ils voient l'intérêt de notre collaboration. Le chef nous laisse diriger les opérations militaires tandis que lui s'occupe des questions d'épuration et du Comité de libération…

Au début, tant qu'ils n'avaient pas de techniciens avec eux, ils faisaient un peu n'importe quoi. Les officiers professionnels leur ont expliqué ce qu'il fallait faire. Par exemple, on ne devait pas détruire tous les ponts. Ce genre d'action arrêtait efficacement les colonnes allemandes, mais, en même temps, ruinait le pays. Il valait mieux laisser les ponts là où on le pouvait, et attendre les Allemands dans des gorges, dans des endroits où l'on pouvait décrocher très vite : tirer, détruire et filer. Une embuscade s'organise, cela ne s'improvise pas. Elle doit être montée comme un scénario de théâtre. Il faut prévoir les chemins de repli pour chaque section, savoir qui va tirer, quand le signal du feu va être donné. Dans toute la France, quand des officiers d'active étaient présents, les maquisards ont fait du bon travail. Faute de professionnels qui savaient prendre des précautions afin de ne pas envoyer des hommes à la mort, beaucoup de bêtises ont été commises.

Avez-vous tué des gens ?

Bien sûr… Les premiers, cela m'a fait un drôle d'effet. J'étais couché le long d'une route, avec les maquisards. Mes hommes étaient dans les forêts qui bordaient chaque côté de la route. Pour que la colonne allemande soit prise dans la nasse, il fallait tirer très tard. Si on ouvrait le feu trop tôt, ils se seraient dispersés. Je devais donc donner le signal du feu. J'étais couché dans le fossé, derrière un tas de cailloux, et j'ai vu arriver les Allemands. À leur tête, deux jeunes, probablement de mon âge, beaux, l'un avec le casque à l'épaule, l'autre mâchonnant une fleur. Le temps était splendide… Derrière eux, la colonne, avec des chevaux, des fourgons… Je devais tirer le premier. J'avais mon fusil-mitrailleur à l'épaule, je les voyais avancer de plus en plus près, ils venaient vers moi et je n'arrivais pas à tirer. Et je me disais : « Si je ne tire pas, ce sont eux qui me tuent. » Dix mètres de plus et j'étais fait. Alors, j'ai tiré…

Vous avez été immergé dans un maquis communiste. Avez-vous cru à une insurrection communiste à la Libération, comme le redoutaient de Gaulle ou les Américains ?

Il y avait un risque… De Gaulle a agi avec promptitude et énergie face à cela. Il a immédiatement dissous les milices patriotiques, les mouvements issus des maquis. Il a d'ailleurs été aidé par les Russes qui ne tenaient pas au désordre. Si une insurrection ou une tentative de prise de pouvoir avait eu lieu en France, cela aurait désorganisé les voies de communication. Les Russes ne tenaient pas à ce que la confusion s'installe sur les arrières des armées alliées. Ils n'ont pas donné le signal du soulèvement.

Moi, j'ai beaucoup discuté avec les communistes, le soir, quand les opérations étaient terminées. Nous nous retrouvions dans une salle de ferme, ou à un PC. Je les asticotais avec le pacte germano-soviétique, ils me répondaient : « trahison de la bourgeoisie »...

En mars 1945, vous êtes affecté à la Ire armée française et vous faites campagne en Allemagne. Arriver en vainqueur en Allemagne, est-ce une revanche sur le 11 novembre 1940 ?

Oui. C'était formidable. Mais j'avais eu une première revanche, quand, dans le maquis, ayant pris des officiers allemands, ils m'ont salué, moi...

En 1945, le général de Lattre voulait disposer d'officiers français, avec un passé militaire, pour piloter les correspondants de guerre étrangers sur le front de la Ire armée française. Il fallait parler anglais et avoir quelques titres de guerre. Je suis donc parti au PC du général de Lattre. Et j'ai eu le privilège, le 7 avril 1945, de traverser le Rhin avec le général de Gaulle [1]. C'était très émouvant. Nous ne savions pas que de Gaulle allait être présent. De Lattre nous avait prévenus qu'il y avait une prise d'armes à Spire. Nous sommes arrivés dans la ville, où se tenaient le bataillon, avec son drapeau, de la musique, et le colonel du 3e RTA qui avait franchi le Rhin le premier. Tous les pots de fleurs de la ville de Spire avaient été réquisitionnés pour faire un décor. On a vu s'arrêter une grosse voiture américaine. Qui en est descendu ? Le général de Gaulle ! Nous étions stupéfaits. De Gaulle a remis des décorations. Au cours de la prise d'armes, un Messerschmitt 109

1. Le 31 mars 1945, dans le secteur de Spire, au nord de Strasbourg, le groupe franc du 3e RTA franchit le Rhin avant l'aube, suivi par le reste du bataillon. Au soir, le 3e RTA rejoint la 10e DB de la VIIe armée américaine. Le 7 avril, le général de Gaulle franchit le Rhin à Spire et inspecte la Ire armée, puis se rend à Karlsruhe. (Pierre Lefranc, *op. cit.*, pp. 639-644.)

a remonté le Rhin et a survolé cette prise d'armes. On a vu déboucher cet avion au ras des toits. Il a tourné autour de la place une première fois, il est revenu une seconde fois. On s'est dit qu'il allait descendre le Général, et nous avec. Il n'y avait pas de DCA. L'aviateur était tranquille. Rien ne le gênait. Et puis il est parti. Le général de Lattre, qui avait eu la même inquiétude que nous, a passé un terrible savon à ses officiers en charge de l'organisation. Pourquoi ce pilote allemand n'a-t-il pas tiré ? On ne le saura jamais. Un adversaire a eu de Gaulle dans son viseur et n'a pas tiré.

Vous êtes devenu très proche du général de Gaulle par la suite. Parliez-vous de la Résistance avec lui ?

Oui, souvent, tout au long des vingt-cinq ans où je vais travailler à ses côtés et, en particulier, du 11 novembre 1940. Je lui ai fait le récit de la manifestation, comme je vous l'ai raconté. J'ai réalisé que cette action, qui sur le moment m'avait paru de peu d'importance, en avait eu beaucoup pour lui. Depuis Londres, de Gaulle parlait aux Français ; mais, pendant cette première période, il n'obtenait aucune réponse du peuple. Les premiers émissaires envoyés par les services secrets de la France libre, par Passy, avaient rencontré de nombreuses difficultés. Quelques Français individuellement se ralliaient, mais ils n'étaient guère nombreux. Cette manifestation fut une réponse, la première d'importance. De plus, elle venait des jeunes. Il me l'a dit après, à l'Élysée : « Vous ne vous en êtes pas rendu compte, mais cette manifestation fut essentielle pour moi, à ce moment-là. »

Il parlait souvent de cette période. Un autre jour, de Gaulle, peut-être écœuré par les problèmes rencontrés à la tête de l'État, m'a dit : « Vous savez, ce qu'on a fait de mieux, c'est quand même la France libre. »

Les gaullistes « intégraux » comme vous ont-ils été gênés par des résistants plus tardifs comme Maurice Couve de Murville ?

Maurice Couve de Murville[1], c'est vrai, a joué un rôle à la commission d'armistice, Léon Noël, lui, a signé l'armistice et il est pourtant devenu le président du Conseil constitutionnel du général de Gaulle. Mais ils n'ont rien commis d'inacceptable. Il valait mieux se réveiller un jour, même tard, que rester endormi… Il est exact toutefois que les « vieux de la vieille » de la France libre, dont je suis, ne reconnaissent pas ce genre de résistants tardifs, recyclés dans le gaullisme, comme des leurs. De Gaulle non plus. Il avait une certaine tendresse, une tendresse cachée, pour ceux qui avaient fait le parcours de la France libre avec lui, pour les compagnons de la « grande épreuve », comme il disait.

1. Maurice Couve de Murville était directeur des Finances extérieures et des changes avant de quitter la France en mars 1943. Il entre au CFLN, délégué de la France au conseil consultatif pour l'Italie, puis ambassadeur à Rome en 1945. Il est ambassadeur en Égypte de 1950 à 1954, aux États-Unis en 1955, en RFA de 1956 à 1958. Sous la Ve République, il est nommé ministre des Affaires étrangères de 1958 à 1968, puis ministre de l'Économie, avant d'être le dernier Premier ministre du général de Gaulle en 1968-1969.

Stéphane Hessel [1]

Au fond, Stéphane Hessel n'a jamais quitté la Résistance. À quatre-vingt-deux ans, il est encore sur tous les champs de bataille des droits de l'homme, ici et ailleurs. Le club Jean-Moulin dans les années cinquante ; les sans-papiers de l'église Saint-Bernard, l'Afrique, pour laquelle il se bat dans l'indifférence des puissants, la Nouvelle-Calédonie, la Birmanie… Il ne compte pas son temps, ses engagements, et quand une injustice pointe, on trouve toujours son enthousiasme. En fait, Stéphane Hessel est toujours sur la corde raide. Il n'est pas un notable, il aurait pourtant tout pour l'être : une carrière, un titre d'ambassadeur de France, des amis ministres partout. Il n'est pas non plus un révolutionnaire professionnel — ce serait caricatural pour cet homme subtil. Il est un humaniste. Il est une sorte de rescapé de ce « Monde d'hier » cher à Stefan Zweig dont il aurait pu être l'ami. Il est de fait le rejeton romanesque d'une belle histoire européenne, *Jules et Jim*, ce roman d'Henri-Pierre Roché dont Mme Hessel mère fut l'héroïne. Il est un enfant de cette Europe cosmopolite qui inventait le siècle, échangeait et circulait entre Berlin, Vienne et Paris, cette Europe d'avant la barbarie. Né berlinois, allemand comme Henrich Heine ou Hannah Arendt, il devient français à vingt ans, comme pour

1. Entretien réalisé le 16 juillet 1999.

devancer le nazisme qui allait détruire la culture de ses parents.

Comme Germaine Tillion, il est revenu de tous les enfers avec cette « rayonnante bonté » sur son visage rieur, dans ses manières policées et dans ses phrases où l'humour, toujours présent, semble un défi. Qu'il parle du BCRA où il fut responsable de la section Renseignements, de ses missions en France occupée, de son arrestation à l'angle du boulevard Quinet et du boulevard Raspail à la suite d'une dénonciation, du train qui l'emmène à Buchenwald, de Buchenwald justement ou de Dora, ses récits sont teintés d'une ironie stendhalienne. Une légèreté de l'être : sa manière élégante d'atteindre cette fin de siècle et de ne pas nous déranger avec les horreurs qu'il a croisées.

***

Quand on interroge vos compagnons de résistance, ils sont, en 1940, tous antiallemands plutôt qu'antinazis. Vous, c'est vraiment le contraire.

C'est une de mes caractéristiques… (Rires.) Prisonnier, à la fin de l'exode, au camp de Bourbonne-les-Bains en juin 1940, quand j'entends parler de l'appel du 18 juin, j'ai la même conviction que cet inconnu qui s'appelle de Gaulle. Je pense que la guerre sera mondiale et antinazie. Je pense même que, tôt ou tard, les Allemands se débarrasseront de Hitler et que l'armée allemande ne pourrra pas continuer à accepter ce régime. Après deux jours dans ce camp de prisonniers, je m'évade, avec la ferme intention de rejoindre l'Angleterre.

Je n'ai pas l'ombre d'une hésitation. D'origine allemande, j'ai démasqué depuis longtemps déjà l'appareil de domination de Hitler. Je n'en ai aucun mérite : je vivais dans un milieu profondément antihitlérien.

Je n'ai jamais cessé, même pendant la guerre, de considérer l'Allemagne comme une terre de grande culture. Je n'ai jamais identifié Allemagne et nazisme. Plus tard, j'ai rencontré des amis, juifs en particulier, qui me disaient : « L'Allemagne n'a été une terre de culture qu'au moment où des juifs s'y trouvaient. » Ils ont peut-être raison statistiquement. Mais, pour moi, cela ne veut rien dire. L'Allemagne est un tout, aussi bien Goethe, Kant et Hegel que les excellents intellectuels juifs allemands de l'entourage de mon père. Je n'accepte pas que l'on dise que l'Allemagne sans les juifs n'était rien.

Il n'y a pas de sang autre qu'allemand dans mes veines. Je suis né à Berlin. Ma mère est une blonde Prussienne, mon père de famille juive, établie à Berlin depuis le milieu du XIXe siècle.

J'arrive à Paris, à l'âge de sept ans, en 1924. À partir de ce moment-là, et tout au long de ma jeunesse, bien que petit garçon allemand, je me suis senti français. J'ai perdu le sentiment d'être allemand au moment où j'ai posé le pied sur le sol parisien. Cela peut paraître excessif, mais c'est vrai. J'ai continué à avoir un passeport allemand jusqu'à l'âge de vingt ans. J'ai suivi le parcours habituel de l'éducation française aisée d'alors avec une interruption d'un an en Angleterre, à seize ans, et je termine par l'École normale, où Maurice Merleau-Ponty est mon caïman. Je me trouve là quand j'obtiens la nationalité française. Deux ans après, la guerre éclate.

Évidemment, beaucoup de gens me demandent si mes origines allemandes ne m'ont pas perturbé au moment de la guerre. Pas du tout. Je suis un Français comme les autres, un Français attaqué par une horrible puissance nazie, que je ne pouvais considérer que comme l'ennemie. Car elle était aussi l'ennemie des seuls Allemands que je fréquentais, des opposants à Hitler.

Mais pourquoi alors ce départ d'Allemagne en 1924, en pleine république de Weimar, et pas plus tard ?

Ma mère quitta l'Allemagne pour des raisons privées et par affection pour la France. Elle prit cette décision sans que le petit garçon de sept ans y ait sa part. L'abandon de l'Allemagne se produisit à un moment où ce pays était à son apogée intellectuelle. À Berlin, mes parents étaient les amis de tout ce qui bouillonnait d'intelligence, Bertolt Brecht, Kurt Weill, Walter Benjamin[1]. C'était, avant l'arrivée de Hitler au pouvoir, une Allemagne très proche de la France. Il y avait un axe Paris-Berlin. Mes parents s'étaient rencontrés à Paris. Mon père était un amoureux de la capitale française, il a vécu à Munich, puis à Paris, et c'est là qu'en 1910 il a rencontré ma mère. Elle y venait pour apprendre la peinture.

Se séparer de l'Allemagne en 1924 était quitter un pays qui nous était assez cher. Des circonstances purement privées de la vie de mes parents ont entraîné ce départ. Ma mère avait décidé de vivre avec Henri-Pierre Roché[2]. Nous avions une vie de famille séparée. Je vivais avec ma mère, mon frère et Roché. Mon père, tout en venant en France de temps à autres, continuait à travailler à Berlin où mon frère le rejoint. L'amitié demeurait entre les deux hommes. Mon père acceptait tout à fait que sa femme ait décidé de vivre à sa manière à elle, libre et indépendante. Puis, en 1933, ma mère et Roché se sont séparés. Cinq ans plus tard, mon père est revenu à Paris, pour mourir à Sanary en 1941.

En fait, vous ressemblez aux personnages du roman d'Henri-Pierre Roché. Vous êtes un Européen comme on les aime...

En effet... Ma famille était d'esprit européen. Mon père, en helléniste distingué, déplorait la perte de l'empire de Charlemagne ; l'Europe, pour lui, c'était celle de la Renaissance, l'Italie, les Pays-Bas, la Belgique,

1. Dans les années trente, il commence, avec Franz Hessel, la traduction de *À la Recherche du temps perdu*.
2. Auteur du roman *Jules et Jim*.

l'Allemagne, la France, en somme l'Europe des Six du traité de Rome.

D'où l'horreur de mes parents devant la montée du fascisme en Italie, puis du nazisme en Allemagne. Ce nationalisme, ce racisme, cet antisémitisme étaient la négation de la culture allemande. Un des amis de ma mère fuyant l'Allemagne, en 1935, nous a dit : « J'ai été à Buchenwald, c'était affreux, j'ai réussi à m'en dégager en payant très cher… C'est un endroit où les gens sont battus et maltraités, ils meurent en grand nombre. Je pars aux États-Unis. »

Revenons à cette fin juin 1940. Après vous être évadé du camp de Bourbonne le 22 juin, que faites-vous ?

Je ne songe pas un seul instant à la Résistance… Je ne me suis pas dit : au fond, c'est ici, en France, qu'il faut nous organiser pour bouter dehors l'Allemand. Je reste en France jusqu'en février 1941. J'aurais pu rencontrer des résistants en France, même s'ils n'étaient pas nombreux au début, mais je n'essaie même pas. Pour moi, il faut continuer la guerre, à l'extérieur, en militaire. Je veux sortir de France et je cherche le moyen, comme tant d'autres, comme les passagers du *Massilia*, qui, injustement diffamés, voulaient, sans l'ombre d'un doute, aller se battre, en Afrique du Nord ou ailleurs.

Juste après mon évasion, je pars rejoindre ma femme, alors enseignante à Angers. Quand j'y arrive, elle a déjà quitté la ville pour rejoindre sa famille à Toulouse. Je saute dans un train : gaillardement, je traverse la ligne de démarcation entre Bordeaux et La Réole sans sauter du train : je m'enferme dans les toilettes. Enfantin ! Je rejoins ma femme à Toulouse dans les derniers jours de juin. Je me fais démobiliser à Montauban et j'essaie de prendre des contacts.

Je retrouve ma mère à Sanary, mon père au camp des Milles, à côté d'Aix-en-Provence. Il sort du camp, va à Sanary, où il meurt. Moi, j'arrive à Marseille.

L'atmosphère est tout à fait antivichyste. Pour l'ensemble de mon entourage, Pétain, c'est le traître et il faut partir. Je suis entouré de gens qui veulent fuir. La famille de ma femme est juive, les Mirkine-Guetzévitch, elle est la nièce de Léon Poliakov ; ils se disent qu'il vaut mieux quitter la France. Mon beau-père a des amis à Vichy : en particulier Suzy Borel, la future épouse de Georges Bidault ; il obtient grâce à elle un visa de sortie de France et un passeport pour moi sur lequel je suis né à Paris, et non à Berlin. De son côté, Varian Fry, responsable en France de l'Emergency Rescue Committee[1], leur fournit un visa d'entrée aux États-Unis.

Vous avez bien connu Varian Fry, ce Juste, injustement oublié, qu'une grande exposition a fait redécouvrir[2]...

1. Ce jeune Américain de trente-deux ans qui débarque le 14 août 1940 à Marseille a pour mission d'aider les intellectuels, les créateurs, les personnalités politiques menacés par les nazis et réfugiés en France à quitter la métropole pour les États-Unis. Il a pris un mois de congé — il écrivait des analyses de politique étrangère dans des revues new-yorkaises — pour travailler au sein de l'Emergency Rescue Committee (ancêtre de l'actuel International Rescue Committee), une fondation privée américaine. Il se rend compte alors de l'importance de sa tâche, reste plus longtemps, élargit de son propre chef les listes d'artistes et d'intellectuels de renom à bon nombre de réfugiés anonymes. Au total, près de 2 000 personnes pourront quitter la France grâce à lui, dont Marc Chagall, Max Ernst, André Breton, Victor Serge, Marcel Duchamp, Max Ophüls et bien d'autres personnalités de la culture de ce siècle. Dans sa détermination, les relations avec le siège de l'organisation, qui ne veut pas offusquer Vichy, se détériorent. Varian Fry est finalement expulsé en 1941 et repart à New York. Il meurt en septembre 1967. En 1996, il devient le premier Américain à être honoré comme Juste parmi les nations par le mémorial de l'holocauste à Jérusalem.

2. Le conseil général des Bouches-du-Rhône a organisé une exposition consacrée à Varian Fry et à la mission américaine de sauvetage des intellectuels antinazis de janvier à avril 1999, à Aix-en-Provence et, de mars à juin 1999, à Marseille.

J'ai vécu à Marseille deux mois d'amitié extrêmement chaleureuse avec Varian Fry. Nous étions inséparables. Il a été formidablement proche, amical. Il a tout fait pour ma mère, il a aidé les Mirkine. Mon ami Varian était un ange gardien. Je regrette de n'avoir pas, plus vite après la guerre, réussi à le faire reconnaître comme un sauveur. Il a fini par avoir la Légion d'honneur, mais au bout de tant d'hésitations. J'ai été infidèle à son égard, comme je l'ai toujours été toute ma vie... (Rires.) L'amitié pour moi, c'est un moment fort, pas une durée. Marseille était l'endroit d'où l'on sortait et Varian était l'homme qui faisait sortir les gens.

Je retrouve là, autour de Varian Fry, André Breton, sa femme Jacqueline dont nous sommes tous amoureux, Victor Serge, Marx Ernst, un ami de mes parents... Ils sont tous des Marseillais sur le départ. Un jour, je tombe même sur André Malraux dans la rue. Jeune homme, j'avais été dans des rassemblements antifascistes, avec Aldous Huxley et Ilya Ehrenbourg, et je l'y avais vu. Je me dis : il est là, il veut partir lui aussi.

À Marseille, vous retrouvez aussi Walter Benjamin[1]*. Peu après, il se donne la mort à la suite de tracasseries administratives à la frontière franco-espagnole. Quel souvenir avez-vous de lui ? Comment comprenez-vous son suicide ?*

Walter Benjamin était un proche ami de mon père, de sa génération. Je le vois quelques jours avant son

1. Né à Berlin en 1892, Walter Benjamin, après des études de philosophie et une thèse d'esthétique, fait de la critique littéraire et des traductions (Proust, Baudelaire). D'origine juive, il émigre en 1933 à Paris. En 1934, il devient membre de l'Institut de recherches sociales, organe de l'École de Francfort. Il y publie un essai, *L'Œuvre d'art à l'époque de sa reproductibilité technique,* en 1936 qui le place au premier rang des esthéticiens modernes. Il développe également une réflexion sur le langage et la philosophie de l'Histoire.

suicide, dans son hôtel à Marseille, au tournant de l'année 1940-1941, décembre ou janvier. Je rencontre un homme qui me dit : « C'est fini, nous ne sortirons pas de cette affaire. L'Amérique n'est pas capable de relever le défi de la démocratie ; c'est l'Europe qui est la terre de la démocratie. Ce que j'ai à dire ne trouve plus d'interlocuteurs. » Il allait rejoindre en Amérique ses amis de l'École de Francfort[1], Max Horkheimer, Theodor W. Adorno. Il pense ne pas être bien accueilli là-bas. Pourquoi ? Je ne sais pas. Peut-être avait-il tort. À l'époque, il a le sentiment de ne pas être écouté. Il est très déprimé. J'essaie, avec un enthousiasme juvénile, de lui remonter le moral : « Nous allons gagner la guerre, vous allez voir. L'Amérique y viendra. »

Mais il est terriblement déprimé, horriblement fatigué, épuisé physiquement, avec le poids de ce gros manuscrit qu'il porte avec lui. Il n'a pourtant que soixante ans. Lisa Fittko, la passeuse qui faisait traverser les Pyrénées, et qui a pris en charge le groupe dont faisait partie Benjamin, le raconte dans un livre[2]. Il était asthmatique et son cœur était fatigué. On lui avait fait faire une marche épouvantable parce qu'ils avaient raté le bon passage. Je crois que le choc de ne pas être passé, d'être arrêté, et probablement refoulé, a été trop dur pour lui. Peu à peu, le découragement l'a envahi. Il n'a jamais été un homme facile, il avait une pensée en spirale, difficile à débroussailler, une vie compliquée :

1. À Francfort, en 1923, des intellectuels allemands fondent l'Institut de recherches sociales, lié à l'université. Ils ont pour désir de renouveler le marxisme et de mettre en question le positivisme. La figure dominante est Max Horkheimer, qui définit le programme politique et philosophique de l'école. À ses côtés, Friedrich Pollock, Theodor W. Adorno, Herbert Marcuse et Erich Fromm. La menace nazie rend l'émigration nécessaire, à Genève, puis à Paris, et enfin à l'université de Columbia à New York où l'Institut s'installe en 1934.

2. *Le Chemin des Pyrénées*, M. Sell, Paris, 1987.

malheureux en amour, ne s'entendant pas avec son fils. Beaucoup de choses pesaient sur cet homme. Et, ce jour-là, à Port-Bou, il a craqué. Comme d'autres, comme Zweig…

Certains, comme vous, voulaient s'engager et résister, d'autres cherchaient à partir pour l'Amérique. Vous n'aviez pas tout à fait le même objectif…

Les gens plus âgés, les politiques, les artistes, les créateurs songent plutôt au départ vers la liberté que vers le combat. Marseille est la ville d'où l'on va vers l'Amérique. Beaucoup partent, via l'Espagne, sur ces grands bateaux qui, depuis Lisbonne, embarquent les Français vers l'Amérique, qui vont composer le New York français des années 1940 à 1944.

Ceux-là ne furent pas très bien vus par les Français de Londres. Nous, nous étions sur le front, nous les considérions un peu comme des planqués.

Ma femme et moi quittons Marseille en février, elle avec ses parents par l'Espagne, moi par Oran et Casablanca. On se retrouve à Lisbonne. Elle en part en bateau pour rejoindre les siens à New York, moi en avion pour Bristol où j'atterris le 21 mars 1941…

Quand vous arrivez à Bristol, vous avez des contacts, des adresses, un point de chute… ?

Non. M. Colson, le représentant officieux de De Gaulle à Lisbonne, m'expédie en Angleterre où, m'assure-t-il, on recrute des combattants dans les Forces françaises libres. Je n'ai pas d'hésitation. Il y a de Gaulle, son appel, je veux le rejoindre.

Un incident stupide intervient. À la London Victoria Patriotic School où les autorités britanniques accueillent les nouveaux arrivants et enquêtent pour savoir s'il n'y a pas des espions parmi eux, elles trouvent, dans ma valise, deux passeports : l'un où je suis né à Paris, l'autre à Berlin. Évidemment, cela est suspect. Pendant un mois, je suis soumis à des interrogatoires, très courtois. J'explique que je suis né à Berlin… bref, l'histoire que je vous ai racontée.

Je perds donc du temps. Je suis impatient. Enfin, aussitôt sorti de Patriotic School, je suis reçu à Carlton Gardens où l'on recrute les gens qui arrivent. Comme tout Français fraîchement débarqué, je suis envoyé à Camberley, où je rencontre Daniel Cordier. Les Français en instance d'affectation y sont regroupés dans un camp d'entraînement, avec le battle-dress habituel de l'armée anglaise, mais reconnus comme Français libres.

J'étais aspirant dans l'infanterie et les chars de combat, formé à Saint-Maixent, j'aurais pu m'y engager. Mais je suis tombé sur Christian Fouchet [1], un camarade de l'école alsacienne, qui m'a dit : « Les Anglais ont besoin d'aviateurs, vous devriez demander à être formé dans l'aviation. » J'ai suivi ce conseil.

Je fais alors partie d'un petit groupe de douze, affectés à un camp d'entraînement de la RAF, près de l'Écosse, dans le Northumberland, où nous passons quatre mois, puis dans un autre camp, au pays de Galles. Malheureusement, je ne suis pas formé comme pilote, mais comme observateur, c'est-à-dire navigateur. Cette formation dure neuf mois.

Mais, en mars 1942, ayant mon aile unique de navigateur de la RAF et sans avoir encore participé à une opération aérienne, je suis aspiré, un peu à contrecœur, par le BCRA. Après coup, voyant Mendès France, resté dans l'aviation, je me dis : « Je me suis laissé affecter

1. Christian Fouchet, né en 1911, licencié en droit, diplômé de l'École des sciences politiques, est un de ceux qui partent pour Londres, de Bordeaux, après avoir entendu le discours du maréchal Pétain, le 17 juin 1940. Il rencontre le général de Gaulle le 19 juin. Il s'engage dans les FFL, écrit des articles dans *La Marseillaise*, qui défendent l'ultra-gaullisme face aux Français libres plus tardifs. Après la guerre, il entre dans la diplomatie, milite au sein du RPF, participe au gouvernement Mendès France en 1954, poursuit une carrière ministérielle sous la Ve République. Il est décédé en 1974.

dans un bureau. » Évidemment, le bureau en question était un peu spécial.

Tony Mella, qui dirigeait la section R, le renseignement, au BCRA, m'a recruté. Je l'avais connu à Camberley. Il trouvait que je parlais bien anglais, ce qui était utile. Il m'a convaincu en disant : « Il faut venir au BCRA, c'est là que les choses importantes se passent, les relations avec la Résistance, le renseignement. » Il faut reconnaître que le travail fut assez passionnant.

Le colonel Passy et son adjoint André Manuel [1] m'ont reçu à St. James's Square, dans les locaux encore exigus des services spéciaux en avril 1942. Manuel a été plus proche de moi que Passy. Comme chef des services secrets, du deuxième bureau de l'état-major, il avait la réputation qu'on fait toujours à ce genre de personnage. Froid, autoritaire, mystérieux. Un peu facile, très exagéré !

Mais pourquoi Passy faisait-il peur à ce point-là ?

Sûrement pas à nous. Nous admirions son efficacité, un vrai chef. Il était autoritaire, un homme renfermé, un côté dur… On le sentait très combatif dans son métier, surtout vis-à-vis des Anglais. Alors que nous, nous essayions plutôt d'y mettre des formes. Manuel était le charmeur, le type merveilleux, l'intellectuel qui connaissait par cœur *Le Cimetière marin*, comme moi. Quand on se rencontrait, il récitait la première strophe, moi la deuxième. C'est resté ça, même des années plus tard ! Mella, un peintre, était aussi un homme de culture, de plaisir, maniant l'ironie. Conscients d'envoyer

1. André Manuel, industriel dans le civil et officier de réserve, s'embarque à Sète, au moment de la débâcle, avec le colonel Fourcaud. Il arrive le 14 juillet 1940 à Londres. Il est l'un des premiers officiers du service de renseigements du colonel Passy. Après la mission Pallas (*cf. infra*), il devient, à partir de septembre 1943, le principal interlocuteur du BCRA avec les délégués militaires régionaux sur le terrain.

au casse-pipe des agents de renseignements en France, nous avions trouvé une formule un peu audacieuse pour qualifier notre travail : « L'entreprise Teste et Colombe, mise en bière à la pression ». Vous voyez qu'on ne reculait devant rien !

Au BCRA, il y avait aussi Brossolette…

L'arrivée de Pierre Brossolette, en mai 1942, a transformé le BCRA du jour au lendemain. Il était le charme personnifié. Manuel était éclipsé. Ma femme et moi avons été emballés par Brossolette et son épouse ; il était normalien comme moi ; nous étions tous quatre sur la même longueur d'onde.

On aimait bien l'entendre quand il parlait à la BBC. Et puis nous l'admirions à cause de ses courageuses missions en France : il partait, il revenait, et il repartait. Mais il menait son propre jeu, nous le sentions d'instinct. Il n'était pas l'homme rigoureusement discipliné qui faisait ce que le Général lui demandait de faire. Nous avions donc, à cause des libertés qu'il prenait à l'égard de la discipline, une petite hésitation face à lui.

Chef du bloc Action, Brossolette était le numéro deux du BCRA. Le colonel Passy avait deux adjoints, lui et Manuel, un peu en retrait. Passy a nommé Brossolette à ce poste, parce qu'il l'avait immédiatement conquis. Au point qu'il a participé à sa déviation, qu'il est totalement entré dans le jeu de Brossolette. Par exemple, Passy a contrevenu aux instructions du général de Gaulle pour soutenir Brossolette lors de la mission Arquebuse-Brumaire[1].

Ayant quitté Londres fin janvier 1943, avant que les directives du général de Gaulle soient définitivement arrêtées, Pierre Brossolette a exécuté cette mission selon ses vues personnelles. Il avait pour tâche de créer un conseil de la Résistance de la zone Nord, distinct de celui de la zone Sud dont Jean Moulin était chargé. Le

1. Voir l'entretien avec le colonel Passy.

21 février, de Gaulle signe de nouvelles instructions pour Jean Moulin : les deux projets doivent à terme se rejoindre, il faudra constituer en zone Nord un conseil de la Résistance unique qui regroupera, pour l'ensemble de la France, les représentants des mouvements de résistance évidemment, mais aussi ceux des partis politiques traditionnels. Or, Brossolette refusait cette idée.

Vous dites que Passy a joué un jeu personnel. Lorsque je l'ai rencontré, il m'a déclaré que la vision politique de Brossolette était supérieure à celle de De Gaulle. Brossolette avait-il un dessein, une ambition politique, selon vous ?

Oui. Il l'a d'ailleurs exprimé dans un long rapport [1] au général de Gaulle, où il disait qu'il fallait mettre un terme à la IIIe République, ne pas revenir à une République des partis. Prenant exemple sur l'Angleterre, il souhaitait mettre en place un parti travailliste et un parti conservateur. Il fallait deux forces, une de gauche, une de droite, et surtout plus de partis dispersés, ni radical, ni socialiste dont il était. C'est pourquoi les socialistes, dont il était, se méfiaient de lui, en particulier Daniel Mayer [2]. Il avait donc une vision intelligente, mais qui

1. Rapport rédigé juste avant son départ de France, le 25 avril 1942, et remis aux services de la France libre à son arrivée à Londres. Le 12 mars 1943, il essaie encore de convaincre de la justesse de son analyse, répondant aux nouvelles instructions du général de Gaulle, dans une lettre à André Philip, commissaire à l'Intérieur.

2. Né en 1909 à Paris, Daniel Mayer est avant la guerre le responsable des Jeunesses socialistes et rédacteur au *Populaire*. Démobilisé en juillet 1940, il entre très vite dans la Résistance. Il regroupe, à Marseille d'abord, des militants socialistes. Le 30 mars 1941, il décide la création du Comité d'action socialiste de zone Sud. Son but est de reconstituer, dans la clandestinité, le parti socialiste. En novembre 1942, il publie dans *Le Populaire* clandestin un article reprenant les idées de Léon Blum sur l'unification de la Résistance. Il est très partisan d'un CNR où les forces traditionnelles côtoient

n'était pas celle du Général. De Gaulle s'était laissé convaincre par son préfet, Jean Moulin — un préfet, c'était très important pour le chef de la France libre. Quand le préfet lui a dit : « C'est ainsi que ça marche en France », il l'a écouté. En outre, Moulin sentait comme lui que, pour convaincre Roosevelt et Churchill de le reconnaître comme le chef de tous les Français, il avait besoin d'un Conseil de la Résistance qui reprenne les forces traditionnelles. En quoi Moulin a raison et Brossolette tort, même si sa vision politique était plus originale.

Vous êtes donc recruté par le BCRA. Comment viviez-vous à Londres ?

Je vivais dans une chambre en ville, le BCRA était un bureau d'où je repartais chaque soir. Ayant passé déjà une année d'études en Angleterre, je parlais couramment l'anglais et j'aimais bien les Anglais. J'ai donc eu un peu le rôle de relais avec le MI6 [1] avec lequel nous travaillions. Je voyais pas mal d'Anglais. Les Français, qui souvent parlaient mal la langue, restaient beaucoup entre eux. Il y avait des petits bistrots français où l'on se retrouvait. Nous avions une énorme admiration et sympathie pour le peuple anglais, et notamment pour Lord Woolton, le ministre anglais du Ravitaillement. Grâce à lui, il n'y a pas eu de marché noir en Angleterre pendant toute la guerre.

Nous étions convenus avec ma femme, Vitia, qu'elle me rejoindrait si la guerre durait. En novembre 1942,

---

les mouvements de résistance. Il est nommé secrétaire général du parti socialiste au printemps 1943, il devient le représentant du parti au sein du CNR. Après la guerre, député de 1945 à 1958, il occupe des postes ministériels, puis devient président de la Ligue des droits de l'homme.

1. Military Intelligence 6e Section, plus communément appelé l'Intelligence Service, l'illustre et mystérieux service de renseignements de Sa Majesté.

elle a courageusement traversé l'Atlantique pour me rejoindre. Elle a eu la chance d'arriver jusqu'en Angleterre : sur le convoi de vingt-quatre bateaux, neuf ont été coulés. Elle est alors recrutée par André Manuel pour faire la liaison entre le BCRA et le commissariat à l'Intérieur, où elle a retrouvé un grand ami : Georges Boris[1].

Georges Boris était un proche de Léon Blum, il n'est pas tout à fait de la mouvance gaulliste traditionnelle...

À Londres, Georges Boris a pourtant joué un rôle essentiel... J'espère que Jean-Louis Crémieux-Brilhac, qui a fait le meilleur livre sur la France libre[2], va écrire une biographie de Georges Boris. Il a travaillé avec lui au commissariat à l'Intérieur, et il a la même admiration que moi pour cet homme, socialiste, directeur du journal *La Lumière*, qui arrive à Londres et qui, sans hésitation, choisit de suivre de Gaulle, contre l'avis de ses amis : Charles Gombault, Pierre Comert[3], Raymond Aron, André Labarthe[4]. Ces intellectuels de gauche étaient son milieu. Il n'a pas voulu cesser de les voir,

1. Voir l'entretien avec Claude Bouchinet-Serreulles.

2. Jean-Louis Crémieux-Brilhac, *La France libre, de l'appel du 18 juin à la Libération*, Paris, Gallimard, 1996.

3. Pierre Comert, normalien et journaliste, a dirigé pendant treize ans le bureau de presse du quai d'Orsay, avant d'être renvoyé en 1938 pour son opposition à Munich. Charles Gombault, socialiste, journaliste parlementaire, a été rédacteur en chef, sous la direction de Georges Boris, de l'hebdomadaire *La Lumière*. En 1940, Charles Gombault devient le rédacteur en chef et Pierre Comert le directeur du quotidien français de Londres, *France*, diffusé depuis le 26 août 1940 grâce à des fonds britanniques. Si le journal n'a jamais publié aucun commentaire ouvertement hostile au chef de la France libre, l'équipe est très méfiante vis-à-vis du général de Gaulle. Les deux hommes se veulent les défenseurs de la gauche parlementaire.

4. André Labarthe et Raymond Aron ont fondé, dès novembre 1940, une revue mensuelle, *La France libre*, d'une haute qualité intellectuelle. Considérée au début comme l'expression du mouve-

mais il a essayé de leur faire partager sa conviction : c'est que, sous l'influence d'hommes comme lui, on ferait de De Gaulle un vrai démocrate. Moi, je crois qu'il a réussi.

Le quotidien France, *publié à Londres, qui, durant toute la guerre, a diffusé les textes du général de Gaulle et des gaullistes, est pourtant dirigé par des personnalités, Charles Gombault et Pierre Comert, très hostiles au général de Gaulle. Pourquoi cette animosité de la gauche socialiste à son égard ?*

De même, à la BBC, il y avait l'équipe de Maurice Schumann : les « Français parlent aux Français » d'une part, mais aussi les services français qui n'étaient pas gaullistes ; par exemple, Pierre Bourdan, un commentateur vedette de la radio de Londres, était assez réservé à l'égard du général de Gaulle. Une suspicion envers le Général a été entretenue par toutes sortes de milieux. Pour eux, il fallait se méfier d'un « général » avec un nom un peu bizarre, un homme de droite, un Lillois. Évidemment, Paul Reynaud lui avait fait confiance en le nommant secrétaire d'État à la Guerre, en 1940, mais Reynaud était un radical… Cette gauche-là, devant un général qui fait de grandes proclamations, pense immédiatement à Boulanger ou à Bonaparte.

Pourtant, il n'y avait pas d'autre manière de résister, il n'y avait pas d'autre offre politique…

Si. Il y avait Roosevelt et Churchill. Il y avait aussi le fait que Roosevelt envoyait son ambassadeur à

---

ment français libre, la revue évolue dès 1941 : elle se garde de critiquer de Gaulle, mais veut rester neutre. En privé, Raymond Aron ne cache pas ses réticences vis-à-vis du Général, selon lui le prototype du Prince de Machiavel ; quant à André Labarthe, dès l'été 1941, il devient ouvertement antigaulliste.

Pétain. Au fond, parallèlement à ce qui s'est passé en France et dont on a abondamment parlé, les vichystes soi-disant résistants, le même phénomène s'est produit à Londres. Je me souviens d'avoir rencontré Raymond Aron, sur Piccadilly, au moment où l'amiral Darlan négociait à Alger avec les Américains, juste après le débarquement du 8 novembre 1942. Ma femme et moi commençons à lui dire : « C'est effarant ! Nous espérons que les Américains ne vont pas tomber dans cet affreux panneau Darlan, cet abominable fasciste. » Raymond Aron nous répond : « Darlan, c'est la Flotte, et la Flotte c'est plus important que la France libre. »

Tous ces intellectuels, Raymond Aron, André Labarthe, Pierre Comert, n'ont pas confiance en cette histoire de la France libre. Ils la voient comme une épine dans le pied de l'Angleterre.

Malgré eux, à Londres, la France libre est largement majoritaire, et surtout elle est majoritaire dans ce qu'on peut appeler le peuple, dans la mesure où il existe, chez les soldats, les jeunes, et dans le peuple britannique qui était très gaulliste. De Gaulle avait une forte réputation dans l'opinion anglaise, de sorte que nous étions cajolés par les Anglais.

Vous êtes responsable de la section R, la section du renseignement. Vous êtes donc le chef des espions ?

Je suis le sous-chef des espions. Le chef des espions, c'est Passy. Juste en dessous de lui se trouve son adjoint, André Manuel, et, encore en dessous : Tony Mella, le chef de la section R, qui se distingue de la section A, les saboteurs et les mouvements de résistance. La section R ne fait qu'une chose : recevoir les courriers des différents réseaux de renseignements, qui deviennent très nombreux en France au fur et à mesure que les années passent.

Cela a été long à démarrer : en 1940, il n'y avait rien ; en 1941, on a eu les premiers ; en 1942, cela commence. L'un de mes premiers clients est Christian Pineau, qui arrive en Angleterre et repart très vite avec pour mission la création d'un grand réseau de renseignements qui devait faire le pendant au premier grand réseau de renseignements du colonel Rémy, la Confrérie Notre-Dame, en zone Nord. Et puis il y en aura d'autres ; Franklin prendra le réseau Gallia en zone Sud. Il va y avoir une succession de réseaux. Ils sont complémentaires, pas du tout rivaux. Ils n'avaient pas de territoires spécifiques, mais ils avaient chacun leurs sources de renseignements. Ils se retrouvaient dans les opérations aériennes qui souvent étaient faites pour alimenter plusieurs réseaux en instructions et en courriers.

Mon métier était donc de tisser des réseaux, de suivre leur régularité. Il fallait mettre en place la messagerie par radio, donc mettre des instruments de transmission avec leurs quartz qui donnent la longueur d'onde des émetteurs-récepteurs et des opérateurs à leur disposition pour qu'ils nous envoient les informations urgentes. Et il fallait leur envoyer des instructions par courrier et recueillir les renseignements par des opérations aériennes.

Nous n'étions pas très nombreux à la section R, cinq officiers et trois sous-officiers, une petite équipe. Nous avions une vingtaine de réseaux qui fonctionnaient. Certains disparaissaient, se faisaient arrêter. Il fallait en remonter d'autres… Il y a eu beaucoup de casse !

De quels renseignements avait-on besoin ? Qu'est-ce qui arrivait dans les enveloppes ?

Énormément de choses. Par exemple, des informations sur l'appareil industriel, les transports, les chemins de fer, le ravitaillement. L'état-major allié voulait savoir comment vivait l'armée allemande, comment vivaient les collaborateurs français, les industriels, tout ce qui concernait les déplacements de troupes. Pour les chemins de fer, Louis Armand, via Rémy, alimentait les Alliés de façon très précise sur la façon dont ils fonctionnaient. Le courrier était volumineux. D'ailleurs nous l'exploitions peu, nous servions surtout de relais de transmission. Les courriers de nos réseaux étaient exploités par l'état-major britannique. Une exploitation purement française, par le BCRA, se faisait pour tout ce qui concernait la collaboration et le noyautage de l'administration publique, le NAP, tout cela allait chez Passy. En revanche, tout ce qui était militaire allait chez les Anglais. Ces réseaux de renseignements ont été probablement l'apport militairement le plus précieux pour les Alliés en provenance de la Résistance. Car les actions de résistance, les sabotages — tout honneur à ceux qui les faisaient, car ils prenaient de grands risques — ont eu rarement une grande efficacité militaire avant le débarquement.

Vous avez parlé du colonel Rémy[1]. *Il a été l'un des correspondants les plus aventureux de Londres. Était-il vraiment l'espion extraordinaire qu'on a décrit par la suite ?*

Il était effectivement le premier, le plus grand, celui qu'on considérait un peu comme le prototype. Nous donnions ses méthodes en exemple aux autres. En même

1. Le colonel Rémy, de son vrai nom Gilbert Renault, né en 1904, cinéaste, quitte sa Bretagne natale pour l'Angleterre dès le 18 juin 1940. Présenté au colonel Passy, chef du deuxième bureau de la France libre, au début de juillet, ce dernier lui confie la tâche de monter un service de renseignements indépendant des Britanniques. Il quitte Londres en août 1940 ; dès décembre, il commence à envoyer ses premiers renseignements. Il donne à son organisation le nom de Confrérie Notre-Dame afin de la placer sous la protection de la Vierge. En septembre 1941, la CND étend son action à l'ensemble de la France occupée. Il s'installe à Paris avec une liaison radio pour Londres. À l'automne 1943, une série d'arrestations obligent Rémy à rejoindre Londres. En décembre, le réseau est reconstitué sous le nom de Castille. Il continue à fonctionner jusqu'à la Libération. Compagnon de la Libération, le colonel Rémy est l'auteur de nombreux récits sur la Résistance. Il est décédé en 1984.

temps il n'était pas de notre bord politique. Il passait pour monarchiste. On savait qu'il avait nommé son réseau la Confrérie Notre-Dame, ce qui, à nous autres de gauche, paraissait un peu ridicule, mais nous lui rendions hommage, parce qu'il était un formidable agent et arrivait à monter des opérations remarquables. Il recrutait très bien, il a vraiment amené à la France libre et au renseignement beaucoup de gens, y compris Fernand Grenier[1]. Il était une grande source de renseignements.

Une autre grande source pour nous fut les mouvements de résistance. C'est un des problèmes difficiles à comprendre après coup, il y avait les chefs des réseaux de renseignements et aussi les chefs des mouvements de résistance, Henri Frenay[2], Emmanuel d'Astier[3], Jean-Pierre Lévy[4] et d'autres en zone Nord comme les dirigeants de Défense de la France[5]. Nous ne connais-

1. Le représentant du Comité central du parti communiste clandestin arrive à Londres le 11 janvier 1943. Il vient annoncer l'adhésion de son parti à la France combattante.

2. Voir l'entretien avec Serge Ravanel.

3. Issu d'une vieille famille aristocratique, Emmanuel d'Astier de La Vigerie fait l'École navale, puis devient journaliste. Démobilisé en juillet 1940 à Marseille, il commence à regrouper en zone Sud des personnes qui, comme lui, « veulent faire quelque chose » : Édouard Corniglion-Molinier, Lucie Aubrac et Jean Cavaillès. Un an plus tard, une feuille clandestine, *Libération,* commence à paraître. D'Astier devient le chef d'un mouvement qui porte le nom du journal et s'affirmera progressivement comme l'un des grands réseaux de la zone Sud. D'Astier fera plusieurs voyages à Londres (celui dont il s'agit est le premier), s'élevant contre la centralisation des pouvoirs entre les mains de Jean Moulin et ses services. En octobre 1943, de Gaulle lui propose de devenir commissaire à l'Intérieur au CFLN à Alger. À la Libération, il se lance dans une carrière politique, élu député de Paris en 1945. Après un compagnonnage avec le PCF, il dirige le journal *Libération*. Il décède en 1969.

4. Jean-Pierre Lévy est le fondateur de Franc-Tireur, le troisième grand mouvement de résistance de la zone Sud. Il soutient Jean Moulin face à Henri Frenay et Emmanuel d'Astier.

5. Ce mouvement fut créé dès l'automne 1940 par des étudiants parisiens, dirigés par Philippe Viannay. Cette formation a cru long-

sions pas leurs noms, mais les mouvements de résistance fournissaient beaucoup de renseignements précieux.

En théorie, les combattants et les gens du renseignement ne devaient jamais se croiser, mais en fait ils s'alimentaient mutuellement. Les mouvements de résistance acceptaient de fournir des agents au renseignement. Dans ce cas, on leur demandait avec beaucoup d'insistance de les couper des filières de l'action, car un agent de renseignements devait pouvoir vivre à visage découvert pour obtenir le renseignement. Ils n'entraient dans la clandestinité que s'ils y étaient forcés, c'est-à-dire s'ils étaient brûlés, et, à ce moment-là, ils rejoignaient les mouvements de résistance ou les maquis.

Vous avez composé avec votre femme, Vitia, une chansonnette, « Les gars du MRU[1] *», qui se moque gentiment des trois chefs des mouvements de la zone Sud, Emmanuel d'Astier, Henri Frenay, Jean-Pierre Lévy. Je vous lis la première strophe :*

Je suis bohème, je suis génial
Et j'ai le sens du national
Libération, c'est un foutoir,
Mais l'Intérieur est pour Bernard.

Bernard, c'était le pseudonyme d'Emmanuel d'Astier. Et il y a une strophe du même genre pour chacun des trois chefs des mouvements de zone Sud. Pourquoi avoir écrit cela ?

---

temps au double jeu du maréchal Pétain et s'est méfiée de la France libre. Mais, à partir de 1942, le mouvement abandonne les références à Vichy et se développe aussi en zone Sud. Le contact avec Londres s'établit grâce à la mission Arquebuse-Brumaire du colonel Passy et de Pierre Brossolette en 1943.

1. Reproduite par Jean-Louis Crémieux-Brilhac, dans *La France libre*, Paris, Gallimard, 1996, p. 725.

Il faut reconnaître qu'au BCRA nous étions des jeunes, fanfarons, féroces dans nos ironies. Vis-à-vis de nos camarades de France nous marquions nos distances. Nous trouvions que parfois ils se prenaient au sérieux, surtout leurs grands chefs. Nous non. Nous trouvions l'engagement dans la guerre tout naturel. Alors notre moquerie ne visait naturellement pas les résistants, mais les chefs de mouvements de libération et leurs rivalités. La strophe décisive de cette petite chanson sur l'air de « Tu m'as voulue et tu m'as eue », c'est :

Fraternellement nous nous aimons,
Et si j'te joue un tour de cochon,
C'est que vraiment, en toute conscience,
C'est moi seul que j'suis la vraie France.

Tous les chefs vous agaçaient-ils autant ?

Non... D'Astier et Frenay étaient à l'évidence des rivaux. Ils disposaient du plus grand nombre de moyens, et ils étaient ambitieux. Ils prenaient parfois des risques excessifs. On leur en voulait de tout cela. On s'est sûrement trompés, parfois, à Londres dans nos jugements sarcastiques. Ils jouaient leur rôle de grands chefs. Ils prenaient, trop souvent à notre goût, leur distance à l'égard du général de Gaulle. Or, nous, nous étions des gaulllistes tout à fait inconditionnels.

Un homme comme Rémy, même si nous avions des réticences sur son origine monarchique, était notre homme et nous l'aurions défendu au prix de notre vie s'il le fallait. Alors que les Frenay, les d'Astier, moins.

Jean-Pierre Lévy, le patron de Franc-Tireur, est un cas particulier. Il a toujours été correct avec Londres, il a joué le jeu de Jean Moulin et celui de la coordination. Il dirigeait un mouvement probablement moins étoffé que les deux autres, mais il n'était pas dans la course politique, au même titre que Frenay et d'Astier, dont les ambitions nous agaçaient. Lévy est un homme pour qui j'ai gardé une très grande estime.

J'ai rencontré d'Astier et Frenay, lors de leur passage à Londres, en septembre 1942. Emmanuel d'Astier était, à l'époque, un homme très séduisant, très charmeur, un homme de salon. Quand je le rencontrais chez Jeannine Serreulles, je voyais en lui un grand intellectuel, un artiste. J'avais de l'admiration pour ce d'Astier-là, mais, en même temps, je sentais que l'autre d'Astier cherchait le pouvoir.

Henri Frenay était une figure plus contestable. Il n'était pas très reconnu par ses propres collaborateurs, comme Claude Bourdet[1]. Nous avions plus de sympathie pour ce dernier et pour le reste du mouvement Combat que pour Frenay qui a tardé à prendre ses distances avec Pétain.

Le journal Combat[2] *rend hommage à Pétain jusqu'en mai 1942...*

1. Né en 1909, ingénieur diplômé de l'École polytechnique de Zurich, proche des catholiques de gauche, il est chargé de mission au ministère de l'Économie nationale dans le gouvernement de Léon Blum en 1936. Démobilisé en 1940, il monte une petite fabrique d'huile et de savon dans le Midi. En 1941, il rencontre Henri Frenay qui le fait entrer dans son mouvement. En juin 1942, il devient un permanent de Combat à Lyon, et le second de Frenay. À l'automne 1942, il convainc Jean Moulin de développer le noyautage des administrations publiques dont il assure bientôt la direction. Il représente Combat au sein du CNR. Après le départ de Frenay pour Alger en juin 1943, il lui succède à la tête du mouvement. En 1944, à Paris, il est arrêté par la Gestapo, déporté à Buchenwald ; il rentre en France en 1945. Compagnon de la Libération, vice-président de l'Assemblée consultative provisoire, il poursuit une carrière de journaliste à *Combat*, puis à *France-Observateur*. Il meurt en 1996.

2. Au moment de la création du mouvement Combat, issu de la fusion du Mouvement de libération nationale et de Liberté, le journal *Combat* paraît pour la première fois en décembre 1941. Sous la direction d'Henri Frenay, puis de Claude Bourdet, le ton est d'abord très méfiant à l'égard du général de Gaulle, et plutôt favorable à Pétain. Henri Frenay rompt avec le Maréchal par une lettre publiée dans le journal en mai 1942. Ce n'est qu'en octobre 1942 que le titre du journal est accompagné de la croix de Lorraine. Jusqu'à la

(Silence.) C'est tout un problème. Beaucoup de Français, même résistants, ont continué longtemps à se dire : « Tôt au tard, Pétain va faire sa jonction avec de Gaulle ; en attendant, c'est peut-être grâce à lui qu'une partie de la France n'est pas occupée, que certaines horreurs ne se font pas. » Il y en a eu beaucoup qui faisaient cette analyse-là. Pas nous.

Mais, pour ces résistants maréchalistes, quand cette illusion se brise-t-elle ?

Montoire est déjà un très mauvais moment… Par la suite, Pétain fait de moins en moins illusion. Et quand, en novembre 1942, les Allemands occupent la zone dite libre, là, il ne fait plus du tout illusion.

Avec le recul, trouvez-vous votre chanson sur le MUR justifiée ?

Je la trouve ridicule mais drôle, je ne la désavoue pas.

Maintenez-vous les critiques d'alors contre la Résistance intérieure : bordélique, chamailleuse, ne prenant pas assez de précautions, pas assez professionnelle ?

Je les nuance. Je suis prêt à dire : il ne pouvait pas en être autrement… Il y a eu beaucoup d'héroïsme, de patriotisme, et c'est cela qui doit rester. Si j'avais à écrire une histoire de la Résistance, mes critiques à l'égard de ces mouvements se concentreraient sur les mises en question du comportement de tel ou tel individu, et notamment des chefs, mais pas du tout sur les militants courageux des mouvements eux-mêmes.

Libération, 58 numéros clandestins sont publiés, avec un tirage de 10000 exemplaires au début, jusqu'à 150000 en 1944. À la Libération, le journal continue à paraître. Claude Bourdet et Albert Camus sont éditorialistes.

Ces chefs, Londres parvient tout de même à les intégrer en leur donnant des postes politiques. D'Astier est nommé commissaire à l'Intérieur dans le CFLN en octobre 1943 et Frenay commissaire aux Prisonniers et aux Déportés en novembre...

Frenay savait sans doute que Combat en France commençait à se dissocier de lui. Comme on le lui fait dire dans notre chanson : « Les camarades de Combat m'ont dit : Restez, restez là-bas ! » D'autre part, Frenay paraissait content d'avoir un poste important dans l'establishment londonien.

Frenay et d'Astier sont rivaux, et par ailleurs d'Astier et Passy ne se supportent pas...

Il y avait des hostilités de personnes. Mais il faut situer ces bisbilles, voire certaines inimitiés individuelles, dans un cadre général : tous sont ensemble pour un même combat. Donc, on se respecte...

Comment percevez-vous, de Londres, les grands malheurs, les grandes arrestations de 1943, celle du général Delestraint à Paris et de Jean Moulin à Caluire ?

Nous sommes angoissés, bouleversés. Ce sont des coups très durs. À la suite de cela, il est de plus en plus insupportable de rester dans un bureau à Londres.

C'est pourquoi vous regagnez la France avec la mission Greco. On sent chez les agents du BCRA la volonté de s'engager dans le combat clandestin en métropole. Est-ce une prise de conscience partagée par vos camarades ?

En acceptant d'aller au BCRA, nous avions pris d'emblée l'engagement d'être dans l'action. Le plus tôt possible, quand l'occasion se présenterait, on irait en

France. Et nous avons pratiquement tous fait des missions. Manuel a fait une mission importante, Pallas[1] ; Passy et Brossolette les deux missions Arquebuse-Brumaire ; moi, j'en ai fait une ; Fleury, chef de la mission Électre, avec comme pseudo évident « Panier », avait pris la succession de Mella parti à Alger. Il était donc mon chef au moment où je suis parti en mission. Les échanges étaient nombreux. Le seul qui ait échappé à ce besoin de noria fut Tony Mella. Il considérait que le courage était un peu un narcissisme auquel il fallait pouvoir renoncer, qu'il fallait être à l'endroit le plus utile pour gagner la guerre et pas forcément à l'endroit le plus exposé. Je ne crois pas qu'il s'agisse de lâcheté dans son cas.

Vous arrivez en France en mars 1944. La mission Greco est chargée d'organiser la couverture radio sur l'ensemble du territoire en vue du débarquement. Pouvez-vous nous en parler ?

J'atterris en Lysander, le petit avion le plus utilisé par les Anglais et la France libre pour ce genre d'opération. Il me dépose de nuit près de Saint-Amand-Montrond dans le Cher, le 29 mars 1944. Je suis accueilli, là, par les membres de l'équipe opérationnelle, les gens qui font les opérations aériennes, formés à Londres. C'est, par exemple, la formation qu'avait reçue Daniel Cordier avant de rejoindre Jean Moulin. Je suis très vite conduit à Paris, où je suis mis en contact avec les chefs des principaux réseaux de renseignements. C'était le côté un peu risqué d'une opération comme celle-là. Je les connaissais tous, ils étaient des amis, je les avais vus passer à Londres. Le réseau avec lequel j'ai eu le plus de contact fut le réseau Phratrie, mais j'en ai eu aussi avec les réseaux Castille (un successeur de la Confédé-

1. Au cours de cette mission, du 22 novembre 1942 au 27 janvier 1943, André Manuel inspecte l'organisation des réseaux d'action et de renseignements du BCRA de zone Sud.

ration Notre-Dame), Brutus, Nestlé, Andromède. Mon rôle consistait à leur fournir des instruments de transmission, à affecter chez eux des radios, mais aussi à moderniser et à harmoniser les instructions qui leur étaient envoyées.

Vous n'aviez plus vu la France depuis trois ans, quelle image gardez-vous de Paris en ce printemps 1944 ?

Deux choses… La présence d'un extraordinaire marché noir. Mes amis des réseaux de renseignements et de la Résistance y plongent volontiers, eux aussi. On vit bien, on mange beaucoup, alors que le reste du pays…

Ensuite, Paris est d'une beauté éblouissante, les paulownias et les jacarandas sont en fleur, il n'y a pas de circulation automobile, on se déplace à bicyclette. On est sûr que la guerre va être gagnée. C'est une tout autre atmosphère que lorsque je l'ai quitté, le 8 février 1941, une atmosphère exaltante. Je retrouve des amis d'enfance, des camarades de l'école… On voit beaucoup de monde, forcément, prudemment ou imprudemment. Je suis très heureux des contacts avec les agents de renseignements. J'ai une petite équipe de cinq agents de liaison que j'envoie à droite et à gauche ramasser des informations, des indications sur l'action à mener. On se dit : encore quelques semaines et ça y est. Mars 1944, c'est à trois mois du 6 juin.

Ah, le printemps 44 ! La beauté de Paris ! Et cette exaltation de la victoire prochaine…

Mais rien n'est encore gagné pourtant. Il y a, à Paris, une hécatombe dans la Résistance après juin 1944. Vous-même, vous êtes arrêté le 10 juillet…

Était-ce par imprudence ? Non, même si nous prenions sûrement trop peu de précautions. Nous n'étions pas des « professionnels » comme nos camarades de l'Intelligence Service. Non, c'est le résultat d'une trahison. Quand même, sur un point, nous avions failli aux règles de la clandestinité. J'aurais dû aller seul à ce rendez-vous, et Jean-Pierre Couture, mon adjoint, a voulu m'y rejoindre et a été arrêté lui aussi.

Ça s'est passé comme ça : le radio Bambou que j'avais implanté à Dijon deux mois plus tôt m'appelle au secours le 10 juillet 1944 : « J'ai besoin de vous voir d'urgence. » J'y vais, je le vois, il est accompagné d'un garçon. « C'est lui qui m'a sauvé, dit-il, j'ai réussi à m'échapper, mais je n'ai plus de papiers, je n'ai plus de quartz… il me faut d'urgence du matériel. » Au moment où je lui réponds surgit un quatrième larron avec revolver au poing. Il me l'enfonce entre les épaules en me disant : « Vous êtes arrêté. Gestapo. » Cela se passe vite. On bascule dans un autre monde…

Malheureusement, ce garçon sait qui je suis. Nous nous étions vus à Londres, il connaissait mon vrai nom, qui n'était pas tellement bon à porter, et il l'a donné. Ils m'ont arrêté comme Français venu de Londres, non comme né Allemand de père juif. Ils savent par lui que je viens du BCRA. Je me dis : « C'est la fin… Je vais vraisemblablement être fusillé. J'ai peu de chance d'en sortir vivant. »

La Gestapo m'emmène au 52 de l'avenue Foch où elle avait ses bureaux. On m'enferme dans une chambre de bonne de l'immeuble. On me conduit pour les interrogatoires dans des bureaux ou dans les souterrains où des tortures sont pratiquées.

Ma grande préoccupation est alors d'essayer de baratiner afin de ne pas mettre en danger mes camarades. C'est la chose à laquelle on pense le plus dans ces moments-là. On se dit : « Zut, je connais trop de choses, comment faire pour éviter de… ? » Alors on gagne du temps, on raconte des bêtises, des blagues… Et, en fin de compte, on se satisfait à l'idée qu'on n'a probablement pas fait arrêter d'autres gens. Mais on n'en est jamais totalement sûr…

Avez-vous été torturé, avenue Foch ?

J'ai été mis dans la baignoire, ce qui était la torture la plus courante. Je l'ai été presque à ma demande, au moment où on m'a dit : « Vous ne nous avez toujours pas dit où est Greco. » J'avais prétendu que je n'étais pas Greco, que j'étais un de ses agents, qu'ils n'avaient pas arrêté le bon. Cela n'a pas pris très longtemps. Ils m'ont dit : « Mais vous savez que nous avons les moyens de vous faire parler, si vous ne voulez pas répondre… nous emploierons d'autres moyens pour vous faire parler. » J'ai dit à cet interrogateur — je lui parlais en allemand, ce qui était peut-être aussi une imprudence : « Écoutez, si vous croyez pouvoir me faire parler, essayez, on va bien voir. » Et donc ils m'ont fait le coup de la baignoire. Ce n'est pas quelque chose dont on garde beaucoup de traces. On s'étouffe. Ils vous lient les chevilles pour ne pas bouger, et ils vous plongent la tête dans l'eau, ils attendent qu'on se débatte et puis, quand on cesse de se débattre, ils vous retirent, et puis ils vous disent : « Alors, maintenant. » Je m'étais promis de ne pas résister trop longtemps afin de ne pas être complètement KO et pouvoir continuer à les dérouter. Je pensais que cela sauverait des amis. Encore cette idée qu'on est plus malin que les autres… (Sourire.)

Je leur donne une fausse adresse, proche de la vraie. Je me suis dit : s'ils envoient une équipe là, toute la rue va le savoir et mes camarades, qui sont à dix maisons de là, seront alertés et pourront se sauver. Malheureusement cela a raté, car mon agent de liaison, qui justement habitait à cet endroit-là, a cette adresse sur ses papiers. Ce que je ne savais pas. Ils ont tout de suite fait le rapprochement. Ils se sont dit : « Bon, il donne le 43, rue Delambre, alors que c'est 23, rue Delambre. » Ils sont allés au 23 et ils ont arrêté Jacques Brun[1].

1. Jacques Brun est aujourd'hui encore le secrétaire général infatigable de l'association Amicale des anciens de Dora.

Outre la baignoire, je suis beaucoup giflé, battu, pendant les interrogatoires. Mais je ne connais pas tout ce qui est électricité et autres fantaisies plus tardives. Je surmonte cette épreuve de l'avenue Foch. J'y reste vingt-huit jours, interrogé un jour, puis deux jours plus tard, puis par d'autres gestapistes, puis confronté avec des gens.

Le 8 août, on m'emmène de l'avenue Foch à la gare de l'Est. On me boucle dans un train tout à fait confortable. Nous étions trente-sept dans trois compartiments. Rien à voir avec le transport qu'a décrit Semprun. Nous sommes bêtement convaincus que la guerre est maintenant presque terminée, qu'on va nous emmener dans un camp en Allemagne, et que nous rentrerons chez nous bientôt. Nous ne savons pas que nous sommes condamnés à mort. C'est pourquoi nous n'essayons pas de nous évader, alors que cela aurait été facile. Après coup, nous y avons réfléchi — les huit seulement qui sont restés, les autres ont été soit pendus, soit fusillés — et nous nous sommes dit qu'on aurait pu en sauver plus, si ce jour-là, dans le train, on avait agi. Un des prisonniers savait défaire nos menottes, il n'y avait que quatre soldats allemands pour nous garder, on aurait pu sortir en force et se retrouver dans la nature. On ne l'a pas fait parce qu'on se disait : ce n'est plus la peine, la guerre est presque finie…

Et, pourtant, c'est à ce moment-là que vous découvrez Buchenwald…

Très brutalement. Je ne vais pas vous raconter une fois de plus ma déportation et ses côtés rocambolesques. La substitution d'identité qui m'a épargné la pendaison est bien décrite par mon sauveur allemand, Eugen Kogon, dans son ouvrage *L'État SS* et dans le roman de Bruce Marshall sur mon sauveur britannique, Forest Yeo-Thomas, *Le Lapin blanc*. Mon évasion ratée qui m'a valu deux mois dans un camp d'extermination, Dora, puis mon évasion réussie qui m'a permis de terminer la guerre dans une unité de GI, j'ai raconté ça si souvent que je ne suis plus sûr, lorsque j'en parle, de décrire ce que j'ai vécu ou de redire ce que j'ai écrit. Gare aux témoignages oraux !

Je me sens en tout cas un déporté inhabituel. Être entre les mains de la Gestapo du 10 juillet 1944 au 9 avril 1945 sans avoir ni un membre cassé ni une grave lésion physiologique, être revenu indemne, c'est une chance rare, formidable, l'une des chances exceptionnelles dont ma vie est bourrée. Le vrai déporté doit revenir en ayant maigri d'au moins vingt kilos. Ça ne fait pas sérieux de débarquer en pesant son poids normal.

Le 6 mai, les Américains me mettent dans un avion de Hildesheim à Pois-en-Picardie. D'Amiens je prends le train pour Paris. J'arrive à la gare du Nord le 8 mai à 11 heures, l'heure où Winston Churchill annonce la victoire en Europe. *V.E. Day !* Vitia et Tony Mella sont là. Ils me palpent : « Tu n'es pas un déporté sérieux... » Pour moi, la guerre est vraiment finie, cette fois.

Le BCRA me demande alors de rédiger un livre blanc avec ma femme Vitia et mon ami Daniel Cordier. Je le retrouve pour la première fois depuis 1941. Tous les trois, nous nous y mettons.

Puis je pars en vacances. Nous avons passé, Vitia et moi, avec André Boulloche et ses deux sœurs, le mois de juillet, à Menton, à prendre du repos, respirer le bon air. Mais, en même temps, je recommence à lire. Et, là, je prépare le concours du Quai d'Orsay qui a lieu le 15 octobre. Il ne restait plus beaucoup de temps pour réviser le droit international et l'histoire diplomatique. Et je n'oublie pas la promesse faite à mon professeur de philosophie d'écrire un diplôme d'étude supérieure consacré à « La souffrance partagée ou solitaire selon Kierkegaard ». Un sujet bateau ! J'avais une connaissance superficielle de ce grand Danois, mais je voulais profiter de ce que j'avais vécu pour mettre quelque chose sur le papier. Je n'avais pas eu besoin de reprendre mon souffle puisque je l'avais fait lors de mon passage dans l'armée américaine. Cela m'a complètement remis dans un autre état d'esprit. J'étais le *French captain...*

Vous êtes un curieux soldat de l'ombre. Vous donnez, plus que d'autres, l'impression de traverser cette guerre avec facilité, vous sautez d'une vie à une autre sans problème...

En tout cas, avec beaucoup de vitalité et très peu de pathos... C'est ce qui probablement me distingue un peu, oh ! pas moi seul, de l'image qu'on se fait du sérieux de la guerre. La guerre est un moment comme un autre où l'on peut souffrir, mais aussi rigoler.

On a peur aussi parfois. J'ai eu une première peur assez forte pendant la drôle de guerre, quand j'étais en Sarre, je suis passé à travers un tir d'artillerie. Par bêtise d'ailleurs, pour aller rechercher un carnet que j'avais laissé dans l'étape précédente. Je me souviens que je n'ai probablement jamais eu aussi peur d'être atteint, la peur physique, la peur d'être touché par une balle, plutôt que la peur intellectuelle de mourir. Ça tirait de tous côtés. Je me demandais où j'étais.

J'ai eu peur aussi, mais une peur d'une autre nature, au moment de mon arrestation et les jours qui ont suivi. J'ai eu peur à Dora, entouré de cadavres. J'ai eu peur quand je suis tombé malade dans le petit camp de Rottleberode, peur de ne pas tenir le coup.

Ce sont là des peurs très ponctuelles. Quand je lis Semprun, surtout *Le Grand Voyage*, je suis très impressionné par la peur que ressentait le déporté, la grande, longue peur qui dure, encore et encore, qui n'en finit pas. Ça c'est vraiment l'horreur des camps. On l'imagine un peu abstraitement. Moi aussi. Je l'ai frôlée sans la partager.

Y a-t-il un ou des visages dont vous vous souvenez particulièrement de cette époque-là ?

(Silence.) Le visage de mon interrogateur à la Gestapo. Un homme assez fort. Impossible d'oublier la relation que l'on a face à un homme qui essaie de vous faire trébucher…

(Autre silence.) Sinon, pour moi, le visage le plus extraordinaire est celui de ma femme, Vitia ; son visage pendant ces trois jours particuliers que j'ai passés avec elle, avant ma mission en France. Nous savions, l'un et l'autre, que la séparation serait peut-être définitive Avec un être qu'on aime, cela fait de l'effet.

Daniel Cordier [1]

Sur sa table de travail, le portrait de Jean Moulin et une photo de ses petites-filles. Autour de lui l'antre d'un encyclopédiste, des livres, des revues en pile, des dossiers ouverts, des notes et des textes à dicter, un chantier. Sa secrétaire n'est pas là. Elle lui manque, il y a tant à faire... Une œuvre à achever. Face à lui, la Méditerranée, son décor depuis vingt ans. Ce cosmopolite, grand marchand d'art jusqu'aux années soixante, qui exposait Breton, Duchamp, Miró, Rauschenberg, s'est retiré là, un jour. Changeant de vie, il est devenu cet ermite laborieux, qui a pour seule compagnie ces sculptures polynésiennes qui ricanent sur les murs de sa maison ; et le capitaine Bienvenüe, un résistant qui habite non loin.

Je devais achever ce voyage avec lui. Avant de l'entamer, j'avais tenu à le voir, à lui exposer mon projet. Durant une très longue soirée, il m'avait mis en garde, conseillé, corrigé, guidé. Il m'avait fait tant et tant de recommandations, celles qu'on fait à un cadet trop insouciant, avant un long périple. Elles ne m'avaient pas quitté, à chaque rencontre avec ses camarades résistants. Grâce à Cordier, j'ai pu éviter bien des erreurs, comprendre les secrètes rivalités qui agitent ce monde du silence, ne pas me perdre. Du moins je l'espère.

Aujourd'hui, il est impatient et curieux. Il me raconte Saint-Pétersbourg d'où il revient et la lumière des Matisse qu'il a vus là-bas et il veut qu'à mon tour je lui

1. Entretien réalisé le 15 août 1999.

parle de mon voyage. Comment va Germaine Tillion ? Que m'a dit Passy, son ancien patron avec lequel il resta brouillé depuis l'après-guerre, avant de se réconcilier avec lui à la fin de sa vie ? Et Bouchinet-Serreulles, ses mémoires sortiront-elles un jour ? Et Postel-Vinay, et Aboulker ? Ai-je vu Bénouville — oh, ce n'est pas bien nécessaire... Et son ami Hessel, son cher Stéphane Hessel ?

Il y a deux Daniel Cordier. On vient voir en général l'encyclopédiste de la Résistance qui, depuis quinze ans, a bâti une œuvre imposante et rigoureuse. Et puis il y a l'autre, le témoin, ce jeune monarchiste exalté, engagé dans la France libre, dont le hasard — et un dîner décisif — fera l'intime de Jean Moulin, celui-là s'est rarement raconté.

***

Qui est Daniel Cordier, en ce mois de juin 1940 ? Que pense-t-il de la tourmente dans laquelle la France est plongée ? Comment vit-il cette décomposition ?

Âgé de dix-neuf ans passés, j'attends mon incorporation, prévue le 10 juillet. Pendant la « drôle de guerre », je suis réfugié à Pau, chez ma mère qui a refusé mon engagement dans l'armée en 1939. Comme toutes les familles françaises, la mienne a subi l'hécatombe de 1914-1918. Elle a donc supplié son fils unique d'attendre la mobilisation, espérant, comme beaucoup de Français, en une guerre courte. J'ai accepté.

J'appartiens à la bourgeoisie provinciale installée à Bordeaux depuis le XVIIIe siècle. Mon milieu familial est passionnément réactionnaire. Mon grand-père maternel est bonapartiste et le père de mon beau-père (second mari de ma mère) est directeur du *Nouvelliste de Bordeaux*, quotidien antirépublicain, royaliste, antisémite, dont le titre de gloire est sa campagne acharnée contre Dreyfus.

Napoléon, le Roi, la haine de la démocratie, l'antisémitisme forment la charpente de mon éducation, dans un milieu où l'on aime le débat d'idées. Ma jeunesse se passe dans un véritable kiosque à journaux, hormis, bien entendu, la presse de gauche. Même une feuille locale, républicaine, comme *Le Patriote des Basses-Pyrénées*, nous semble un torchon moscoutaire. La gauche commençant d'ailleurs avec le très républicain colonel de La Rocque. Pour mes parents, il a le visage du diable, puisqu'en février 1934 il n'avait pas voulu détruire la République.

Cependant, ma famille est férocement germanophobe parce que avant tout passionnément patriote. À la maison, on a le culte des héros de la Grande Guerre qui ont écrasé les « Boches » et on condamne la doctrine raciste de Hitler, en particulier à l'égard de l'Église. Mon beau-père, grand invalide de la guerre 14-18, pense que les Allemands sont un peuple maudit qui ne comprend que le langage de la force. En revanche, il a, comme Maurras, de l'admiration pour Mussolini et pour la monarchie italienne, qui a permis d'imposer un ordre « méditerranéen » dans la Péninsule : les trains arrivent à l'heure !

C'est donc : « Plutôt Mussolini que le Front populaire » !

Exactement, sans oublier Franco. Seule une certaine droite préfère Hitler au Front populaire, mais elle est minoritaire et pas maurassienne. Notre entourage est patriote et veut en finir avec les Boches, liquider Hitler, dénoncé par Maurras comme un nouvel avatar du « pangermanisme ».

Je sors d'un collège religieux, ma jeunesse est immergée dans l'idéologie de *L'Action française.* Je lis Léon Daudet[1], Jacques Bainville[2], Charles Maurras et

1. Fils d'Alphonse Daudet, Léon Daudet est écrivain comme son père. Né en 1868, il entreprend des études de médecine, qu'il délaisse pour le journalisme. Il collabore à *L'Action française*, et est député de 1919 à 1924. Il meurt en 1942.

2. Né en 1879, Jacques Bainville est historien, disciple de Barrès puis de Charles Maurras avec lequel il collabore à *L'Action française.* Il est un spécialiste des rapports franco-

j'ai une admiration passionnée pour le jeune Thierry Maulnier[1] qui était au premier rang des manifestants, le 6 février 1934. Je suis un pur produit de la réaction. Une des manchettes de *L'Action française* les plus admirables pour moi parce que sanguinaire : « On doit fusiller Blum, mais dans le dos. » Cet anticonformisme me plaît. L'excommunication de Maurras me conforte dans mon adhésion. Cette exclusion m'a séduit : dans un collège religieux, elle était un défi et m'a d'ailleurs valu d'être renvoyé en 1937 parce que je suis devenu un vrai militant. *L'Action française* était minoritaire dans la bourgeoisie, qu'elle méprisait et combattait parce qu'elle la jugeait coupable de la chute de la monarchie en 1830 et 1848. Ce journal doctrinaire et polémique a quarante mille lecteurs qui ne partagent pas intégralement ses opinions mais sont curieux d'un mouvement d'idées entretenu par des écrivains de talent.

C'est alors que, à dix-sept ans, je fonde à Bordeaux le cercle Charles-Maurras. Il recrute des collégiens et des lycéens, effectue quotidiennement la vente à la criée de *L'Action française*, des tournées d'affichage le samedi, publie une revue ronéotypée, *Le Bahut*, organise des conférences, et pratique un activisme désordonné.

Qu'est-ce qui domine alors dans votre engagement, l'anticonformisme ou les convictions maurrassiennes ?

Sans doute les deux. Mais avant tout jamais cet activisme par tempérament. Je ne suis pas un intellectuel. Les idées n'existent pour moi que dans la rue. Peut-être est-ce un atavisme. C'est dans le sang. Mon arrière-

---

allemands. Il exalte la politique monarchique dans ses travaux historiques. Il meurt en 1936.

1. Journaliste et écrivain français, né en 1909, condisciple et ami de Robert Brasillach à l'École normale supérieure, il collabore dès 1930 à *L'Action française*. Il édite une revue, *Combat*, il participe au 6 février 1934. Mais, durant l'Occupation, il rompt avec ses amis de *L'Action française*.

grand-père maternel s'est engagé à vingt ans aux côtés des Nordistes, pendant la guerre de Sécession, et il milita contre l'esclavagisme. Pour moi, la vie n'a d'autre sens que celui d'une cause à défendre.

Chaque jour de ce mois de juin 1940 précipite la décomposition du pays. Quels souvenirs en conservez-vous ?

Le 10 mai 1940, l'entrée des Allemands en Belgique donne le coup d'envoi à la « vraie » guerre. C'est un moment d'exaltation : enfin, je vais me battre. Quelques jours plus tard, je tombe amoureux : je passe mon temps à écrire des lettres enflammées. Les batailles en cours, la défaite passent au second plan.

Je me souviens, pourtant, du lundi 17 juin. Je suis alors près de Pau, chez mon beau-père. Ce jour-là, à 12 h 30, nous sommes à la maison devant le poste de TSF pour entendre l'allocution de Pétain annoncée dès le matin. Je l'écoute debout, en sa compagnie et celle de ma mère. Quand Pétain a terminé, je suis étouffé par le chagrin. Je me précipite dans ma chambre et me jette sur mon lit en sanglotant. L'hypothèse d'une défaite de la France (malgré les prévisions de Maurras) ne m'avait jamais effleuré. C'est un déchirement, une agonie. Je comprends soudain la profondeur de mon amour pour la France. Moi qui discourais à longueur de jour de la Patrie, la souffrance que j'éprouve à cet instant me révèle la force d'un lien charnel que j'ignorais. Je découvre brusquement à quel point la France est un être vivant et familier à qui je suis attaché comme à ma mère.

Après ce désespoir d'orphelin, je me ressaisis : j'ai la certitude d'une trahison de Pétain qui était jusque-là un homme-culte à la maison. Il faut continuer la guerre coûte que coûte pour vaincre. Je redescends et, sans un regard pour mes parents qui déjeunent, je pars comme un fou, à moto, retrouver mes camarades du cercle. Ils arrivent à leur sortie de classe et je leur explique, tout excité : « Il faut faire quelque chose, il faut se battre. » En les attendant, j'ai formé le projet que je trouve réaliste et génial d'emprunter les fusils de chasse et les autos de nos parents, et d'aller à la rencontre des Allemands dans les Landes pour en tuer le plus possible ! Éclats de rire. Mes camarades jugent mon idée loufoque, bien qu'ils soient d'accord pour agir. Mais quoi faire ? Nous sommes dans la soirée de lundi 17. N'ayant trouvé aucune solution, nous décidons alors d'organiser une réunion publique. C'était notre habitude à *L'Action française* lors de situations politiques critiques. Nous rédigeons un tract l'annonçant pour le jeudi 20. Je porte le texte aux deux journaux de Pau qui le publient.

Une des hypothèses répandue par la radio et les journaux est que l'armée française va poursuivre la guerre en Afrique du Nord. Le discours de Churchill, proclamant que l'Angleterre continuera la guerre quoi qu'il arrive, est reproduit par les journaux. Les rumeurs les plus folles circulent. Rien n'est clair. Pétain avait annoncé : « Il faut cesser le combat. » Mais, dans la soirée, Paul Baudouin, ministre des Affaires étrangères, rectifie. Pétain a dit en réalité : « Il faut tenter de cesser le combat », ce qui signifie que le gouvernement a demandé les conditions d'un armistice, mais qu'il les rejettera si elles sont contraires à l'honneur. L'espoir renaît. Nous n'avons pas vraiment l'impression que tout soit fini. En discutant avec mes camarades et mes parents, le projet se forme de rejoindre l'armée française en Afrique du Nord afin de continuer la lutte.

Le mercredi 19, nous distribuons nos tracts dans toute la ville. Les gens sont facilement joignables, tout le monde est dans la rue, les réfugiés dorment dans les voitures, écoutent la radio dans les cafés, sont à l'affût des moindres nouvelles. Mais la réunion est interdite par le préfet. Le maire de Pau nous propose de la tenir dans le hall de la mairie. Le lendemain, jeudi 20 juin, le hall se remplit, et la foule déborde sur la place. Mon beau-père annonce qu'il met des cars à la disposition de ceux qui veulent s'embarquer à Bayonne et rallier l'Afrique du Nord. À la nuit tombante, une centaine de garçons montent dans les quelques autobus qui doivent les conduire à Bayonne. Mais une patrouille de soldats arrête le convoi et fait descendre tout le monde : interdiction de quitter Pau. Mon beau-père trouve une solution : quitter la ville le lendemain matin, par le service régulier Pau-Bayonne qui fonctionne toujours. Le 21 juin, à 7 heures du matin, dix-sept garçons sur la centaine de la veille montent dans l'autobus de la ligne Pau-Bayonne. La nuit avait dû porter conseil... Parmi eux, quatre de mes camarades de *L'Action française*. Les autres : des inconnus.

À Bayonne, nous trouvons le dernier bateau en partance, un navire belge, déjà surchargé de réfugiés. Mon beau-père discute âprement pour nous faire embarquer d'autant que les Français ne sont pas les bienvenus, après avoir dénoncé ces derniers jours la « trahison » de Léopold III. Le capitaine accepte finalement de nous prendre dans la cale moyennant finances, et à condition que nous emportions des vivres. Mon beau-père règle notre passage à tous. Nous quittons le port à 7 heures du soir.

En regardant s'éloigner votre pays, à quoi pensiez-vous ? Êtes-vous inquiet ou exalté par ce saut dans le vide ?

Je suis triste d'abandonner mon premier amour... et me demande si elle pense à moi ! Je l'ai écrit dans mon journal. Nous avons embarqué sur ce bateau sans destination précise. Le capitaine effectue un transport de maïs entre l'Amérique du Sud et Anvers. Arrivé à Anvers un mois auparavant, il a dû repartir avant l'arrivée des Allemands sans avoir eu le temps de décharger sa cargaison. Il s'est réfugié à Cherbourg, puis à Brest, puis à Bordeaux, enfin à Bayonne où il est arrivé le matin même. Il dérive au hasard de la guerre... La capitainerie de Bayonne lui annonce l'imminence de l'entrée des Allemands. En fin d'après-midi, nous quittons le port et nous nous éloignons de la côte : le temps est radieux, j'admire le paysage, sur la plage de Chiberta quelques baigneurs s'ébattent... Le lendemain de notre départ, alors que nous espérions rejoindre l'Afrique du Nord, le capitaine nous annonce : « Nous allons en Angleterre. » J'imagine que c'est le ministre belge de la Santé, présent sur le navire, avec ses archives, qui a dû choisir cette destination, afin de retrouver son gouvernement.

À ce moment-là, aviez-vous entendu parler de l'appel de De Gaulle ?

Non, et c'est incompréhensible puisque je lisais attentivement les journaux. Il y a quelques années, en feuilletant la collection des quotidiens palois, j'ai constaté que « l'appel » était résumé. Pourquoi ne l'ai-je pas remarqué puisque je me souviens du discours de Churchill publié le même jour ? Pourtant, sur le bateau, j'ignore encore l'appel. Pourquoi cette cécité alors qu'une semaine auparavant, au moment de son entrée au gouvernement, des amis de ma famille avaient évoqué son appartenance à *L'Action française* ? À la suite de cette révélation, j'avais lu les articles que *L'Action française* avait publiés sur lui, révélant qu'il était un des éléments brillants de l'armée française, que son père était monarchiste et que sa présence au gouvernement était une promesse de victoire. J'avais même vu sa photo publiée par les journaux, au milieu des membres du gouvernement, sur le perron de l'Élysée.

Je n'ai appris la présence du général à Londres que le 25 juin, jour de mon débarquement en Angleterre, à Falmouth. Le capitaine m'a fait appeler dans le poste de commandement. C'est là qu'il m'a annoncé qu'un général français du nom de De Gaulle avait lancé un appel à la BBC, demandant aux Français de le rejoindre pour continuer la guerre. Sans doute avait-il entendu un des appels suivant celui du 18 juin.

En réalité, le discours qui a provoqué mon départ n'est pas l'appel du 18 juin, mais l'allocution de Pétain, le 17.

C'est ce que j'ai découvert dans les témoignages de nombreux résistants. La violence des réactions, le 17 juin, est étonnante. C'est ce jour-là, en fait, que tout se décide et bien plus que le 18.

Effectivement et la raison me paraît évidente : le discours de Pétain offrait une alternative claire : ou l'on acceptait la défaite et la servitude, ou l'on combattait pour libérer la France et redevenir des hommes libres. La liberté ou la mort : c'est le choix le plus simple et le plus évident que m'ait proposé la vie. Plus les jours passaient, plus nous étions conscients des difficultés de se déplacer et de quitter la France. Il n'y avait pas d'hésitation possible et je ne l'ai jamais regretté.

Mon départ est également provoqué par Maurras. La débâcle prouve qu'il a vu juste. La République a assassiné la France. Il y avait trente ans qu'il l'annonçait : la République conduit au désastre. Une phrase de lui annonçant la guerre de 1914 décrit le « million et demi de jeunes Français, couchés froids et sanglants, sur le sol mal défendu de leur patrie ». C'est pourquoi il fut partisan de Munich en 1938 et, en 1939, s'opposa à la déclaration de guerre. Bien qu'il ait toujours dénoncé Hitler comme le mal absolu, il estime que le Front populaire a désarmé la France et que, si nous attaquons avant d'avoir réarmé, la guerre sera perdue !

Le 25 juin, vous êtes à Londres donc...

Le représentant de Vichy vient nous voir, à Earnlay School, et nous demande de lui donner nos noms pour rentrer en France. « Mais comment en France ! ? Nous avons eu assez de mal à la quitter ! » dis-je vivement. Il répond : « Mais, monsieur, vous n'avez pas entendu ? Le chef du gouvernement, le maréchal Pétain, a signé l'armistice. Il a ordonné aux Français se trouvant à l'étranger de rentrer. » Je refuse : « Je suis venu ici pour faire la guerre. »

Le lendemain, 28 juin, un représentant de De Gaulle vient nous annoncer qu'il organise une légion française. Les volontaires peuvent s'inscrire sur une liste. Il est calme et précis. Ce n'est pas la pagaille, tout semble assez bien organisé. À cette époque, il est facile de rejoindre le Général. On ne filtre pas vraiment les volontaires dans des camps. L'Angleterre de juin 1940 est une grève sur laquelle échouent des épaves de toute l'Europe vaincue. Pourtant, la plupart des réfugiés choisiront de rentrer et, pratiquement, tous les soldats français présents.

Le 3 juillet, on nous appelle et on nous embarque pour Londres, destination Olympia Hall, où nous retrouvons des jeunes en civil. Nous découvrons la vérité : nous n'étions pas un millier à être venus en Angleterre — toute la France libre. Pendant trois jours, on nous apprend à marcher au pas et à former les rangs. Le 6 juillet, de Gaulle vient nous voir. J'ai une impression glaciale. Un grand corps, une petite tête, un air hautain, aucun rayonnement que j'espérais. Sa première phrase : « Je ne vous félicite pas d'être venus, vous n'avez accompli que votre devoir. »

Beaucoup de vos camarades résistants m'ont raconté la même scène. C'est curieux, cet accueil de De Gaulle, sa froideur, son manque de lyrisme, son absence de charisme...

J'ai dix-neuf ans, j'ignore tout de l'armée, encore plus à quoi ressemble un général. J'avoue que j'ai été déçu. Un ami d'enfance, d'*Action française,* parti avec moi me dit alors, pour me consoler : « C'est normal qu'il soit comme ça ! C'est un militaire, on vient faire la guerre, il ne fait pas la cour à des jeunes filles ! »

Je ne regrette pourtant pas d'être là. J'étais venu pour m'engager dans l'armée anglaise, mais, puisqu'il y a une légion française, c'est préférable, d'autant que je sais que de Gaulle est royaliste. Je choisis l'infanterie. Pendant quatre mois, je fais mes classes, puis un peloton d'élèves officiers. Le départ pour l'Afrique nous est promis pour encadrer les troupes coloniales, mais il tarde à venir… Comme tous mes camarades, je suis impatient. L'Angleterre est une forteresse assiégée. La nuit, lorsqu'il y a une alerte, nous espérons que les Allemands vont débarquer car nous voulons en découdre.

Dans les premiers temps, mes camarades et moi ne considérons pas que de Gaulle soit Jeanne d'Arc. Nous nous sommes tous débrouillés seuls pour rallier l'Angleterre. Notre décision de poursuivre la guerre nous semble naturelle. Après tout, pensons-nous, de Gaulle n'a fait que son devoir, lui aussi. Aujourd'hui seulement, je comprends la portée exceptionnelle de son geste. À l'époque, ce n'est pas son appel qui le met au-dessus de nous, mais son grade. Il est un général, un point c'est tout. Mes camarades et moi ne sommes pas « gaullistes », nous sommes ses subordonnés, puisque de Gaulle est le commandant en chef de cette armée lilliputienne. Mais, à mesure que nous le connaissons mieux par ses discours, nous sommes fiers d'avoir un tel chef, volontaire, énergique, intransigeant. Et puis il nous fait prendre conscience des raisons profondes de notre engagement. Nous étions venus pour tuer du Boche ! Il nous explique, mois après mois, que c'est plus compliqué, que cette croisade patriotique a aussi, et peut-être d'abord, une dimension politique : c'est la France qui continue la guerre et non pas une armée croupion de risque-tout ! Pour les résistants métropolitains que j'ai connus ultérieurement, c'est probablement différent. Ceux qui ont entendu l'appel, ou ceux qui n'ont pu le rejoindre que plus tard, jugent de Gaulle à travers un prisme déformant : il est la voix de la France. Cette voix de l'honneur et de l'espérance qui vient de Londres possède l'aura d'une légende. En Angleterre, nous sommes trop proches de lui : de Gaulle n'est pas un mythe. Il est notre général qui nous fait trembler lors des inspections. Vers le 15 août, par exemple, il est venu, avec le roi d'Angleterre, assister à un défilé. Nous savions à peine tenir un fusil et marcher au pas !

Comment rentrez-vous au BCRA au bout de cette année d'attente ?

En août 1941, en attente du départ en Afrique, nous sommes désespérés. Il y a trois mois que le peloton est fini, l'ambiance est déplorable, une centaine d'entre nous sont déjà partis avec de Gaulle à Dakar en septembre 1940, mais trois cents volontaires restent là, à ne rien faire.

Un jour, mon voisin de lit, François Briant, qui se rend régulièrement à Londres — moi je sors peu du camp —, me dit : « Je vais te quitter, on m'a accepté dans les services secrets pour une mission en France. — Que vas-tu faire ? — Je ne sais pas, mais je vais me battre. — Je t'en supplie, fais-moi entrer au BCRA. » Il revient une demi-heure après : « Viens avec moi, je vais te présenter à l'officier qui m'a engagé. » On sort du camp, je suis présenté au capitaine des chasseurs alpins Lagier-Bienvenüe, plein de prestance dans son uniforme français bleu marine à filet jonquille — il vit près d'ici et est le dernier survivant des fondateurs du BCRA. Il dirige la section Action et recrute des agents qu'il envoie en opération, mais il n'a pas le droit de pénétrer à l'intérieur du camp. Il y a si peu de volontaires que chaque unité les conserve jalousement. Je lui explique que je veux me battre. Il prend mon nom. Huit jours après, je reçois un ordre de mutation au BCRA, avec une dizaine de mes camarades.

On m'emmène dans une station anglaise de parachutage. Personne ne nous avait prévenus qu'il fallait sauter en parachute ! Dans notre excitation, nous ne nous étions même pas demandé comment on rejoindrait la France… Nous faisons une séance de gymnastique éprouvante, puis on nous installe dans un avion. En l'air, le dispatcher anglais ouvre une trappe par laquelle nous devons sauter dès le lendemain. « Regardez », ordonne-t-il. L'horreur !

Au sortir de cet entraînement, nous nous installons dans une école de sabotage et de radio de l'Intelligence Service dans le sud de l'Angleterre. Et là, nous recommençons nos classes ! Pendant ce temps, nos camarades partent, en septembre 1941, pour l'Afrique ! Le pire se trouve dans les archives, où j'ai découvert, il y a quelques années, la liste des volontaires sélectionnés pour partir : elle contient mon nom ! Par ma faute, je suis resté un an supplémentaire en Angleterre…

Fin 1941, quand vous y entrez, combien y a-t-il d'agents au BCRA ?

Il y avait les fondateurs, une douzaine, puis une première fournée d'une dizaine d'hommes appartenant aux parachutistes, plus notre équipe et quelques autres… une quarantaine d'agents au total. Il y a si peu de monde au BCRA que Passy, en septembre 1940, s'est retrouvé avec seulement six ou sept personnes dans les bureaux de Londres, les autres membres du service étant partis en mission, faute de recrues ! Parmi les « londoniens », accomplir une mission pour le BCRA n'est pas attrayant car c'est un combat solitaire, alors que l'armée est une famille qui vous encadre et vous soutient. Il n'y a pas d'uniforme, aucun répit, puisqu'on est nuit et jour sur le « front », c'est-à-dire en danger.

Par la suite, le BCRA aura mauvaise réputation et Passy fait peur, ce qui est entièrement immérité. Non seulement il n'était pas un homme terrible, mais il a accompli une œuvre exceptionnelle pour la France libre dont il est aujourd'hui une figure emblématique. Le malentendu qui le caricature méchamment résulte de l'incompréhension entre les Français libres et les résistants métropolitains : ils n'avaient ni la même mentalité, ni les mêmes comportements, ni souvent les mêmes objectifs.

En quoi consiste votre première mission ?

Le service m'expédie à Lyon pour devenir le secrétaire et le radio de Georges Bidault, professeur d'histoire, ancien journaliste démocrate populaire, qui appartient au mouvement Combat et a fondé une agence de presse clandestine : le Bureau d'information et de propagande, le BIP. Je suis parachuté le 26 juillet 1942. Quand j'ai sauté, j'étais vraiment heureux : enfin, la guerre commençait. Je suis accueilli près de Montluçon par Schmidt, un de mes camarades de Londres parachuté un mois auparavant.

Le 1er août 1942 à Lyon, il me présente à Jean Moulin. En tant que chef des agents de la section Action du BCRA, il nous rencontre dès notre arrivée. Je suis le troisième. Le soir même, il m'invite à dîner. J'ai le souvenir d'une soirée euphorique. Jean Moulin est un homme élégant, courtois, enjoué. Il m'interroge d'un ton affable et me demande si j'ai fait un bon voyage, tout le contraire de De Gaulle. Il est décontracté, a le teint hâlé d'un vacancier. Moi, depuis mon arrivée, je suis terrorisé par la vie clandestine. Je ne comprends pas comment je suis encore en liberté, me sens surveillé par tout le monde et m'interroge : « Comment ne voient-ils pas que j'arrive de Londres ? Pourquoi ne m'arrêtent-ils pas ? »

Ce qui me frappe immédiatement chez Rex, c'est son caractère, son aisance, son autorité naturelle. On sent l'habitude d'être obéi. On l'appelle Rex et, durant ma mission, j'ignore tout de son identité et de son passé, que je ne connaîtrais qu'après la Libération.

Il me questionne sur ma vie. Je lui décris ma famille, l'Action française, Maurras, l'antisémitisme, mes activités de militant. De temps en temps, il demande une précision : « Pourquoi êtes-vous parti en 1940 ? — À cause de Maurras. » Il semble à peine surpris, mais écoute avec attention et gentillesse ma réponse, au point que je me demande s'il n'est pas royaliste ! Le dîner se passe ainsi en confidences naïves. À la fin du repas, il m'annonce : « Je vous garde avec moi, vous serez mon secrétaire. »

Cette décision me semble catastrophique. Le lendemain matin, il me demande si j'ai bien dormi. « Non. — Pourquoi ? — J'ai l'impression de trahir, je suis un petit sous-lieutenant à qui le BCRA a confié une mission et vous l'avez annulé. — Cela vous ennuie de travailler avec moi ? — Non, mais je pense au capitaine Bienvenüe, mon chef… » Il sourit en levant le bras en signe de fatalité.

Je ne m'étais pourtant pas trompé car le BCRA ne m'a jamais pardonné cette transgression. D'autant plus que le capitaine Bienvenüe avait quitté son poste et que son successeur ne me connaissait pas. Régulièrement, il m'a ordonné de me mettre au service de Bidault. Après l'arrestation de Moulin, il m'a ordonné de rentrer à Londres. Claude Serreulles a refusé parce qu'il estimait ma présence utile, toujours à cause du problème d'effectifs : il n'y avait personne d'autre.

Mais vous avez tout de même dû vous demander pourquoi il vous fait confiance à vous, un jeune monarchiste, exalté et sans expérience…

J'ai réfléchi plus tard aux raisons qui ont poussé Jean Moulin à m'engager, ce soir-là. Je crois que c'est à cause de mon « passé » d'activiste. Je ne vois pas d'autres motifs puisque mon engagement politique était à l'opposé du sien, ce que j'ignorais à l'époque. J'ai vingt-deux ans, les jeunes de mon âge qu'il rencontre font des études. Il s'est probablement dit : « C'est un garçon débrouillard, qui sait diriger un secrétariat, organiser des équipes, prendre des initiatives… »

Avant de m'embaucher, il exécutait lui-même les tâches les plus subalternes, je me suis rendu compte avec le recul que nous entrions dans une phrase cruciale de la fédération des Résistances. La mise en place s'accélère. Les réunions et les comités se multiplient, les tâches se compliquent. Il faut conserver une liaison quotidienne avec les secrétariats des services, les chefs des mouvements, rencontrer les responsables, porter des messages à l'intérieur de la zone libre… Et, aussi incroyable que cela puisse paraître, il est seul. Il lui faut donc un collaborateur.

En quoi consistent précisément vos fonctions de secrétaire ?

J'ai des rendez-vous réguliers avec Moulin, trois fois par jour. Le premier à 7 heures du matin, dans sa chambre. J'apporte les télégrammes de Londres arrivés par radio la veille au soir ou pendant la nuit, les instructions de Londres, la correspondance des chefs des mouvements ou des services, des hommes politiques, des syndicalistes, les exemplaires des journaux clandestins, etc. Je distribue le courrier dans les boîtes aux lettres des mouvements et des services. La mienne, celle de la rue de la République, au centre de Lyon, est la principale. Les opérateurs radio sont installés dans la banlieue, ils déposent les messages dans ma boîte aux lettres, je les décode et les transmets à Moulin. Lui-même me dicte les réponses, que je chiffre.

Je voyage souvent par le train pour aller aux quatre coins de la zone libre porter aux chefs de la Résistance les convocations pour les réunions ou des textes à corriger, etc. J'ai des vrais faux papiers : je m'appelle Dandignié. Et, comme la poste officielle est inutilisable, il faut tout faire à pied, par l'intermédiaire de « courriers », comme au XVIIIe siècle.

Chaque jour, je manie quantité de documents : rapports, billets de rendez-vous, derniers numéros de la presse clandestine. Je distribue l'argent, des fausses cartes d'identité, des tampons, des faux tickets d'alimentation… Je cours d'un rendez-vous à l'autre. À mesure que le temps passe, cette activité me paraît naturelle. Parfois, le temps d'une pause dans cette cavalcade, des lueurs de conscience scintillent. Et alors, des sueurs froides…

C'est la peur ou la crainte de ne pas être à la hauteur ?

Les deux. C'est surtout la solitude spéciale du clandestin, faite d'un isolement sans aveu.

La vie quotidienne est-elle une tension permanente ? Y a-t-il de la place pour la joie et le plaisir ?

C'est une vie de travail, sept jours sur sept, une vie harassante. Mais nous n'étions pas tristes car nous avions vingt ans. En général, la vie des résistants n'est pas angoissée, seulement affairée. Nous sommes trop jeunes pour trimbaler la peur pendant longtemps. Même pour les plus âgés. J'ai souvent vu rire Jean Moulin. Ses dessins d'avant-guerre, certaines caricatures assez drôles, révèlent cet aspect-là. À quarante ans, il est capable de vivre sur plusieurs registres, et son humour lui donne une distance sur les événements.

Mes fonctions m'amènent à rencontrer les chefs et, avec la plupart d'entre eux, les rapports sont familiaux : Alexandre Parodi, Georges Bidault, François de Menthon, Yves Farges, etc. Ce n'est pas un hasard si un des pseudonymes que Moulin m'a donnés est Benjamin. Les hommes avec qui je travaille ont une quarantaine d'années, souvent mariés, ils ont des enfants. Comme je parais plus jeune que mon âge, je pourrais être l'un d'entre eux… En revanche, les relations sont plus ou moins faciles avec Frenay qui était un militaire ou Blocq-Mascart en zone Nord, et inexistantes avec d'Astier, Simon, Pineau, etc., qui étaient des personnages dédaigneux.

Durant votre mission en France, avez-vous vu vos parents ?

Non, c'était interdit.

Que vous dit Jean Moulin ? Vous fait-il part de ses projets, de ses missions, de ses problèmes ?

Au début, j'ignore tout de sa mission et de la Résistance, dont il ne m'explique rien. Mais, étant au carrefour de toutes les liaisons, à mesure que je lis les télégrammes, les rapports, et que j'ai ou entends des conversations avec les uns et les autres, je finis, en quelques semaines, par comprendre l'organisation et le fonctionnement des mouvements et des services. Et puis, quotidiennement, Jean Moulin monologue devant moi, comme tous les patrons le font, avec leur jeune secrétaire. J'ai l'âge d'être son fils, il me parle avec cet abandon que l'on a devant un interlocuteur attentif, mais ignorant.

Au cours de l'été 1942, les premières confidences que livre Moulin concernent ses difficultés avec les chefs de la Résistance pour leur faire admettre le principe d'une Armée secrète unique.

Ses relations avec la Résistance des chefs étaient complexes et ont connu différentes phases. En 1941, les mouvements de la Résistance avaient besoin de De Gaulle pour obtenir une reconnaissance publique, une existence morale, une identité nationale. Ils sont des clandestins, ignorés par les Alliés. Ils ont besoin du Général pour légitimer leur lutte contre Vichy. Il leur faut en quelque sorte une « homologation » par de Gaulle, accompagnée de moyens matériels qui leur permettront de se développer : embauche de permanents, location d'appartements et de locaux, financement des voyages, fabrication de journaux, de faux papiers, etc. Pour eux, de Gaulle est un de leurs « collègues », un chef de mouvement, comme eux, mieux placé qu'eux auprès des Alliés pour obtenir les moyens qui leur font défaut. Ils ne le considèrent donc ni comme leur supérieur ni comme leur chef même quand ils lui décernent ce titre à titre symbolique. Mois après mois, cette reconnaissance et les moyens matériels que le Général leur envoie produisent leurs effets. Les mouvements deviennent importants, structurés par de nombreux permanents, publiant des journaux largement diffusés (plusieurs dizaines de milliers d'exemplaires), la BBC évoque leur héroïsme. Ils prennent donc conscience de leur puissance vis-à-vis de De Gaulle, particulièrement après le débarquement allié en Afrique du Nord en 1942, où ils découvrent sa faiblesse. Ils entendent donc négocier avec lui sur un pied d'égalité.

Aussi, quand, début 1942, Moulin arrive en zone libre avec les directives du Général qui donne l'ordre de former une Armée secrète distincte des mouvements, dont les troupes passeront sous son contrôle direct, les difficultés commencent. Frenay, chef de Combat, est le plus hostile parce qu'il est spécialiste de l'Armée secrète et parce qu'il a formé le projet le plus abouti de fédération de la Résistance autour de son mouvement. D'une certaine manière, un projet comparable à celui de De Gaulle. D'Astier, lui, est réticent, mais louvoie habilement. Jean-Pierre Lévy est le seul chef de mouvement en zone libre véritablement coopératif.

Il ne faut jamais oublier que la Résistance est une coalition patriotique et politique qui s'organisa lentement et difficilement autour de De Gaulle. Elle est composée d'individus qui sont d'accord sur un objectif commun (la libération de la France), mais sont en désaccord sur la méthode et la stratégie, et en discutent. Ce qui est l'essence même du débat démocratique, d'où « la République des catacombes ». À la suite de l'unification des forces paramilitaires de la zone Sud, durant l'automne 1942, un effet d'entraînement en résulte : les chefs de la zone Sud décident de s'unir dans un seul mouvement, les MUR, acquis le 16 janvier 1943.

Sentez-vous que les choses se tendent à partir de 1943 ?

Après le débarquement en Afrique du Nord, en novembre 1942, les problèmes se déplacent. Après avoir constitué une fédération des mouvements, la Résistance doit apporter une légitimité démocratique à de Gaulle, dans sa lutte contre Darlan puis Giraud. Cette fois, c'est lui qui a besoin des mouvements. Rapidement s'impose l'idée du CNR, proposé par les socialistes au printemps 1942 et refusé par Moulin en juin 1942 parce qu'il est hostile au retour des anciens partis qui ont trahi, le 10 juillet, à Vichy, en sabordant la République. Jusqu'à son arrestation, ce projet sera une pomme de discorde avec la Résistance des chefs. Le ver est dans le fruit. Les relations se dégradent.

Je vis difficilement les quelques semaines du voyage à Londres de Moulin (14 février-20 mars 1943). Je suis face à des hommes qui ont besoin de moi pour obtenir leur financement et pour expédier leurs messages à Londres. Ils sont ulcérés (comme l'écrit Frenay) d'être obligés de passer par un gamin de vingt ans pour communiquer avec Moulin et de Gaulle. Je vis comme un lapin traqué, inquiet d'être seul à assurer des responsabilités qui ne sont pas de mon ressort.

La situation est d'autant plus tendue que, quelques jours après le départ de Moulin, survient la formation des premiers maquis. Le 16 février 1943, Laval a lancé le STO, dont les réfractaires vont créer les maquis. Ni Londres ni la Résistance intérieure n'avaient prévu cet événement. Subitement, des milliers de jeunes se réfugient dans les montagnes. Il faut les nourrir, les habiller, les encadrer, mais aussi les former. Car ces réfractaires ne sont pas des résistants. Il faut en faire des combattants. Quand Moulin était là, le travail était harassant, mais sa présence me transformait en simple témoin des difficultés politiques ou militaires. Durant son absence, je suis en première ligne sans avoir aucune autorité ni aucun pouvoir. Par exemple, les mouvements ont besoin d'argent et d'armes pour financer et armer les maquis, mais Moulin m'a donné ordre de ne leur verser que le budget prévu et de ne distribuer aucune arme. Je dois appliquer ses ordres mais, étant donné la situation dramatique, je suis souvent obligé de prendre des initiatives qui m'inquiètent.

Comment avez-vous vu s'imposer l'idée du CNR, pourtant si contesté ?

C'est un paradoxe que Moulin ait imposé le CNR à la Résistance des chefs qui n'en veulent pas.

Quand, en juin 1942, Gaston Defferre lui propose le projet, il le refuse car il ne veut pas introduire dans la Résistance les anciens partis qui n'ont rien fait pour la créer, pour la développer, ni pour la conduire. Pourtant, le 14 décembre 1942, sous la pression des événements, il propose à de Gaulle la constitution de cet organisme. Il rédige plusieurs projets que les résistants refusent d'examiner. Finalement, à la mi-janvier 1943, c'est Christian Pineau qui fera adopter le principe par le Général.

À Londres, où il se rend le 14 février 1943, Moulin obtient les pleins pouvoirs. Il rentre le 21 mars 1943 pour constituer le CNR. La bataille est rude contre Frenay et d'Astier en zone Sud. Elle n'est pas moins rude en zone Nord contre Simon et Blocq-Mascart (OCM) et contre Brossolette, qui a saboté les instructions du Général en abandonnant la création de la « commission permanente » prévue comme devant être l'exécutif de la Résistance.

En zone Nord, certains responsables sont hostiles à Moulin, parce qu'ils ont été prévenus contre lui par des hommes de Combat (Bourdet, Guy Bernard), puis par Brossolette qui fait campagne contre lui. Par ailleurs, l'esprit y est différent, les chefs sont à la fois demandeurs (de subsides, d'encadrement, d'instructions), car ils constatent les résultats obtenus en zone Sud mais, contrairement à cette zone, ils refusent de « faire de la politique ». L'atmosphère est de plus en plus tendue, de plus en plus contestataire. Pourtant, grâce à un mélange d'autorité, de négociation et de pression (Moulin avait entre les mains les finances), il arrive à ses fins. Finalement, après les dernières escarmouches, il l'emporte, et le CNR se réunit le 27 mai 1943, dans Paris occupé.

C'est la première réunion d'une Assemblée représentative depuis le suicide de l'Assemblée nationale, le 10 juillet à Vichy. La France résistante a désormais une voix nationale. Moulin obtient le vote d'une motion reconnaissant l'autorité politique de De Gaulle et souhaitant qu'il soit le chef du Gouvernement provisoire, tandis que Giraud sera le chef de l'armée.

Et le 21 juin, c'est Caluire...

Je m'installe à Paris le 25 mars avec Moulin. Il revient le 1er juin à Lyon. Je communique avec lui par un « courrier » quotidien qui fait l'aller et retour. Je descends là-bas deux fois par semaine pour prendre ses instructions orales. Mon dernier voyage à Lyon date du lundi 14 juin, où je l'informe de l'arrestation du général Delestraint. Je constate, le lendemain, le choc de cette arrestation, désastreuse pour l'image de la Résistance auprès des Alliés, car Delestraint était connu et respecté de ses pairs étrangers. Moulin est conscient que cette arrestation menace l'autorité de De Gaulle sur l'Armée secrète : il n'est plus le même homme décontracté et sûr de lui, il n'a visiblement pas dormi de la nuit.

Depuis son retour de Londres, il a le sentiment d'être traqué. Il estime que les conflits qui s'aggravent chaque jour avec Frenay et les chefs de la Résistance risquent de la disloquer et de provoquer son arrestation. Nous vivons tous dans une tension permanente. Hardy, dans son livre, se souvient de la façon dont les résistants de Combat parlaient de Moulin et de Delestraint. Ils méprisaient « les gens de Londres » et combattaient Moulin. D'une certaine manière, nous étions leurs adversaires. Les relations avec les mouvements de résistance sont de plus en plus complexes, parce qu'ils sont devenus une grosse affaire pour des clandestins dont les responsables sont trop peu nombreux et sont en permanence des hommes traqués. C'est là une des causes de l'arrestation de Moulin.

Claude Serreulles dit que le but de la réunion de Caluire n'est pas de désigner le successeur de Delestraint mais de consulter les mouvements sur cette succession...

C'est exact. Il s'agissait d'empêcher Combat de prendre le contrôle de l'Armée secrète, en attendant que de Gaulle désigne un successeur à Delestraint.

Vous avez toujours expliqué Caluire par la trahison de Hardy. Mais cette arrestation ne peut-elle avoir une cause plus politique ? Frenay et le mouvement Combat pouvaient vouloir se débarrasser de Jean Moulin. Cela ne vous a jamais troublé ?

Non.

Moulin est très conscient de ces dissensions et de l'activisme fiévreux de Frenay qui passe son temps à rédiger des circulaires incendiaires dans lesquelles il détaille ses conflits avec Moulin et qui sont saisies par la Gestapo. Ses propres archives viennent également d'être prises à Cluny par les Allemands. Nous le savons tous. Pour des clandestins, cette agitation est suicidaire. Dans un sous-marin, si tout le monde court dans tous les sens, fait n'importe quoi ou même se bat, il n'est pas sûr que le sous-marin coulera, mais cela accroît les chances d'une catastrophe. S'il n'y avait pas eu ce climat délétère, peut-être cette arrestation n'aurait-elle pas eu lieu. Les chasseurs ont davantage de chances de tuer les cerfs lors d'un combat de chefs à découvert, que s'ils sont aux aguets au fond des bois.

Tout de même, cela fait beaucoup de négligences de la part de Combat : Aubry, qui ne prévient pas Delestraint que sa boîte aux lettres est brûlée, Hardy qui se fait arrêter par la Gestapo et vient, sur l'insistance de Bénouville, à la réunion de Caluire où il n'est pas convoqué. Et puis, dans la dernière lettre de Moulin à de Gaulle, que vous reproduisez dans La République des catacombes, *il estime que Frenay a sa part de responsabilité dans l'arrestation de Delestraint...*

Je ne crois pas qu'outre René Hardy d'autres membres de Combat aient trahi. Certes, beaucoup d'entre eux sont des agités et n'aiment pas Moulin. On sent parfois de la haine chez certains d'entre eux. Mais, aussi paradoxal que cela paraisse, en dépit de cette guérilla, la haine des Allemands balaie tout et soude notre solidarité. Sauf, bien entendu, en cas de défaillance physique, sous la torture.

Du moins, c'est ainsi que j'ai vécu cette affaire ambiguë et que je m'en souviens.

Vous souvenez-vous de ce que vous avez éprouvé en apprenant, vous, l'arrestation de Jean Moulin ?

Je suis à Paris. Mon « courrier », Hugues Limonti, m'informe, sur un quai de métro, avant mon prochain rendez-vous. Pour moi, la nouvelle n'a d'abord aucun sens, pas de réalité. Je n'avais jamais imaginé que Moulin puisse être arrêté. Il est le père, le patron, ça veut dire qu'il est invulnérable. Oui, le choc physique est vertigineux. Suis-je triste à cet instant-là ? Je ne sais pas. Je me rappelle avoir vacillé et m'être assis sur un banc. Mais, à cette époque, le temps manque pour un chagrin prolongé. Je dois me rendre à mon rendez-vous. Au-delà des larmes, la Résistance doit continuer avec un objectif supplémentaire : venger Moulin.

Par la suite, en avez-vous voulu à Passy et à Brossolette d'avoir combattu l'héritage de Moulin ?

Ils ont voulu tuer le CNR. Mais mon opinion n'a aucune importance. D'autant que Brossolette est mort neuf mois plus tard tandis que Passy perdait le contrôle du BCRA. Le CNR, lui, existait toujours et c'est un ami de Moulin qui en est le président. C'est lui, Georges Bidault, qui, le 25 août 1944, accueillit de Gaulle à l'Hôtel de Ville au nom de la Résistance. En dépit de tout, il est fidèle au Général et légitime sa politique. N'était-ce pas l'ambition de Moulin : faire gagner de Gaulle parce qu'il était la République ?

Pourtant, si de Gaulle avait appliqué le projet Brossolette, il n'aurait peut-être pas rencontré ces déconvenues politiques après la guerre.

Personne n'en saura jamais rien, car il fallait d'abord gagner la guerre. Pour ça, de Gaulle avait besoin d'une légitimité octroyée par le CNR afin d'exister démocratiquement aux yeux des Alliés. L'analyse de Brossolette était, comme toujours, intelligente, mais, à l'automne 1943, elle n'était déjà plus vraie. Contrairement à ses prévisions, le parti communiste n'était pas devenu un parti croupion et le parti socialiste, qui avait engagé ses troupes dans tous les mouvements, prenait de plus en plus d'importance. Deux forces impossibles à intégrer dans un parti gaulliste. À la Libération, elles formaient la moitié de la France.

Le CNR n'a pas reconstitué les partis, comme on l'a reproché à Moulin. Certes, la coalition socialo-communiste-MRP a chassé de Gaulle du pouvoir. Mais, sans le CNR, il en aurait été de même : les communistes et les socialistes n'ont pas besoin du CNR pour exister. Quant au MRP, issu de la Résistance, il est le parti de la fidélité ! À eux trois, ils sont la France politique. Ni les radicaux ou les groupuscules de la droite traditionnelle n'ont chassé de Gaulle. De plus, le Général, en refusant le projet Brossolette, a tenu compte de la réputation d'apprenti dictateur que les Américains avaient forgée. Il n'est pas sûr que les « républicains » l'auraient suivi dans cette aventure.

L'historiographie de la Résistance consacre d'abord Brossolette. Ce n'est qu'en 1964, avec l'entrée au Panthéon, que la légende de Moulin le surpasse...

Après la Libération, le silence entoure la mémoire de Moulin. Pour plusieurs raisons. D'abord, avant et pendant la guerre, il est inconnu de l'opinion. Ensuite, jusqu'en mai 1945, on n'ose pas prononcer son nom car on espère qu'il est encore vivant. On a peur des représailles. De Gaulle se tait et la Résistance des militants ignore son rôle. Quant à la Résistance des chefs, révoltés par l'autorité de Moulin qui les a soumis à de Gaulle, ils font le silence autour de son nom lorsqu'ils racontent l'histoire de la Résistance. *Le Sacrifice du matin* de Bénouville est de ce point de vue exemplaire. Histoire romanesque de la clandestinité, il faut être un spécialiste du BCRA pour comprendre, à travers son récit, l'importance du rôle joué par Moulin, car les allusions à son sujet sont elliptiques. Enfin, le parti radical ne le considère pas comme un des siens et se tait lui aussi. Plus étrange est le mutisme du corps préfectoral, dont il est le héros éponyme. Peut-être l'épuration qui le ravage après la Libération laisse-t-elle un goût amer à l'égard de ce collègue héroïque.

Brossolette, lui, a une carrière posthume inverse. Son nom était connu du public avant la guerre et il a souvent parlé à la radio ou écrit dans les journaux pendant l'Occupation. De la sorte, il est connu de la Résistance des militants. Pour soutenir sa mémoire, il a le parti socialiste, mais aussi sa femme qui devient un élu du parti dont il est le héros. Surtout, de 1947 à 1950, le colonel Passy, son ancien chef, édifie sa légende. Fasciné par cet homme d'exception, il en fait le héros éponyme de la Résistance et réclame pour lui le Panthéon. Mais si, jusqu'en 1958, les socialistes sont au pouvoir, à cette date de Gaulle revient.

Dans ses *Mémoires*, en 1954, le Général a déjà désavoué le portrait brossé par Passy. Il récidive en 1964, puisque c'est Moulin qu'il installe au Panthéon. Le Général a désormais les moyens directs et indirects d'imposer la mémoire de son représentant. Parmi d'autres éléments décisifs, il y a le bouleversant discours de Malraux, qui est une page d'anthologie de l'oraison funèbre, et joue un rôle majeur dans la consécration nationale. Enfin, plus les historiens approfondissent les recherches, plus le rôle de Moulin apparaît unique et exemplaire.

En revanche, Brossolette, comme l'a écrit son biographe, offre une « figure brouillée », qui ressemble de moins en moins à la légende forgée par Passy, et lorsqu'on analyse son rôle, il est difficile à cerner, tant son action fut protéiforme.

Jusqu'en 1979, vous ne parlez plus de votre période résistante, de vos années avec Moulin. Vous avez une autre vie. Et puis, un jour, lors d'une émission de télévision, vous vous affrontez avec Frenay. Et alors là, me semble-t-il, tout change. Pouvez-vous me raconter pourquoi et comment vous avez décidé de consacrer vos années à une vie d'historien.

Effectivement, en novembre 1977, aux « Dossiers de l'écran », je me suis retrouvé sur un plateau de télévision en face de Frenay qui développa brillamment, avec beaucoup d'autorité et d'arguments séduisants, ses accusations contre Moulin, le traitant une fois encore de crypto-communiste. Et moi, ce jour-là, je n'ai trouvé d'autre réponse qu'un lamentable : ce n'est pas vrai !

J'ai eu honte de mon incapacité à défendre publiquement mon patron. J'ai découvert alors que j'avais, envers Jean Moulin, un devoir de mémoire à accomplir. Il m'avait fait confiance alors que je n'étais qu'un galopin de vingt ans. J'étais le seul à connaître toutes les archives, à vivre dans son intimité durant cette période, à connaître ses projets, ses espoirs et ses regrets. N'ayant exercé aucune fonction d'autorité, j'ai eu l'avantage d'être un témoin en même temps qu'un acteur subalterne. Moralement, c'était une trahison de ne pas le défendre et je n'avais pas su le défendre. Bien que non-historien, je me suis lancé dans la biographie de Jean Moulin en me conformant à cette seule règle : ne rien affirmer que je ne puisse prouver. C'est pour cela que mes ouvrages sont farcis de longues citations de documents inédits.

En fait, c'est une situation ambiguë. Vous êtes à la fois témoin et historien...

C'est à la fois un avantage et un inconvénient. En tant que témoin, j'ai connu les faits que j'évoque et surtout l'existence des documents qui en sont la preuve. En revanche, c'est un inconvénient, car j'épouse les passions de mon patron. Et, si cela permet une évocation fidèle de l'atmosphère passionnelle et panique dont la Résistance était prisonnière, je suis conscient du risque d'être injuste. Cependant, dans la mesure où les faits sont prouvés et les paroles respectées, la passion est indispensable pour irriguer l'Histoire et rendre sensibles au lecteur d'aujourd'hui les tumultes d'autrefois. Je mets au-dessus de tout la vérité des faits, mais cette vérité doit refléter les passions dont elle est gonflée, sous peine d'écrire une histoire anémique, étrangère à cette époque catastrophique et sanglante.

Un soir, lors de notre première rencontre, vous aviez l'air bien désabusé en me parlant des résistants. Vous précisiez : « Ne vous faites pas d'illusions, ce sont des hommes comme les autres. » Le pensez-vous vraiment ? Pensez-vous que ces années-là étaient des années comme les autres ?

Oui, je pense que les volontaires de la France libre et les résistants étaient des hommes comme les autres. Mais ils ont choisi une cause transcendante qui, pour certains, les a transfigurés en affrontant des situations limites. Les survivants de cette fantastique épopée sont des rescapés. Seuls les morts sont d'authentiques héros qui méritent le culte de la Nation. Eux seuls sont intégralement fidèles à l'idéal de notre jeunesse. Souvent je m'interroge : ma vie a-t-elle été digne du sacrifice de mes camarades ? La réponse, bien sûr, est non ! En revanche, Brossolette et Moulin, au-delà de leurs affrontements passés, ont retrouvé dans nos cœurs la fraternité des martyrs liés par leur idéal sans tache et la grandeur de leur sacrifice.

Épilogue

Daniel Cordier se tait maintenant. Le mistral est tombé, le soleil décline sur le cap d'Antibes. Les masques polynésiens du salon grimacent plus encore. Il m'affirmait depuis des mois qu'il n'avait rien à dire, qu'il n'avait été qu'un sous-fifre de la Résistance... mais depuis ce matin, il est intarissable. Il m'a fait traverser le siècle, plusieurs fois la Manche, monter et descendre des dizaines de fois les escaliers qui mènent à la chambre de Moulin, inspecter avec lui les boîtes aux lettres, les planques et les radios de Lyon et de ses environs. Il m'a amené chez d'Astier, chez Frenay, chez Pineau, chez Copeau... Il m'a traîné partout, à un train d'enfer, jusqu'à cet instant où je lui ai parlé de l'arrestation de Jean Moulin. Il était trop ému tout à coup, il a bafouillé : « Quand je repense à Moulin, j'ai toujours vingt-deux ans. » Nous avons dû nous arrêter là.

J'ai commencé ce voyage avec le successeur de Moulin, Claude Bouchinet-Serreulles, il s'achève avec son secrétaire. Tandis que Cordier s'arrête sur de vieilles photos, feuillette des dossiers, classe, range, sans plus s'occuper de moi, je me dis que j'ai du mal à les quitter, ces résistants que je fréquente depuis deux ans. Ils vont me manquer. J'entends encore leurs pas derrière la porte, lorsque je me rendais à ces rendez-vous qu'ils préparaient avec tant de sérieux. Je revois Passy parlant de Brossolette, la tête rejetée en arrière, rêvant à haute voix de lui ; Pierre Messmer redevenant un jeune lieutenant, fougueux et inconsolable de la perte de Fred Scamaroni, son ami, son héros. Claude Bouchinet-Serreulles, à l'abri dans son sanctuaire, entretenant un curieux dialogue avec Jacques Bingen ; Jean-Pierre Vernant, la gorge nouée quand, entre deux bourrades, il repensait à ce jeune militant catholique mort pour ne pas l'avoir dénoncé ; Germaine Tillion qui me parlait de Vildé, de Lewitzky, des fusillés du Mont Valérien, comme si elle les avait quittés le matin... J'ai été frappé par cette double vie des résistants. Depuis près de soixante ans, ils sont d'ici, terriblement en vie, et ils sont aussi d'outre-tombe. Comme si un réseau secret continuait à exister entre les morts et ces vivants. Chacun entretient le culte d'un compagnon disparu, et forme avec lui un couple curieux. J'ai compris que, quand ils évoquaient ce jumeau dans l'autre monde, c'était une manière de lui dire : « Nous serons bientôt réunis. »

Cette saison a été la plus rude. Passy s'en est allé, on ne s'en est pas aperçu. Certains le croyaient disparu depuis que le scandale du trésor de la Résistance l'avait foudroyé. Passy est mort en promettant de me revoir. Maurice Schumann a eu la curieuse idée de disparaître la semaine de notre rendez-vous. Je n'aurai pas revu Claude Bourdet mort en 1996. L'an prochain, l'association des Français libres va se dissoudre, c'était prévu. Ils s'en vont en silence, ils rejoignent l'ombre qu'au fond ils n'ont jamais quittée. De temps en temps, une brève dans *Le Monde*, le plus souvent rien, ou une simple réunion d'anciens dans un cimetière du Limousin ou au Père-Lachaise. Si c'est un Compagnon de la Libération, une messe pompeuse aux Invalides avec les officiels obligés.

Ils s'en vont tandis que l'Histoire s'installe.

C'est à ce chassé-croisé que j'ai eu la chance d'assister. Un peu comme ces écrivains du milieu du XIXe siècle qui allaient recueillir les confessions des compagnons de Bonaparte, j'ai ressenti le frisson d'une épopée exceptionnelle. J'ai beaucoup ri avec eux. J'ai parfois eu le vertige, des hallucinations, et fait bien des cauchemars, les leurs. J'étais avec eux partout, et même outre-tombe avec leurs compagnons disparus, à Londres, à Alger, à Lyon, dans le maquis, dans un Lysander un soir sans lune ; partout dans ce *temps déraisonnable* où je les remercie de m'avoir fait entrer.

Biographies

Claude Bouchinet-Serreulles

Né en 1912 à Paris, licencié en droit, diplômé de l'École des sciences politiques, Claude Serreulles est adjoint à l'attaché commercial de l'ambassade de France à Berlin lorsqu'il est mobilisé en 1939 et affecté à l'état-major de la mission française de liaison auprès du corps expéditionnaire britannique. Le lieutenant Serreulles quitte son poste le 17 juin 1940 pour continuer le combat. Il s'embarque sur le *Massilia* le 21 juin, avant de rejoindre Londres via le Maroc. Le 23 juillet 1940, il s'engage dans les Forces françaises libres (FFL), le général de Gaulle en fait son aide de camp jusqu'en octobre 1942.

À ce moment-là, à sa demande, il entre au BCRA (Bureau central de renseignements et d'action). En juin 1943, il est envoyé en mission en France et mis à disposition de Jean Moulin comme adjoint pour les questions militaires. Le 21 juin, à Lyon, ayant manqué le rendez-vous au funiculaire, il échappe à l'arrestation de Caluire. Le lendemain, il rend compte au général de Gaulle, par câble, de l'arrestation de Jean Moulin et de ses compagnons. Il assure l'intérim de la Délégation générale avec Jacques Bingen. Il parvient à maintenir le Conseil national de la Résistance comme organe supérieur de la Résistance et à donner une cohésion à l'ensemble des mouvements. Il installe les délégués militaires régionaux (DMR), participe à la mise sur pied des Comités départementaux de libération (CDL) dans tout le pays et joue un grand rôle dans la création des Forces françaises de l'intérieur (FFI) en février 1944.

De mars à septembre 1944, il quitte la France pour Londres, puis Alger où il rend compte au général de Gaulle de l'évolution de la situation en métropole.

Parachuté près de Mâcon le 13 septembre 1944, commissaire de la République en mission, il met en place les nouvelles autorités des régions de la zone Sud. Il devient, en octobre 1944, directeur de cabinet du ministre de l'Intérieur, Adrien Tixier.

Après la guerre, Compagnon de la Libération, chef de service au ministère des Affaires étrangères (1945-1948), il participe à la conférence constitutive des Nations unies à San Francisco. Il est nommé directeur de l'Organisation européenne de coopération économique (1948-1951). Puis il entre dans le secteur privé et dirige des sociétés industrielles. Membre du Conseil de l'ordre de la Libération.

Pierre Messmer

Né en 1916 à Vincennes, docteur en droit, diplômé de l'École nationale de la France d'outre-mer, élève administrateur des colonies, accomplit son service militaire depuis octobre 1937 lorsqu'il est mobilisé en 1939 comme sous-lieutenant. Le 17 juin 1940, à l'écoute de l'allocution du maréchal Pétain annonçant la cessation des hostilités, il décide, avec le capitaine Simon, de rejoindre l'Angleterre pour poursuivre le combat. Ils rejoignent Marseille et s'embarquent sur le bateau italien *Capo Olmo* qu'ils détournent vers l'Angleterre avec la complicité de son capitaine. Ils arrivent à Liverpool le 18 juillet 1940. Le bateau piraté navigue ensuite sous le pavillon de la France libre ; et la vente de sa cargaison permet de payer les soldes du personnel de la France libre pendant trois mois.

Pierre Messmer s'engage dans les Forces françaises libres (FFL) et participe aux opérations de Dakar, du Gabon et du Cameroun, à la campagne d'Érythrée. Il se distingue, le 8 avril 1941, à Massaoua où sa section enlève à la mitraillette et à la grenade deux fortins allemands. Pendant le siège de Bir Hakeim, février-juin 1942, il relève dans des conditions très périlleuses une compagnie et parvient à maintenir sa position malgré les assauts répétés de l'ennemi. Lors de la bataille d'El-Alamein, en octobre, avec sa compagnie, il prend d'assaut le piton de Himeimat, dérobe les cartes avec les positions des batteries allemandes, et inflige de lourdes pertes à l'ennemi. Une fois les forces allemandes expulsées de Tunisie, il monte une filière de passage des giraudistes vers les unités de la France libre.

Le général Kœnig, chef adjoint de l'état-major de l'armée à Alger, l'envoie en mission aux Antilles de juillet à septembre 1943. En janvier 1944, il est nommé adjoint de Pierre de Chevigné, chef d'état-major du général Kœnig. Le 16 novembre 1944, il est affecté à Calcutta pour y créer une mission militaire de liaison administrative, puis il est parachuté au Tonkin.

Compagnon de la Libération, démobilisé le 31 décembre 1945, Pierre Messmer redevient administrateur de la France d'outre-mer. De 1946 à 1959, il sert en Indochine et surtout en Afrique noire, d'administrateur adjoint à gouverneur général. Il est nommé ministre des Armées (1960-1969), ministre d'État chargé des Départements et territoires d'outre-mer (1971-1972) et Premier ministre (1972-1974). Député de la Moselle (1968-1988), maire de Sarrebourg (1971-1989), conseiller général de la Moselle (1986-1992), conseiller régional de Lorraine (élu président en 1978, réélu en 1979). Membre (1988-1995), puis secrétaire perpétuel (depuis 1995) de l'Institut (Académie des sciences morales et politiques).

Jean-Pierre Vernant

Né en 1914, jeune professeur agrégé de philosophie, démobilisé en décembre 1940, Jean-Pierre Vernant est nommé au lycée Fermat de Toulouse.

Avec le psychologue I. Meyerson, transféré de la Sorbonne à l'université de Toulouse, puis chassé de l'université par les lois raciales, Vernant crée la Société toulousaine de psychologie comparative. Des liens d'amitié se nouent dans ce cercle de travail et de discussion, ils se prolongent ensuite dans les luttes de la Résistance.

Vers novembre 1941, grâce à son frère Jacques qui appartenait déjà au mouvement Libération, Jean-Pierre Vernant retrouve une de ses connaissances : Lucie Aubrac. Il entre alors lui aussi à Libération.

En février 1942, il est chargé de mettre sur pied l'organisation militaire du mouvement dans la région avec l'aide de Bartoli (Delrieu) et du colonel Bonneau, principal responsable politique du mouvement. Vernant devient le responsable de l'Action immédiate et du groupe paramilitaire qui se livre aux premiers attentats et actes de sabotage.

Au moment de l'invasion de la zone Sud par les Allemands, en novembre 1942, Jean-Pierre Vernant assure dans le département de Haute-Garonne le commandement des formations paramilitaires de Combat, Libération et Franc-Tireur qui se regroupent dans une Armée secrète.

En mai 1944, il prend la direction des FFI du département. La Résistance de la région R4 participe ensuite activement à la libération du territoire. Jean-Pierre Vernant élabore le plan insurrectionnel qui aboutit à la libération de Toulouse les 19 et 20 août 1944, après le débarquement allié du 15 août en Provence.

Compagnon de la Libération, il retourne dans l'enseignement ; en 1946, il est professeur au lycée Jacques-

Decour à Paris. Il fait partie du journal *Action*, proche du parti communiste. Il devient anthropologue de l'histoire de l'Antiquité classique, directeur d'études à la quatrième puis à la cinquième section de l'École pratique des hautes études (1958-1975), professeur au Collège de France (1975-1984).

Serge Ravanel

Né en 1920, polytechnicien, après un passage dans les Chantiers de jeunesse, il reprend ses cours en décembre 1940 à Lyon où l'école s'est repliée et adhère au mouvement du général Cochet en avril 1941. Il fait un stage à l'école d'Uriage en juillet 1942.

En septembre 1942, il entre à Libération-Sud auquel il se consacre à plein temps. Arrêté, le 5 novembre 1942, à Marseille, il s'évade du commissariat de police grâce à la complicité du commissaire. Le 15 mars 1943, à Lyon, il est arrêté de nouveau avec Raymond Aubrac et Maurice Kriegel-Valrimont, il peut s'échapper grâce à une opération montée par un groupe franc.

En juin 1943, il est nommé chef national des groupes francs des Mouvements unis de résistance (MUR). Le 19 octobre 1943, il est arrêté encore à Villieu, dans l'Ain, il échappe aux militaires allemands en assommant son gardien. Un de ses groupes libère Raymond Aubrac, arrêté à Caluire, en attaquant une fourgonnette de la Gestapo le 21 octobre 1943.

Le 8 juin 1944, le colonel Ravanel devient le chef des Forces françaises de l'intérieur (FFI) pour la région de Toulouse. Il dirige les forces militaires qui combattent avec succès pour la libération de cette région.

Compagnon de la Libération, il demeure dans l'armée jusqu'en 1949, il est en désaccord avec la politique suivie en Indochine. Il fait partie du Mouvement de la paix, adhère au parti communiste, milite contre le projet de l'armée européenne (CED) dans les années cinquante, puis au sein de l'Association pour l'autodétermination en Algérie. Il fait carrière dans l'entreprise, est fabricant de téléviseurs, puis responsable du laboratoire électronique des Ponts et Chaussées et, enfin, directeur d'une entreprise de commerce international. En 1981, il entre dans les cabinets ministériels de Jean-Pierre Chevènement à la Recherche, puis à la Recherche et à l'Industrie.

André Dewavrin,
dit Colonel Passy

Né en 1911 à Paris, polytechnicien, licencié en droit, professeur de fortification à Saint-Cyr, en avril 1940, il se porte volontaire pour rejoindre le corps expéditionnaire français en Norvège. Rescapé de l'expédition de Narvik, le capitaine André Dewavrin réembarque à Brest, avec la division Béthouart, pour l'Angleterre, le 17 juin, dès l'annonce de la cessation des combats. À Londres, le général de Gaulle le charge d'organiser des services de renseignements. Installé au 10, Duke Street, le service de renseignements des FFL deviendra, en janvier 1942, le BCRAM (Bureau central de renseignements et d'action militaire), puis, en octobre 1942, le BCRA (Bureau central de renseignements et d'action), puis la Direction générale des études et recherches, la DGER (l'ancêtre du SDECE et de la DGSE). Au début sans moyens, Passy construit de véritables centrales de renseignements et fournit un support logistique vital à la Résistance intérieure. Il met également sur pied des opérations subversives destinées à attaquer le potentiel de guerre de l'ennemi.

Il se rend lui-même en mission en France ; parachuté le 28 février 1943, il rejoint Pierre Brossolette. L'opération Arquebuse (Passy)-Brumaire (Brossolette) dure huit semaines, de nouvelles structures de résistance sont mises en place en zone Nord, l'unification des mouvements est amorcée.

À son retour à Londres, en novembre 1943, il prend la direction technique de la Direction générale des services de renseignements (DGSS), née d'une fusion du BCRA avec les services spéciaux giraudistes. En février 1944, il devient chef d'état-major du général Kœnig, commandant en chef des FFI. À sa demande, il est versé dans une unité combattante, parachuté dans la nuit du 4 au 5 août 1944, comme chef d'état-major du colonel Éon, pour participer à la libération de la Bretagne. Puis de Gaulle le charge de plusieurs missions aux États-Unis, aux Indes, en Chine et en Indochine.

Le 19 avril 1945, il revient à la tête des services secrets (la DGER), à la demande du général de Gaulle, pour bâtir une centrale de renseignements moderne. Le 28 décembre 1945, le Service de documentation extérieure et du contre-espionnage (SDECE) est créé par une décision du Conseil des ministres. Il démissionne en février 1946 après le départ du général de Gaulle des affaires. C'est alors qu'éclate l'affaire Passy. Il est accusé par le gouvernement de Félix Gouin d'avoir détourné de l'argent des services secrets, mis aux arrêts à Thionville, le 5 mai 1946. Il tombe très malade pendant sa détention, aucune accusation ne lui sera notifiée. L'affaire s'éteindra d'elle-même.

Par la suite, il occupe divers postes de direction dans l'industrie privée. Il est décédé le 20 décembre 1998.

André Postel-Vinay

Né en 1911, licencié en droit, diplômé de l'École libre des sciences politiques, inspecteur des finances

(1938), le lieutenant Postel-Vinay, mobilisé au 70e régiment d'artillerie, fait prisonnier le 17 juin 1940, s'évade le 24. Ayant repris ses activités professionnelles, il s'engage dès le mois d'octobre dans un réseau dépendant du service de renseignements de l'armée de terre, dirigé par le colonel Rivet et le capitaine d'Autrevaux. Les renseignements militaires recueillis par les agents sont transmis à Londres par divers moyens. Il travaille aussi pour le réseau Patrick O'Leary, un Belge, en contact avec les Anglais, chargé de rapatrier en Angleterre les militaires britanniques restés en France et les aviateurs de la RAF contraints d'atterrir en métropole.

André Postel-Vinay est arrêté le 14 décembre 1941, à la suite de la trahison d'un agent, et écroué à la prison de la Santé. Persuadé d'avoir laissé traîner chez lui des renseignements compromettants et par crainte de se voir arracher des aveux mettant en péril la vie de ses camarades, il décide de se suicider. Le 17 décembre, il se jette du deuxième étage de la prison, dans le vide. Souffrant de multiples fractures, il est opéré à l'hôpital de la Pitié. Rétabli, il simule la folie en vue d'un transfert à Sainte-Anne d'où il s'échappe d'une façon quasi miraculeuse, le 3 septembre 1942.

Arrivé à Londres, via Gibraltar, en octobre 1942, il est nommé directeur général adjoint de la Caisse centrale de la France libre par le général de Gaulle.

Nommé Compagnon de la Libération dès 1943, il dirige, de 1944 à 1972, la Caisse centrale de coopération économique où il s'efforce d'aider efficacement les pays du tiers-monde où elle a compétence. En 1974, il est nommé secrétaire d'État chargé des Travailleurs immigrés. Il démissionne au bout de quelques semaines, faute d'avoir obtenu les crédits d'un programme de logements sociaux.

Hélie Denoix de Saint Marc

Né en 1922, Hélie Denoix de Saint Marc s'engage dans la Résistance à dix-neuf ans, à l'instigation du colonel Arnould, au sein du réseau Jade-Amicol qui travaille pour l'Intelligence Service. Le colonel l'embauche pour passer des plis et des colis clandestins de l'autre côté de la ligne de démarcation qui sépare le Périgord de Bordeaux, et les transporter à travers toute l'Aquitaine.

En cherchant à gagner l'Espagne pour se battre aux côtés des Français libres, il est livré par un passeur de Perpignan, qui avait accepté, en échange de la vie sauve, de livrer aux Allemands un groupe sur deux. Il est arrêté le 13 juillet 1943, enfermé dans une cellule de la citadelle, transféré au camp de Compiègne et déporté à Buchenwald, puis à Langenstein.

Après la Libération, il entre à Saint-Cyr, puis s'engage dans la Légion. Il participe aux guerres coloniales : Indochine, Algérie. En avril 1961, à la tête du 1er régiment étranger de parachutistes, il prend part au putsch des généraux, refusant d'abandonner des populations qui avaient fait confiance à la France. Il est condamné à dix ans de réclusion criminelle, libéré le 25 décembre 1966.

Alain Le Ray

Né en 1910, il est éclaireur-skieur dans les troupes alpines de 1933 à 1938. En 1939, il est commandant de compagnie en Lorraine et sur l'Escaut. En juin 1940, il commande la 7e compagnie du 159e régiment d'infanterie alpine de Briançon, dans la région de Soissons/Château-

Thierry. Blessé, il est emmené en captivité dans l'oflag IID, en Poméranie (Pologne). Il s'évade une première fois le 18 janvier 1941 avec deux complices pendant une corvée à l'extérieur du camp, profitant d'une tempête de neige. Il est repris à Bingerbruck dans la nuit du 24 au 25 janvier, transféré à la forteresse de Colditz (Allemagne) en février 1941, un camp de surveillance spécial réservé aux évadés alliés et aux ennemis de l'État. Il s'évade une seconde fois, le 11 avril 1941, au prix d'une escalade périlleuse sur les toits.

De retour en France, après une période dans l'armée d'armistice, un stage à l'école d'Uriage à l'automne 1942, il rencontre, au début de 1943, dans la région de Grenoble, Pierre Dalloz et l'écrivain Jean Prévost qui lui demandent de se consacrer à l'étude du plan militaire de constitution du maquis du Vercors : le projet « Montagnard ». En mars 1943, les trois hommes fondent le premier comité de combat du maquis du Vercors. Alain Le Ray en devient le chef militaire jusqu'en décembre 1943, date à laquelle il démissionne de son poste. Il revient à Paris et, à la demande de Pierre Dunoyer de Segonzac, retrouve des anciens d'Uriage pour les mettre en contact avec la Résistance ou les envoyer dans les maquis qui se sont formés un peu partout en France. En mai 1944, il est nommé par le Comité de libération de l'Isère commandant des FFI du département. De novembre 1944 à avril 1945, commandant la 7e demi-brigade de chasseurs alpins, il dirige l'offensive d'hiver sur le Mont-Cenis.

Après la guerre, le général Le Ray poursuit sa carrière dans l'armée, il prend part aux opérations en Extrême-Orient en 1953-1954, négocie les accords militaires de 1954 qui prévoient le départ des troupes françaises d'Indochine. Il part en Allemagne comme attaché des forces armées, puis, de 1956 à 1962, exerce divers commandements en Algérie. En 1968, il devient inspecteur général de la Défense opérationnelle du territoire avec le grade de général de corps d'armée.

José Aboulker

Né en 1920 à Alger, jeune interne des hôpitaux de Paris, José Aboulker est mobilisé en avril 1940 à Alger. Dès sa démobilisation, en février 1941, il organise des départs clandestins pour Gibraltar. Il devient l'un des principaux animateurs de la Résistance en Algérie. Il recrute des groupes de combat. En 1942, il participe à la préparation du débarquement allié avec Henri d'Astier de La Vigerie et Robert Murphy, le représentant américain à Alger. Il dirige l'occupation d'Alger, dans la nuit du 8 novembre 1942. Avec ses groupes de combat il neutralise les points stratégiques de la ville, retient prisonniers les chefs militaires de l'armée d'Afrique du Nord.

Arrêté et déporté dans le Sud algérien après l'assassinat de Darlan, il rejoint Londres en avril 1943. Il s'engage dans les FFL comme médecin sous-lieutenant. En octobre, il est nommé délégué à l'organisation du service de santé des maquis et des FFL, et envoyé en mission en France. En 1944, de Londres et d'Alger, il dirige les opérations de parachutage d'équipement médical sur la France. Il repart ensuite en mission en zone Sud pour apporter des secours aux populations qui se sont libérées.

Après la guerre, Compagnon de la Libération, le professeur José Aboulker devient un spécialiste mondialement reconnu de neurochirurgie.

Partisan de l'indépendance de l'Algérie, révolté par les massacres de Sétif en mai 1945, il adhère au parti communiste en 1947. En mai 1958, il se prononce contre le retour au pouvoir du général de Gaulle, craignant qu'il ne soit l'otage des partisans de l'Algérie française. En 1965, il vote pour lui, et accepte, après l'attentat du Petit-Clamart, d'appartenir au service d'urgence constitué au cas où il faudrait opérer rapidement le général de Gaulle.

Lucien Neuwirth

Né en 1924 à Saint-Étienne, il fait partie d'un des premiers groupes de résistance de la Loire, L'Espoir, avec le journaliste Jean Nocher. Arrêté en 1942, il échappe à la police, parvient en Angleterre via l'Espagne, après une incarcération au camp de Miranda. Il s'engage dans les parachutistes des FFL, au sein du Special Air Service. Après les opérations du débarquement, il participe, en avril 1945, à la bataille d'Arnhem, aux Pays-Bas.

Après la guerre, il milite dans les rangs gaullistes, conseiller municipal RPF puis UDR de sa ville entre 1947 et 1965. En mai 1958, il est membre du Comité de salut public d'Algérie et du Sahara et représentant permanent en Algérie du ministre de l'Information, Jacques Soustelle (juin-novembre 1958). Député de la Loire de 1958 à 1981, président du conseil général de la Loire. En 1967, il est l'auteur de la loi sur la régulation des naissances, qui favorise la diffusion des produits contraceptifs. Il est sénateur depuis 1983, questeur (1989-1998).

Germaine Tillion

Née en 1907, Germaine Tillion est d'abord ethnographe. De 1934 à 1940, quatre missions scientifiques de l'International African Institute, puis du Centre national de la recherche scientifique qui vient d'être créé, lui permettent d'étudier les populations du Sud-Est algérien.

En juin 1940, elle retourne en France, où, aussitôt après l'armistice, elle prend contact avec d'autres Français qui, comme elle, sont révoltés par l'occupation allemande. Elle participe aux activités d'un groupe dirigé par les colonel Hauet et de La Rochère, et sert de lien entre eux et l'équipe du Musée de l'Homme. Au début, il s'agit essentiellement de fournir de l'aide aux prisonniers de guerre évadés, puis du renseignement, et la diffusion de journaux clandestins qui mènent campagne contre l'Occupation et le régime de Vichy. Le premier numéro du journal fabriqué par le groupe du Musée de l'Homme, *Résistance*, est daté du 15 décembre 1940.

Les autres fondateurs du mouvement sont arrêtés dès 1941 : Boris Vildé en mars (il sera fusillé), les colonels Hauet et de La Rochère en juillet (ils mourront en déportation). Germaine Tillion est arrêtée le 13 août 1942 par la police allemande, à la suite d'une trahison, devant la gare de la Bastille.

D'abord emprisonnée pendant quatorze mois à Fresnes, elle est déportée, avec cinq « motifs » de condamnation à mort, d'abord à Aix-la-Chapelle, puis à Ravensbrück. Dans le camp, elle prend une part très active au sein d'une organisation clandestine comprenant des déportées allemandes, françaises et tchèques. Elle est libérée le 23 avril 1945, avec d'autres détenues, grâce à l'intervention du comte Bernadotte, de la Croix-Rouge suédoise.

En 1946, à la demande de l'administration de la France combattante, elle s'occupe des papiers de ses camarades résistants et donne son nom au « Réseau du Musée de l'Homme ». Elle commence à enquêter sur les crimes de guerre nazis, à recueillir les témoignages de ses camarades déportés. Elle fait partie de la Commission internationale d'anciens déportés, fondée, en 1951, à l'initiative de David Rousset, qui enquête sur les crimes commis en URSS, en Espagne, en Grèce et en Algérie.

Tout en poursuivant ses travaux sur la condition des femmes en zone gréco-latine et arabo-berbère, sur la misère africaine, elle retourne en Algérie, à partir de 1954, pour lutter contre la pauvreté, la torture, le terrorisme, les condamnations à mort, la poursuite de la guerre.

En 1959, membre du cabinet du ministre de l'Éducation nationale, André Boulloche, elle obtient du garde des Sceaux, Edmond Michelet, que l'enseignement dans les prisons soit désormais du ressort de l'instruction publique.

Pierre Lefranc

Né en 1922 à Paris, étudiant à la faculté de droit et à l'École libre des sciences politiques, il est un des organisateurs de la manifestation du 11 novembre 1940 à l'Arc de triomphe de l'Étoile. Avec ses camarades, il proteste contre l'occupation allemande et appelle à suivre le général de Gaulle. Blessé au cours de cette manifestation, il est incarcéré à la prison de la Santé, puis relâché.

En 1941, poursuivant des études de droit à Montpellier, il s'engage dans un mouvement clandestin, Liberté, fondé par le professeur de droit constitutionnel Pierre-Henri Teitgen. Ce groupe se fond ensuite dans Combat. Pierre Lefranc est envoyé à Lyon. De là, à la fin de 1942, il quitte la France pour l'Espagne dans l'espoir de rejoindre l'Angleterre. Mais il passe cinq mois dans les prisons espagnoles, à Barcelone, puis au camp de Miranda.

Relâché, il gagne l'Angleterre, où il fait l'École militaire des cadets, le Saint-Cyr de la France libre.

En août 1944, il est envoyé dans l'Indre pour encadrer un maquis communiste. En novembre, devant Saint-Nazaire, il commande une des unités des Forces françaises de l'intérieur qui encerclent les bases de l'Atlantique.

En mars 1945, il est affecté à la Ire armée française et fait campagne en Allemagne.

Après la guerre, il entame une longue carrière auprès du général de Gaulle. D'abord au RPF, de 1947 à 1953, il est secrétaire national aux jeunes et aux étudiants. Il devient chef de cabinet (1958-1959), chargé de mission puis conseiller technique au cabinet du général de Gaulle (1959-1961/1963). Préfet de l'Indre (1963-1965).

Il est le fondateur (1971), secrétaire général puis vice-président de l'Institut Charles-de-Gaulle (1984-1992). Il est membre fondateur de la Fondation Charles-de-Gaulle en 1992.

Président de l'Amicale des cadets de la France libre. Président d'honneur de l'Association des résistants du 11 novembre 1940.

Stéphane Hessel

Né en 1917 à Berlin. Après la London School of Economics, la faculté des lettres de Paris et l'École normale supérieure, Stéphane Hessel adopte la nationalité française en 1937. Mobilisé dans la Sarre en 1939, arrêté par l'armée allemande, il s'évade du camp de Bourbonne-les-Bains.

Il gagne l'Angleterre en mars 1941, mais ne rejoint la France libre qu'au mois de mai, à cause de la découverte par la police anglaise de deux passeports à son nom, d'où une enquête minutieuse des autorités britanniques.

En mai 1941, il fait la rencontre de Tony Mella et Daniel Cordier, au réfectoire du camp de Camberley, au sud-ouest de Londres. Il reçoit une formation de navigateur observateur dans la Royal Air Force, pendant neuf mois.

En mars 1942, il devient l'un des responsables de la section R du BCRA. Avec Tony Mella, il supervise les réseaux de renseignements pour la zone Nord. À cause de leur passion commune pour l'Antiquité, ils donnent des noms grecs aux réseaux.

Soucieux de regagner la France et de participer à la lutte clandestine, il obtient la direction de la mission Greco (son pseudo dans la Résistance, par référence au peintre espagnol d'origine grecque du XVIe siècle) chargée d'organiser la couverture radio sur l'ensemble du territoire en vue du débarquement. Il arrive en mars 1944.

Dénoncé, il est arrêté le 10 juillet 1944 à Paris. Déporté, le 8 août, à Buchenwald, il sauve sa vie en prenant l'identité de Michel Boitel, un travailleur du STO décédé du typhus. Suite à une tentative d'évasion, il est transféré au camp de Dora.

Au cours du transfert des prisonniers par les Allemands qui se replient face à l'avancée des Alliés, il saute du train et rejoint les forces armées américaines à Hanovre. Il rentre en France le jour de l'armistice : 8 mai 1945.

Il passe le concours d'entrée au Quai d'Orsay et devient diplomate ; ses postes le conduisent à New York (Nations unies), à Saigon, à Alger, à Genève. En 1954, il est membre du cabinet de Mendès France. Il est un des fondateurs du Club Jean-Moulin (1958), un groupe de réflexion sur les problèmes de la démocratie moderne. Il devient un proche collaborateur de Pierre Abelin, de Michel Rocard. Il est élevé à la dignité d'ambassadeur de France en 1981. Membre de la Haute Autorité pour la communication audiovisuelle de 1982 à 1985 et du Haut Conseil à l'intégration de 1990 à 1994.

Daniel Cordier

Né en 1920, à Bordeaux, Daniel Cordier milite dans les rangs monarchistes et fonde, dès l'âge de dix-sept ans, un cercle Charles-Maurras, dans sa ville natale. Le 21 juin 1940, il embarque à Bayonne sur un navire belge qui le conduit en Angleterre où il s'engage dans les Forces françaises libres. En août 1941, il entre au BCRA.

Parachuté le 26 juillet 1942, près de Montluçon, pour devenir le secrétaire et le radio de Georges Bidault, il exerce ces fonctions, mais auprès de Jean Moulin qui l'embauche dès son arrivée. Secrétaire de l'envoyé du général de Gaulle jusqu'à l'arrestation de ce dernier, le 21 juin 1943, à Caluire, il assiste, à un endroit stratégique, au ralliement de la Résistance intérieure au général de Gaulle, à son unification et aux batailles qu'elle doit livrer pour obtenir des moyens de Londres.

Malgré la contestation de son action par le BCRA à Londres — contrôler le secrétariat, au carrefour de tous les services, c'est quasiment avoir la main sur l'ensemble de la Résistance —, il poursuit sa mission, à Paris, auprès de Claude Serreulles, délégué général par intérim. À la fin de décembre 1943, il apprend qu'il est connu de l'Abwehr, il demande alors à être immédiatement relevé de ses fonctions. Il assure, durant encore deux mois, le secrétariat personnel de Claude Serreulles jusqu'au départ de ce dernier pour Londres, le 3 mars 1944. À son tour, le 21 mars, Daniel Cordier quitte la France à travers les Pyrénées. Il arrive à Londres, deux mois plus tard, après un passage dans les geôles espagnoles. Il lui est alors interdit, comme à Serreulles, de poursuivre sa mission en France.

Compagnon de la Libération, il écrit, dès 1945, avec Vitia et Stéphane Hessel, le livre blanc du BCRA.

Après la guerre, Daniel Cordier se consacre à l'art contemporain. Marchand, galeriste et collectionneur, il constitue une collection d'œuvres d'art, donnée au Centre Georges-Pompidou en 1989.

À partir de 1979, rassemblant et étudiant une masse impressionnante d'archives, privilégiant le document au détriment des témoignages ou des récits rétrospectifs, Daniel Cordier fait œuvre d'historien en défendant la mémoire de Jean Moulin, au travers d'une biographie monumentale en plusieurs volumes.

Chronologie

1940

17 juin : Le maréchal Pétain, président du Conseil, annonce la fin des combats dans une allocution radiodiffusée.

Le général de Gaulle rejoint Londres.

À Chartres, le préfet Jean Moulin tente de se suicider.

18 juin : Premier appel radiodiffusé du général de Gaulle.

21 juin : Vingt-sept parlementaires s'embarquent, au Verdon, sur le *Massilia*, pour l'Afrique du Nord.

22 juin : Signature de l'armistice franco-allemand à Rethondes.

28 juin : Le général de Gaulle est reconnu comme le « chef des Français libres » par le gouvernement britannique.

10 juillet : Vote par les parlementaires des pleins pouvoirs constituants au maréchal Pétain à Vichy.

Août : Les premiers agents de la France libre débarquent en métropole pour monter des réseaux de renseignements.

23-25 septembre : Échec du débarquement franco-britannique à Dakar.

1er octobre : À Vichy, loi sur le statut des juifs.

24 octobre : Rencontre de Pétain et de Hitler à Montoire.

11 novembre : Manifestation patriotique d'étudiants à l'Arc de triomphe.

1er décembre : À Paris paraît le premier numéro de *Libération-Nord.*

15 décembre : Premier numéro du journal *Résistance*, réalisé par le groupe du Musée de l'Homme.

Décembre : À Paris, formation de l'Organisation civile et militaire.

1941

19 janvier : Offensive des Britanniques et des Français libres contre les Italiens en Érythrée.

11 février : À Paris, la Gestapo arrête plusieurs responsables du groupe du Musée de l'Homme.

Mars : Rémy fonde un solide réseau de renseignements : la Confrérie Notre-Dame.

15 mai : Le parti communiste appelle à la constitution d'un Front national pour l'indépendance de la France.

22 mai : À Paris, Henri Frenay et ses amis publient le premier numéro des *Petites Ailes de France*.

8 juin : Début de la campagne de Syrie.

22 juin : L'Allemagne déclare la guerre à l'URSS.

Juillet : Premier numéro de *Libération-Sud* à Clermont-Ferrand et de *Défense de la France* à Paris.

21 août : Le colonel Fabien, communiste, exécute un soldat allemand à la station de métro Barbès-Rochechouart.

24 septembre : Création du Comité national français à Londres.

20 octobre : Arrivée de Jean Moulin à Londres.

22 octobre : Exécution par les Allemands de quatre-vingt-dix-huit otages à Nantes, à Châteaubriant et au camp de Souge.

Novembre : À Grenoble, Libération nationale et Liberté, d'Henri Frenay et François de Menthon, fusionnent pour former le mouvement Combat.

À Lyon, premier numéro clandestin des *Cahiers du témoignage chrétien.*

10 décembre : Le mouvement de résistance France-Liberté prend le nom de son journal : Franc-Tireur.

11 décembre : Entrée en guerre des États-Unis.

24 décembre : L'amiral Muselier et des Français libres débarquent à Saint-Pierre-et-Miquelon.

1942

2 janvier : Jean Moulin, le représentant du général de Gaulle, est parachuté dans les Alpilles.

Février : Fondation des Francs-tireurs et partisans français par les communistes.

17 février : Verdict du procès du groupe du Musée de l'Homme : dix condamnations à mort.

27 mars : Première déportation de juifs de France vers Auschwitz.

17 avril : Le général Giraud s'évade de la forteresse de Königstein.

1er mai : Manifestation de la Résistance en zone libre.

26 mai-11 juin : Bataille de Bir Hakeim.

29 mai : Le premier convoi de résistants français classés « Nuit et brouillard », destinés à être jugés par un tribunal allemand, arrive au camp de Hinzert en Allemagne.

22 juin : Le gouvernement de Pierre Laval institue « la Relève ».

1er juillet : Jean Moulin annonce à Londres la création d'un Comité général des experts, futur Comité général d'études.

14 juillet : La France libre devient la France combattante. Manifestations patriotiques en zone non occupée.

16-17 juillet : Rafle du Vél'd'Hiv' : 12 884 juifs de Paris sont arrêtés.

5 août : Départ du général de Gaulle pour un voyage au Levant et en Afrique.

17 septembre : Arrivée à Londres de Pierre Brossolette.

9-22 octobre : À Londres, accord avec Henri Frenay et Emmanuel d'Astier pour un comité de coordination des mouvements de zone Sud et d'une Armée secrète dirigée par le général Delestraint.

23 octobre-
4 novembre : Offensive de Montgomery en Égypte. Victoire d'El-Alamein.

Novembre : Premières créations de maquis en zone Sud.

8 novembre : Débarquement anglo-américain en Algérie et au Maroc.

9 novembre : Arrivée du général Giraud à Alger.

10 novembre : L'amiral Darlan annonce un cessez-le-feu en Afrique du Nord.

11 novembre : Les Allemands occupent la zone libre.

27 novembre : Sabordage de la Flotte de Toulon.

25 décembre : Assassinat de Darlan à Alger.

Décembre : Fondation de l'Organisation métropolitaine

de l'armée, future ORA, par des officiers de l'ex-armée d'armistice.

22 novembre 1942-
27 janvier 1943 : Mission en France d'André Manuel (mission Pallas).

1943

11 janvier : Arrivée à Londres de Jean Grenier, délégué du PCF.

26 janvier : Création des Mouvements unis de résistance (MUR) par la fusion des trois principaux mouvements de zone Sud.

27 janvier : Arrivée en métropole de Pierre Brossolette dans le cadre de la mission Arquebuse-Brumaire.

30 janvier : Création de la Milice par le gouvernement de Vichy qui succède au Service d'ordre légionnaire (SOL).

Janvier : Des maquis s'implantent en zone Nord.

2 février : Capitulation des Allemands à Stalingrad.

15 février-
21 mars : Séjour de Jean Moulin et du général Delestraint à Londres.

16 février : Loi instituant le Service du travail obligatoire.

21 février : Nouvelles instructions du général de Gaulle prescrivant la création d'un Conseil de la Résistance incluant les anciens partis politiques.

16 mars : Début de l'offensive contre l'armée allemande en Tunisie.

26 mars : Pierre Brossolette crée un Comité de coordination pour la zone Nord.

27 mai : Première réunion du Conseil national de la Résistance, rue du Four, à Paris.

31 mai : Arrivée du général de Gaulle à Alger.

3 juin : Création du Comité français de libération nationale (CFLN) sous la coprésidence des généraux de Gaulle et Giraud.

9 juin : Arrestation à Paris du général Delestraint.

21 juin : Arrestation de Jean Moulin à Caluire.

10 août : Débarquement allié en Sicile.

16 août : Jacques Bingen, délégué du CFLN en zone Sud, rejoint en France Claude Serreulles, délégué de zone Nord.

26 août : Reconnaissance du CFLN par les Alliés.

30 août : Georges Bidault devient président du CNR.

15 septembre : Nomination d'Émile Bollaert comme délégué général du CFLN en France.

4 octobre : Libération de la Corse par les troupes françaises.

14 octobre : Arrestation de Jean-Pierre Lévy à Paris.

3 novembre : À Alger, première séance de l'Assemblée consultative provisoire.

4 novembre : Chute du réseau de renseignements la Confrérie Notre-Dame.

6-9 novembre : Le général de Gaulle reste le seul président du CFLN. Emmanuel d'Astier devient commissaire à l'Intérieur, Henri Frenay commissaire aux Prisonniers et aux Déportés.

27 novembre : Création à Alger de la Direction générale des services secrets, fusion du BCRA et des services spéciaux de Giraud.

1944

5 janvier : Les mouvements de zone Nord s'intègrent aux MUR, au sein du Mouvement de libération nationale (MLN).

1er février : Constitution des Forces française de l'intérieur (FFI).

3 février : Arrestation à Audierne de Bollaert et de Brossolette.

21 février : Exécution de vingt-deux partisans des FTP-MOI (Main-d'œuvre immigrée), du groupe Manouchian.

15 mars : À Paris, adoption du programme du CNR.

22 mars : Suicide de Pierre Brossolette.

21 avril : Ordonnance du CFLN sur l'organisation des pouvoirs publics en France libérée.

2 juin : Le CFLN devient le Gouvernement provisoire de la République française.

6 juin : Débarquement allié sur les côtes de Normandie.

20 juin : Assassinat de Jean Zay par les miliciens.

7 juillet : Assassinat de Georges Mandel par les miliciens.

21-23 juillet : Anéantissement du maquis du Vercors par les Allemands.

15 août : Débarquement franco-américain en Provence.

19-25 août : Libération de Paris.

28 août : De Gaulle dissout les FFI.

9 septembre : Formation en France d'un gouvernement d'unanimité nationale.

28 octobre : Décret portant dissolution des milices patriotiques.

1945

4-11 février : Conférence de Yalta. La France aura une zone d'occupation en Allemagne.

8 mai : Capitulation de la Wehrmacht.

Sigles

AEF	Afrique-Équatoriale française
AOF	Afrique-Occidentale française
AS	Armée secrète
BCRA	Bureau central de renseignements et d'action
BCRAM	Bureau central de renseignements et d'action militaire
CDL	Comité départemental de libération
CFLN	Comité français de libération nationale
CGE	Comité général d'études
CNR	Conseil national de la Résistance
COMAC	Commission d'action militaire (de la Résistance)
COMIDAC	Comité d'action en France (siégeant à Alger)
DB	Division blindée
DFL	Division française libre
DGSS	Direction générale des services spéciaux (Alger)
DGER	Direction générale des études et recherches
DMR	Délégué militaire régional
FAFL	Forces aériennes françaises libres
FFC	Forces françaises combattantes
FFI	Forces françaises de l'intérieur
FFL	Forces françaises libres
FNFL	Forces navales françaises libres
FTP	Francs-tireurs et partisans
GMR	Groupes mobiles de réserve

IS	Intelligence Service (service de renseignements britannique)
MLN	Mouvement de libération nationale
MUR	Mouvements unis de résistance
NAP	Noyautage des administrations publiques
OCM	Organisation civile et militaire
ORA	Organisation de résistance de l'armée
PCF	Parti communiste français
RAF	Royal Air Force
SAS	Special Air Service
SOE	Special Operations Executive (Services secrets britanniques d'action et de subversion)
SOL	Service d'ordre légionnaire
SR	Service de renseignements
STO	Service du travail obligatoire
UDSR	Union démocratique et socialiste de la Résistance

Bibliographie

Ouvrages de référence

Aglan Alya, *Histoire du mouvement Libération-Nord*, Paris, Flammarion, 1999.

Azéma Jean-Pierre, *De Munich à la Libération (1938-1944)*, Paris, éd. du Seuil, rééd., 1996.

Azéma Jean-Pierre et Bédarida Francois (dir.), *La France des années noires*, Paris, éd. du Seuil, 1993.

Bédarida Renée, avec la collaboration de François Bédarida, *Les Armes de l'esprit : Témoignage chrétien (1941-1944)*, Paris, les Éditions ouvrières, 1977.

Cointet Michèle et Jean-Paul, *La France à Londres, 1940-1943*, Paris, Complexe, 1990.

Cordier Daniel, *Jean Moulin, l'inconnu du Panthéon*, Paris, Jean-Claude Lattès, 1989-1993, 3 vol. ; *Jean Moulin. La République des catacombes*, Paris, Gallimard, 1999.

Crémieux-Brilhac Jean-Louis, *La France libre*, Paris, Gallimard, 1996.

Douzou Laurent, *La Désobéissance, histoire d'un mouvement et d'un journal clandestin : Libération-Sud*, Paris, Odile Jacob, 1995.

Dreyfus François-Georges, *Histoire de la Résistance : 1940-1945*, Paris, de Fallois, 1996.

Faligot Roger et Kauffer Rémi, *Les Résistants*, Fayard, 1989.

Garcin Jérôme, *Pour Jean Prévost*, Paris, Gallimard, 1994.

Granet Marie et Michel Henri, *Combat. Histoire d'un mouvement de résistance*, Paris, PUF, 1957.

Laborie Pierre, *L'Opinion française sous Vichy*, Paris, éd. du Seuil, 1990.

Lefranc Pierre, *La France dans la guerre : 1940-1945 jour après jour*, Paris, Plon, 1990.

Lévisse-Touzé Christine, *L'Afrique du Nord dans la guerre, 1939-1945*, Paris, Albin Michel, 1998.

Lormier Dominique, *La Résistance dans le Sud-Ouest*, Bordeaux, « Sud-Ouest », 1989.

Michel Henri, *Les Courants de pensée de la Résistance*, Paris, PUF, 1962 ; *Histoire de la Résistance*, Paris, PUF, 1984.

Miquel Pierre, *Les Compagnons de la Libération*, Denoël, 1995.

Muracciole Jean-François, *Histoire de la Résistance en France*, Paris, Presses universitaires de France, 1993 (Que sais-je ? 429).

Noguères Henri (et *alii*), *Histoire de la Résistance*, 5 tomes, Paris, Robert Laffont, 1967-1981.

Prost Alain (dir.), *La Résistance, une histoire sociale*, Paris, L'Atelier, 1995.

La Résistance en France, une histoire interactive de la Résistance en France de 1940 à 1944, Laurent Douzou, Bruno Leroux, avec Raymond et Lucie Aubrac, Jacques Delarue, Jean-Pierre Bloch, Serge Ravanel, racontée par Ivan Levaï, Paris, Montparnasse multimédia, 1997 (un cédérom).

La Résistance et les Français, lutte armée et maquis, Actes du colloque de Besançon, 15-17 juin 1995, musée de la

Résistance et de la Déportation, Besançon, Annales de l'université de Franche-Comté/Paris, Les Belles Lettres, 1996.

La Résistance et les Français : villes, centres et logiques de décision, Actes du colloque international de l'IHTP à Cachan, 16-18 novembre 1995, supplément au bulletin de l'IHTP, n° 61.

Rondeau Daniel et Stéphane Roger, *Des hommes libres. Histoire de la France libre par ceux qui l'ont faite,* Paris, Grasset, nouvelle édition, 1998.

Rousso Henry, *La Hantise du passé*, Paris, Textuel, 1998.

Sadoun Marc, *Les Socialistes sous l'Occupation*, Paris, Presses de la Fondation nationale des sciences politiques, 1982.

Sémelin Jacques, *La Résistance civile en Europe*, Paris, Payot, 1989.

Veillon Dominique, *Le Franc-Tireur, un journal clandestin, un mouvement de résistance*, Paris, Flammarion, 1977.

Venner Dominique, *Histoire critique de la Résistance*, Paris, Pygmalion, 1995 ; *Les Armes de la Résistance*, Paris, Jacques Grancher, 1987.

Weitz Margaret Collins, *Les Combattantes de l'ombre : histoire des femmes dans la Résistance, 1940-1945*, Paris, le Grand Livre du mois, 1996.

Wieviorka Olivier, *Une certaine idée de la Résistance. Défense de la France, 1940-1949*, Paris, éd. du Seuil, 1995 ; *Nous entrerons dans la carrière,* Paris, éd. du Seuil, 1993.

Mémoires — Souvenirs

Hessel Stéphane, *Danse avec le siècle*, Paris, éd. du Seuil, 1997.

Lefranc Pierre, *Avec qui vous savez : vingt-cinq ans avec de Gaulle*, Paris, Plon, 1979 ; *Demain, la liberté*, Paris, Flammarion, 1993.

Le Ray Alain (général), *Première à Colditz*, Paris, Arthaud, 1975.

Lévy Jean-Pierre, *Mémoires d'un franc-tireur* (présenté par Dominique Veillon), Paris, éd. Complexe, 1998.

Messmer Pierre, *Après tant de batailles... Mémoires*, Paris, Albin Michel, 1992.

Martin-Chauffier, *À bientôt quand même*, Paris, Calmann-Lévy, 1974.

Neuwirth Lucien, *Ma guerre à seize ans : du fournil au peloton d'exécution*, Paris, Plon, 1986 ; *Mais, après tout*, éd. rev., Paris, Actes Sud, 1994.

Passy (colonel), *Souvenirs*, t. I, *2e Bureau Londres* ; t. II, *10 Duke Street Londres (le BCRA)*, Monte-Carlo, Raoul Solar, 1947 et 1948 ; t. III, *Missions secrètes en France (novembre 1942-juin 1943), Souvenirs du BCRA*, Paris, Plon, 1951.

Postel-Vinay André, *Un fou s'évade. Souvenirs de 1941-1942*, Paris, éd. du Félin, 1997.

Ravanel Serge, *L'Esprit de résistance*, Paris, éd. du Seuil, 1995.

Saint Marc Hélie de, *Mémoires : les champs de braises*, Paris, France Loisirs, 1996.

Tillion Germaine, *Ravensbrück* (nouv. éd.), Paris, éd. du Seuil, 1997 ; *La Traversée du mal : entretiens avec Jean Lacouture*, Paris, Arléa, 1997.

Biographies

Beccaria Laurent, *Hélie de Saint Marc*, Paris, Perrin, 1988.

Perrier Guy, *Le Colonel Passy et les services secrets de la France libre*, Paris, Hachette Littératures, 1999 ; *Pierre Brossolette, le visionnaire de la Résistance*, Paris, Hachette Littératures, 1997.

Table

Achevé d'imprimer sur les presses de

BUSSIÈRE

GROUPE CPI

à Saint-Amand-Montrond (Cher)
en septembre 2002

POCKET - 12, avenue d'Italie - 75627 Paris Cedex 13
Tél. : 01-44-16-05-00

— N° d'imp. 17285. —
Dépôt légal : septembre 2002.

Imprimé en France